U0889671

福建省社科研究基地龙岩学院中央苏区研究中心资助
福建省高校新型智库中央苏区研究院资助

中央苏区
经济社会及妇女问题研究

张雪英 著

The Research on the Economic,
Social and Women's Issues in the Central Soviet Area

当代中国出版社
Contemporary China Publishing House

图书在版编目(CIP)数据

中央苏区经济社会及妇女问题研究 / 张雪英著 . --
北京 : 当代中国出版社 , 2022.12
ISBN 978-7-5154-1223-8

Ⅰ . ①中… Ⅱ . ①张… Ⅲ . ①中央苏区—建设—研究
②中央苏区—妇女工作—研究 Ⅳ . ① K269.407
② D442.6

中国版本图书馆 CIP 数据核字(2022)第 154946 号

出 版 人　冀祥德
责任编辑　陈　莎　周显亮
责任校对　康　莹
印刷监制　刘艳平
装帧设计　马　帅　鲁　娟
出版发行　当代中国出版社
地　　址　北京市地安门西大街旌勇里 8 号
网　　址　http://www.ddzg.net
邮政编码　100009
编 辑 部　(010)66572180
市 场 部　(010)66572281　66572157
印　　刷　北京润田金辉印刷有限公司
开　　本　710 毫米 × 1000 毫米　1/16
印　　张　24.5 印张　2 插页　349 千字
版　　次　2022 年 12 月第 1 版
印　　次　2022 年 12 月第 1 次印刷
定　　价　80.00 元

版权所有，翻版必究；如有印装质量问题，请拨打（010）66572159 联系出版部调换。

前　言

我生在农村，长在农村，是闽西这片红土地养育了我，是党和政府给了我上大学的机会。1986年8月，我从长安山的福建师范大学来到凤凰山的龙岩师专，从一介书生成为一名光荣的人民教师，我梦寐以求的愿望终于实现了。我暗下决心：要用所学的知识回报社会。

1962年的夏天，我出生在一个有着丰富红色资源的革命基点村——东肖公社邦山村，自幼听了许多关于邓子恢、张溪兜、陈客嬷的红色故事。我就读的中民小学（现中心小学）就是闽西最早的进步社团——奇山书社和福建省最早、发行量最大、影响最广的进步刊物——《岩声》的诞生地。先辈们为了人民的解放、民族的复兴不惜抛头颅、洒热血的感人事迹深深地烙在我的脑海里，我暗下决心，一定要把我这一生奉献给生我、养我的这片红土地，让红色基因代代相传！

当我懵懵懂懂地走进龙岩师专历史系时，开设的课程就是中国现代史。为了能给学生一杯水，自己必须要有一斗水。我不仅要弄通课本上的历史知识，同时，也如饥似渴地汲取地方历史知识，并虚心请教，不耻下问。历史的机缘巧合，为我以后开展苏区史研究打下了良好的基础。

把我带入苏区史研究领域的启蒙人是龙岩师专历史系主任邱荣洲老师，他的视野、他的知识以及他的鼓励让我走出了第一步。之后，在邱荣洲主任的引荐下，我于1997年到厦门大学历史系做访问学者，导师孔永松教授的循循善诱开启了我的第二扇门，让我找到了做科研，特别是苏区历史研究的乐趣。在厦门大学半年多的时间里，我和孔老师的博士王予霞、李小平、张侃等常常围坐在孔老师家里的客厅，聆听孔老师的研究心得，探讨最新研究热点。半年的学习时间虽短，但为我以后的苏区历史研究开启了明灯。

记得我的第一部专著是2008年受赣南师范学院中央苏区研究中心主任张玉龙的邀请，参与10卷本《中央苏区研究丛书》之一的撰写。我思考良久，最后确定的书名为《中央苏区妇女运动史》，因此前我就想在这方向深入去探究。原因一：我是一名女性，天生的一种情结。原因二：我想了解闽西为什么二十年红旗不倒？毛泽东为什么要三进才溪乡调查？才溪乡为什么80%多的青壮年男子能上前线？……书名确定后，我就着手进行资料的收集、整理。半年多的时间，我走访了龙岩、赣州市党史办、档案馆、博物馆、妇联等，足迹遍布赣南、闽西的城市、乡村。2009年9月由中国社会科学出版社出版的10卷本《中央苏区研究丛书》终于问世了，这套丛书2011年也获得江西省社科优秀成果一等奖。这是我的第一部专著，它填补了中央苏区妇女运动研究方面的空白，并为之后致力于苏区妇女运动研究的人员提供了一定的帮助。

鉴于前期的积累，2017年我第一次申报国家社科基金项目，没想到一次成功。《中央苏区红色村落变迁研究》作为一般项目立项，这是龙岩学院本校人文社科教师申报国家社科基金第一个立项的项目，我既惊喜又泰然：惊喜的是此项目成为学校国家社科基金一般项目零的突破，泰然的是这是多年的前期研究积累的结果。2018年，我又承担了江西省社科联主席吴永明主持的国家社科重大招标项目“中央苏区民间史料收集整理与研究”子项目“中央苏区民间文艺史料收集整理与研究”。辛勤的努力，终于换来了硕果。从教36年来，我陆续在各级各类刊物上发表苏区历史研究文章60余篇，著作10余部，主持国家社科基金项目2项，省社科基金项目6项，市厅级项目20余项，多项决策咨询报告得到省、市领导的重要批示。

闽西是全国著名的革命老区，是中国共产党创建的中央苏区的主体和核心区域，有着“二十年红旗不倒”的光荣赞誉。红色是闽西的底色。龙岩学院地处闽西红色资源“富矿区”，学校的科学研究、人才培养离不开红色。在多方面的不懈努力推动下，2015年12月，龙岩学院中央苏区研究院终于揭牌，这是福建省唯一一个开展苏区研究的专门机构，学院聘请了著名党史研究专家、福建省委党校蒋伯英教授担任苏区研究院院长，我有幸担任执行院长。通过多年来的努力，中央苏区研究院不忘办院初心，牢记肩负使命，落实立德树人的根本任务，在人才队伍建设和厚实学术深度这两个方面迈出了坚实的步伐，赢得了各方的赞誉。在队伍建设方面，除了有9名教授、博士从事专职研究外，还建立了纵横向联系，在校内外特聘了包括中央党史研究室、厦门大学在内的研究人员100余人，搭建起苏区研究的科研平台和学术高地，科研工作势头良好。截至目前，已立项的课题有：国家社科基金重大委托项目1项，国家社科基金项目9项，省部级项目近40项，市、厅级项目70余项，横向课题近40项，共争取科研经费近千万元。先后出版了《邓子恢闽西文稿》《红色粮票》《民国时期龙岩县扶植自耕农档案史料》《追寻红色记忆》《红色·龙岩记忆》《闽西科学技术史》《闽西统战史（新民主主义革命时期）》《闽西中央苏区简明读本》等著作30余部，在各级各类刊物上发表相关学术论文130余篇。并组织召开了“多视域下的中央苏区研究”“中央苏区·红色闽西”“邓子恢生平思想学术研讨会”“红色档案与苏区史研究”“第十二届陈云与当代中国学术研讨会”“第四届全国原苏区振兴高峰论坛”“古田会议精神研讨会”等近20场全国性学术研讨会，有效地扩大了中央苏区研究院在全国的知名度和影响力。中央苏区研究中心2017年11月获得福建省教育厅人文社科基地立项，2018年7月，中央苏区研究院获福建省高校新型智库立项，2020年11月，中央苏区研究中心获福建省社会科学研究基地立项。

在坚持基础理论研究的同时，龙岩学院中央苏区研究院注重发挥红色文化在资政育人和促进老区经济社会发展中的智库作用。2016年，我在福建省社科联《成果要报》上发表的《关于在龙岩长汀设立中央红军纪念园的建议》，得到时任福建省委常委、宣传部部长高翔，省委常委、省军区司令员熊安东等领导和中共龙岩市委书记李德金的重要批示。《龙岩发展研究》2017年第29期上发表的《龙岩市与赣州市对接国家支持原中央苏区振兴发展政策差异性分析》一文，为龙岩市争取原中央苏区政策提供了智力支持，得到市领导的充分肯定。2017年撰写的《关于把古田会议列入教育部部编教材的建议》得到教育部的采纳，2018年部编教材历史第八册正式把古田会议列入教材。中央苏区研究院还长期在本科生及学生入党积极分子培训班中开设“闽西革命史”等课程；在全国各地党政干部培训班中开讲“中央苏区与苏区精神”“古田会议精神解读”“巾帼风采映闽西”“长征中的闽西儿女”等党史党性教育课程；在福建省社科联及省图书馆主办的“东南周末讲坛”开设“红色闽西与中国革命”专题讲座；并在校内举办“血沃中华——闽西儿女抗战史迹展”“红色记忆”书画摄影作品展等。中央苏区研究院有关育人模式在《中国教育报》《南方周末》《福建日报》《闽西日报》和福建教育电视台等多家媒体作了专题报道。

作为高校老师，教书育人是我的本分，著书立说是我的追求。由于性格的因素，注定我要承担更多的社会责任。多年来，在传道授业解惑的同时，我有了许多意外的收获，赢得了多方的肯定。个人多次获评学校“三育人”先进工作者、中青年骨干教师、科研先进工作者。先后获评龙岩市“教学名师”，两次被评为龙岩市教育工会积极分子、优秀工会工作者，多次获评民盟福建省及龙岩市“优秀盟员”，多次获评福建省“三八红旗手”、“福建省女职工标兵”、福建省及龙岩市“巾帼建功标兵”，并获评龙岩市政协“优秀委员”。众多的荣誉称号，更加激励我在前行的道路上砥砺奋斗。同时，我深深地感受到：个人的荣誉得失是小事，集体和团队的力量才是事业发展的关键。为此，我从不计较个人得失。在自己默默耕耘的三尺讲台上，我乐于把喜悦和泪水与同学、同事们分享，特别是年轻教师，我把多年积累的经验传授给他们，每当看到他们在教学、科研上有所收获、有所进步时，我也感到满满的幸福。

收入本书的作品是我多年辛勤笔耕的成果，书中对中央苏区历史进行了比较全面的研究。中央苏区即中央革命根据地，是第二次国内革命战争时期全国最大的革命根据地，是全国苏维埃运动的中心区域，是中华苏维埃共和国党、政、军首脑机关所在地。《中央苏区经济社会及妇女问题研究》探讨了中央苏区时期中国共产党为实现为中国人民谋幸福、为中华民族谋复兴的初心和使命，在政治、军事、经济、思想文化等方面进行建设的历史，特别探讨了在中央苏区创建、发展过程中，苏区妇女不可或缺的作用；以及今天我们该如何传承红色文化，赓续红色血脉，实现中华民族复兴的伟大中国梦。本书共分为三部分：上篇《苏区述论》，中篇《巾帼风采》，下篇《红色传承》。

张雪英

2022 年 5 月

目　录

上篇　苏区述论

红四军入闽与中央革命根据地的形成……………………………………（ 3 ）
《指示信》与福建省苏维埃政府的成立研究 ……………………………（ 9 ）
试论中央红军东方军的历史地位与作用…………………………………（ 18 ）
古田会议精神的内涵研究…………………………………………………（ 24 ）
古田会议决议：中国共产党统一战线理论的光辉篇章…………………（ 40 ）
从古田会议召开前后看中国共产党第一代领导人的“初心”………（ 53 ）
土地革命时期闽西苏区开展统一战线基本方略…………………………（ 61 ）
苏维埃时期的闽西工商业与闽商…………………………………………（ 70 ）
中国共产党在闽西苏区开展工商业阶层的统战工作研究………………（ 89 ）
土地革命时期中央革命根据地的廉政建设………………………………（103）
闽西是中国土地革命的重要发源地………………………………………（109）
闽西是共和国财政摇篮……………………………………………………（122）
红色农信，闽西诞生………………………………………………………（140）
苏区文化教育——社会启蒙运动的先导…………………………………（153）
中央苏区红色山歌、歌谣的时代蕴意……………………………………（159）
新视角下的苏区史研究——评《乡村社会中的革命动员：
　　以中央苏区为例》……………………………………………………（168）
龙岩华侨与中国革命………………………………………………………（174）
陈云对闽西苏区工人运动的贡献…………………………………………（181）
从陈云在闽西苏区两篇文章看他对民生的关注…………………………（190）

中篇　巾帼风采

从中共闽西一大决议看闽西妇女解放运动……………………………………（201）
苏区妇女干部培养的宝贵经验及启示——以新泉工农妇女夜校为例…（219）
毛泽东妇女解放思想在新泉的实践……………………………………………（227）
闽西苏区妇女教育问题研究……………………………………………………（236）
苏区时期的才溪妇女……………………………………………………………（244）
试述土地革命时期毛泽东的妇女解放思想——以才溪乡调查为例……（258）
闽西妇女在游击战争中的地位和作用…………………………………………（266）
苏区妇女的觉醒与长征中的女红军……………………………………………（273）
长征中的巾帼英雄………………………………………………………………（280）
中国共产党在中央苏区开展妇女运动的经验及启示…………………………（287）

下篇　红色传承

红军的干部队伍建设对新时期保持共产党员先进性教育活动的启迪…（297）
古田会议精神与加强党的执政能力建设…………………………………………（305）
新农村建设史上的特殊篇章——傅柏翠新村建设的实践及其启示……（314）
弘扬苏区妇女精神，加快推进海西建设…………………………………………（323）
中央对口支持闽西原中央苏区路径探索…………………………………………（332）
龙岩与赣州落实中央苏区发展政策的对比研究…………………………………（346）
闽西红色村落研究与红色基因传承………………………………………………（358）
探析闽西红色文化与红色旅游融合发展机制……………………………………（373）

上　篇

苏区述论

红四军入闽与中央革命根据地的形成

1929 年 3 月 11 日，红四军从赣南进入长汀，从此打开了建立闽西、赣南苏区的局面，红四军由被动转为主动。长汀成为毛泽东率领红四军由撤离井冈山到创建中央苏区的立足点和出发点。

一、红四军入闽

（一）红四军入闽历史背景

中国共产党六大以后，农村革命根据地不断巩固和扩大，尤以毛泽东等人创建的井冈山革命根据地影响最大。这时，军阀战争暂时停息，蒋介石命令湘、赣两省国民党军队向井冈山根据地发动了多次“会剿”。面对敌人重兵，以毛泽东为书记的前敌委员会与湘赣边界特委、红四军军委、红五军军委在宁冈县柏露村举行联席会议，决定由彭德怀、滕代远指挥一部分红军留守井冈山。毛泽东、朱德、陈毅于 1929 年 1 月 14 日率红四军主力 3600 人向赣南出击，以便解决由于敌人的军事“会剿”和封锁给根据地造成的经济困难，并以内外线相互配合的办法打破敌军的“会剿”，保卫和发展根据地。

（二）红四军入闽经过

红四军主力下井冈山后，受到敌军重兵尾随和拦阻，屡次陷入险境。2 月初，红四军主力进抵江西寻乌县罗福嶂时，赣军独立第七师刘士毅部前来包围。于是，红军即从罗福嶂出发，冒着风雪严寒，沿着冰封的崎岖山路，进入武平县和平乡（今民主乡）的黄沙村（今高书村），当日再折回江西境内吴畲村宿营。翌日，红四军主力由上增坑再次进入武平县境，经龙溪、沙公排等地，下午抵达东留圩，立即展开宣传活动。当晚，红军指战员露宿于屋檐房下潮湿的地板上。第二天凌晨，红军离开武平，挥戈北进。红四军入闽第一站经过武平，虽停留时间不长，活动不多，但这一振奋人心的消息很快传遍闽西、粤东地区。

3 月 11 日，红四军从瑞金壬田出发，挺进到闽西长汀县的楼子坝，次日进驻四都镇。14 日，红四军主力第二十八、三十一团在朱德、毛泽东等指挥下，首战长岭寨告捷。郭凤鸣两个主力团、机枪连等大部被歼，郭凤鸣左腿中弹后在两个马弁的搀扶下，逃到牛斗头村的栗树园厕所内躲藏，在红军打扫战场时被查获击毙。这一仗，红军歼敌 2000 余人，缴枪千余支，子弹数百箱。

（三）红四军入闽历史意义

1. 激发闽西工农革命热情，有力支援了赣南革命活动

3 月 14 日红四军从长汀入闽具有活动时间长、活动规模大、活动成效显著的特点。特别是长岭寨战斗告捷，并进占长汀城，大大振奋了红军的士气，鼓舞了闽西人民的革命热情。中共中央机关报《红旗》高度评价了红四军入闽的意义，指出“朱毛红军的这种胜利，必然重新唤起了闽西工农的斗争意识”，而且“朱毛部队之进攻闽西，发动闽西的斗争，更使赣南的斗争得到掩护与援助”。后来的历史发展正是这样，福建及闽西各级党组织及时把握了这一有利的革命形势，发动群众起来斗争，积极配合红四军的行动。中共福建省委于 3 月 28 日制定了《关于闽西斗争工作大纲草案》，认为“毫无疑义的在闽西有造成割据局面的可能”，并提出闽西的工作应以上杭、长汀、龙岩、永定四县为中心。省委还决定恢复中共闽西特委和闽西暴动委员会，以邓子恢为特委书记，并派出特派员谢汉秋赶赴龙岩，贯彻省委工作大纲，组织闽西特委，指导斗争。这些都为以后红四军再次入闽奠定了良好的基础。

2. 红四军在长汀的整编，书写了新型人民军队的篇章

红四军进占长汀城后，毛泽东、朱德领导全军在长汀城四周开展群众工作，帮助建立长汀县革命委员会、县赤卫大队和工会组织。红四军

完成了整编，将团的建制改为纵队建制，辖有第一、二、三纵队，林彪、胡少海、伍中豪分别担任第一、二、三纵队司令员，陈毅、谭震林、蔡协民分别担任第一、二、三纵队党代表。朱德仍任军长，毛泽东任军党代表、军前委书记和军政治部主任，朱云卿任参谋长。全军3000余人经整顿补充，面貌焕然一新。

3. 有力地促进了闽西革命根据地的形成

1929年5月19日，红四军应中共闽西特委之邀，第二次进入闽西，至6月19日，取得“三克龙岩，一克永定”和上杭县白砂战斗的胜利，成立永定、龙岩两县革命委员会，7月底成立上杭县革命委员会，中共闽西特委也正式成立。红四军新成立第四纵队，全军由原来的3600余人发展到6000余人，闽西红色割据区域初步形成。

二、规划中央苏区的宏伟蓝图

（一）闽西早期的革命活动为中央苏区的形成奠定了坚实的基础

福建闽西的龙岩、上杭、长汀、永定、武平等县以及闽南的平和县，大革命时期都有党的活动，有些县建立了党的组织，群众基础较好，各县的武装暴动如火如荼，创造了有利的革命形势。加之闽西的反动统治相对薄弱，敌军兵力较空虚，且闽西地域广大，物产较丰富，这些都是红四军入闽生存和发展的重要条件。

1927年4月15日和5月7日，闽西土著军阀郭凤鸣、陈国辉等先后在龙岩、上杭两县制造反革命事变，逮捕、杀害一批共产党员和革命骨干，迫使共产党组织转入秘密活动。9月中旬，周恩来等率领南昌起义军经闽西向广东进军，这些县的党组织都相继恢复活动，党的组织有了较大发展，在八七会议精神指引下迅速走上武装斗争的道路。从1928年3月起，闽西党组织先后发动和领导了闽西龙岩县后田农民暴动、永定县农民暴动、上杭县蛟洋农民暴动以及闽南平和县长乐农民暴动。这些暴动先后受挫，但永定暴动后，张鼎丞、邓子恢等在永定县金砂区金谷寺创建永定溪南红军营，下辖3个连250余人，开辟了溪南苏区。龙岩后田暴动后，陈锦辉等领导组建了后田游击队。上杭县蛟洋暴动后，傅柏翠等也组建了一支100余人的农民革命武装。1928年7月15日，中共闽西临时特委成立，同时成立闽西暴动委员会。闽西各县暴动武装编成工农红军第五十五、五十六、五十七3个团，开始了以永定溪南里为中心的武装割据斗争。

（二）长汀“辛耕别墅”的前委扩大会规划了中央苏区的宏伟蓝图

红四军在赣南、闽西边境一带游击过程中，具体地了解到赣南、闽西一带具有适宜开展大规模游击战争和创造革命根据地的有利条件，特别是大柏地和长岭寨两次战斗取得胜利，消灭反动驻军刘士毅和郭凤鸣旅后，“闽西赣南可以说没有敌人了”。再加上到了长汀后，由于邮路方便，毛泽东、朱德等天天可以看到南京、上海及闽赣各大城市的报纸，知道国民党蒋桂战争已经揭开序幕，蒋介石为从桂系军阀手中夺取湖南、湖北两省地盘，抽调驻赣之正规军大部进至九江一带。

1929年3月20日，毛泽东在汀州“辛耕别墅”，主持召开了红四军前委扩大会议。中共长汀县委派代表列席了会议。会议详细分析了福建、江西、浙江三省的政治、军事、经济状况和革命形势，敌我双方力量对比，研究了红军的行动方针问题，决定“四军、五军及江西红军第二、第四两团之行动，在国民党混战的初期，以赣南、闽西二十余县为范围，从游击战术，从发动群众以至于公开苏维埃政权割据，由此割据区域以与湘赣边界之割据区域相连接”。前委汀州会议的这一决定，明确提出了在赣南、闽西一带范围内创建新的革命根据地的战略决策，为中央革命根据地的开辟规划了蓝图。

会议结束的当天，毛泽东代表红四军前委将这项行动方针的决定和红四军在赣南、闽西边境游击的情况，向福建省委和中共中央作了书面报告，指出，红四军“须看湘赣战局的形势，从有利于红军的发展及有利于工农群众发展的标准上去决定行动。或再回边，或在赣南作较久时间的游击；或往吉安去接近国民党战区。惟闽西赣南区内之由发动群众到公开割据，这一计划是决须确立，无论如何，不能放弃，因为这是前进的基础”。报告还建议中央：“不仅在湘赣粤闽等地，江苏北皖鄂北豫南直隶，都应有红军及小区域苏维埃之创立。”

4 月 3 日，红四军回师赣南，在瑞金接到中央 2 月 7 日《给润之、玉阶两同志并转湘赣边特委信》（即二月来信）。4 月 5 日，前委在给中共中央的复信中指出，中央 2 月 7 日来信“对客观形势和主观力量的估量，都太悲观了”，“中央要我们将队伍分得很小，散向农村中，朱、毛离开大的队伍，隐匿大的目标，目的在保存红军和发动群众。这是一种理想”。复信在分析了南方数省敌我力量对比和发展革命的条件以后，重申了 3 月 20 日前委长汀会议关于红军行动方针的决定，并进一步提出“在国民党军阀长期战争期间，我们在和蒋桂两派争取江西，同时兼及闽西、浙西”。

红四军前委提出的这一行动方针，已明确而完整地向中央提出了创建革命根据地，造成巩固的赤色区域，夺取赣南、闽西以促进全国革命高潮到来，直到夺取全国革命胜利的伟大战略思想，这是毛泽东关于建立农村革命根据地思想在新形势下的重大发展。

（三）闽西革命根据地初步形成奠定了中央苏区的核心区域基础

1929 年 7 月—9 月，朱德指挥红四军和闽西革命武装艰苦奋战，粉碎闽、粤、赣三省国民党军队对闽西红色区域的第一次“会剿”。9 月 20 日，红军攻破“铁上杭”，成立上杭县苏维埃政府。10 月，红四军执行中央和福建省委批示，出击广东东江地区，在攻打梅县县城时受到较大损失。朱德和陈毅率领全军及时撤退，经江西寻乌、安远返回闽西，于 11 月 23 日第二次攻克长汀县城，从而使闽西红色区域连成一片。12 月 28 日—29 日，毛泽东在朱德、陈毅协助下，根据中共中央同年 9 月 28 日批示信精神，在上杭县古田成功地领导召开了红四军第九次党代表大会，统一了全军思想，通过了相应的决议案，为党的建设和红军的建设确定了前进方向，并且重新确立了毛泽东在红军中的领导地位。

1930 年 1 月初，闽、粤、赣三省国民党军队对闽西苏区发动第二次“三省会剿”。面对强敌的进攻，毛泽东和朱德采用“离开闽西，保卫闽西”的战术，率红四军主力西进江西，直捣江西国民党军的后方，迫敌回头，打乱敌军“三省会剿”部署。中共闽西特委领导闽西苏区军民与进攻之敌周旋。不到一个月，敌“三省会剿”即告破产，闽西苏区得到进一步巩固。3月18日—24日，在龙岩城召开闽西第一次工农兵代表大会，正式成立闽西苏维埃政府，邓子恢当选为闽西苏维埃政府主席，闽西革命根据地正式形成。

自1929年1月，毛泽东、朱德率领的红四军被迫撤离井冈山，在极其严酷的形势下，转战赣南、闽西，3月到达长汀，在长汀作出在这一区域创建中央苏区的重大决策，进而促使中央苏区得以迅速建立和发展，实现由工农武装割据向农村包围城市的战略转变。因此，长汀成为毛泽东率领红四军由撤离井冈山到创建中央苏区的立足点和出发点。长汀后来成为中央苏区中共福建省委、福建省苏维埃政府所在地。由于其经济和工商贸易发达，是中央苏区的经济中心，被称为“红色小上海”，是中央红军后勤保障的中心与后方基地。

［本文为作者在长汀纪念“红四军首次入闽90周年座谈会”所作主题发言］

《指示信》与福建省苏维埃政府的成立研究

2022年是福建省苏维埃政府成立90周年。1932年3月18日，福建省苏维埃第一次代表大会在长汀召开，标志着福建苏区政权建设发展到一个新的阶段。从此，福建苏区的革命斗争进入全盛时期。这次大会的顺利召开，是在中华苏维埃共和国临时中央政府指导下进行的，这一点我们可以从1932年3月17日《苏维埃临时中央政府给福建省第一次工农兵苏维埃大会的指示》（以下简称指示信）看到。《指示信》对福建省苏维埃政府成立的时间、目前形势、中心工作、扩大红军、进攻策略、发展苏区经济、加强地方武装等进行了全面的分析并作出指示，对福建省苏维埃政府今后各项工作的开展给予了全面的指导。《指示信》就像一盏明灯，指引着福建省苏维埃政权的前进方向。在《指示信》的具体指导下，省苏第一次代表大会于1932年3月18日顺利召开。

一、福建省苏维埃政府的成立

（一）福建省苏维埃政府成立的背景

闽西位于福建省西南部，按清末的行政区划，包括汀州府所属8个县〔长汀、上杭、武平、永定、连城、清流、宁化、归化（今明溪）〕和龙岩州所属3个县〔龙岩、漳平、宁洋（今分属漳平、龙岩、永安）〕。这里北接赣南，南邻粤东，东依博平山脉，西傍武夷山南缘。玳瑁山脉绵亘其间。在俄国十月革命和五四运动的影响下，闽西地区的一大批进步青年在外求学、工作过程中加入了中国共产党。1926 年夏，从厦门回乡的阮山等人在永定县湖雷镇万源楼成立了闽西第一个共产党组织——中共永定支部，从此，闽西的革命进入了一个崭新的阶段。

1927 年 9 月间，周恩来等领导的南昌起义军进入闽西，他们利用标语、演讲等进行了革命思想的传播。周恩来还在长汀、上杭等地接见了闽西地方党组织领导人，了解闽西的情况，布置今后的工作。南昌起义军帮助闽西发展党员，建立党组织。同时，在撤出闽西时留下了江德贤等南昌起义军骨干和一批枪支，为闽西留下了革命的火种。在南昌起义军的影响下，1928 年 3 月—6 月，闽西境内爆发了龙岩后田暴动、平和暴动、上杭蛟洋暴动、永定暴动等，革命气息越来越浓，星星之火已成燎原之势。

由于闽西有良好的党和群众基础，有多次武装斗争的经验，同时，闽西优越的自然条件，丰富的物产资源，便于开展游击战争的地理环境等，适宜红军的生存和发展。这些都为红四军进入闽西开辟革命根据地提供了先决条件。

1929 年 3 月 14 日，毛泽东、朱德等率领从井冈山撤出后转战赣南、闽西的红四军进入长汀，在长汀规划了中央苏区的宏伟蓝图。毛泽东在 3 月 20 日给中央的信中指出："在国民党混战的初期，以赣南、闽西二十余县为范围，从游击战术，从发动群众以至于公开苏维埃政权割据，由此割据区域以与湘赣边界之割据区域相连接。"同时强调："这一计划是决须确立，无论如何，不能放弃，因为这是前进的基础。"为此，创建闽西革命根据地的序幕拉开了。在打破国民党的三省"会剿"之后，闽西革命根据地军民在各级苏维埃政府的领导下，很快完成了全苏区的土地分配工作，苏区政权得到巩固。随着苏区的巩固和扩大，特别是由于各级红色政权的建立，迫切需要建立一个全苏区统一的政府。为此，中共闽西特委决定于 1930 年 3 月 18 日（巴黎公社纪念日）在龙岩召开闽西第一次工农兵代表大会，成立闽西苏维埃政府。年底，由于国民党的进犯，闽西苏维埃政府进行迁徙，后几经辗转，最后落脚长汀，这为后来的福建省苏维埃政府的成立打下了良好的组织基础，进行了干部准备。

到 1930 年夏，仅一年多的时间，在纵横 300 多里的红色区域里，就建立了5个县苏维埃政府、57个区苏维埃政府、5个区革委会、557多个乡苏维埃政府（武平、漳平县未统计在内），赤色区域人口约85万以上，占闽西各县总人口134万的一半以上。[①]1929年以后，特别是在1930年上半年，闽北党组织积极组织领导群众开展武装斗争，实行土地革命，建立红色政权，初步形成了以崇安为中心的闽北苏维埃区域。7月25日，中央决定成立赣东北特区，将闽北苏区划归中共赣东北特委领导。1931年7月11日，闽北分区第一次工农兵代表大会在崇安坑口召开，成立了闽北分区苏维埃政府，标志着横跨闽赣两省的闽北苏区正式形成。年底，闽北分区和苏维埃政府迁入崇安县城。

1930年底到1931年9月，中央红军连续粉碎了蒋介石的三次军事"围剿"，从而使赣南、闽西革命根据地连成一片，为进一步壮大红军和革命根据地奠定了坚实的基础。同时，为迅速掀起抗日反蒋高潮，"必然要汇合在苏维埃旗帜之下，以民族革命战争来驱逐帝国主义，推翻国民党统治；而争取苏维埃在全中国的胜利"[②]，"必然要建立坚强而有工作能力的各级苏维埃政权"[③]。正值此时，1931年11月7日，中华苏维埃政府在江西瑞金成立，大会要求各革命根据地召开工农兵代表大会，迅速传达大会精神。因此，在闽西苏维埃政府基础上成立福建省苏维埃政府来加强对以闽西革命根据地为中心的福建苏区革命斗争的领导，已十分迫切地提到了党的议事日程上来。

1932年春，"上杭武平已被我红军十二军配合广大工农群众，在几天内全部占领，团匪钟绍葵[④]，全部击溃而逃窜广东，这是当目前发展革命战争开始时就取得这一极大胜利，在全国苏维埃的发展和胜利上，都有

---

① 参见中共龙岩地委党史资料征集领导小组、龙岩地区行政公署文物管理委员会编：《闽西革命史文献资料》第3辑，1982年10月，第395页。

② 中共江西省委党史研究室、中共赣州市委党史工作办公室、中共龙岩市委党史研究室编：《中央革命根据地历史资料文库·政权系统（6）》，中央文献出版社、江西人民出版社2013年版，第211页。

③ 中共江西省委党史研究室、中共赣州市委党史工作办公室、中共龙岩市委党史研究室编：《中央革命根据地历史资料文库·政权系统（6）》，中央文献出版社、江西人民出版社2013年版，第213页。

④ 其他文献中也作"钟绍奎"。

伟大的意义的”[①]。“上杭武平两县的夺取，不仅开展并巩固了闽西苏维埃区域，而且使闽赣的联系愈更巩固了”[②]，为福建省苏维埃政府的成立奠定了坚实的基础。《指示信》指出：“正当世界的中国的革命形势发展到了很紧张的时期，尤其是在目前发展革命战争中，红军十二军接连夺取上杭武平大胜利的时候，你们大会的举行，是有伟大意义的。”[③]

（二）福建省苏维埃政府成立概况

1932 年 3 月 18 日，在巴黎公社纪念日和闽西苏维埃政府成立二周年之际，福建省第一次工农兵代表大会在长汀隆重召开。会场设在闽西苏维埃政府大厅（今长汀一中），与会代表 100 多人，均来自福建苏区各县、区苏维埃政府，“均系各级政府的中坚干部”[④]。福建省委、团省委、工农群众团体的代表也出席了大会，中华苏维埃政府特派任弼时同志参加和指导大会。

大会于 3 月 18 日开幕，21 日胜利结束。大会着重对如何以革命战争来反对帝国主义侵略，摧毁国民党反动派的统治，建设和发展革命根据地这一中心议题进行了认真的讨论，提出：“今后福建苏区的总任务是要巩固闽西，与江西苏区联成一片，积极向北发展；配合江西和其他苏区来争取革命在江西的首先胜利。”[⑤]大会通过了《实行劳动法令》《土地问题》《军事问题》《财政经济问题》《苏维埃建设问题》等重要决议，还通过了《拥护全国工农红军通电》《拥护苏联通电》《致上海罢工工友电》等决议。3 月 21 日，成立了福建省苏维埃政府，张鼎丞为主席，阙继明、张思垣为副主席。下设八个部：其中范乐春为土地部部长，郭滴人为文化部部长，张思垣为劳动部部长，阙继明为工农检查部部长，李六如为财政部部长兼内务部部长，钟显光为粮食部部长，张华先为裁判部部长，温仰春为省苏秘书长。后增设国民经济部和妇女部，丘赐潭为国

---

① 《人民委员会为杭武工作给闽西的一封信》，《红色中华》，第 13 期，1932 年 3 月 9 日。

② 《人民委员会为杭武工作给闽西的一封信》，《红色中华》，第 13 期，1932 年 3 月 9 日。

③ 中共江西省委党史研究室、中共赣州市委党史工作办公室、中共龙岩市委党史研究室编：《中央革命根据地历史资料文库·政权系统（6）》，中央文献出版社、江西人民出版社 2013 年版，第 209 页。

④ 《福建省工农兵苏维埃代表大会盛况》，《红色中华》第 15 期，1932 年 3 月 23 日。

⑤ 《福建省苏大会总结》，《红色中华》第 15 期，1932 年 3 月 23 日。

民经济部部长，赖月华为妇女部部长。

福建省苏维埃政府的成立，标志着福建苏区的政权建设发展进入一个新的阶段，从而使福建苏区的革命斗争进入全盛时期。

二、《指示信》的重大意义

临时中央政府对于召开福建省第一次工农兵代表大会非常重视。大会召开前夕，以毛泽东、项英、张国焘的名义发出了《苏维埃临时中央政府给福建省第一次工农兵苏维埃大会的指示》，对会议作了详尽的指导。

（一）充分肯定巴黎公社的革命意义

福建省工农兵第一次代表大会召开的时间，《指示信》明确指出：“你们全省苏维埃代表大会，于世界无产阶级革命的第一个最光荣的纪念日——巴黎公社纪念日——举行开幕。”[①] 为什么选择这个时间召开，因为在1871年3月18日，巴黎人民为推翻短暂地统治巴黎的政府而实行军事行动。他们占领了城内的战略要地，临时政府总理梯也尔狼狈逃出巴黎，迁往凡尔赛。不久，巴黎公社成立，它是第一个无产阶级政权的雏形。巴黎公社是无产阶级推翻资产阶级统治，建立无产阶级专政的一次伟大尝试，是无产阶级革命史上的一个光辉节点。为此，中华苏维埃共和国临时中央政府想通过这个契机，一是弘扬巴黎公社的革命精神，激励苏区人民用革命手段推翻反革命政权；二是宣扬所建立的政权是无产阶级性质的政权，是为人民大众谋利益的政权。

（二）指出夺取革命胜利的根本力量

《指示信》指出：“为了发展革命战争，就要扩大与加强红军，这是发展革命战争的主要力量。”指示信分析了当下的国内外形势，指出：“当着目前革命形势，无论在世界和中国，都是达到了最紧张的新的时期。”“全国革命运动，自三次革命战争（笔者注：即三次反‘围剿’）

① 中共江西省委党史研究室、中共赣州市委党史工作办公室、中共龙岩市委党史研究室编：《中央革命根据地历史资料文库·政权系统（6）》，中央文献出版社、江西人民出版社2013年版，第209页。

伟大胜利，及中华苏维埃共和国临时中央政府成立后，各地苏维埃和红军，都是继续获得很大的胜利和发展。”“必然要汇合在苏维埃旗帜之下，以民族革命战争来驱逐帝国主义，推翻国民党统治，而争取苏维埃在全中国的胜利。”“更努力的动员千百万的工农群众，来参加革命战争。”《指示信》指出：“大会必须很具体的讨论扩大红军和执行优待红军条件的实际执行办法。”①

随着中央革命根据地特别是闽西苏区的不断发展壮大，到 1929 年 11 月，红色区域已扩展到龙岩、上杭、永定、武平、长汀、连城、漳平、宁洋等县，在纵横数百里的红色区域内，已成立 4 个县苏维埃政权、50 多个区苏维埃政权、400 多个乡苏维埃政权，成为继井冈山之后全国最大的红色根据地之一。1930 年 3 月 18 日，闽西第一次工农兵代表大会在龙岩城召开，正式成立闽西苏维埃政府，标志着闽西革命根据地正式形成。7 月，中共闽西第二次代表大会召开，将党团合并，成立闽西总行动委员会。11 月恢复并改组中共闽西特委。12 月，邓发到达闽西，召开闽粤赣苏区党代表大会，成立以邓发为书记的中共闽粤赣特区委员会（简称闽粤赣特区委），主要领导闽西地区的革命斗争。由于中央苏区特别是闽西苏区的不断巩固，革命形势的不断高涨，蒋介石视其为眼中钉、肉中刺，从 1930 年 12 月起，国民党对赣南、闽西各革命根据地连续发动了一次又一次的军事“围剿”。为打破敌人的军事“围剿”，需要动员大量的青壮年参军参战，同时，苏维埃政府必须研究出台优待红军条例，这便成为当时的中心工作。

（三）指明了苏区经济发展的方向

由于国民党的经济封锁，造成苏区内物资匮乏。苏维埃政权建立后，蒋介石为了加强对苏区的经济封锁，指出：“必须做到使敌‘无粒米勺水之接济，无蚍蜉蚊蚁之通报’的程度，所以，要紧的地方，无论隘路碉卡围寨岔路，如果有点怀疑封锁不严密的地方，我们一定想种种方法去检查防范；监督指导的事情，全靠我们高级长官严厉、切实去办，凡紧

① 中共江西省委党史研究室、中共赣州市委党史工作办公室、中共龙岩市委党史研究室编：《中央革命根据地历史资料文库·政权系统（6）》，中央文献出版社、江西人民出版社 2013 年版，第 211 页。

要之处，一定要亲自出马，不好委一个参谋或其他什么闲杂人员去代办，那是有害无利的！”[①]1930年8月，陆、海、空军总司令、武汉行营主任何应钦主持召开了湘、鄂、赣三省“绥靖”会议，专门提出对苏区进行经济封锁的《严防“匪共”在武汉密购枪弹案》议案，颁布了相应的封锁运送物资进入苏区条例：凡属军用品（武器、弹药、钢铁、白铅、硝磺、卫生材料等）及日用一切物品（粮食、食盐、汽油、煤油、电料、布匹等），一概禁止输入苏区。1932年以后，国民党为了配合对苏区的军事“围剿”，在邻近苏区的国民党统治区设立专门的公卖处，实行“计口售盐”“计口售油”。设红白势力分界线、公卖处、检查站、“封锁匪区管理处”等，防止将物资运进苏区。

为打破敌人的经济封锁，苏维埃政府提出要节省粮食和进行经济建设，帮助红军。《指示信》指出：“大会必须详细讨论发展苏区经济，提高生产的实施方案以及执行经济政策的具体办法。”特别是有关统一财政和节约问题，提出了详尽的方案：“对于财政问题，大会要坚决的依照中央所颁布的财政条例，定出很具体的统一的财政办法。”“对于节俭经费……大会应该坚决的反对过去各级政府随意浪费经费的严重现象，并规定惩戒以后浪费经济的办法。”[②]

（四）充分体现人民至上的原则

《指示信》指出：“当前的具体任务，是继续这些胜利，更努力的动员千百万的工农群众，来参加革命战争。”“为了实现这一任务，你们大会一切工作都要以发展革命战争为主要的中心，首先就要讨论实际动员群众各种具体的方针，这一动员工作主要的是发展斗争深入斗争，要提高工农群众的斗争积极性，就要切实的实行劳动法土地法等等。”[③]中国是一个农业大国，农民人口占多数，土地是农民的命根。中国革命要取

---

① 成圣昌：《赤区经济恐慌横断面的暴露》，《前途杂志》1934年第2卷第6号。

② 中共江西省委党史研究室、中共赣州市委党史工作办公室、中共龙岩市委党史研究室编：《中央革命根据地历史资料文库·政权系统（6）》，中央文献出版社、江西人民出版社2013年版，第212页。

③ 《苏维埃临时中央政府给福建省第一次工农兵苏维埃大会的指示》，《红色中华》第15期，1932年3月23日。

得胜利，必须依靠广大的农民力量，而农民赖以生存的是土地，只要他们获得了土地，就获得了生存的希望。中国共产党从成立起，就提出以开展工农运动为中心工作，让农民获得土地、让人民获得幸福是他们的初心。与此同时，社会保障工作也不容忽视，它不仅关系到公民的基本权利，更关系到广大公民的切身利益。《指示信》所提大会中心内容正体现了中国共产党人一切为民的本质。为了更好地去指导此项工作的开展，《指示信》指出："大会必须很具体定出实行劳动法土地法的实施方案。"[①]福建省苏维埃政府成立大会从此有了明确的方向。

（五）充分肯定了闽西地方武装的重要性

《指示信》指出："过去闽西地方武装不健全，绝不是如一般人所说'闽西地方武装无用'或是'闽西人不能打仗'，这种错误观念，大会必须坚决的反对。"[②]1927年8月1日，根据中共中央临时常委会的决定，周恩来、贺龙、叶挺、朱德等领导了八一南昌起义，打响了武装反抗国民党反动派的第一枪。此后，南昌起义军南下广东途经闽西，在长汀、上杭、永定、武平等地开展了一系列的革命活动，有力地促进了闽西革命斗争的恢复和发展。在南昌起义军的影响下，闽西共产党人在不到半年的时间里先后领导了龙岩后田、平和、上杭蛟洋、永定四大暴动。闽西"四大暴动"后，根据中共福建临时省委的指示，1928年7月15日，在省委常委兼宣传部部长王海萍的主持下，在永定金砂古木督崇德楼召开了上杭、永定、龙岩、平和四县县委负责人会议，成立了中共闽西临时特委，书记郭柏屏，组织部部长张鼎丞，宣传部部长邓子恢。同时，成立了闽西暴动委员会，总指挥王海萍，张鼎丞、邓子恢、傅柏翠为副总指挥，并将闽西各县暴动武装整编为闽西红军第七军第十九师，下辖第五十五、五十六、五十七3个团。整编后的闽西暴动武装，立即向敌

---

① 中共江西省委党史研究室、中共赣州市委党史工作办公室、中共龙岩市委党史研究室编：《中央革命根据地历史资料文库·政权系统（6）》，中央文献出版社、江西人民出版社2013年版，第211页。

② 中共江西省委党史研究室、中共赣州市委党史工作办公室、中共龙岩市委党史研究室编：《中央革命根据地历史资料文库·政权系统（6）》，中央文献出版社、江西人民出版社2013年版，第212页。

人据点发起进攻，并一度攻进龙岩城，使敌人闻风丧胆。同时，在永定暴动后，张鼎丞、邓子恢等就从参加暴动的队伍中挑选出200余人组成红军营，创建了全国较早、福建最早的红军。这个红军营在土地革命和建立闽西革命根据地过程中作出了重要贡献。《指示信》明确指出："闽西地方武装和工农群众不仅与敌人作了长期斗争，而且缔造了广大的苏区，是具有伟大的革命斗争力量的。"① 这充分肯定了闽西地方武装的重要作用。

三、结论

福建省苏维埃政府成立后，使福建苏区有了统一的最高工农民主政权，苏区工作有了发展方向。福建省苏维埃政府从1932年3月18日成立到1934年10月红军被迫进行战略转移后，其机关也相应转移到长汀城西南的梁屋头，坚持了近两个月的革命斗争，直至1934年12月才结束省苏的历史使命。动员广大群众参军参战、开展根据地的各项事业建设、夺取革命战争的胜利成为当时福建省苏维埃政府的中心任务。在整整两年九个月的历史中，福建省苏维埃政府领导人民，为推翻"三座大山"进行了坚持不懈的努力斗争，坚持走工农武装割据的中国革命道路，建立起代表广大群众利益的革命政权，开展了一系列为着群众谋幸福的革命事业，在中国革命历史上写下了光辉的一页。

［本文为在长汀举办的"纪念福建省苏维埃政府成立90周年"理论研讨会上提交的论文，收入本书时有修改］

① 中共江西省委党史研究室、中共赣州市委党史工作办公室、中共龙岩市委党史研究室编：《中央革命根据地历史资料文库·政权系统（6）》，中央文献出版社、江西人民出版社2013年版，第212页。

试论中央红军东方军的历史地位与作用

2016 年是中央红军东方军入闽作战 80 周年。80 年前的今天，中央红军东方军为了彻底粉碎敌人的第四次“围剿”，解除国民党第十九路军对中央苏区东南战线福建方面日益严重的威胁，恢复和发展闽西北苏区，同时筹集军款和物资，在彭德怀司令员的率领下，于 1933 年 7 月和 1934 年 1 月入闽作战，历时 3 个月，实现了东线作战的政治、军事和经济目的，从而稳定了中央苏区东部战线的局势，促使了十九路军走上了联共反蒋抗日的道路，同时为第五次反“围剿”斗争准备了有利的条件。东方军的入闽作战，在土地革命战争中具有特殊的历史地位和重要作用。

一、东方军入闽作战概况

1933 年 3 月，中国工农红军取得第四次反“围剿”的胜利，此时，已于年初从上海迁入中央苏区的以博古为首的中共临时中央，进一步推行其“左”倾冒险主义的政治路线和军事路线，提出所谓“创造百万铁的红军”“全线出击”“两个拳头打人”等“左”倾口号。在这样的背景下，“左”倾领导者过分估计了第四次反“围剿”胜利以后的形势，决定继续实行“争取江西及邻近省区革命首先胜利”的计划。他们决定采用“两个拳头打人”的方针，命令红一方面军的红一军团和红三军团两支主力部队分别在江西和福建战场上与强大的敌军作冒险的试战，以图在两个战场上同时求得速胜。

东方军是中央红军东方作战军简称。1933 年 6 月，为了彻底粉碎敌人的第四次“围剿”，解除国民党第十九路军对中央苏区东南战线福建方面日益严重的威胁，中共苏区中央局转发了《中央关于今后作战计划的指示》，决定将红一方面军主力分成两部分，一部分组成中共作战军（中央军），在江西抚河、赣江之间的宜黄、乐安、南丰一线，对崇仁、金溪地区之蒋介石嫡系部队作战，防守中央苏区的北大门；另一部分编为东方作战军（东方军），入闽对国民党第十九路军等部作战，恢复和发展闽西北苏区，同时筹集军款和物资。

7 月 1 日，中革军委下达命令，以红三军团为主，包括已在福建的红七军团第十九师组成东方军，由彭德怀任司令员，滕代远任政委（后杨尚昆），袁国平任政治部主任。为配合东方军作战，在福建的红三十四师（由红十九军改编而成，原属红十二军）及闽赣军区和福建军区所辖的各红军独立师、独立团、独立营等部队，均统归东方军总部指挥。其作战任务是“恢复闽西的沦陷的连城、新城苏区和开辟闽北新苏区”，以便配合争取江西革命的首先胜利。7 月 2 日，东方军主力红三军团从广昌出发，于 7 月 5 日到达宁化县以西地区，开始入闽作战。东方军的入闽虽然主观上是由于中共临时中央局“左”倾领导者推行其“左”倾冒险主义的政治路线和军事路线，但客观上，东方军在入闽作战的 3 个月中，军事上取得了重大的胜利，政治上对闽西直至整个福建的局势产生了深刻的影响。

二、东方军入闽作战的历史地位和作用

（一）军事上的节节胜利，重创了敌人，稳定了中央苏区东部战线局势

从 7 月上旬到 8 月上旬，东方军在入闽的第一阶段作战中，主力先是开展于宁化、清流、归化（今明溪）等县地区，采用“围点打援”的战术方针，接连取得了延祥伏击战和攻克泉上战斗的胜利，消灭了福建地方军阀卢兴邦主力的一部。尔后，东方军主力南下连城，相继取得了朋口歼灭战和姑田、小陶追击战的胜利，歼灭了敌十九路军精锐第

七十八师区寿年部的 1 个旅 3 个团。在入闽第一阶段的作战中，东方军各部队捷报频传，战果累累。8 月 19 日《红色中华》报登载的《东方作战军的光荣战绩》一文中写道：“我东方作战军自东出以来，第一仗就消灭了卢兴邦半部，克复了泉上、清流、归化、泰宁；第二仗又消灭了区寿年大半，吓跑了六十师、六十一师，恢复了朋口，连城新泉、白沙，使十九路军退到龙岩、永安不敢伸头，一共赤化了五六百里。……赤化区域：清流、泰宁、连城、归化、新泉、大洋坝、白沙。”

8 月中旬至 9 月下旬，东方军在入闽的第二阶段作战中，主力从连城县境挥师北上，冒着盛暑酷热，艰苦转战于沙县、将乐、顺昌、邵武、延平（南平）之间的崇山峻岭和闽江两岸，军事上继续取得丰硕战果。8 月下旬，东方军一部攻占了闽江上游的两个主要商埠：顺昌县的洋口和延平县的峡阳。击溃蒋系军阀第五十六师刘和鼎部的 3 个团。接着东方军所属红四师、红五师、红十九师又将顺昌、延平隔断并围攻两县城，红六师和红二十一师也奉命从江西黎川、福建泰宁南下，包围将乐县城。与此同时，以周恩来、朱德为领导的红一方面军总部东移，抵达泰宁县城组织指挥。8 月底，为固守延平以确保福州安全，十九路军主力第六十师沈光汉部由龙岩进至永安，第六十一师毛维寿部由泉州经大田向沙县集中，蔡廷锴本人率补充师谭启秀部进至闽江水口、尤溪口地区。9 月 3 日，遵照彭德怀提出的“围城打援”方针，东方军一部加紧佯攻延平，另一部于延平东南的夏道、吉溪附近消灭增援延平的敌十九路军补充师一团的先头部队，接着又击溃两个营。9 月 18 日上午，红三军团第四、第五师主力与沙县来援之敌遭遇于延平郊外的芹山。双方经过激战，号称十九路军中最有战斗力、从未打过败仗的“铁军”六十一师三六六团，被红军全歼于芹山，“我军创造了一个团的兵力在运动中歼敌一个团的新纪录。东方军全体指战员士气十分高昂，热烈欢庆胜利；苏区群众听到捷报，个个喜气洋洋”①。

1934 年 1 月，红三军团与红七军团重组东方军再次入闽，1 月上旬由建宁下泰宁，攻克将乐、归化，占领沙县的富口、夏茂。10 日，红三

---

① 李志民：《回顾东方军的英勇战斗和深刻教训》，《星火燎原》1982 年第 4 期。

军团包围沙县县城，红七军团机动于沙县、尤溪之间，担任打援任务。在建瓯坐镇指挥的蒋介石命第四师由延平（今南平）西援沙县。红三军团以红四师于青州附近阻击，将其击退，毙敌团长以下官兵200余人。25日拂晓，红三军团以爆破法炸垮沙县城墙一角，全歼守军，俘敌1300余人。2月18日，红三军团返回江西反“围剿”。

东方军入闽作战以来，使闽西苏区的归化、清流、连城、新泉4个县的苏维埃政权很快得到了恢复发展，并和闽浙赣苏区连成一片，从而稳定了中央苏区东部战线的局势。

（二）缴获了大量的物资和现金，有力地补充了中央苏区军需民用，为第五次反“围剿”斗争准备了有利条件

在入闽的第一阶段宁化、清流、归化、连城作战中，东方军就缴获了大量的物资。8月19日《红色中华》报登载的《东方作战军的光荣战绩》一文中写道：“步枪2600支，重机关枪30架，轻机关枪60支，驳壳手枪200，钢帽千余顶。”第二阶段沙县、将乐、顺昌、邵武、延平（南平）作战中，又缴获了机关枪4挺、火轮3艘、食盐15万斤，其他军用品无数。特别是在夏道、吉溪附近消灭增援延平之敌十九路军补充师一团之先头部队，所缴物资更是可观，主要有：重机关枪3挺，步枪百余支，汽车2辆，击沉火轮1艘。接着又击溃两个营，缴获火轮8艘，其中子弹4船，其他军用品4船，食盐7万斤。[①] 在攻打延平外的芹山战役中，红军缴获了重机关枪6挺，自动步枪8支，其他军用品无数。[②]

1934年1月，红三军团与红七军团重组东方军再次入闽，在攻克将乐、归化、沙县、尤溪等战斗中，缴获各种枪支1800余支、火炮8门及两个兵工厂设备。

东方军在军事上的接连胜利及其缴获、筹集的大量物资和现金，除部分补充东方军自身的消耗外，大部分运回苏区内地，装备了红军，使中央苏区军民补充了大批的武器、弹药、食盐、药品和经费，为第五次反“围剿”斗争准备了有利条件。

---

① 参见《东方军的不断大胜利》，《红色中华》第103期，1933年9月6日。

② 参见林天乙主编：《中共闽粤赣边区史》，中共党史出版社1999年版，第182页。

（三）促进了国民党十九路军走上联共反蒋抗日的道路，对福建革命斗争形势的发展产生了积极的影响

东方军进军闽北期间，特别是在对延平的围攻后，直趋水口，威胁福州，使国民党第十九路军陷入了困境。蔡廷锴后来回忆当时的情况说，十九路军几乎全部动员来对付红军这次东征，整个福建蒋军主力七八万人都动员，始将战线稳定下来，但防广兵单，捉襟见肘。这种难于应付的窘境，加上当时广大十九路军官兵消极内战，主张反蒋抗日的呼声日高，使十九路军领导人蒋光鼐、蔡廷锴等认识到继续参与“剿共”内战是没有出路的，最终只能成为蒋介石“攘外必先安内”卖国方针的牺牲品。在进退两难的困境中，蒋光鼐、蔡廷锴、陈铭枢受中共共同抗日宣言的影响，决定将其原来的“反共反蒋抗日”方针，改变为“联共反蒋抗日”。他们毅然选择停止内战、联共反蒋抗日的正确道路，并联名写信，主动派陈公培代表到前线找红军领导人彭德怀商谈双方停战议和、共同反蒋抗日事宜。会谈中，彭德怀赞扬了十九路军抗日反蒋的行动，批评了他们来福建“剿共”的错误，同时，对蒋、蔡、陈等响应中共的抗日宣言表示欢迎，请他们再派代表到瑞金谈判。1933 年 10 月 6 日，十九路军派徐名鸿为全权代表，由陈公培陪同赴瑞金，与我党进一步商讨共同合作抗日反蒋等问题。十九路军与我党初步达成协定后，加速反蒋步骤，于 11 月 20 日爆发了著名的福建事变，十九路军走上了联共反蒋的道路。根据我党与十九路军达成的《反日反蒋的初步协定》，福建人民政府先后释放了关押在福州等狱中的“政治犯”152 人。这些党员和干部获释后，分别充实到一些地区加强党的领导力量，从而有力地推动了福建抗日民族运动和白区工作的开展，促进了闽东闽南地区革命斗争的进一步发展。[①] 同时，对中央苏区东部战线局势的稳定起到了一定的作用。

东方军入闽作战 3 个月，取得了一定的胜利，恢复和发展了大片苏区，促进了十九路军与我军共同反蒋抗日，这对福建局势的发展产生了积极的影响。但东方军本身也受到相当的削弱，中央红军在抚河和赣江

---

① 参见中共三明市委党史研究室、中共泰宁县委党史研究室编：《东方军研究》，1997 年 11 月，第 20 页。

间活动，也没有取得预期的战果。综观全局，主力红军“分离作战”的结果，削弱了我军的战斗力，丧失了进行反“围剿”斗争准备的宝贵时间，给以后的反“围剿”作战造成了很大的困难。后来，参加东方军入闽作战的黄克诚感慨：经验证明，红一、红三军团分离作战，就打不好仗，就要吃亏。这次东方军入闽作战 3 个月，虽然部队受到很大的损失和消耗，但在土地革命战争中具有特殊的地位和重要作用。

［本文收入 2016 年 11 月三明“东方军入闽作战 80 周年纪念活动暨理论研讨会”论文集］

古田会议精神的内涵研究

与新民主主义革命时期形成的中国共产党其他几个革命精神类型进行历史比较，古田会议精神具有其独特和重要的精神特质，它不是常规意义上的会议精神，而是表现为中国共产党人建设先进政党和人民军队的建党建军精神。正因为古田会议精神树起了中国共产党建党建军精神的历史标杆，奠定了其在中国共产党革命精神史中的里程碑地位，使之与红船精神、井冈山精神、苏区精神、长征精神、延安精神、西柏坡精神一样，成为中国共产党革命精神史的重要坐标。

一、思想建党，政治建军

古田会议精神的核心是思想建党，政治建军。

思想建党是引擎，政治建军是根本。习近平总书记指出，思想建设是党的基础性建设。在党的建设中，思想建设是先导和基础，它贯穿于党的建设的全过程，渗透到党的建设的各个方面，成为保持党的先进性和纯洁性的法宝，成为中国革命取得伟大胜利的有力武器，对搞好党的其他各项建设具有直接的带动、制约和影响作用。

（一）党建之魂铸铁军

红军是我们贫苦百姓自己的军队，是由大多数的贫苦农民组成的，为此从它产生开始就是以农民为主体，此外还有受革命影响的北伐军官兵以及从国民党军队中起义或解放过来的官兵，他们原先大多数也是农民。红军中还有一部分城市小资产阶级出身的人。以红四军为例，据古田会议召开前夕的统计，红四军全军约6000人，其中党员1600人。在这些党员中，有工人300人，占18.8%；农民900人，占56.2%；小商人200人、知识分子200人，各占12.2%。也就说明，党员中农民和其他小资产阶级出身的人占81.2%。这是无可争议的让共产党领导人担忧但又不可能立即改变的建党建军之初的历史真实。

由于红军和红军中的党组织长期在农村游击战争的环境中活动，必然要受到来自农民和城市小资产阶级及其他非无产阶级的思想影响，这些非无产阶级思想，严重妨碍党的路线的贯彻执行，削弱了军队的战斗力，使得新型人民军队的建设面临夭折的危险。在这种形势下，如何用无产阶级思想教育部队，克服各种非无产阶级思想，打造一支真正的人民军队，就成为制约红四军进一步发展的一个瓶颈。

在中国特殊的社会条件下如何建设中国共产党，如何保持党的先进性，萧克曾回忆："在古田会议召开前，朱毛红军从汀州到连城新泉，为了开好古田会议，毛泽东、朱德、陈毅等前委领导召开了多次的地方干部座谈会和各党支部、纵队代表联席会议，还找一部分干部、战士谈话，仔细调查部队和党内存在的各种问题，听取各种不同意见，共同研究产生这些问题的原因和解决办法。"①

通过十几天的新泉整训，红军在思想统一上达到了一个新的境界。

针对红四军党内存在的各种思想问题，为提高红军党的干部的马克思主义理论水平，使全体官兵树立无产阶级的世界观，《古田会议决议》明确提出要使"党员的思想和党内的生活都政治化，科学化。反对主观主义，强调整体利益，反对个人主义，以及要正确开展党内批评等方式，探索积极解决思想问题的途径"。

决议明确提出"教育为先"的进行党内思想建设的任务。毛泽东早在1928年撰写的《井冈山斗争》中就提出："无产阶级思想领导的问题，是一个非常重要的问题。""若不给以无产阶级思想领导，其趋向是会错误的。"很明显，出自毛泽东之笔的《古田会议决议》比之前更进一步，

① 萧克：《朱毛红军侧记》，人民出版社1993年版，第106页。

它对于党的思想建设的重视程度是前所未有的，其效果也是前所未有的。《古田会议决议》指出，红军“党内最迫切的问题，要算是教育问题。为了红军的健全与扩大，为了斗争任务之能够负荷，都要从党内教育做起。不提高党内政治水平，不肃清党内各种偏向，便决然不能健全并扩大红军，更不能负担重大的斗争任务。因此，有计划地进行党内教育，纠正过去之无计划的听其自然的状态，是党的重要任务之一”[①]。《古田会议决议》详细规定了进行党内思想教育的10种教材和18种方法。

古田会议以决议的形式确立了思想建党的原则，提出了党员不但要在组织上入党，而且要在思想上入党，不断用无产阶级思想来教育党员。

组织建设和思想建设是红军建设发展过程中极为重要的两个方面，但如果仅仅只重视加强党的思想政治建设，忽视党的组织建设，毛泽东认为也是片面的。毛泽东针对红军党内的实际，作出了富有创造性的论断，就是要加强党对军队的绝对领导，加强党的组织建设、思想建设和红军的宣传教育。因为毛泽东发现，“红军党的组织问题现在到了非常之严重的时期，特别是党员的质量之差和组织之松懈，影响到红军的领导与政策之执行非常之大”[②]。为此，《古田会议决议》对于红四军党的组织建设作出决议。决议强调严格党员标准，提高党员质量。明确了发展党员的组织路线是“以战斗兵为主要对象。同时对非战斗兵如夫子、勤务兵等亦不应忽视”[③]。但同时，对发展党员的标准做了新规定：“（1）政治观念没有错误（包括阶级觉悟）；（2）忠实；（3）有牺牲精神，能积极工作；（4）没有发洋财的观念；（5）不吃鸦片，不赌博。”[④]以上五个条件具备的人，才能够介绍他进党。从而严格把好了党员质量关，纯洁了党员队伍。

《古田会议决议》重申支部建在连上，同时要求建立和完善党的各项规章制度，从而有效地加强了红四军党的组织建设。

红军中存在着另一种错误的思想，就是“非组织观点”，表现为少数

---

① 萧克：《朱毛红军侧记》，人民出版社1993年版，第106页。

② 《毛泽东文集》第1卷，人民出版社1993年版，第88页。

③ 《毛泽东文集》第1卷，人民出版社1993年版，第88页。

④ 《毛泽东文集》第1卷，人民出版社1993年版，第90页。

不服务多数，或者非组织的批评，党内批评变成个人攻击。毛泽东认为，“党的纪律之一是少数服从多数”，绝对不能违反。《古田会议决议》在健全党的组织，增强党员的组织纪律观念，以及厉行集中指导下的民主生活作了详细的阐述，从思想、组织、制度建设方面确保党和党员的先进性。这就初步回答了在党员以农民和小资产阶级为主要成分的情况下，如何把党建设成为一个坚强的马克思主义政党的问题，从而为党实现和保持自身先进性，胜利地领导中国革命提供了可靠的保证。同时系统地探索了党的建设的一些根本性问题，为中国共产党实现和保持自身先进性作出了突出的贡献。

古田会议创造性地提出了思想建党的重大理论，解决了国际共运史上第一次遇到的重大问题：建设一支长期处在农村游击战争环境下以农民党员为主要成分的政党和军队，使之成为无产阶级政党和人民军队的问题，从而找到了无产阶级政党建设的根本规律，这无疑是党的建设史上一个开拓性的杰出贡献。

思想建党，永葆先进，这是古田会议精神最实质的内容，也是中国共产党建设的永恒主题。

（二）军魂铸就固根本

红四军自1929年初离开井冈山向赣南、闽西出击以来，利用国民党爆发内战的有利时机，在赣南、闽西一带打出了一片新天地。

但是，随着革命形势的发展，各种非无产阶级思想和旧军队作风，大量地反映到红四军的党和部队中来。主要原因是由于这支军队大部分是由旧军队转化来的，新扩充的成分主要是从农民中来的，封建传统观念和旧军队的不良习性未清除，红军中存在着雇佣军队的思想，过分相信军事的力量，轻视政治工作，总以为“军事好，政治自然会好”，不愿意做群众工作等。粟裕《在井冈山和中央根据地》一文回忆中说道：“我所在的第二十八团，在党的领导下屡建战功，但轻视政治工作的思想仍较普遍。尤其是一些行伍出身的军人，看不起政工干部，认为政工干部只是摆样子，卖嘴皮子的，卖狗皮膏药的。”

如何打造一支新型的人民军队，不是一夜之间的事，正如罗荣桓在《秋收起义与我军初创时期》一文中指出的：“三湾改编也只是开始奠定了新型的革命军队的基础，政治上、思想上的彻底改造，是一个长期斗争的过程。”[①]

为能够夺取中国革命胜利，在古田会议上围绕着“建设一支什么样的军队，怎样建设这支军队”这一核心问题，回答和解决了人民军队建设涉及的一系列带有普遍性、根本性的问题。

《古田会议决议》明确指出：“中国的红军是一个执行革命的政治任务的武装集团。”它是党为达成社会革命目的而建立的新型军队，是为人民的利益而结成的武装力量，具有人民本色；其宗旨，是为普通百姓的翻身解放服务，为劳动大众冲锋陷阵；因而其任务，就不是单纯的打仗，为军事而军事，除了完成军事任务，还要完成政治任务,《古田会议决议》明确指出：“红军的打仗，不是为打仗而打仗，而是为了宣传群众，组织群众，武装群众，并帮助群众建设政权才去打仗的。离了对群众宣传、组织、武装和建设革命政权等项目标，就是失去了打仗的意义，也就是失去了红军存在的意义。”[②]

鉴于这样的性质、宗旨和任务都是由中国共产党赋予的，所以军队必须服从党的领导，必须坚持“党指挥枪”，即在军队中，“一切工作，在党的讨论和决议之后，再经过群众去执行”；党指挥枪不仅要求军队听从党的指挥，而且更重要的是要为完成党的任务而奋斗，所以要把党的纲领、路线、方针、政策贯穿到军队工作中去。《古田会议决议》强调：党对军队的领导要通过强有力的政治工作来实现，为此要建立健全军队的政治工作机关，政治机关和军事机关统一在党委的领导下开展各自的工作；高度重视军队的思想政治工作，开展普遍、持久的教育，反对和消除各种非无产阶级思想和错误倾向。

废止肉刑，用说服教育的方式是新型人民军队的管理制度。在红军初创时期，官长打骂士兵乃至枪毙逃兵是司空见惯的，这种恶习来自旧军队。历来倡导民主制度的毛泽东对此十分不满，他指出，肉刑是封建阶级赖以维持其封建统治制度的最残酷的工具。作为无产阶级领导的红

---

① 罗荣桓：《秋收起义与我军初创时期》，载《井冈山革命根据地》（下），中共党史资料出版社 1987 年版，第 120 页。

② 《毛泽东文集》第 1 卷，人民出版社 1993 年版，第 79 页。

军，为何也出现这种现象，而且屡禁不止呢？为让更多的红军指战员深刻认识其危害性，毛泽东在古田红四军司令部里召开了有朱德、陈毅参加的连队党代表联席会议。在这之前，毛泽东和朱德军长在新泉召开过各种座谈会，搜集准备了大量材料。在这次会上，毛泽东便把这些材料“梳辫子”，把废止肉刑等8个专题，交与会同志分组讨论。

《古田会议决议》涉及和解决的问题实际上是关系红军建设全局和根本性的问题，把党的用无产阶级思想建设新型人民军队指导思想系统化、具体化，开启了建立无产阶级领导的新型人民军队的道路。罗荣桓在《秋收起义与我军初创时期》一文中称：“到红四军第九次党代表大会在古田召开，毛泽东同志建军的一套经验，便基本总结起来，这就成了人民军队的建军原则和光荣传统。”[①] 红四军第九次代表大会以后，我军要建立一支什么样的军队，就定型了。

《古田会议决议》从政治上、思想上、组织上确定了党绝对领导军队的基本制度和措施，确立了“党指挥枪”的政治建军根本原则，奠定了红军政治工作的基础，系统地解决了以农民为主要成分的军队如何建设成无产阶级领导的新型人民军队这个根本性问题，在党和人民军队建设发展史上具有凝神铸魂之功。古田会议确立的党对军队的绝对领导，即党指挥枪的原则，成为人民军队永远不变的军魂。

二、实事求是，追求真理

实事求是、追求真理是古田会议精神的灵魂所在。

以毛泽东为代表的一批共产党人，基于对中国国情的深入了解，在古田会议前后初步形成了实事求是的思想路线，为中国革命的最终胜利奠定了思想基础。围绕着召开古田会议所体现出来的求真务实的精神，是中国共产党能够从“本本”中走出来，独特地寻找到党的建设和中国革命道路的一大法宝。

---

① 罗荣桓：《秋收起义与我军初创时期》，载《井冈山革命根据地》（下），中共党史资料出版社1987年版，第124页。

（一）积极探索真理

旧中国是一个农村人口占大多数的自然经济占统治地位的半殖民地半封建国家，中国共产党人面临着一个无法回避的大问题：如何对待马克思主义，如何看待国情，如何用马克思主义指导中国革命取得胜利。在中国共产党成立之初和大革命时期，虽然党内已有人认识到马克思主义与中国具体实际相结合的重要性，并开始作了一些有益的探索，提出了一些有创见的观点，但是，这种思想认识还不是一种党的集体的自觉，还没有真正形成一条实事求是的思想路线。在古田会议期间，这一思想路线已较清晰地展现出来。

1929 年 12 月中旬，毛泽东、朱德、陈毅率领红四军前委和政治部进驻古田，并着手准备召开红四军第九次党代表大会。毛泽东白天参加各种座谈会，晚上伴着一盏如豆的煤油灯整理笔记材料，起草决议草案。经过了不知多少个不眠之夜，毛泽东终于完成了《中国共产党红军第四军第九次代表大会决议案》起草工作，陈毅则协助毛泽东整理各种调查会、座谈会的材料，并起草了《废止枪毙逃兵决议案》。《古田会议决议》是毛泽东、朱德等红四军领导人深入实际调查研究，倾听民声，认真研究，不断总结的结果，是实事求是认识问题和解决问题的开端。

毛泽东认为，在红四军中，主观主义"在某些党员中浓厚地存在"，这个问题如果不加以解决，不克服党内存在的这种错误倾向，"这对分析政治形势和指导工作，都非常不利"。毛泽东认为："对于政治形势的主观主义的分析和对于工作的主观主义的指导，其必然的结果，不是机会主义，就是盲动主义。"[①]党内一些人不但在政治形势和工作指导上采取主观主义的态度，而且在这种主观主义的束缚之下，当党内出现不同意见分歧时，以"本本"为依据、为标准，凡是符合"本本"的就认为是对的必须坚决执行，凡是"本本"上没有说的就认为离经叛道，因而动辄以"本本"作大帽子，去对待不同意见，甚至要将那些原本符合实际的做法非要统一到"本本"上不可。毛泽东认为，这种"党内的主观主义的批评，不要证据的乱说，或互相猜忌，往往酿成党内的无原则纠纷，

---

① 《毛泽东文集》第 1 卷，人民出版社 1993 年版，第 84 页。

破坏党的组织”[①]。

那么，如何纠正党内已存在的主观主义错误呢，毛泽东在决议中开出的药方，是“教育党员使党员的思想和党内的生活都政治化，科学化”。而要使这个药方达到效果，实现目的，他提出了三个具体的办法：“（一）教育党员用马克思列宁主义的方法去作政治形势的分析和阶级势力的估量，以代替主观主义的分析和估量。（二）使党员注意社会经济的调查和研究，由此来决定斗争的策略和工作的方法，使同志们知道离开了实际情况的调查，就要堕入空想和盲动的深坑。（三）党内批评要防止主观武断和把批评庸俗化，说话要有证据，批评要注意政治。”[②]

毛泽东在这里提出的纠正党内主观主义的三条办法，核心就是从实际出发，实事求是，根本办法就是调查研究。

首先，毛泽东指出必须用马克思列宁主义的方法去分析、研究中国革命的具体问题，而马克思列宁主义的灵魂就是要求一切从实际出发，具体问题具体分析的实事求是。其次，如何将马列主义同中国实际相结合，毛泽东提出要深入调查研究，只有通过调查研究，掌握具体情况，才能从实际出发，制定出符合中国国情的方针、政策。最后，毛泽东强调要开展党内批评和自我批评，特别指出说话要有证据，不能乱说话，即要实事求是。这三个具体办法的提出，标志着实事求是思想路线已经初步形成。

与此同时，毛泽东根据中国革命的具体条件指明了革命的具体道路。继 1929 年 6 月 14 日毛泽东在连城新泉《前委通讯》之后的 1930 年 1 月 5 日给林彪的第二封信（即《星星之火，可以燎原》一文）中形成了“农村包围城市，武装夺取政权”的思想，这是实事求是的成果。

古田会议顺利结束，红军党内争论问题得以圆满解决。但是，曾支持毛泽东的红四军一纵队司令员林彪对待红军的行动及中国革命的形势却产生了怀疑，并于 1929 年 12 月 30 日，给毛泽东寄了一张新年贺卡——其实是一封新年贺词。1930 年 1 月 5 日，毛泽东在古田协成店给

① 《毛泽东文集》第 1 卷，人民出版社 1993 年版，第 84 页。

② 《毛泽东文集》第 1 卷，人民出版社 1993 年版，第 84—85 页。

林彪写了一封7000多字的回信，以党内通信的形式印发给部队干部，对广大指战员进行形势与任务教育。这就是后来收入《毛泽东选集》的那篇《星星之火，可以燎原》。

毛泽东对时局估计悲观的思想提出了严肃批评，说明中国革命高潮一定会到来。他在信中写道：现在中国革命的主观力量虽然弱，但是立足于中国落后的脆弱的社会经济组织之上的反动统治阶级的一切组织（政权、武装、党派等）也是弱的。这样就可以解释现在西欧各国的革命的主观力量虽然比现在中国的革命的主观力量也许要强些，但因为它们的反动统治阶级的力量比中国的反动统治阶级的力量更要强大许多倍，所以仍然不能即时爆发革命。现时中国革命的主观力量虽然弱，但是因为反革命力量也是相对地弱的，所以中国的革命走向高潮，一定会比西欧快。

毛泽东认为，那种“全国范围的、包括一切地方的、先争取群众后建立政权的理论”，对于中国革命是不适合的。这种理论的来源，主要是没有把中国是一个帝国主义最后阶段中互相争夺的半殖民地一件事认清楚。认清了这一点，“就会明白相应于全世界只有中国有统治阶级内部长期混战的一件怪事而产生出来的另一件怪事，即红军与游击队的存在和发展，以及伴随着红军和游击队而来的，成长于四围白色政权中的小块红色区域的存在与发展（中国以外无此怪事）”[①]。

毛泽东从中国是一个多个帝国主义国家互相争夺的半殖民地的事实出发，论证了开展工农武装割据、建立革命根据地的重要性，指出：“红军、游击队和红色区域的建立和发展，是半殖民地中国在无产阶级领导之下的农民斗争的最高形式，和半殖民地农民斗争发展的必然结果。”[②]毛泽东进而指出，红军与无产阶级领导下的苏维埃政权，是促进全国革命高潮的重要因素。单纯的流动游击政策，不能完成促进全国革命高潮的任务，而朱德毛泽东式、方志敏式之有根据地的，有计划地建设政权的，深入土地革命的，扩大人民武装的路线是经由乡赤卫队、区赤卫大队、

① 《毛泽东著作选读》上册，人民出版社1986年版，第38页。

② 《毛泽东著作选读》上册，人民出版社1986年版，第38页。

县赤卫总队、地方红军直至正规红军这样一套办法的，政权发展是波浪式地向前扩大的，等等的政策，无疑义地是正确的。只有这样，才能树立全国革命群众的信仰；才能给反动统治阶级以甚大的困难，动摇其基础而促进其内部的分解；才能真正地创造红军，成为将来大革命的主要工具。“总而言之，必须这样，才能促进革命的高潮。”[①]

毛泽东的这封信，总结了自开辟井冈山革命根据地以来两年多建立农村革命根据地的经验，超越了他在井冈山时期提出的“工农武装割据”理论，基本上形成了“农村包围城市，武装夺取政权”的理论，标志着中国共产党人已经在自己的实践中，成功地探索出了一条不同于十月革命模式、具有中国特点的革命道路。

1929年下半年，为了反对红军中的教条主义，毛泽东在闽西思考了反对教条主义的问题，并在闽西写了反对教条主义内容的短文《反对本本主义》一文。由于短文没能说清楚问题，1930年5月，毛泽东在江西寻乌调查一个月，改写出了他的名作《反对本本主义》（原题为《调查工作》）。这篇由中共闽西特委刻印出版，1957年在上杭县茶地找到的重要著作，从认识论的高度总结中国革命的经验，提出“没有调查，没有发言权”，“中国革命斗争的胜利要靠中国同志了解中国情况”，共产党人应坚持“从斗争中创造新局面的思想路线”，反对保守的本本主义的思想路线。《反对本本主义》一文鲜明表达了实事求是、群众路线和独立自主的根本观点，表明毛泽东思想的活的灵魂已略具雏形。

《古田会议决议》《星星之火，可以燎原》《反对本本主义》的写作，标志着在中国共产党内，已经形成了一条与主观主义、教条主义相对立的实事求是的思想路线。

古田会议期间，以毛泽东、朱德、陈毅为代表的红四军领导人，深入调查研究，摸清实情，有针对性地提出解决办法。古田会议把马克思主义无产阶级政党学说和建军思想，同中国革命和红四军的实际结合起来，找到了一条用马克思主义指导党和红军建设、指导中国革命的正确道路，初步形成了我们党实事求是的思想路线。古田会议成为中国共产

① 《毛泽东著作选读》上册，人民出版社1986年版，第38页。

党人在探索中国革命正确道路过程中所迈出的关键一步，它既是革命斗争形势发展的客观要求，又是中国共产党人在斗争实践中所产生的一次认识飞跃。

（二）敢于斗争，勇闯新路

古田会议精神的特质是敢于斗争，勇闯新路。

1. 以斗争求团结

大革命失败后，以毛泽东为代表的一批共产党人，根据敌强我弱的形势，开创农村革命根据地，建立和发展工农红军，推动革命形势向前发展，在探索中国革命具体道路过程中，意识到马克思主义必须与中国具体实际相结合的重要性。然而令人遗憾的是，在党内仍有相当多的负责干部没有放弃那种照抄照搬的做法，仍没有改变那种以莫斯科的是非为是非的思维模式，那种对马克思主义、共产国际指示和苏俄革命经验的教条主义并未纠正。一大批从莫斯科回来的留苏学生，虽然也有可贵的革命热情，并在苏联系统地学习过马克思主义理论知识，但他们大多是刚刚加入中共之后即被党组织派往苏联留学，没有经过实际的革命斗争，自然谈不上有领导革命斗争的经验。加之他们之所以从普通干部一跃而进入中央领导层，主要是得到了共产国际一些人的大力扶持，这就将得他们不但在意识中甚至是情感上，都是唯共产国际的指示是从，将自己变成了共产国际的传声筒，使教条主义发展到了极致，以致造成对革命的危害。典型代表有刘安恭等。正如《古田会议决议》指出的，“这对分析政治形势和指导工作，都非常不利”。为此，《古田会议决议》强调，开展正确的党内批评是“坚强党的组织、增加党的战斗力的武器”①。

古田会议体现了共产党人勇于斗争的精神、善于斗争的艺术和坚持无产阶级领导的斗争方向，展现了共产党人勇于坚持自我完善、自我纠错、自我革命的马克思主义政党的政治品格。红四军领导人以对革命事业高度负责的政治觉悟、大局观念和责任感，进行积极的思想斗争，检讨了自己的不足，从而消除了分歧，增进了党内军内的团结统一，把思想高度统一到中央的指示上来。

---

① 《毛泽东文集》第1卷，人民出版社1993年版，第79页。

正是由于敢于斗争产生了效果，古田会议创造性地解决了党长期在农村发展环境中如何实现“无产阶级化”的问题，突破了“城市中心论”的严重束缚，打通了中国革命道路理论形成过程中的重大障碍，寻找到了思想建党的党的建设的成功之路，锻造了政治建军、党指挥枪的建军新路，开启了民主集中、制度为本的民主新路，开辟出了一条“农村包围城市，武装夺取政权”的中国革命新道路。

2. 敢为人先闯新路

毛泽东等一大批第一代党的领导人坚持真理，敢于斗争，善于斗争，在探索党的建设、军队建设、中国革命道路、思想路线等过程中取得了一次次的胜利。

（1）开创党建之路。中国共产党创建以后，如何把党建设成为一个具有战斗力的马列主义政党，中国共产党进行了不懈的探索。特别在创建赣南、闽西革命根据地过程中如何加强红四军党的建设和红军发展方向等一系列重大问题上，存在着不同的认识，产生了分歧。最后在中央九月来信的指导下，红四军通过召开党的第九次代表大会（即古田会议）而得到解决。

在《古田会议决议》中，提出了加强党的思想理论和党性教育、保持共产党的先进性和纯洁性的任务，确立了着重从思想上建党的原则和使党的组织能确实担负党的政治任务的原则；确立了党对军队的绝对领导的原则，提出了要严格执行“三条纪律，六项注意”，解决了“组织松懈”“纪律敷衍”等问题；古田会议对于如何加强党内教育、实行民主集中制、保证党的队伍的纯洁，也立下了一系列规矩，让广大党员、干部在思想上划出红线，在行为上明确界限，保证了党初心不改、使命不变。

古田会议关于党的建设这一方面所取得的历史性成果，是马克思主义中国化的重要成果。它走出了一条着重从思想上建党，加强党的先进性建设的成功之路，标志着中国共产党的建党路线和建党精神的初步形成，不仅解决了当时红军党的建设的实际问题，而且为中国共产党的建设奠定了重要的理论基础。因此，古田会议在党的建设史上具有里程碑的意义，对我们党的建设产生了极为深远的影响。从这个意义上说，“古田会议精神”就是以毛泽东为代表的中国共产党人在中国正确地实践马克思主义的精神，体现了中国共产党人建设先进政党的初心。

总之，古田会议确立了思想建党的原则，从而实现了党的坚强领导，保证党的先锋队性质，成功地解决了在特殊国情下建设无产阶级政党的难题，是对创党精神的丰富和发展，并被我们党成功地运用于党的建设的全过程，促进了中国共产党的不断发展壮大。

（2）建军之路定型。1927 年 8 月 1 日南昌起义，创建了中国共产党第一支自己的军队。但就如何建设一支新型的人民军队，关系到中国革命的成败。从南昌起义到古田会议召开，中国共产党就党对军队的领导问题、军队内部的民主制度问题等进行了积极的探索，古田会议的顺利召开，正确地回答了这些问题。

大革命失败后，在武装反抗国民党反动派方针的指引下，中国共产党开始了创建和发展人民军队的伟大实践。在当时敌强我弱、形势低下的情形下，红军以顽强的生命力冲出重重包围，因而在古田会议前，红四军内部在“建设一支什么样的军队，怎样建设这支军队”的重大问题上存在严重分歧。一些同志“把党对红军的领导和部队中实行的集权制说成是家长制”，认为“军事政治二者是对立的”，“红军的任务也和白军相仿佛，只是单纯地打仗”，甚至“在组织上，把红军的政治机关隶属于军事机关，提出‘司令部对外’的口号”，“不耐烦和群众在一块作艰苦的斗争”，等等。红四军党内军内，出现了许多错误倾向，极大地影响了红军的建设，妨碍了红军任务的完成。

古田会议充分肯定了毛泽东等人卓有成效的探索成果，解决了红四军建设中存在的、实际上也是全国红军普遍面临的主要问题。《古田会议决议》对红军的性质和任务作了明确的规定，清楚地指出了红军的性质是“执行革命的政治任务的武装集团”，这就明确了红军是中国共产党领导下的无产阶级的人民军队，指明了人民军队建设的方向，回答了红军“为谁当兵、为谁扛枪、为谁打仗”的基本问题；明确了红军的任务是“除了打仗消灭敌人军事力量之外，还要负担宣传群众、组织群众、武装群众、帮助群众建立革命政权以至于建立共产党的组织等项重大的任务”[1]。这些对红军性质和任务的规定，彰显了人民军队的本质和特色。

《古田会议决议》涉及和解决的问题实际上是关系红军建设全局和根本性的问题，把党的用无产阶级思想建设新型人民军队的指导思想系统化、具体化，开启了建立无产阶级领导的新型人民军队的道路。古田会议是中国共产党和红军建设史上一次具有里程碑意义和深远影响的重要会议，《古田会议决议》由此成为人民军队建军的纲领性文件。

从大革命失败到土地革命初兴这一极其重要和关键的时期，中国共产党通过领导南昌起义、进行三湾改编、召开古田会议，不仅完成了创建新型人民军队的历史重任，而且铸就了“听党指挥、为民奋斗、纪律严明、一往无前”的建军精神的实质，人民军队从此定型。所以，习近平总书记指出：“党对军队绝对领导的根本原则和制度，发端于南昌起义，奠基于三湾改编，定型于古田会议。”[2]

（3）中国革命道路理论的初步形成。以毛泽东为代表的中国共产党人从中国实际出发，在长期的革命斗争实践中，冲破教条主义的束缚，开辟出了一条“农村包围城市，武装夺取政权”的中国革命道路，为中国革命的胜利作出了重大的贡献。

毛泽东把马列主义基本原理同中国革命具体实际相结合，积极探索中国革命道路。中国共产党成立之初，把革命的重点放在城市，努力保持与共产国际一致。但是，在多次的失败之后，毛泽东开始把革命重点目标由城市转移到农村，首次提出“上山”思想和“工农武装暴动”主张，在创建井冈山根据地的实践中又提出了“工农武装割据”的理论。在古田会议召开前后，毛泽东初步完成了由“工农武装割据”向“农村包围城市”革命道路理论的转变，标志着中国革命道路的初步形成。

古田会议后5天，1930年1月5日，毛泽东在给林彪的信中，进一步批评了党内普遍存在的主张流动游击，忽视建立巩固的根据地的城市中心思想，阐明了建立巩固的农村根据地的重要性，强调了它对夺取全国政权的意义。毛泽东指出由于你（指林彪）“不相信革命高潮有迅速

---

① 《毛泽东文集》第1卷，人民出版社1993年版，第82页。

② 《习近平同志在庆祝中国人民解放军建军90周年大会上的讲话》，《人民日报》2017年8月2日。

到来的可能”，因此在行动上你“不赞成争取江西的计划，而只赞成在福建、广东、江西之间三个边界区域的流动游击，同时也没有在游击区域建立红色政权的深刻的观念，因此也就没有用这种红色政权的巩固和扩大去促进全国革命高潮的深刻的观念”。① 正是由于没有这种赤色政权的深入，才导致无法促进全国革命高潮的到来，从而解决了毛泽东自井冈山提出的“工农武装割据”理论以来，不断探索的中国革命道路的方式和途径问题。

毛泽东详细分析了半殖民地半封建中国的特点，阐述了农村斗争在中国革命中的重要性及对夺取全国政权的意义。毛泽东在这封信中对红军和农村根据地在夺取中国革命胜利中的地位和作用的阐述，表明农村中心思想已经形成。以农村为中心这个核心问题的解决，标志着农村包围城市道路开辟出来了。

古田会议对建党建军重要原则的规定，既是与旧式军队的彻底决裂，又没有照搬苏联红军的模式，既符合马列主义的建党原理，又没有陷于教条主义的误区，而是应用马克思主义的立场、观点和方法，致力于从中国的实际出发，创造性地解决了党长期在农村发展环境中如何实现“无产阶级化”的问题，从而突破了“城市中心论”的严重束缚，打通了中国革命道路理论形成过程中的重大障碍，开辟出了一条“农村包围城市，武装夺取政权”的中国革命新道路。因此，《古田会议决议》在“农村包围城市，武装夺取政权”的中国革命新道路理论形成的过程中，无疑具有重要的历史地位。

（4）实事求是思想路线的初步形成。古田会议之前，中国共产党党内盛行教条主义、主观主义。针对“红军第四军的共产党内存在着各种非无产阶级思想”这一客观实际，在中央九月来信的指引下，以毛泽东、朱德、陈毅为主的红四军领导人，不唯书，不唯上，深入工人、农民、士兵中召开各种调查会，了解军队状况和士兵思想，列摆问题，分析原因，明确要求，指出解决办法，紧贴红四军官兵的认知水平和思想实际，紧扣在农村开展革命斗争的现实条件，具有很强的针对性。红四

① 《毛泽东著作选读》上册，人民出版社 1986 年版，第 37 页。

军前委领导人注重开展积极健康的思想斗争。他们坚持真理，修正错误，及时纠正党和军队内部出现的错误思想，充分展现了共产党人对党忠诚、襟怀坦白、服从真理的政治坚定性和思想道德的纯洁性。围绕着召开古田会议所体现出来的实事求是、追求真理的精神，是中国共产党能够从“本本”中走出来，独特地寻找到党的建设和中国革命道路的一大法宝。

从毛泽东给林彪的信中第一次提出“思想路线”的概念来分析党内思想斗争，到古田会议决议中提出纠正红四军党内主观主义错误的三个具体办法，从而初步形成实事求是思想路线，再到写作《反对本本主义》一文，最终形成实事求是的思想路线，这是以毛泽东为代表的一批共产党人基于对中国国情的深入了解，并经过一番大斗争而取得的成果，它为中国革命的最终胜利奠定了思想基础。

总之，在 20 世纪 20 年代末 30 年代初，毛泽东把马克思主义普遍真理同中国实际结合起来，经过艰辛探索，在闽西赣南形成了《古田会议决议》《星星之火，可以燎原》《反对本本主义》三篇光辉著作，初步解决了中国革命道路应当怎样走以及与之相关的一系列重要问题，基本形成了明确的马克思主义中国化的一种时代产物——毛泽东思想。

因古田会议形成的建党建军精神，充满着实事求是、追求真理的思想精华和勇闯新路的斗争成果，这种精神特质是在土地革命战争初期中国共产党在农村革命根据地和红军党的建设的重大实践的历史条件下而培育发展的，与其他革命精神的个性特征相区分的，在中国共产党革命精神史上创立了一种新的精神形态，并对后面的苏区精神、长征精神、遵义会议精神、延安精神、西柏坡精神产生了重要影响，对今天新时代党和人民军队建设也可资借鉴。

[原载《纪念古田会议召开 90 周年学术研讨会论文集》]

古田会议决议：中国共产党统一战线理论的光辉篇章

2015年是古田会议召开86周年。1929年12月28日—29日，中国共产党红军第四军第九次代表大会在上杭县古田镇的廖氏祠堂召开。这次会议是根据中央九月来信精神，总结了红军自南昌起义以来的建设经验，批判了各种错误思想，通过了毛泽东亲自起草的《中国共产党红军第四军第九次代表大会决议案》，即《古田会议决议》，这是我党我军建设史上的一个纲领性的文献。它解决了红军的性质、宗旨和政治、组织、思想建设等一系列重大问题，确立了党对军队的绝对领导，解决了中国共产党在争取广大群众及军队中下层战士共同完成土地革命任务的统一战线理论问题。

统一战线是马克思主义关于无产阶级革命学说的一个重要组成部分，是无产阶级进行革命斗争的一个极为重要的战略和策略，是中国共产党夺取中国革命胜利的三大法宝之一。

1924年1月，国共第一次合作，建立了民族、民主统一战线。井冈山时期，中国共产党深入开展土地革命、切实保护中小商人、争取中间阶级等一系列活动，为中国共产党统一战线的形成奠定了坚实的实践基础。古田会议期间，毛泽东、朱德、陈毅等老一辈无产阶级革命家把马列主义基本原理与中国革命的具体实践相结合。在实际斗争中制定和坚持了一系列正确的政策和做法，开展了内容丰富、形式多样、局部的、具体的统战工作，在统战的形式、内容、策略等方面都有许多创新和发展，并形成了理论成果。在古田会议期间通过的《中国共产党红军第四军第九次党代表会议决议案》为中国共产党统一战线理论的形成奠定了坚实的基础，为中央革命根据地的建立、发展和新中国的成立发挥了极其重要的作用。深入研究古田会议期间我党的统一战线工作，不仅对于加深理解中国共产党的统一战线工作有重要意义，而且对于新时期的统一战线工作，也具有积极的借鉴价值和现实的指导作用。

一、《古田会议决议》中规定了红军的性质和任务，明确了中国共产党的统一战线的方法和对象

轰轰烈烈的大革命失败后，全国陷入了国民党反动派的黑暗统治。以蒋介石为代表的国民党右派势力，以江浙金融买办集团为核心，以全国的地主买办阶级为基础，1927 年 4 月在南京建立起大地主、大资产阶级联合专政的反革命政权，大肆屠杀共产党人和革命群众。仅 1927 年 3 月至 1928 年上半年，就有 31 万人惨遭杀害，共产党员超过 2.6 万人。许多党员同党组织失去联系，一些不坚定分子公开宣布脱党，投降敌人。党员人数由 6 万人锐减至 1 万多人，国共两党关系由合作变为对抗，党的组织被迫转入地下活动，工人、农民运动走向低潮。民族资产阶级脱离了革命统一战线，使这个战线中只剩下工人阶级、劳动农民和贫苦的城市小资产阶级。从此以后，内战代替了团结，独裁代替了民主，黑暗的中国代替了光明的中国。中国革命进入了低潮，年轻的中国共产党面临严峻的考验。在失败和挫折面前，中国共产党人和革命群众并没有被吓倒，随之举行了“八一南昌起义”“秋收起义”“广州起义”及全国 100 多次起义，武装反抗国民党反动派的统治。但各地的起义又相继失败或失利了。中国向何处去？每个共产党人都在思考着这个问题。失败后的各地武装起义的领导人都不约而同地转向了农村，积极探索一条与俄国十月革命完全不同的新型革命道路——“农村包围城市，武装夺取政权”。1928 年 4 月，朱毛军队在井冈山的会师开辟了大革命失败后的第一块农村革命根据地，成为中国式的革命道路——“农村包围城市，武装夺取政权”道路的成功实践。但随着蒋介石对根据地的“围剿”而被迫另辟蹊径，

当时全国最大的最有影响的以赣南、闽西为中心的中央革命根据地形成就成为历史的必然。

自朱毛军队在井冈山的会师到转战赣南、闽西的一年多的斗争中，毛泽东和朱德都看到和感受到，部队中存在着浓厚的军阀残余思想、流寇主义和享乐意识。这样一支队伍，面临着的是两种前途和命运：或者成为一支党的领导的新型人民军队，或者成为一支军阀部队和封建割据的队伍。这一问题在陈毅向上海中共中央汇报的《关于朱毛军的历史及其状况的报告》中结论部分明确指出，红军是无产阶级的军队，为自己本阶级利益而战，没有雇佣性质。红军是由工农斗争中产出，不能脱离工农群众。

为了明确红军的性质，1929 年 12 月 29 日在古田召开的中国共产党红军第四军第九次代表大会所形成的决议案中明确指出："中国的红军是一个执行革命的政治任务的武装集团。特别是现在，红军决不是单纯地打仗的，它除了打仗消灭敌人军事力量之外，还要负担宣传群众、组织群众、武装群众、帮助群众建立革命政权以至于建立共产党的组织等项重大的任务。"[①] 即服务于人民革命斗争、根据地建设和土地革命。这些任务，是当时中国共产党进行革命的主要内容，是关系红军生存和发展的全部环节，实际也是对毛泽东在井冈山向红军提出的"打仗消灭敌人""打土豪筹款子""组织、宣传、武装群众，帮助群众建立革命政权"这三大任务在实践基础上的升华并进行理论表述。而对这些任务的承担，正是红军作为"执行革命的政治任务的武装集团"性质的体现。

中国共产党要取得革命的胜利，就必须动员所有力量投入革命斗争中，特别要动员占全国人口 80% 以上的农民阶级的力量，此外，还包括城乡间的中小地主、富农、开明绅士等。自古以来，人们认为军队的任务就是打仗。《古田会议决议》规定红军的任务不仅是打仗，而且要做群众工作，这是对中国传统军队观念的根本性颠覆。而这个规定的意义是深远的。唐太宗说过，水能载舟，亦能覆舟。其实，早在 1927 年 10 月，

---

① 毛泽东：《中国共产党红军第四军第九次代表大会决议案》（1929 年 12 月），载《毛泽东文集》第 1 卷，人民出版社 1993 年版，第 79 页。

毛泽东率领秋收起义余部上井冈山，行至遂川荆竹山村口时对大家说，我们就要上井冈山了，上山后，我们一定要同山上的群众搞好关系，特别是要同王佐的部队要搞好关系，如果没有群众的支持，根据地是建立不起来的，我们也是站不稳脚跟的。他还宣布了上山的三条纪律：第一，一切行动听指挥；第二，打土豪要归公；第三，不拿老百姓一个红薯。是的，在毛泽东眼里，一个红薯就是一颗民心，毛泽东深知得民心者得天下，这是亘古不变的永恒真理。中国共产党要取得革命的胜利，就必须动员所有力量投入革命斗争中，特别是要动员占全国人口 80% 多的农民阶级的力量。此外，还包括城乡间的中小地主、富农，开明的富绅名流等，革命能否取得胜利，关键问题在于能否争取和用何种方式争取他们的支持。而当时中国共产党有组织的力量主要集中在红军中，红军如果不做群众工作，不发动群众，就不能在新开辟区建立或者恢复党组织，建立新的根据地。没有根据地和党组织的支持，红军就不能进一步发展壮大。《古田会议决议》通篇贯穿了从群众中来、到群众中去的思想方法，应该说群众观点体现得淋漓尽致。《古田会议决议》中关于群众工作的规定，实际是保障红军发展的一个重大的战略决策，是中国共产党统一战线方法和统一战线对象的最早理论阐述。

二、《古田会议决议》中规定了军队政治工作的三大原则，明确了中国共产党统一战线的具体内容

南昌起义使中国共产党第一次拥有了属于自己的革命武装。在中国处于半殖民地半封建社会的历史条件下，在官兵成分以农民、旧军人为主的特殊国度里，在农村进行游击战争、实行武装割据的特定环境中，建设无产阶级领导的新型人民军队，注定是一场深刻的思想革命，是一条坎坷的探索之路。古田会议系统地制定了一套人民军队的政治工作原则，明确规定了红军的内部与外部关系，军事系统与政治系统的关系，强调我军必须发扬无产阶级民主，执行人民军队官兵一致，军民军政一致和瓦解敌军、宽待俘虏的政治工作三大原则，从而明确地提出了中国共产党统一战线的具体内容。

（一）关于处理红军内部关系的原则

军队内部的民主制度和宽待俘虏的政策，是毛泽东在井冈山斗争时期探索人民军队建设的重大实践成果，也是人民军队在异常艰险环境生存、发展的重要原因，是已经被实践证明的成功经验。《古田会议决议》从理论上进一步总结和强调了这些成功的经验，明确规定了红军处理内部、外部关系的原则。

在红军内部，实行官兵平等、官兵一致的原则。中国共产党领导的人民军队是完全新型的军队，官兵都是人民军队的主人。为了保证革命队伍的团结，扫除旧军队的不良习气。1927 年 9 月 29 日，毛泽东率领秋收起义部队在江西永新“三湾改编”时就宣布：在军队内部实行民主制度，官兵平等。规定官长不准打骂士兵，官兵待遇一样。连以上建立士兵委员会，作为士兵的权利代表，参加部队的行政管理和经济管理，并监督官长行动。井冈山时期，为了度过因蒋介石对井冈山的军事、经济封锁而形成的危机，毛泽东、朱德等领导人与官兵同甘共苦，享受的是与士兵相等的待遇。从军长到伙夫，一律吃 5 分钱的伙食，零用钱 2 角即一律 2 角，4 角即一律 4 角。《古田会议决议》对官兵的平等进行了进一步的阐述，指出：“官兵之间只有职务的分别，没有阶级的分别，官长不是剥削阶级，士兵不是被剥削阶级。”[①] 为此，《古田会议决议》决定：“红军人员的物质分配，应该做到大体上的平均，例如官兵薪饷平等。”[②] 同时，红军中要实行经济公开，建立士兵委员会审查经济和管理伙食的制度。

官兵平等还体现在反对枪毙逃兵和废止肉刑制度上。《古田会议决议》明确指出，红军第四军产生于封建剥削制度尚未肃清的中国，它的主要成分又多是从封建军阀军队里头转变过来的，一般官长士兵之中，由是打人的习惯和非打不怕的习惯，还是与封建军阀军队里头习惯一样。其结果造成官兵间的悬隔，低落了士兵以至官长的情绪，逃跑的数目日

① 毛泽东：《中国共产党红军第四军第九次代表大会决议案》（1929 年 12 月），载《毛泽东文集》第 1 卷，人民出版社 1993 年版，第 106 页。

② 毛泽东：《中国共产党红军第四军第九次代表大会决议案》（1929 年 12 月），载《毛泽东文集》第 1 卷，人民出版社 1993 年版，第 84 页。

多，军中充满了怨恨的空气，甚至发现自杀事件。在《古田会议决议》的《废止肉刑问题》中，列举了生动的事例，进行了深刻的教育，文中如此写道：各部队中凡打人最厉害的，士兵怨恨和逃跑的就越多。最显著的例子，如三纵队第八支队某官长爱打人，结果不仅传令兵、火夫差不多跑完了，军需、上士及副官都跑了。九支队第二十五大队曾经有一时期来了一个最喜欢打人的大队长，群众送给他的名字，叫作“铁匠”，结果士兵感觉没出路，充满怨恨空气，这个大队长调走了，士兵才得到解放。[①] 为此，《古田会议决议》明确坚决反对“枪毙逃兵的制度和肉刑制度”，要求红军官兵“努力于说服精神和自觉遵守纪律精神的提倡，去克服这个违反斗争任务的最恶劣的封建制度”[②]。通过政治教育激发红军指战员的阶级觉悟，强化军队内部的团结。《古田会议决议》号召长官爱护士兵，关心士兵，切实保障士兵的民主权利，废止肉刑，不辱骂士兵，优待伤兵员。《古田会议决议》的重要贡献，就是建立起了官兵平等的新型人民军队内部关系，充分汲取基层官兵的力量，最大限度地关心基层疾苦，最大限度地宣传发动官兵。正如1929年8月下旬，陈毅写给中央的2万字的信《关于朱毛军的历史及其状况的报告》的结论部分提到的：红军各部分间非常团结，内部官兵是兄弟一般关系，非常欢爱，不会像反动军队之不能团结，发生相互厮杀等事。

红军一方面坚持党对军队的绝对领导，另一方面又实行无产阶级民主制度，在连、营、团各级都建立士兵委员会，代表士兵利益，并协助党组织开展政治工作和群众工作。士兵委员会中的经济委员会实行经济民主，提出：“士兵委员会有审查军队财政之权。”士兵管理伙食，及时公布伙食收付账目，并把结余的“伙食尾子”分给战士零用，从而有效地扩大了统一战线的范围，明确了对部队中下层士兵争取的形式。当时担任中共中央政治局常委秘书长、组织部部长、军事部部长的周恩来对朱毛红军在官兵平等、群众关系、经济公开等方面所取得的经验给予高度评价：在中国是独一无二的，在世界是未之前见的或未之前闻的。要

① 参见傅柒生：《军魂》，解放军文艺出版社2004年版，第364—365页。

② 毛泽东：《中国共产党红军第四军第九次代表大会决议案》（1929年12月），载《毛泽东文集》第1卷，人民出版社1993年版，第110页。

求各地红军、各地方党组织，都要学习和采用朱毛红军的经验。

（二）关于处理红军外部关系的原则

在军民关系上，《古田会议决议》要求红军严格执行“三大纪律”和“六项注意”，保护群众利益，同人民群众打成一片。《古田会议决议》指出：“红军纪律是一种对群众的实际宣传，现在的纪律比以前松懈了，因此给了群众以不好的影响。”[①]早在井冈山时期，毛泽东了解到群众对部队出现的一些不良现象不满，如有人打着打土豪的名义，把小商小贩的货物也没收了，甚至把药店里称药的戥子也拿走；又如，有些战士借用了老百姓家的稻草和门板来睡觉，但第二天起身就走，也不把稻草和门板还给主人，经常出现门板对不回去，与老百姓发生争执的现象，老百姓感到不满意。毛泽东了解到这些情况后，立即召集部队开会，宣布了“六项注意”：一、上门板；二、捆禾草；三、说话和气；四、买卖公平；五、借东西要还；六、损坏东西要赔。为加大宣传力度，当时革命军战士中一些有文化的人想出了将这“六项注意”抄写在每一位红军战士自带的包袱布上的主意，行军时战士们背在背上，宿营时挂在墙上，随时注意对照执行，从而极大地转变了革命军的纪律。为了便于记忆，红军战士还自己作曲唱《红军纪律歌》：“上门板，捆禾草，房子扫干净。说话要和气，买卖要公平。损坏东西要赔偿，借人东西要还清。”但由于这支部队长期处于战争状态，直到古田会议召开前，“上门板、捆禾草、扫地、讲话和气、买卖公平、借东西照还、赔偿损失，这些都是红军宣传工作的一种，现在也做得不充分”[②]。因此，只有从行动中扩大红军影响，增加群众对红军信仰才是良好的办法。如“1929 年古（农）历 4 月 14 日，毛泽东率领的军队来到上杭古田，当地的百姓以为是国民党军队来了，纷纷躲起来了。当时时值中午，红军战士要做饭，买不到菜，刚好文元村一个老太婆挑了二粪箕豆子来卖。本来这里的豆子很便宜，两、三分钱一斤，红军战士五分钱一斤给她买。这个老太婆从来没有卖过这

---

① 毛泽东：《中国共产党红军第四军第九次代表大会决议案》（1929 年 12 月），载《毛泽东文集》第 1 卷，人民出版社 1993 年版，第 98 页。

② 毛泽东：《中国共产党红军第四军第九次代表大会决议案》（1929 年 12 月），载《毛泽东文集》第 1 卷，人民出版社 1993 年版，第 98—101 页。

么多钱一斤的豆子，三十多斤卖了一块多钱，很高兴，一路上边走边喊：石厦屋来了很多兵，买卖公平。红军人多，买了三十多斤豆子，还不够，红军战士自己到菜园里去摘，过秤以后，用纸把钱包好，写了红军第几中队第几小队，摘豆子几斤，按五分钱一斤算，共多少钱，挂在菜园里。群众看到红军真的跟以前的白匪军不一样，就纷纷从躲的地方走出来看红军”[①]。1969年10月10日，古田公社古田大队群众座谈会上，他们说：“1929年农历11月20日，毛主席第二次率领红军来到古田，红军来古田后，群众反映很好，……买卖公平，军纪严明。我们还看到驻扎在赖坊的红军战士（看马的）因偷了群众的一双鞋，受到纪律制裁，立即枪决。”实践证明，只有严格遵守了“三大纪律”“六项注意”，才能奠定红军统一纪律的基础，从而树立人民军队新形象，更好地实现人民军队为人民服务的宗旨。

在军政关系上，《古田会议决议》要求红军指战员严格尊重人民政权机关，巩固它在群众中的威信，规定：“凡地方政权机关已经建设的地方，应以使地方政权机关独立处理一切事情，在群众中巩固其信仰为原则。”[②]红军帮助地方之事，“须尽可能地经过地方政权机关的路线，极力避免直接处理”[③]。

认真执行党的政策，保护群众利益，是红军取信于民的根本所在，是中国共产党统一战线工作的实质所在。红军处处保护人民，维护群众的利益，人民群众就会把红军看成自己的亲人，就会热烈起来拥军优属，中国革命就能够取得胜利。

（三）关于对敌军和俘虏的原则

《孙子兵法》称：“不战而屈人之兵，善之善者也。”人民战争的胜利不单依靠武装斗争，也依靠强大的政治攻势，瓦解敌军，不战而胜。《古

① 《赤卫队员廖开华录音稿》，福建省电视台录音，1973年10月。抄件现存古田会议纪念馆。廖开华，古田公社五龙大队人。

② 毛泽东：《中国共产党红军第四军第九次代表大会决议案》（1929年12月），载《毛泽东文集》第1卷，人民出版社1993年版，第114页。

③ 毛泽东：《中国共产党红军第四军第九次代表大会决议案》（1929年12月），载《毛泽东文集》第1卷，人民出版社1993年版，第114页。

田会议决议》要求在坚决消灭一切顽抗的敌人的同时，重申了红军必须执行瓦解敌军、宽待俘虏的政策，规定红军对俘虏不虐待、不侮辱、不搜腰包；对敌方伤员，给予医治；对不愿留在红军里面而要求回家的俘虏兵，则发给路费。通过这些方法，扩大红军的政治影响，瓦解敌军战斗力，巩固了中国共产党的统一战线。

《古田会议决议》强调红军宣传工作的重要性，认为“红军的宣传工作，是红军第一个重大工作。若忽视了这个工作就是放弃了红军的主要任务，实际上就等于帮助统治阶级削弱红军的势力”①。因此，“对白军士兵及下级官长的宣传非常之重要”，应采取一切办法发动政治攻势。如红军通过路旁写标语、印发文告、散发宣传品或邮寄宣传品等，高度重视对敌宣传，成效明显。红军识字课本中的《跑》一课就很生动地体现了识字与对敌宣传的有机统一，“跑跑跑，跑到红军好”。闽西客家歌谣中也可得佐证：团丁本是工农兵，无食无穿家里贫，土豪劣绅来骗你，打生打死保别人。团丁阿哥主意差，拿枪保护有钱人，一日仅食二餐饭，天晴落雨要巡查。天一光来就起床，清早放哨苦难当，团总睡到半上昼，唔管团丁病与亡。想起团丁割心肠，离别妻子离别娘，夜夜睡个硬板床，餐餐吃个赤菜汤。日头一出射高楼，团丁阿哥快回头，有点好处团总得，冲锋出阵你带头。团总办事真是差，苛捐派来无钱侪，恶高恶绝团丁做，安乐享福团总家。团丁阿哥要认清，十二元钱卖了身，遇到红军来打仗，一家老幼急伤心。你也穷来我也穷，穷人痛苦一般同，团丁要想除痛苦，快快起来助工农。帮助工农法子多，先杀劣绅与土豪，土豪劣绅杀干净，哪怕军阀枪炮多。团丁阿哥莫敢昏，快快回头当红军，红军革命穷人做，参加红军有出身。②由于红军高度重视对敌宣传，有效地动员了一切力量向红军靠拢，壮大了红军的队伍，扩大了统一战线阵营。

《古田会议决议》确定的这些处理红军内外关系的原则意义重大。在红军中实行无产阶级民主制度，官兵平等，官兵一致，明确了土地革命时期中国共产党统一战线的方法、对象，它不仅能够密切官兵之间的关

① 毛泽东：《中国共产党红军第四军第九次代表大会决议案》（1929年12月），载《毛泽东文集》第1卷，人民出版社1993年版，第96页。

② 参见傅柒生：《军魂》，解放军文艺出版社2004年版，第367—368页。

系，增强军队内部的团结，凝聚军心，而且能够达成齐心协力、群策群力的良好氛围，充分发挥红军整体的战斗力、创造力，战胜强大的敌人和克服一切困难。军民、军政一致原则的实行，从根本上改变了旧式军队与人民群众相对立的状态，建立了崭新的军民关系，确保了人民军队的性质，创造了人民军队发展壮大的根基。瓦解敌军、宽待俘虏的政策，既可扩大红军的政治影响，打破国民党的反共宣传，瓦解敌军战斗力，又有利于红军兵员的补充。总之，古田会议确定的官兵一致、军民军政一致和瓦解敌军的三大原则，是团结自己、消灭敌人的坚强保证，是实现全心全意为人民服务建军宗旨和完成革命政治任务的重要法宝，是中国共产党统一战线内容在理论上的充分体现。

叶剑英说过："从古田会议到现在，我军的政治工作有很大的发展，但是它的根本原则，它的基础，还是古田会议奠定的。"①政治工作是革命军队的生命线，在党的领导下，人民军队正确处理各方面的关系，执行中国共产党统一战线的政策和策略，就使自己立于不败之地，使中国人民革命事业从胜利走向新的胜利。

三、古田会议时期中国共产党领导统一战线工作的启示

毛泽东、朱德等中国共产党人在创建中央革命根据地的过程中，在统一战线方面，走过的是一条在干中实践，在实践中探索提高的路子。当然，在古田会议期间的统一战线工作中，既有成功的经验，也有失败的教训，但无论经验还是教训，它们都是中国共产党人宝贵的财富，都是今天应该时刻谨记的。在和平建设和改革开放的今天，我们重温《古田会议决议》中有关中国共产党统一战线的理论阐述，无论对总结党的统一战线历史经验教训，还是对做好新时期爱国统一战线工作，都具有深刻的启示意义。

（一）在思想上要高度重视统一战线工作，不断挖掘统一战线资源，为实现中华民族的伟大复兴发挥重要法宝作用

中国共产党领导的统一战线，是马克思列宁主义基本原理与中国革

① 傅柒生：《古田会议》，解放军出版社 2006 年版，第 258 页。

命和建设的具体实践相结合的产物，历来是中国共产党和中国人民在不同历史时期实现总任务的一大法宝。闽西有着丰富的统一战线资源。特别是在新民主主义革命时期，中国共产党人善于根据统一战线中各种社会力量的不同特性，以及它们在革命发展某一阶段的不同状况，实行了发展进步势力、争取中间势力、孤立顽固势力的不同政策，最大限度地孤立和打击了主要的敌人，最广泛地团结了一切可能团结的同盟者，保证了中国革命的彻底胜利。古田会议期间所形成的《中国共产党红军第四军第九次代表大会决议案》成为中国共产党统一战线理论的奠基石。中国共产党人在闽西统一战线实践、理论的探索，富有宝贵的首创精神，不仅为我党新民主主义革命时期革命统一战线政策理论的制定和形成提供了丰富的经验，更为我党统一战线工作的成功实践奠定了坚实的理论基础，为福建乃至中国统一战线史谱写了光辉的篇章。

在新的历史时期，我们要学习古田会议期间中国共产党重视统战工作的优良作风，明确统一战线不仅是我们党夺取革命、建设和改革事业胜利的重要法宝，而且是我们党执政兴国的重要法宝，是我们实现祖国完全统一和中华民族伟大复兴的重要法宝。要始终牢记在推动中国特色社会主义事业的发展中，统一战线作为党的一个重要法宝，绝不能丢掉；作为党的一个政治优势，绝不能削弱；作为党的一项长期方针，绝不能动摇。这个革命传家宝无论在哪个时期、哪个阶段，我们都绝不能舍弃；我们既不能丢，也丢不得，更丢不起。只有充分发挥统一战线的政治优势，才能更好地完成党在各个时期的任务，实现中华民族的伟大复兴。

（二）在实践上要不断开拓、创新，积极探索统一战线工作的新途径、新机制、新办法，努力提高新时期爱国统一战线的科学化水平

改革创新是古田会议最鲜明的特征，也是精髓所在。

正是古田会议，第一次以决议的形式确立了党对军队的绝对领导的根本原则，第一次明确规定了红军的性质和任务，第一次阐明了军事与政治、军事机关与政治机关的关系，第一次明确了党的组织、教育和宣传工作的制度方法……这些具有划时代意义的创新，不仅克服了当时盛行的马克思主义教条化、把共产国际决议和苏联经验神圣化等问题，而

且使我军从一支旧式军队脱胎换骨，成为一支党领导的新型人民军队。

在新时期，我们要在继承古田会议期间中国共产党统一战线工作优良传统的基础上，用创新的眼光分析统战工作中存在的各类矛盾，以创新的精神去研究、去思考各种问题，用创新的体制机制解决统战工作中的新矛盾和新问题，才能更好地适应新形势，迎接新挑战，统一战线工作继续前进才有源源不断的动力；才能进一步提高统一战线工作科学化水平，提高服务科学发展和实现自身科学发展的能力，更好地为增强中国共产党的执政能力、提高国家的综合实力、激发社会的创造活力作贡献，努力为建设中国特色社会主义事业凝心聚力。

（三）在行动上要牢记实现、发展和维护人民的利益永远是统一战线的根本目的，也是根本方法，努力夯实新时期爱国统一战线的基础

共产党人的理想信念是实现共产主义，共产党人的根本利益是最广大人民群众的利益。古田会议及其决议充分反映了人民利益高于一切的“以民为本”的思想。古田会议是在毛泽东、朱德、陈毅等老一辈无产阶级革命家坚持原则，分清是非，正确处理和化解党内矛盾的情况下召开的，体现了毛泽东等老一辈无产阶级革命家以革命利益为重，以最广大人民群众的利益为重，顾全大局，民主团结的广阔胸怀。

在新的历史时期，我们要借鉴古田会议期间中国共产党统一战线工作的历史经验，始终牢记统一战线是建立在共同目标与共同利益基础上的联盟，要不断巩固和发展，就必须尊重、维护和照顾同盟者的利益，否则统一战线就难以建立，即使建立了也不能巩固和持久。实现、发展和维护人们的利益永远是统一战线的根本目的，也是根本方法。也就是说，统一战线工作必须在“三个代表”重要思想和科学发展观的指导下，坚持把人民根本利益作为一切发展的出发点和落脚点，始终将不断满足人的各方面利益的需求体现在各项统一战线工作中，以最大的努力、最大的程度，为最广大的人民群众谋取利益，给他们带来实惠，这样才能获得人民群众的支持和拥戴，从而扩大统一战线，形成牢不可破的真诚合作关系，增强统一战线的凝聚力和向心力。

总之，我们要学习借鉴古田会议期间中国共产党统一战线工作的优

良传统和历史经验，正确认识新的历史时期我国统一战线工作的发展趋势，充分发扬优良传统，提高我们对统一战线重要地位和法宝作用的认识，进一步增强做好新时期统一战线工作的光荣感、使命感和责任感，不断巩固和发展壮大现阶段的爱国统一战线，努力推动我国统一战线工作不断迈上新台阶。

［原载《苏区研究》2015 年第 4 期］

从古田会议召开前后看中国共产党第一代领导人的“初心”

习近平同志在党的十九大报告中指出：“不忘初心，牢记使命。”“不忘初心”就是要“为中国人民谋幸福”，“牢记使命”就是要“为中华民族谋复兴”。在革命战争年代，中国共产党和它领导的人民军队能够战胜强大的敌人，取得中国革命的一个个伟大胜利，正是“不忘初心、牢记使命”精神的体现。纵观 1929 年 12 月 28 日—29 日在龙岩上杭古田召开的中国共产党第四军第九次党代表大会前后，我们不难看出中国共产党第一代领导人毛泽东、周恩来、刘少奇、朱德、陈毅等老一辈无产阶级革命家在闽西革命实践的初心。

一、大革命失败后的中国共产党人“不忘初心”

1927 年 4 月 12 日，上海大屠杀的枪声宣布了蒋介石对中国革命的背叛。中国共产党人遭到屠杀和迫害。紧接着，长沙唐生智制造反革命事变，汪精卫在武汉叛变，宣告蒋汪合流，全面破坏国共合作的统一战线。中国革命到了生死存亡的关头。中国革命的道路在哪儿？武装起来的千百万工农革命军的道路在哪儿？从陈独秀、张国焘到瞿秋白、毛泽东，以及各地共产党人都在寻找答案。

人民的幸福、民族的复兴成为中国共产党第一代领导人的己任，毛泽东首先提出了建立农村根据地的思想。1927 年 7 月 4 日，在中共中央政治局常委会上，他提出了“上山”的思想。1927 年 10 月，他率领湘赣边界秋收起义部队仅存的 800 余人进军井冈山，率先实践“上山”的主张，创建井冈山革命根据地，开辟了工农武装割据的道路。

1928 年 4 月，朱德和陈毅率领南昌起义劫后余生的队伍 800 余人上井冈山。这两支在大革命失败以后最早发动起义的工农革命军，历经千难万险，终于在井冈山会师，合编组建为中国工农红军第四军，朱德任军长，毛泽东为党代表，全军 6000 人，“朱毛红军”从此声震四方。

12 月初，彭德怀、滕代远率领的 4 个多月以前在湖南平江起义成立的另外一支红军——红五军，历尽磨难，来到了井冈山。红五军的到来，为红四军增添了新的活力，使得井冈山的朱毛红军更加兴旺起来。

毛泽东、朱德指挥这支以农民为主体的革命武装，巧妙地利用国民党各派军阀的矛盾与混战，连续四次打退了江西军阀的“进剿”，领导井冈山军民大力发动土地革命，创建工农当家作主的苏维埃政权。毛泽东把这样的根据地称之为“工农武装割据”。此时的井冈山已是插遍了红旗的天下，进入全盛时期，成为全国的榜样和中心。

二、红四军入闽是中国共产党人“不忘初心”的充分体现

井冈山革命根据地的发展壮大引发了蒋介石及湘、赣两省国民党军阀的仇恨，于是湘、赣两省国民党军阀联手，对井冈山发动“会剿”。国民党南京政府专门成立了以湖南军阀何键为总指挥的“湘赣会剿指挥部”，决心“剿灭”朱毛红军，铲除井冈山革命根据地。

为打破敌人的“剿灭”，毛泽东决定，红四军大部向赣南出击，红五军以游击方式留守井冈山，进击敌人后方，“使敌人穷于应付，不能实现其两省会剿之计划，围魏救赵，影响边界，以解井冈之围”[①]。

1929 年 1 月 14 日，毛泽东、朱德率领 3600 多名红四军指战员，撤出了井冈山根据地，踏上了充满危险的漫漫征途。3 月 12 日，红军占领

① 《井冈山革命根据地》上册，中共党史资料出版社 1987 年版，第 267 页。

闽西的边境重镇长汀县四都。

红军宣传员向四都群众宣传党的宗旨，墙上“打倒军阀官僚”“欢迎穷人参加红军”的红军标语随处可见。影响最大的是毛泽东、朱德联合署名的《红军第四军司令部布告》，指出：“红军宗旨，民权革命，赣西一军，声威远震。此番计划，分兵前进，官佐兵夫，服从命令。……全国工农，风发雷奋，夺取政权，为期日近。革命成功，尽在民众，布告四方，大家起劲。”这份通俗的四言体布告让闽西民众认识了这支名为“朱毛”的“赣西一军”，共产党一切为人民群众的根本利益而奋斗的根本宗旨从此在这片闽西山村深入人心。3 月 14 日，红四军攻克了长汀城外的重要屏障——长岭寨，击溃福建省防军第二混成旅，打死旅长郭凤鸣，占领长汀城，取得了红四军入闽第一仗的重大胜利。

红四军首次入闽，长岭寨战斗告捷，并进占长汀城，大大振奋了红军的士气，鼓舞了闽西人民的革命热情。

长汀又称汀州，工商业发达，是闽西八县首府，又是闽赣两省边境最繁华的经济重镇。红军击败郭凤鸣，占领汀州，震动闽西和福建全省。

红军在长汀城到处张贴《告商人及知识分子》《共产党宣言》《告绿林兄弟》等各种布告，宣传共产党红军的政策主张，号召民众起来革命。中共中央机关报《红旗》发表《朱毛到了汀州》:“长汀的民众听我们演讲，非常高兴，欢呼声音，常常打断演讲的进行。”“许多的老百姓，看见我们军纪严肃，非常表示亲热。”①

红军的到来及惠及闽西百姓民生的各种布告，使长汀几乎全县动员起来，响应红军的号召，投入为自己谋幸福的革命洪流中去。我们可以从毛泽东写给中共中央的报告中看出：“在长汀县城及新桥、河田等地工作时，夺取土劣谷子的群众，一聚就有几千。在汀州组织了二十个农民协会，总工会也成立了。党的组织比前发展二倍。”②在朱毛红军的帮助下，长汀创建了县赤卫队；成立了第一个县级红色政权——长汀县革命委员会；从郭凤鸣的兵工厂里缴获了 2000 支崭新的步枪和几十挺机关

---

① 攻石:《朱毛到了汀州》(1929 年 4 月 20 日),《红旗》第 20 期。

② 《红军第四军前委给中央的信》(1929 年 4 月 5 日)，载《毛泽东文集》第 1 卷，人民出版社 1993 年版，第 58—59 页。

枪；更让人兴奋的是，红四军在长汀百姓的大力支持下，筹集到了 5 万元，其中 2 万元作为党费上缴上海的党中央；每人做了两套蓝灰色的新军装，一顶缀上红色五角星的新帽子和一副绑腿；战士们第一次领到了 4 块钱的军饷（伙食尾子）。中国共产党领导的人民军队，第一次有了统一的军装。战士们换上新军装，个个兴高采烈，军容整齐，精神焕发。1000 多名战士加入了红军。由于红军队伍的迅速壮大，在长汀将部队整编为三个纵队。

从 1929 年 1 月 14 日撤离井冈山到 3 月 14 日占领长汀，整整两个月，朱毛红军前后处境却有着天壤之别。1938 年朱德在延安接受美国记者艾格尼丝·史沫特莱采访时，忍不住两次感慨："长汀是中国革命历史发展的转折点。"①

三、闽西革命根据地创立，初步实现了中国共产党人的"初心"

处于偏僻落后山区的闽西人民，深切地感受到不革命便没有出路，虽然交通闭塞，但五四运动以后不久，马克思主义很快就传到了闽西。1926 年夏，在永定县湖雷镇万源楼建立了福建省第一个农村党支部——中共永定支部，阮山为支部书记，闽西成为福建省革命运动最先进的地区之一。

1928 年春夏之间，闽西地区先后爆发了共产党人邓子恢领导的龙岩后田暴动、朱积垒领导的平和暴动、傅柏翠领导的上杭蛟洋暴动、张鼎丞领导的永定暴动。这些暴动虽然失败了，但是反映了闽西共产党人"不忘初心"，为了救国救民的革命初衷，他们义无反顾，不惜牺牲生命为理想而奋斗。

红四军的入闽并占领长汀，标志着朱毛红军已经走出最初的困境，为实践共产党人的"初心"奠定了实践基础。一直密切关注着朱毛红军

① ［美］艾格尼丝·史沫特莱：《伟大的道路——朱德的生平和时代》，生活·读书·新知三联书店 1979 年版，第 285、288 页。

行动的《红旗》报连续发表报道与评论：“赣南红军并不因为退出井冈山而削弱，……恰恰相反，正是游击战争的积极策略之表演。……朱毛部队之进攻闽西，发动闽西的斗争，……将使东南半壁完全造成赤色的局面。”①

1929 年 3 月 20 日，红四军前敌委员会扩大会议在汀州辛耕别墅召开。会后，毛泽东将重返井冈山改变为开辟赣南、闽西，在更大范围的地域创建工农武装割据的这个计划写了一封仅有 2600 字的信，送交福建省委，要求用最快的速度交给党中央。信中写道：“前敌委员会决定四军、五军及江西红军第二第四两团之行动，在国民党混战的初期，以赣南闽西二十余县为范围，从游击战术，从发动群众以至公开苏维埃政权割据，由此与湘赣边界之割据区域相连接。”② 充分体现了毛泽东从争取群众，武装暴动到创立苏维埃政权，并逐渐扩大发展，与井冈山根据地打通连成一片，实现了从“工农武装割据”理论向“农村包围城市”革命道路理论迈出重要一步的转折点，也是中国革命的一个转折点。

5 月 20 日渡过汀江渡口——水口，毛泽东、朱德率领红四军第二次入闽，队伍迅速进入连城庙前、古田，5 月 22 日下午进驻龙岩小池。从 5 月 23 日到 6 月 19 日，红四军三克龙岩，充分运用了毛泽东、朱德在井冈山斗争时期制定的“敌进我退，敌驻我扰，敌疲我打，敌退我追”的游击战争战术，成功地运用了诱敌深入，集中兵力打歼灭战的战略战术，使毛泽东的军事战略思想比井冈山时期又有了进一步的发展。

在短短的两个月时间里，闽西已经基本形成了以龙岩、永定、上杭三县为中心的革命根据地，创建了中央苏区最初的版图。闽西苏区 80 多万贫苦农民分到了土地，初步实现了共产党人的“初心”。

四、《古田会议决议》践行了中国共产党人的“初心”

1929 年 12 月 28 日，在上杭古田召开的中国共产党红军第四军第九

① 朱赤：《朱毛红军与闽赣农民暴动之发展》（1929 年 4 月 13 日），《红旗》第 17、18 期。

② 《红军第四军前委给中央的信》（1929 年 3 月 20 日），载《毛泽东军事文集》第 1 卷，军事科学出版社 1993 年版，第 53 页。

次代表大会通过了决议案（即《古田会议决议》）。毛泽东作大会决议的报告，一开头就指出："红军第四军的共产党内存在着各种非无产阶级的思想，这对于执行党的正确路线，妨碍极大。若不彻底纠正，则中国伟大革命斗争给予红军第四军的任务，是必然担负不起来的。"[①]毛泽东接着指出，会议"根据中央九月来信的精神，指出四军党内各种非无产阶级思想的表现、来源及其纠正的方法，号召同志们起来彻底地加以肃清"[②]。毛泽东的报告着重对红四军党内存在的单纯军事观点、极端民主化等八种错误思想作了分析，指出这些错误思想的本质是脱离党的领导，破坏党的组织原则，背离人民军队的宗旨和任务。

毛泽东严肃地指出，红军不是像旧军队那样只是单纯打仗的，"中国的红军是一个执行革命的政治任务的武装集团"[③]。明确了红军是中国共产党领导下的无产阶级的人民军队，也指明了人民军队建设的方向，回答了红军"为谁当兵、为谁扛枪、为谁打仗"的基本问题；特别是现在，红军除了打仗消灭敌人军事力量之外，还要做宣传、组织、武装群众和帮助群众建立地方党组织与革命政权的工作，如果离开了这些目标，"就是失去了打仗的意义，也就是失去了红军存在的意义"[④]。这些任务，是当时中国共产党进行革命的主要内容，彰显了人民军队的本质和特色。

毛泽东还指出，"红军党的组织问题现在到了非常严重的时期"[⑤]，党员质量低下，党的组织松懈，要求"同志们应站在大会的精神上努力去改造党的组织，务使党的组织确实能担负党的政治任务"[⑥]。这鲜明地体现了中国共产党的宗旨和人民军队的性质，是红军区别于古今中外一切剥

---

① 毛泽东：《中国共产党红军第四军第九次代表大会决议案》（1929年12月），载《毛泽东文集》第1卷，人民出版社1993年版，第78页。

② 《毛泽东文集》第1卷，人民出版社1993年版，第78页。

③ 毛泽东：《中国共产党红军第四军第九次代表大会决议案》（1929年12月），载《毛泽东文集》第1卷，人民出版社1993年版，第79页。

④ 毛泽东：《中国共产党红军第四军第九次代表大会决议案》（1929年12月），载《毛泽东文集》第1卷，人民出版社1993年版，第79页。

⑤ 毛泽东：《中国共产党红军第四军第九次代表大会决议案》（1929年12月），载《毛泽东文集》第1卷，人民出版社1993年版，第88页。

⑥ 《毛泽东文集》第1卷，人民出版社1993年版，第79页。

削阶级军队的最根本的标志，使红军这支以旧军队为基础、以农民为主要成分的武装成为完全新型的人民军队。这些内容，是会议决议的核心，也就是要求红军在中国共产党的绝对领导下，用无产阶级思想建设党，用党的政治思想和理念建设军队，把红军建设成为一支真正的人民军队。

历史告诉我们，党指挥枪是保持人民军队本质和宗旨的根本保障，这是我们党在血与火的斗争中得出的颠扑不破的真理。有了中国共产党，有了中国共产党的坚强领导，人民军队前进就有方向、有力量。

五、“不忘初心、牢记使命”的最高表现形式：“星星之火，可以燎原”

古田会议结束以后，1929 年 12 月 30 日，林彪给毛泽东的《新年贺信》中，过高地估计了敌人“三省会剿”的军事形势，对时局和革命前途产生了悲观的情绪，认为中国革命高潮未必很快到来，对建立巩固的农村革命根据地和争取江西的战略方针缺乏信心，因而建议采用比较轻便的流动游击方式去扩大红军的政治影响。

毛泽东意识到，林彪提出的这些问题，涉及对革命的前途的估量，红军要不要以农村为依托发展革命势力促进革命潮流等重大理论问题。这些问题，也是党内普遍存在的问题，必须给予明确的回答。

1930 年 1 月 5 日，毛泽东在古田赖坊这座小楼，给林彪写了一封长信，批评林彪不相信革命高潮很快就要到来的悲观论调。明确指出，林彪的右倾悲观主义思想的根源，是从主观主义出发，把革命主观力量看小了，把反革命力量看大了。只观察事情表面现象，不观察它的实质。其理论来源，主要是没有把中国是一个许多帝国主义国家互相争夺的半殖民地这件事认识清楚。在这封长信中，毛泽东运用马列主义的科学分析方法，剖析了当时存在的国际、国内各种矛盾斗争，及其各种矛盾斗争的日益发展，造成中国革命高潮不可避免地而且很快就会到来。毛泽东强调，中国革命必须按照中国的实际情况，以乡村为中心，由创建农村红色政权，波浪式地向外开展，进而促进革命高潮。毛泽东说，这里用得着中国的一句老话：“星星之火，可以燎原。”

毛泽东这封信的核心内容，强调了“农村中心”理论。这个理论，是从井冈山提出的“工农武装割据”，经过了从赣南到闽西，特别是在创建闽西根据地的实践中升华，初步形成的中国革命走“农村包围城市，武装夺取政权”道路的理论。

毛泽东在作了这样的分析后，对中国革命高潮快要到来的前景，作了十分乐观的描述：“它是站在地平线上，遥望海中已经看得见桅杆尖头了的一支航船，它是立于高山之巅远看东方光芒四射喷薄欲出的一轮朝日，它是躁动于母腹中的快要成熟的一个婴儿。”①

长信中，毛泽东高度颂扬了红军、游击队和红色区域的建立和发展，指出：“这是半殖民地中国在无产阶级领导之下的农民斗争的最高形式，和半殖民地农民斗争发展的必然结果；并且无疑义地是促进全国革命高潮的最重要因素。”②而且，毛泽东以无产阶级革命家的胆略和策略原则，进而把小块红色政权同全国革命的胜利联系起来，提出了党的工作重心必须放在农村而不是城市，初步制定了为实际革命战略目标服务的方针、政策和办法。这标志着毛泽东关于农村包围城市道路理论的形成，也标志着毛泽东思想的初步形成。

［原载《学习贯彻党的十九大精神，弘扬古田会议精神论文汇编》，中共党史出版社 2018 年版］

① 《毛泽东选集》第 1 卷，人民出版社 1993 年版，第 106 页。

② 《星星之火，可以燎原》（1930 年 1 月），载《毛泽东著作选读》上册，人民出版社 1986 年版，第 38 页。

土地革命时期闽西苏区开展统一战线基本方略

统一战线是中国共产党夺取中国革命胜利、进行社会主义建设、开启改革开放航程的重要法宝。在革命战争年代，我们党始终坚持统一战线方针，团结一切可以团结的力量，经过长期的艰苦卓绝的革命斗争，最终取得新民主主义革命的伟大胜利。

在新民主主义革命时期，闽西的党组织为实现党的使命和任务，紧紧依靠统一战线这个重要法宝，最广泛地团结了一切可能团结的同盟者，最大限度地孤立和打击主要的敌人，保证了闽西人民的革命事业彻底胜利。闽西富有首创精神的统一战线实践、理论的探索，不仅为我们党新民主主义革命时期革命统一战线政策理论的制定和形成提供了丰富的经验，更为我党统一战线工作的成功实践奠定了坚实的理论基础，为福建乃至中国统一战线史谱写了光辉的篇章。

闽西是福建乃至全国统一战线工作开展较早的地区之一。早在第一次国内革命战争时期，中共闽西地方党组织就积极开展了以农民运动为中心的反帝反封建的国民革命运动，有效地打击了帝国主义、封建主义和军阀、官僚势力。土地革命战争初期，在闽西古田所形成的《中国共产党红军第四军第九次代表大会决议案》(《古田会议决议》)，明确规定人民军队执行官兵一致，军民军政一致和瓦解敌军、宽待俘虏的政治工作三大原则，从而明确提出了中国共产党统一战线的方法、对象和具体内容，为中国共产党统一战线理论的形成奠定了坚实的基础。红四军和闽西党组织在闽西中央苏区制定并实施了关于土地革命、对待游民无产者和绿林、尊重和团结知识分子、争取白区商人、分化瓦解敌军、利用敌人内部矛盾等一系列政策措施，建立起以工农联盟为基础的巩固的统一战线，把土地革命不断引向深入，从而对中央苏区的创建、巩固和发展发挥了极其重要的作用。

一、农村土地革命开展，为党在闽西苏区建立巩固的工农民主统一战线奠定了坚实的基础

中国新民主主义革命的根本问题是农民问题，而农民问题的核心是土地革命，只有帮助广大贫苦农民解决了土地问题，才能壮大革命队伍。这支革命大军既是工农民主统一战线的主力军，也是无产阶级最可靠的同盟军。以毛泽东同志为代表的中国共产党人深知它的重要性，早在井冈山时期就开始探索党的土地革命的路线，在进入赣南、闽西时更是在实践上大力地实施，从而不仅为根据地的巩固和发展、红军的存在和扩大提供了基本的物质保障，更是从政治上取得了广大农民的深切信任和拥护，有力地巩固了工农联盟，壮大了中国共产党领导的统一战线。

土地革命前，闽西的土地问题集中表现为地权的高度集中。土地占有情况，据闽西六县（龙岩、永定、上杭、连城、武平、长汀）调查，“田地平均百分之八十在收租阶级手里，农民所有田地平均不过百分之十五”[①]。通过对永定、上杭、连城等地的社会调查，毛泽东同志了解到广大贫苦农民最强烈的愿望和要求就是获得土地。

根据这一情况，毛泽东同志更加感受到封建土地占有制度严重地束缚了农村生产力的解放和发展，党和红军要在这里站住脚、扎下根，就必须满足广大农民对土地问题的迫切要求，必须依靠最主要、最可靠的同盟军——农民来创建农村革命根据地。因此，1929 年 8 月—10 月，毛泽东同志到永定虎岗、金丰、上杭苏家坡等地，前后 60 余天，深入实

① 《中共闽西第一次代表大会之政治决议案》（1929 年 7 月），载中共龙岩地委党史资料征集领导小组、龙岩地区行政公署文物管理委员会编：《闽西革命史文献资料》第 2 辑，1982 年 7 月，第 141 页。

际，调查研究，领导分田，并总结了永定溪南里的分田经验，肯定了“抽多补少”“抽肥补瘦”“按人口平均分配土地”等原则，并作为巩固、扩大根据地的一条重要政策。经1930年6月红四军前委和闽西特委联席会议讨论通过后，推广到闽西及全国其他根据地，拉开了闽西革命根据地土地革命的序幕。

1929年春，在闽西由毛泽东、朱德同志署名的《红四军司令部布告》宣布：“地主田地，农民收种，债不要还，租不要送……”4月，毛泽东、朱德等同志在总结闽西、赣南土地革命经验的基础上，颁布了《兴国土地法》。这个土地法在《井冈山土地法》的基础上前进了一大步。其中最重要的是把“没收一切土地”改为“没收公共土地及地主阶级土地”，从而在更大的范围内团结了群众，从根本上为广大贫苦农民谋利益。

土地革命的深入开展，极大地激发了广大贫苦农民的革命热情，解放了农村生产力，奠定了红色区域的坚实群众基础，从而支持了革命战争，广大农民成为工人阶级的可靠盟友，成为革命的主力军。

二、积极争取中间阶级力量，为统一战线的扩大注入了新的元素

所谓的中间阶级，是指城乡间的中小地主、富农，包括那些开明的富绅名流。这是一个动摇不定的阶层。毛泽东同志在《井冈山的斗争》中写道：“全国革命低潮时期，割据地区最困难的问题，就是拿不住中间阶级。”

闽西山区是封闭式的自我供给的小农经济，没有先进的工农业生产和商业网点，民间的物资流通由一批中小商人维系。毛泽东同志等人以结成最广泛的革命统一战线的理念和目光，注意到了对中小商人，亦即私营工商者的保护，明确提出了保护中小商人的有效措施，组织开辟红色圩场，允许自由贸易，保障合法经营，纠正了对小资产者打击过重的“左”倾政策。

一方面，中国共产党采取一系列积极的措施鼓励和保护中小商人和

私营工商业。毛泽东同志和闽西地方党组织在开辟闽西革命根据地初期，就明确地提出了“保护工商业”和“保护中小商人”的政策。对地主、富农兼营工商业，只没收封建部分，工商业资本部分不没收。

另一方面，中国共产党取消苛捐杂税，开辟红色圩场，允许自由贸易。比如1929年1月，红四军在向赣南、闽西进军途中，曾颁布文告，宣告党对私营商业的政策是“取消苛捐杂税，保护商人贸易，普通商人的财产一概不没收，不向小商人派款”。为满足根据地军民的日常生活需要，粉碎敌人的经济封锁，繁荣根据地的经济，毛泽东同志和闽西地方党组织积极保护商人贸易自由，在控制圩场的封建把头的同时，“在各区、乡都设立了圩场，长汀的四都一区就有四都、楼子坝、溪口、谢坊等四个圩场，每圩贸易额从数百元发展到数千元以上，赶圩的人数少则四五百，多则千人以上”[①]。这些圩场的开辟和恢复，破除了土豪劣绅对圩场的控制和垄断，取消了一切苛捐杂税。这不仅使一些手工业如榨油、造纸、石灰、樟脑得到了恢复，而且还发展了手工业，活跃了边界市场，使一些手工业者和农民群众生产的草鞋、斗笠、草席、木、竹藤等产品，既可以在圩场上自由买卖，又可以通过秘密渠道运往白区，走出“山寨门”，换回一些生产生活必需品，并从中增加收入，得到实实在在的利益。

此外，对知识分子也实行了特别政策。1929年3月，毛泽东同志在长汀起草发布的《告商人及知识分子书》，又宣布“取消苛捐杂税，保护商人贸易”。明确指出，“知识分子的出路，也只有参加工农革命”，而且还对愿意投身革命的知识分子表示欢迎和给予量才重用。[②]从而壮大了人民政权的基础，巩固了苏维埃政权。

保护中小商人政策的贯彻执行和苏区红色圩场的开辟，充分调动了赤白区中小商人的积极性，沟通了赤白交易，活跃了根据地的经济，为战胜敌人的经济封锁、满足军民的日常生活需要，发挥了很大的作用，创造了很好的商品经济局面。这也为实行工农武装割据，坚持长期的斗

---

① 中共福建省龙岩市委党史研究室：《闽西人民革命史（1919—1949）》，中央文献出版社2001年版，第289页。

② 参见李文生：《历史的探索》，鹭江出版社1993年版，第23页。

争，奠定了经济基础。

闽西地方党组织在闽西苏区实行保护中小商人的政策，创造性地运用了党在工商业方面的统战策略，既孤立和打击了最主要的敌人，又活跃了根据地的经济，打破了敌人的经济封锁。另外，确保中间阶级的既得利益，将教育与团结相融合，也是争取中间阶级的重要方针。在土地分配中以人口为分配标准，以原耕地为分配基础，对这些人不加歧视地同样分地，使中间阶级感到中国共产党给予他们的温暖，从而积极地配合中国共产党开展土地革命，为新民主主义革命的胜利争取了中间力量的支持。

三、工农兵代表会议的建立为苏维埃统一战线提供了必要的组织形式

统一战线的组织形式不是固定不变的，它是随着革命形势的发展变化而确立的。第一次国内革命战争时期，革命统一战线是以国共两党合作为其主要形式。党的八七会议在总结大革命时期统一战线破裂教训的基础上，提出了建立工农民主统一战线的构思："无产阶级自然当与农民群众建立真正的斗争同盟，这个同盟在政权中的形式就是'工农民权独裁'（即工农民主专政）。"

1929 年 9 月至 1931 年底，毛泽东率领红四军进入闽西后，发动工农群众打土豪、分田地，摧毁了旧政权，建立了以工农兵代表会议——苏维埃作为团结广大人民群众的统一战线的组织形式，陆续建立起龙岩、上杭、武平、永定、连城、长汀、宁化等县和闽西苏维埃政府（始称"工农兵政府"），各区、乡也建立了苏维埃政府。从而实行工农武装割据，巩固和扩大了割据区域。

在县、区、乡各级苏维埃政府机构里，分别选出工人农民的杰出代表担任主席、常委和众多委员职务，士兵和知识分子代表分别担任军事、文化教育相关委员。工农兵开始掌握政权，行使当家作主的政治权利，有效地维护了无产阶级和人民群众的政治权。

为确保工农兵行使当家作主的政治权利，闽西苏维埃政府颁布反映

劳动群众要求和愿望的《劳动法》《商人条例》等。比如，《劳动法》就明确规定："工人有组织工会、言论、集会、出版、罢工之自由权。对于失业工人，政府应设法救济，或分与田地及介绍工作。"①《商人条例》规定："商人遵照政府决议案及一切法令，照章缴纳所得税者，政府予以保护，不准任何人侵害。商人自由贸易，政府不予限制其价格。商家来往帐目，政府不予取消，维持商家帐薄等。"②这些规定，集中反映了工农贫苦阶级的根本利益，代表了闽西革命根据地创建初期的政权主张，在当时产生了巨大的影响，深受工农贫苦群众的拥护，工农兵苏维埃红色政权的思想深入人心，群众有了一种当家做主人的责任感。

这种以工农群众为主体的武装割据，既是工农民主统一战线最主要的表现形式，又是其最坚固的社会基础。在我们党工作重心从城市向农村转移的历史变革中，把广大工农群众当成最可靠的同盟军，对于践行党的"工农民主统一战线"，不失为一种最佳的形式，也是一种伟大的创新，解决了谁是最可靠、最主要的同盟军问题。

在建立红色政权的同时，闽西苏维埃政府还建立了各种革命群众组织。一类是革命群众团体，如共青团、工会、农民协会、妇女会，主要由中共闽西特委和各级党组织领导；另一类是革命群众武装组织，如赤卫队、暴动队、少年先锋队、儿童团，由各级苏维埃政府指挥。这些群众组织，在建立和保卫闽西苏区红色政权的斗争中，都发挥了积极的不可替代的独特作用，从而促进了工农武装割据的巩固和发展。

四、《古田会议决议》揭开了中国共产党统一战线理论的新篇章

《古田会议决议》规定了红军的性质和任务，明确了中国共产党的统一战线的方法和对象。《古田会议决议》明确指出："中国的红军是一个

---

① 中共福建省龙岩市委党史研究室：《闽西人民革命史（1919—1949）》，中央文献出版社2001年版，第241页。

② 中共福建省龙岩市委党史研究室：《闽西人民革命史（1919—1949）》，中央文献出版社2001年版，第241页。

执行革命的政治任务的武装集团。特别是现在，红军决不是单纯地打仗的，它除了打仗消灭敌人军事力量之外，还要负担宣传群众、组织群众、武装群众、帮助群众建立革命政权以至于建立共产党的组织等项重大的任务。”[①] 即服务于人民革命斗争、根据地建设和土地革命。

自古以来，人们认为军队的任务就是打仗。《古田会议决议》规定红军的任务不仅是打仗，而且要做群众工作，这是对中国传统军队观念的根本性颠覆。中国共产党要取得革命的胜利，就必须动员所有的力量投入革命斗争中，特别是要动员占全国人口 80% 多的农民阶级的力量。此外，还包括城乡间的中小地主、富农，开明的富绅名流等，革命能否取得胜利，关键问题在于能否争取和用何种方式争取他们的支持。而当时中国共产党有组织的力量主要集中在红军中，红军如果不做群众工作，不发动群众，就不能在新开辟区建立或者恢复党组织，建立新的根据地。没有根据地和党组织的支持，红军就不能进一步发展壮大。《古田会议决议》通篇贯穿了从群众中来、到群众中去的思想方法，应该说群众观点体现得淋漓尽致。决议中关于群众工作的规定，实际是保障红军发展的一个重大的战略决策，是中国共产党统一战线方法和统一战线对象的最早理论阐述。

《古田会议决议》规定军队政治工作的三大原则是官兵一致，军民军政一致和瓦解敌军、宽待俘虏，明确了中国共产党统一战线的具体内容。《古田会议决议》在要求坚决消灭一切顽抗的敌人的同时，重申了红军必须执行瓦解敌军、宽待俘虏的政策，规定红军对俘虏不虐待、不侮辱、不搜腰包；对敌方伤员，给予医治；对不愿留在红军里面而要求回家的俘虏兵，则发给路费。通过这些方法，扩大了红军的政治影响，瓦解了敌军战斗力，巩固了中国共产党的统一战线。

---

① 毛泽东：《中国共产党红军第四军第九次代表大会决议案》（1929 年 12 月），载《毛泽东文集》第 1 卷，人民出版社 1993 年版，第 79 页。

五、领导人以诚待人，率先垂范，为统一战线工作开展树立了典范

在闽西苏区时期，毛泽东、朱德等同志身体力行，率先垂范，利用一切机会做统战工作。比如为了争取地方实力派傅柏翠，在连城庙前亲笔写信，相邀见面，商讨有关红四军在闽西活动事宜。傅柏翠应邀及时赶到，与毛泽东、朱德促膝谈心，为红四军在闽西站稳脚跟、开创闽西革命根据地起到了重要的作用。

正是因为有了他们正确适当的政策和策略，从而使割据地区一天一天扩大，土地革命一天一天深入，民众政权一天一天推广，红军和赤卫队一天一天扩大，确保了闽西革命根据地沿着正确的航道健康发展，开创了革命根据地建设的新局面，创造了“工农武装割据”的新经验，探索出了一条适合中国国情的中国革命的新的发展道路。可见，闽西苏区时期党的统一战线工作的伟大实践，走出了一条马克思主义与中国革命实际相结合的道路，这是大革命失败后党的统战路线得到发展的起点。

六、闽西苏区时期中国共产党领导统战工作的启示

统战工作是闽西革命根据地创建工作极其重要、不可或缺的组成部分。建立农村革命统一战线，既是当时闽西斗争现实的迫切需要，也是开创闽西革命根据地的必需条件。正由于广泛地团结、依靠各阶层的民众，结成巩固的统一战线，我们党才能战胜敌人，壮大自己，发展武装割据，创建闽西革命根据地。

毛泽东等共产党人在创建闽西革命根据地的过程中，在统一战线方面，走过的是一条在干中实践，在实践中探索提高的路子。除上述统战工作外，还成功地开展了军事统战工作，使大批有正义感的官兵成为红军的友军，壮大了革命的武装力量，把红军的朋友扩大到最大程度。当然，在闽西的统战工作中，既有成功的经验，也有失败的教训。但无论经验还是教训，它们都是中国共产党人宝贵的财富，都是今天应该时刻

谨记的。在和平建设和改革开放的今天，我们重温闽西苏区时期的统战实践，无论对总结党的统战历史经验教训，还是对做好新时期爱国统一战线工作，都具有深刻的启示意义。

［原载《“中央苏区·红色闽西”学术研讨会论文集》，
中共党史出版社 2016 年版］

苏维埃时期的闽西工商业与闽商

1929 年 3 月，中国工农红军第四军进入闽西，先后在闽西大地上建立各级苏维埃政权，进行土地改革，废除封建剥削，解放生产力，特别是提出一系列保护商人的具体措施，为苏维埃政权地区（苏区）的社会发展、苏区政权的生存、人民的幸福创造了良好的条件，也为新中国的经济建设提供了宝贵的经验。

一、苏区工商业的产生与商业中心

（一）苏区工商业的产生

1929 年 3 月 14 日，红四军在攻克长汀后，立即颁布了《告商人及知识分子书》，提出："共产党对城市的政策是：取消苛捐杂税，保护商人贸易。在革命时候对工商人酌量筹款供给军需，但不准派到小商人身上。城市反动分子（军阀的走狗，贪官污吏，国民党指导委员，工贼，农贼，学贼）的财物要没收，乡村收租放息为富不仁的土豪搬到城市住家的，他们的财物也要没收。至于普通商人及一般小资产阶级的财物，一概不没收。"[①] 以此来保证苏区人民生活的正常进行。7 月，中共闽西第一次代表大会在上杭蛟洋召开。大会清算了闽西地区过去出现的没收商店、焚烧账簿、向小商人派款等错误行为，指出："盲动主义在今年闽西已经纠

① 许毅主编：《中央革命根据地财政经济史长编》（下），人民出版社 1982 年版，第 9 页。

正了许多，但还有一些残余，……如蛟洋农民烧丘坊房子二百余家，白砂赤卫队烧茶地房子九十余家，这种盲动的大烧杀，更是非常错误的。”[①]这次大会还对商人作了具体的阶级分析，并制定了对待各种商人的策略。对小商人，决议提出：“在反帝、反军阀、反豪绅、取消苛捐杂税、保护商店口号之下，可以取得小资产阶级的同情。因此，对城乡小商人绝对不要没收商店、焚烧账簿和废除账目；……在革命向前发展，城市中店员对于店主、工人对于厂主的斗争已经起来的时候，党应帮助店员、工人达到他们的要求。……但并不是抛弃小资产阶级，也不是要过分的打击他们，这是要注意的。”[②]对商业资产阶级，决议认为对反动的商业资产阶级，在经济上还是不能采取没收政策，“对大小商店应取一般的保护政策（即不没收），对反动商人宁可杀人，罚款，不可没收商店，但压迫商人最厉害而为一般商人所深恶，没收后可以得到多数商人同情的，在宣传工作做好后才可以没收”[③]。随着土地革命的深入和苏维埃政权的建设，在广大红军党员干部和苏区人民群众共同努力下，到 1930 年，龙岩苏区经济开始恢复，商业渐趋活跃。

在苏区，首先发展的是军需工业。为了保障战争的供给，必须建立修理和制造武器、弹药、缝制军服、制造药品和卫生材料的工厂。1930 年 3 月 24 日，闽西工农兵第一次代表大会《关于军事问题决议案》中决议：“闽西政府办修械厂、子弹厂以增加武器。”[④]同年 5 月，中共闽西特委决定筹建闽西兵工厂。8 月作出的《关于军事问题草案》决议提出：“依目前的需要，闽西应建立小型的兵工厂。”[⑤]闽西红军兵工厂便于 1930 年

---

① 中共龙岩地委党史资料征集领导小组、龙岩地区行政公署文物管理委员会编：《闽西革命史文献资料》第 2 辑，1982 年 7 月，第 147 页。

② 中共龙岩地委党史资料征集领导小组、龙岩地区行政公署文物管理委员会编：《闽西革命史文献资料》第 2 辑，1982 年 7 月，第 151 页。

③ 中共龙岩地委党史资料征集领导小组、龙岩地区行政公署文物管理委员会编：《闽西革命史文献资料》第 2 辑，1982 年 7 月，第 151 页。

④ 中共龙岩地委党史资料征集领导小组、龙岩地区行政公署文物管理委员会编：《闽西革命史文献资料》第 3 辑，1982 年 10 月，第 191 页。

⑤ 中共龙岩地委党史资料征集领导小组、龙岩地区行政公署文物管理委员会编：《闽西革命史文献资料》第 4 辑，1983 年 5 月，第 49 页。

8月随之产生。该厂原址龙岩湖洋，同年12月迁往永定虎岗后改称“闽粤赣军区兵工厂”，毛泽民任厂长。1931年夏，闽粤赣军区兵工厂又迁往长汀四都。同年冬，改为“福建军区兵工厂”，厂长先后由祝良臣、赖启柱担任。1932年，福建军区兵工厂又迁往汀州，不久再迁往瑞金平头寨。1933年初，与官田修械所合并成立中央兵工总厂。此时全厂职工有1000多人。至1934年下半年，不仅能修理各式枪炮，还能生产地雷、手榴弹、迫击炮弹和多种子弹，成为当时全国各苏区中最大的军工企业。除了兵工厂外，闽西军需企业还有红军被服厂、汀州弹棉厂、中华织布厂、红军斗笠厂等。苏区的军需工业经历了一个从无到有，从小到大的过程。

闽西苏区党和政府在领导建立和发展军需工业的同时，还积极领导人民建立和发展了一批直接关系苏区人民生活的民用工业企业。主要有硝盐厂、造纸厂、冶炼厂、农具厂、烟厂、印刷厂等。

这一时期的苏区工商业，具有以下几个鲜明的特点：

第一，工商业的规模小，主要以私营经济和个体经济为主。如当时汀州的许多小店大都是夫妻店，聘请的店员也只有两三个，那些大店的店员也只有十几个人。

第二，工商业经济的产品主要以低附加值手工业品和农产品为主。

第三，工商业的交易范围以苏区为主，部分商品对外输出。苏区的商业交易范围主要在长汀、瑞金等中央苏区内进行，同时，还进行少量的其他区域的贸易。

（二）苏区商业经济中心

随着苏区商业经济的恢复和发展，苏区经济逐渐发展和繁荣起来，形成了几个商业中心，主要有：

1. 长汀

红军入闽前，长汀的工商业就已经相当繁荣了。当时，汀江的航运非常发达。汀江绕城南流，经上杭下永定、大埔，至韩江，经汕头流入南海。光是航运民船每天就有“上八百（长汀至上杭）、下三千（上杭至峰市）”之称。可见航运之繁忙，自然成为闽西、赣南的物资集散地。

长汀经营商业者历史上有坐商、客商两种。据1936年商业同业公会统计，坐商840多户，本籍商占3/4，客籍商占1/4，其中江西南城、樟树人多经营药材，龙岩人多经营京果、布匹，上杭人多经营粮食、布匹、烟叶，连城人多经营纸和爆竹。

客商俗称庄客，是外地商家在长汀的代理人，多为潮州、汕头、梅县、广州人。他们寄寓在汀城商行内，主要收购、发运粮食、烟叶，兼推销电池、火柴及其他小五金百货。

长汀历史上出产的主要货物是纸和木材，纸年均产10万担（4000吨），木材年均产10万根（约2万立方米）。两项合计年均收入三四百万元（银圆），其次是簿籍等纸制品、竹木家具、皮枕、木版书籍，食品有大豆、豆腐干、香菰、粉干等。

1931年9月至1934年10月，第二次国内革命战争时期，长汀是中央苏区的商业中心，有"红色小上海"之称，当时虽有不少富商巨贾携资外逃，而汀城尚有商店360余家。

长汀的工商业活动大大活跃了苏区市场，调节了苏区工农业产品价格"剪刀差"的现象，促进了苏区经济的发展，并有力地支援了革命战争。因此，被人们誉为中央苏区的"红色小上海"。

2. 宁化

地处武夷山麓的宁化县，低山、丘陵、盆地占全县总面积的96%，素有"八山半水一分田"的说法。历史上由于土壤肥力差且水利资源缺乏，严重制约农业的发展，当地农民只能"地瓜当饭饱"。1933年，宁化县苏维埃政府在全县17个区、乡办起消费合作社，成立县消费合作总社、红军消费合作社。苏区政府在税收、运输、资金等方面给予支持，这对打破当时国民党的经济封锁，保障苏区经济起了重要作用。红军长征后，苏区合作事业随之停顿。

3. 才溪

才溪位于上杭县西北，1929年11月，为了在农产品和工业品的交换上防止商人剥削，才溪乡创办了消费合作社，这是闽西试办的第一个消费合作社。毛泽东在《才溪乡调查》中介绍才溪区消费合作社的情况："全区八乡有十四个消费合作社。……上才溪两个……，下才溪三个……，加入消费合作社的人家，上才溪百分之六十，下才溪百分之九十。货缺时红属先买，社员后买，非社员再后买。……卖‘外货’的私人商店，除一家江西人开的药店外，全区绝迹，只圩日有个把子私人卖盐的，但土产如豆腐等，私人的还有。”①

总之，随着苏区工商业的恢复和不断发展，它在支援苏区革命，巩固苏维埃政权，丰富和提高苏区人民的生活水平等方面，发挥着越来越大的作用。

第一，支援苏区革命，巩固苏维埃政权。闽西苏维埃政权建立以后，随着革命战争的发展，为了保障革命战争的供给，苏区政府建立了一批军需工业。如闽西红军兵工厂、红军被服厂、汀州弹棉厂、中华织布厂、红军斗笠厂。这些军需工业，为红军战胜敌人，壮大自己，推动苏区革命的发展，作出了很大的贡献。

第二，打破封锁，丰富和提高了苏区人民的生活水平。随着苏区革命根据地的不断发展壮大，引起了敌人极大的恐慌。为了扼杀新生的人民民主政权，敌人在进行军事“围剿”的同时，也对苏区经济实行严密封锁。为此，苏区苏维埃政府不仅建立了一批军需工业，同时也发展了一批直接关系苏区人民生活的民用工业。主要有硝盐厂、造纸厂、冶炼厂、农具厂、烟厂、印刷厂等。采取有效措施，积极鼓励私营商业发展，充分调动苏区人民的积极性。开展赤白贸易，繁荣苏区市场。这些举措，有力地打破了敌人对苏区的经济封锁，保障了苏区工农群众的日常生活和生产，巩固了工农联盟，提高了苏区人民的生活水平，推动了苏区人民的革命热情。如当时的汀州，被人们誉为苏区的“红色小上海”。

第三，为日后的人民共和国经济建设提供了许多有益的经验，培养了诸多经济人才。苏区工商业的发展与繁荣，离不开毛泽东、刘少奇、陈云等老一辈无产阶级革命家的不断探索与实践，他们提出并实践了公营、集体、私营经济为一体的苏区经济建设模式，这些经济发展模式为日后新中国经济建设提供了宝贵的经验与借鉴，并逐步找到了一条成功的发展之路。同时，这一时期也涌现出一批像陈云、邓子恢、毛泽民、

① 古田会议纪念馆编:《闽西革命史文献资料（1933 年 1 月—1934 年 12 月）》第 8 辑，2006 年 5 月，第 362 页。

李坚真等经济建设人才，他们在这里探索、实践，为新中国的大规模经济建设作了干部的准备。

二、苏区的商业与金融业

苏区商业与金融业是在艰苦的革命战争环境中，为保障苏区军民的生活，支持革命战争而逐步建立和发展起来的。苏区时期的商业组织是社会主义集体经济和个体经济并存的最初尝试，主要有三种类型：具有公有制经济性质的公营商业，具有集体性质的合作社商业，以及私人性质的私营商业。苏区的金融业为稳定苏区社会作出了有益的尝试。

（一）苏区公营商业的发展

公营商业，即苏区工农民主政府投资兴办的商业，它是由苏区工农民主政府领导，生产资料归苏区人民所有的具有社会主义性质的经济组织。1929 年，中国工农红军进入闽西，先后在闽西大地建立各级苏维埃政权，这为公营商业的建立和发展创造了前提条件。为此，闽西苏区政府积极建立公营商业。主要有：粮食调剂局、闽西工农通讯社，以及 1933 年 2 月在汀州设立的省对外贸易局（指苏区和国民党统治区之间的贸易）。在汀州市、龙岩县、永定虎岗、上杭、新泉等地成立了中华贸易公司、中华纸业公司、新泉对外贸易公司，以及汀州市小商店、汀州市红色饭店、红色旅社等一批公营商业机构。

粮食调剂局。1930 年，为解决“调剂米价，救济贫农”问题，闽西苏区率先成立粮食调剂局，成为中央苏区具有首创意义的公营商业。6 月 14 日，闽西苏维埃政府发出了《关于组织粮食调剂局问题》的第 15 号布告，号召各地成立粮食调剂局，并对成立粮食调剂局的有关事宜作了具体规定。7 月，闽西苏区第一个公营商业企业——粮食调剂局建立。其主要任务是通过购、存、调、销等业务，打击奸商，平抑粮价，以保障苏区军民的生活用粮，同时有计划地组织出口以从白区换回食盐、布匹、煤油、药材等生活必需品。

闽西工农通讯社。为加强苏区对内与对外联系，苏维埃政府致力于发展对白区的秘密交通线。1930 年，毛泽东曾派卢肇西往上海与党中央联系。年底成立了闽西工农通讯社，成为中央苏区对外的交通系统，它是苏区第一个开展对外贸易的机构。工农通讯社设有交通大队和大、中、小交通站、边防站，同时在各县设立通讯社的分支机关。1930 年 10 月，上海至中共中央成立交通局。至 1931 年春，中央交通局开辟了一条上海经香港、汕头大埔、永定、上杭、长汀至瑞金的红色交通线。同时，另开辟了一条间接的交通线：上海→汕头→潮安→大埔→青溪→永定→上杭→长汀→瑞金。

红色交通线的建立，沟通了上海党中央和中央苏区的联系，传送党中央和中央苏区之间来往的文件，递送苏区急需的物资（布匹、食盐、药品、纸张、电讯器材、军械器材等）和党中央的经费（黄金、白银、钞票等），并担负着护送党的领导干部、传递文件的任务。从 1930 年到长征前，由上海经中央交通线进入中央苏区的领导干部有 200 多人，他们当中有周恩来、叶剑英、项英、任弼时、何叔衡、刘伯承、萧劲光、李富春、李克农、聂荣臻、张爱萍、林伯渠、董必武、谢觉哉、李六如、王观澜、杨尚昆、陆定一、伍修权、王首道、瞿秋白等。

对外贸易局。1933 年 2 月，中央工农民主政府第三十六次常委会决定成立国民经济人民委员部，下设对外贸易局。同年 4 月，规定对外贸易局的任务是“管理苏区对外贸易事宜，设法打破封锁，保证苏区境内的生产品与境外的商品，得有经常的交换，消灭农业生产品与工业生产品价格的剪刀差现象”①。

对外贸易局执行了“对外管理，对内自由”的政策。对外管理是把粮食、土纸、钨砂等重要物资的出口和食盐、布匹、西药等工业品的进口统由对外贸易局经营，但不是统制所有的进出口。对内自由是对重要的物资如粮食，通过掌握季节性的市场供求情况，进行调剂供求，以稳定粮价。

（二）苏区合作社商业的发展

合作社商业作为一种新型商业，是在党和工农民主政府的领导下产

---

① 中共江西省委党史研究室、中共赣州市委党史工作办公室、中共龙岩市委党史研究室编：《中央革命根据地历史资料文库·政权系统（7）》，中央文献出版社、江西人民出版社 2013 年版，第 717 页。

生和发展起来的，是广大工农群众自己集资组织商品交换的一种集体经济组织。它以便利群众，贱价购买日用必需品，抵制商人之操纵为目的。

合作社商业以消费合作社、粮食合作社为主，购买合作社、贩卖合作社为辅。消费合作社实行购销、生产、服务相结合的综合性经营，粮食、购买、贩卖合作社则属于专业性经营。

消费合作社是中央苏区合作社商业的重要组成部分，是为了满足社员自身的生活需要，免除中间剥削而联合起来的一种经济组织。主要是对于外来工业品，大批买进，零星卖出，对于本区生产品，零星买进，大量卖出。所得盈利按社员购货多少的比例分配，一般以村、街道或单位为单位建立。1929 年春，永定县金砂上金创立上溪南区合作社。6 月，永定县西陂乡消费合作社成立。11 月，上杭县才溪区建立消费合作分社，并在所辖 8 个乡设立油、盐、肉、布匹、豆腐、糖果、猪子等 14 个消费合作社。随后，闽西苏区各地普遍建立消费合作社、粮食合作社等。

合作社的资金，主要由群众集股，政府资助。每股股金多为 5 角，也有 1—2 元的，认股由群众自愿。消费合作社组织机构，从乡社直至中央总社，都设管理委员会。管委会下设办事机构。组织机构的设置，视事务简繁而定，如事务简单的县、区社，每人可兼任几个部或几个股的职务。1929 年 6 月建立的永定县西陂乡消费合作社，所制定的规章有四：一是本社定员 2 人，一正一副，分工负责日常工作，主管销售、会计、出纳，制订营业计划和出外采购；二是设立审查委员会，由社员大会选出公正社员担任，每月审计社务一次；三是年终盈利分配为：社员红利 50%，公积金 20%，购货利益金 30%；四是为节省开支，不印发股票，以股金收据代替，凭收据领取红利。这是苏区消费合作社第一个简单的规章。同年 11 月建立的上杭县才溪区消费合作社，初建时只有社员 80 余人、股金 40 余元，同时借一些公款作经营资金，开始营业。到 1931 年年终结算时，除了一切开支外，盈余大洋 300 元，当即召集社员大会，报告工作和分配红利，每一股（5 角）分到红利 5 角。到 1933 年 7 月间结算时，除了一切开支外，计得盈利 741 元。经社员大会一致决定不再分红，作提公积金，以充裕资金。因为办得好，到同年 8 月后，群众纷纷要求入社，社员人数增加到 1041 人。

1930年后，苏区各县相继建立消费合作社，区社由5个以上乡社集股组建，乡社则由农民自愿集股兴办。9月，闽西苏维埃政府召开第二次工农兵代表大会，提出对合作社进行整顿。修改后的《闽西合作社修正条例》规定：在业商人不准加入合作社，富农可以加入，但不能参加管理；合作社所得红利，以30%作为股金分红，30%作为公积金，10%作为办事人员花红，30%照社员付与合作社之利益比例分配；合作社办事人员由社员公选，必要时政府可以干涉；合作社借贷、买卖及各种章程，不得违反合作社之条例原则。1933年，又将红利分配改为公积金50%，社员分红50%，同时废除赊销制度，严格审查账目，反对贪污腐化及不负责任的官僚作风。经过整顿，合作社事业更加发展。1933年10月，上杭成立县消费合作总社。11月，福建省消费合作总社、兆征县消费合作总社在长汀城关成立，长汀县合作总社在河田成立。3个县总社分别受同级苏维埃政府和上级社领导，内设宣传、组织、营业、文化、生产及调查统计等部，营业部下设采买、发售、保管、会计、出纳等股。1933年底，闽西苏区境内已有省总社1个、县总社3个、区社14个、乡社154个，以上杭、永定、连城、长汀4个县居多。

由于国民党加紧对苏区的经济封锁，在各要道设立检查所，禁止食盐、棉布、药材、钢铁及日用必需品运入苏区，而苏区农副产品如纸、米、豆、烟叶、夏布、竹、木等销不出去，造成工业品价格暴涨，农副产品价格大跌。苏区政府组织合作社，发动群众，通过公开的、秘密的多种方式、多种渠道，开展反经济封锁的斗争。1930年，合作社购销货物，一部分由中央在闽西设立的武装通讯站，从广东大埔护送至永定、上杭，更多的还是依靠群众通过亲友关系运送。无论哪种方法，一经国民党军发现，即有杀头或坐牢的危险。而消费合作社工作人员和群众，总是采取巧妙的办法，冲破封锁，将所需物资源源不断运进苏区。永定县上溪南区合作社，通过在白区永定县城东门街开店的亲友，将货物装进粪桶、粪箕，上面盖上土粪，以下田为名挑到西溪口陂头上交接。国民党民团封锁西溪后，又改从东门水路运至东溪庵子矿交接。运回的货物，一部分在店里卖，大部分派人挑运到上杭、长汀苏区。广东军盘踞永定县城时，还由群众李永源出面，在城关开设“源记号”，作为苏区收购机构，利用该店名义，购进大量物品运往苏区。以后，李永源以及与苏区贸易有联系的万丰布庄、裕与祥京果店的负责人张荧喜、张利传、吴昌禄均遭杀害。

1934 年 10 月，红军主力长征后，国民党重新统治闽西，3 个县总社先后转移。随后，上杭、长汀县社解散，兆征县总社转至四都、古城一带，坚持为红军游击队采办货物。到 1935 年春，闽西苏区的合作社均被迫停办。

粮食合作社是广大工农群众自己集资组织商品交换的一种集体经济组织，是广大工农群众抵制资本家剥削和怠工，保障自身利益的有力武器。1932 年夏，由于国民党经济封锁的日益加紧和奸商的破坏捣乱，根据地经济十分困难，"剪刀差"现象极为严重。农民为了用钱，不得不在收获时低价出售米谷，以致造成粮价惊人下跌。这种现象不仅影响农民的生活和生产积极性，而且严重威胁整个根据地经济的发展。于是，粮食合作社的建立和发展提上了党和政府的议事日程。1932 年 8 月 21 日，中央政府人民委员会颁布了《发展粮食合作社运动问题》的第七号训令和《粮食合作社简章》。训令要求"必须做到每乡都有粮食合作社的组织（边区除外），以后再来计划建立区以上的粮食合作社组织系统"。1933 年 3 月 4 日，临时中央政府发布《为调节民食接济军粮》的第三十九号命令，要求"各级政府应领导群众，快快组织粮食合作社，在粮食调剂局领导帮助之下，努力进行"。同年 5 月 27 日，中央国民经济人民委员部颁布了《关于倡办粮食合作社与建造谷仓问题的训令》第二号，要求每乡成立一个粮食合作社，分区建立谷仓，保存谷子，免致损耗。7 月 4 日，中央人民委员会又发布了《倡办粮食合作社问题》的布告第二十一号，进一步指出，大家一齐起来组织粮食合作社，是最主要的解决工农群众粮食供给的办法。

根据地军民积极响应苏维埃政府号召，纷纷组织起来，掀起了创办粮食合作社运动高潮，不仅以乡为单位组建起粮食合作社，不少城区还组建起城市粮食合作社。各级苏维埃政府粮食管理机构均设有合作社指导委员会，加强了对粮食合作社发展的指导。帮助合作社有系统地建设，监督合作社的营业，调整物品的需给，平准物价的低昂，抵制商人的操纵，以期在经济上团聚和教育广大的工农群众。粮食合作社创建初期隶属中央财政部管理，1933 年 4 月划归中央国民经济部管理；1934 年 1 月中央粮食人民委员部成立后，粮食合作社归口粮食部管理。

（三）苏区私营商业的发展

闽西苏区政府对私营商业十分重视，采取了正确的政策，促进了苏区私营经济的发展。1929 年 7 月，中共闽西一大在《政治决议案》中规定："对大小商店应取一般的保护政策（即不没收）。""对城乡小商人不要没收商店，焚烧账簿和废除账目。"1930 年 3 月，闽西第一次工农兵代表大会专门制定了《商人条例》，提出了"商人自由贸易"，各地船只货物正常来往"政府一律予以保护"等一系列保护私人商业的政策。1932 年 1 月，临时中央政府颁布了《工商业投资暂行条例》，鼓励和吸引苏区境外的商人到苏区投资、租赁、开发和经营。

政府还重视加强对商人的宣传工作，经常召集商人开会，鼓励他们积极办货，并与他们商量经营办法，支持他们接待白区商人。保护和优待白区商人，准许其在不干犯苏维埃政策的前提下在苏区内自由贸易。1930 年开始，政府还发给白区商人进入苏区经营的执照，指示各级不许向白区商人筹款，不许没收商品，后来又给他们以兑换现金的方便。政府对白区进入苏区的货物不检查、不课税，因此，商人的经营积极性大大调动起来。苏区的商人也积极向白区贩运土特产品，使土特产有路可销。

正是由于苏维埃政府执行了正确的政策，因此，苏区的私营商业迅速地发展起来，并日趋繁荣。以 1934 年的汀州为例，当时的私营商店总计有 367 家，分布在各行各业，生意十分红火，促进了当地经济繁荣发展，使得长汀成为中央苏区的经济中心。而在广大苏区农村，私营商业以个体经济为主，通过定期的圩场来进行商业交易。各区、乡都设立了圩场，长汀的四都一区就有四都、楼子坝、溪口、谢坊四个圩场，每圩贸易额从数百元发展到数千元以上，赶圩的人数少则四五百，多则千人以上。这种圩场是私营商业和农民之间进行商品交换的重要场所，它不仅促进了苏区农村经济的发展，还大大改善了农民的生活水平。

土地革命战争前，闽西的私营商业就已经建立并有所发展。苏区私营商业的建立和发展，对活跃苏区经济，恢复生产，保障革命战争的物资供给和改善人民生活，沟通赤白贸易，巩固革命根据地方面，起着极为重要的作用。

革命初期，闽西苏维埃政府受到瞿秋白为首的党中央“左”的思想的影响，表现在工商业政策上，就是盲目打击中小商人，如永定县溪南里暴动时，“焚烧商人账簿，没收丰稔市商店”[①]，永丰里还“抢下洋商店，拉抢金丰商店”[②]。这种过“左”政策不仅对中央苏区经济和群众生活造成较大损害，同时在政治方面也给革命带来负面效果，使革命失去了一般群众的理解与支持。为纠正这种过“左”政策所带来的损害，同时也为了发展经济，稳定社会，党对私营商业开始采取保护政策。1929 年 1 月，红四军在向赣南、闽西进军途中，曾颁发了文告，宣告党对私营商业的政策是“取消苛捐杂税，保护商人贸易”。并宣布“平买平卖，事实为证，乱烧乱杀，在所必禁，城市商人，积铢累寸，只要服从，余皆不论”。同年 7 月，中共闽西一大通过的《政治决议案》规定：“对大小商店应采取一般（律）的保护政策（即不没收），对反动商人宁可杀人、罚款，不可没收商店。”“绝对不要没收商店，焚烧账簿和废除其账目。”这对当时闽西商业起了很大的活跃作用。1930 年 3 月 25 日通过的《闽西第一次工农兵代表大会宣言及决议案》中规定：“商人遵照政府决议案及一切法令，照章缴纳所得税者，政府予以保护，不准任何人侵害。”同年 6 月，红军第一军团总政治部颁发了《告商人书》，进一步规定：“红军对城市的政策是：取消苛捐杂税，保护商人贸易。”后来，苏区政府采取了各种保护和鼓励发展私营工商业的政策，使得苏区的经济日趋繁荣，据不完全统计，当时的长汀城仅私营商埠就有 367 家。当时闽西苏区内的圩场遍及城乡，贸易十分活跃。如长汀城内设有东西红色米市场，分别设在水东街大观庙和司背街，主要是进行大米、豆子及其他农副产品的交易。每天有邻县 1000 余人来这里赶集，沿途往返络绎不绝；交易量，

---

① 中共龙岩地委党史资料征集领导小组、龙岩地区行政公署文物管理委员会编：《闽西革命史文献资料》第 2 辑，1982 年 7 月，第 145 页。

② 中共龙岩地委党史资料征集领导小组、龙岩地区行政公署文物管理委员会编：《闽西革命史文献资料》第 2 辑，1982 年 7 月，第 146 页。

单大米、豆麦，每天就达7万多斤。长汀城红色市场贸易的兴旺，沟通了长汀与邻近的瑞金、石城、会昌、宁化、上杭、连城等县的经济联系，使长汀成为赣南、闽西主要的农副产品集散地，再加上长汀工商业的发达，这里就成为中央苏区的商业中心，有中央苏区“红色小上海”之称。

土地革命战争后期，由于受到王明“左”倾思想路线的错误影响，党对私营商业采取了错误的政策，使私营商业受到严重打击，以致像才溪乡这样之前工作比较出色的地方，卖“外货”的私人商店都濒于绝迹，只剩下以土产交换为主的圩场。闽西各地的商业额到1930年也大幅下降，如坎市、雁石、旧县的商业额1930年7月比暴动前下降了五成以上，同时，也使得各县的生活物价上涨，如布、盐、糖、火柴等都比1929年涨了二至三成。[①]总之，由于王明路线的危害，使苏区“部分商人经营消极，坐吃山空，经济上起了自我封锁的不良后果。对白区的贸易，全靠国营贸易机构组织苏区和白区的群众和行商，……城市座商的营业日渐衰落，最后陷于停顿”[②]。这是一个严重的教训。

（四）苏区金融业的发展

苏区金融业的产生和发展是随着苏区的不断扩大和日益巩固而出现的。苏区金融业的建立，对苏区政府解决资金问题，发展生产力，促进工农业生产，稳定金融秩序，维护苏区经济社会秩序的稳定作出了重要的贡献，为我国金融事业的发展积累了宝贵经验。

首先，筹措资金，支援革命战争。随着苏区的不断扩大和日益巩固，加上敌人的封锁和制裁，不仅严重影响了群众的正常生活和生产发展，也给革命的发展带来了困难。同时，苏区开展经济建设，面临的一大难题是严重缺乏资金。恢复工业，需要资金；发展农业，需要资金；繁荣商业，也需要资金。资金成为发展经济的关键。为了解决这一困难，苏区政府通过金融组织，发行公债和纸币，筹措资金，开展对外贸易，从白区购买各种急需的物资，包括一些枪支弹药，从而有力地促进了革命的发展。

---

① 参见中共龙岩地委党史资料征集领导小组、龙岩地区行政公署文物管理委员会编：《闽西革命史文献资料》第3辑，1982年10月，第397、384页。

② 张闻天：《反对小资产阶级的极左主义》，《斗争》第67期，1934年6月24日。

其次，稳定金融秩序，维护苏区经济社会的稳定。苏区政府成立之初，由于缺乏经验和金融组织不健全，加上敌人的封锁和制裁，苏区的金融市场较为混乱，群众的生活和社会秩序受到很大的影响。如当时龙岩市面上流通着大量的劣质银币和白区的纸币，这些劣币通过奸商，以廉价方式偷运入境，购买金银土产出口，从而获利巨丰，广大人民群众对此深恶痛绝。为此，苏区政府先后成立银行和信用社，发行自己的纸币，建立和完善金融制度，消灭或限制旧的金融机构及其活动。经过这些有力的措施，苏区的金融秩序得到相对稳定，有力地维护了苏区经济社会秩序的稳定。

最后，培养了一大批经济建设的金融人才，为以后的人民共和国金融事业的发展积累了许多有益的经验。苏区经济建设的发展，尤其是金融业的发展与繁荣，急需一大批经济管理人才。毛泽东、刘少奇、陈云、邓子恢、毛泽民、阮山、曹菊如等老一辈无产阶级革命家进行不断探索、实践，创造性地提出一系列经济建设的举措，如闽西工农银行在成立后一年多的时间里，摸索和总结出了一套苏维埃银行的管理制度和管理办法，为后来苏维埃国家银行的成立和运作准备了人才，积累了经验。

总之，公营商业作用主要体现在以下几个方面：

第一，打破敌人经济封锁，缓解苏区经济困难局面，改善工农群众的生活。为了粉碎敌人的经济封锁，缓解苏区的经济困难，苏区公营商业依托苏维埃政权优势，发动广大工农群众参加。如 1933 年 10 月福建事变后，福建人民政府和十九路军设在龙岩的闽西善后处还在上杭蛟洋组织了贸易合作社，贮存了大量物资，陆续运往闽西苏区，向闽西苏区供应了大量的食盐、布匹、药品等急需品。当地百姓也可以自由进出苏区进行商业交易，这对打破国民党反动政府对苏区的经济封锁发挥了重大的作用。

第二，打击一些奸商的投机倒把行为，维护广大工农群众的利益，积极支援革命战争。如由于 1929 年闽西各地出现谷贱伤农的“剪刀差”现象，一度造成社会的恐慌，1930 年 7 月，闽西苏区率先成立粮食调剂局，从而有效地解决了谷贱伤农的问题，调动了广大农民的种粮积极性，改善了军民生活，有力地支持着革命战争的胜利。

苏区合作社商业，是新民主主义的经济，它在整个苏区国民经济中，起着十分重要的作用。一是苏区合作社商业在抵制商人资本剥削，改善社员生活，发展苏区国民经济方面发挥了重要作用。二是苏区合作社商业在调节苏区内工农产品价格的“剪刀差”现象，缓解因帝国主义、国民党政府对苏区经济封锁而产生的困难局面方面，发挥了重要的作用。三是苏区合作社商业在吸收广大工农群众参加革命战争，提高社员政治水平，巩固工农革命联盟方面，发挥了重要作用。

闽西苏区私营商业是在苏区苏维埃政府领导下的、以生产资料私有制为基础的经济组织形式，包括资本主义商业和个体小商贩两部分。这类经济组织由于采取灵活多样的经营方式，因此，在土地革命战争时期，在活跃经济、恢复生产、保障革命战争的物资供给和改善人民生活等方面，发挥着十分重要的作用。而闽西长汀能够成为中央苏区的经济中心，就与私营商业的发达有很大的关系。

三、闽西苏区与其他区域间的商业活动

苏区人民在苏维埃政府的支持和帮助下，采取多种灵活的方式，克服种种困难，积极开展苏区与其他区域间商业交流和赤白贸易。这对粉碎国民党对苏区经济的封锁，改善群众生活，发展苏区经济，繁荣苏区商业发挥了十分重要的作用。

闽西苏区与其他区域间商业交流与商业活动主要有两方面：闽西苏区与其他苏区间的商业贸易往来和闽西苏区与国统区间商业贸易往来。

（一）闽西苏区与其他苏区间的商业贸易活动

闽西苏区与其他苏区间的商业贸易往来，主要是依靠当时陆路和水路两种方式来进行，其对象主要是湘粤赣边区。

陆路方面。闽西苏区建立前，闽西没有公路，交通十分不便，各地来往物资除由汀江运输部分外，全靠人挑马驮。闽西苏区建立后，各级苏维埃政府充分认识到，必须尽快发展交通运输事业，它不仅有利于革命战争和红军行动，同时有利于苏区经济建设的发展。1932 年福建省苏维埃政府成立后，布置各县迅速修好主要公路干线，尤其是尽快修好长

汀至永定金砂和长汀至瑞金两条省道。1933 年 4 月，福建省苏维埃又决定修好长汀至永定、长汀至瑞金、长汀至清流、武平至筠门、新泉至南阳等 6 条主要干线。11 月，临时中央政府发布了修筑 22 条公路的意见，其中有 9 条在闽西或途经闽西。在各县苏维埃政府的重视下，经过各地广大工农群众的努力，闽西苏区逐渐形成了以长汀为中心，通往瑞金和闽西各县的陆路交通运输线，它对于服务革命战争，发展苏区经济起到了非常重要的作用。

当时还开辟了一条秘密的交通线，这就是工农通讯社，它是把湘粤赣边区的物资输送到闽西苏区。这条交通线由上海至香港，经汕头、潮州、大埔、永定进入苏区。工农通讯社的主要任务是“传送党的机密信件，护送领导干部出入苏区，采办军需物资并保护这些物资输入根据地”，地下交通员“开辟了一条又一条地下交通线，把大批富有军事、政治工作经验的干部安全护送到苏区去，采购了大量的军需物资输入内地，为粉碎敌人的封锁围剿作出了重大贡献”[①]。工农通讯社采购的主要物资有“布匹、食盐、药品、纸张、电讯器材、印刷器材、军械器材”。如闽西工农银行印钞票的模板和纸张，就是在上海加工或采购后，派人通过这条交通线秘密送到苏区的。此外，通讯社的交通员还经常带领群众以挑担赶圩作掩护，到白区与苏区有联系的商店接头，通过商人在白区购买物资，然后由交通员护送回苏区。运输物资主要依靠群众，通讯社则负责护送。

水路方面，闽西苏区大部分的贸易物资均采取水陆接运的办法运输。其主要路线有两条：一是从粤东的潮汕地区秘密运进，或在永定筹集物资，在峰市下船，运往大沽滩起岸，转陆路肩挑，经上杭的庐丰、半迳、白沙、旧县、涧交石、才溪、官庄再转运至长汀。另一条为从上杭的涧交石陆运，经通贤、南阳和河田运往长汀城关。闽西苏区的进出口物资主要靠汀江这条水路。

苏区与国统区之间商业交流与商业活动，主要是由于国民党政府对

---

① 姜茂生:《切不断的交通线》，载中共中央办公厅机要交通局:《党内交通史料选编》第 1 辑，1981 年，第 301 页。

苏区实行严酷的经济封锁而产生的。从 1932 年起，国民党对苏区的经济封锁更严酷了。他们企图建立纵深 260 里的封锁网，在苏区周围设立食盐公卖局，限制每人每天只买盐三四钱，每月不得超过一斤，把群众的粮食搜掠到反动的堡垒里去。这是蒋介石配合他的军事“杀死”政策而在经济上对中央苏区实行的“饿死”政策。严密的经济封锁给中央苏区造成的困难越来越大。通过土改和一系列激励生产的措施，苏区农民分得了土地，生产积极性空前高涨，农副业产品产量有了大幅度的提高。然而，他们生产出来的稻谷、花生、大豆、钨砂、烟、纸、樟脑等农产品卖不出去，出口困难，导致价格一跌再跌；而同时，苏区的食盐、洋布、煤油、西药等工业品却奇缺，价格越来越高。当时流行一句话：“有人拿走一粒盐，店主赶过三家店。”这种严峻的军事、民用工业品的异常匮乏，严重地影响了群众的生产和红军的给养，削弱了红军的战斗力。

（二）闽西苏区与国统区间的商业贸易活动

为了打破国民党政府及军队对中央苏区的经济封锁，改善苏区军民生活，进一步巩固和发展中央苏区的红色政权，中华苏维埃共和国先在国民经济部设立对外贸易局，管理苏区对外贸易，后又专门设立对外贸易总局，负责赤白贸易。1930 年，中央在闽西永定县设立了“武装通讯社分社”。它既负责地下交通，又承担保护物资的运送工作。1933 年，闽西苏区在汀州成立了福建省对外贸易局，在县或重要市镇，如上杭、连城、宁化、新泉、南阳等地设分局，并在重要口岸、圩镇，如庙前、同康、回龙、蓝家渡、芷溪、油鱼坝等处设采办处，组成对外贸易网，开始有计划地组织人民贸易。对外贸易局的主要任务是负责苏区与白区的物资交流。当时出口的商品有粮食、烟叶、莲子、木材、纸张、樟脑等，从白区输入的商品有食盐、布匹、炼油、中西药等。对外贸易局的设立，有力地推进了对外贸易工作的开展。至 1933 年 10 月，闽西苏区的对外贸易工作已经取得相当成绩，如宁化、新泉、上杭分局的设立，食盐、洋油的进口，纸张和莲子的出口，使苏区特别是汀州市经济较前活跃。1933 年 10 月福建事变发生后，苏维埃临时中央政府与国民党十九路军代表签订协议，双方除了商定共同抗日、互不侵犯外，还就恢复双方的贸易往来达成了共识。双方在上杭蛟洋组织了贸易合作社，贮存了大量物资，十九路军向闽西苏区供应了食盐、布匹、棉花、药材等必需的物品，同时闽西苏区也向十九路军出售肉类、黄豆、钨砂等物资。

总之，苏区经济是新民主主义经济的一部分，也是社会主义经济的雏形。苏维埃政府制定的经济政策原则和商业方针对活跃苏区经济，改善人民生活，保障革命战争的物资供给，巩固根据地政权，打破国民党反动派对苏区的经济封锁起着十分重要的作用。同时，为社会主义经济建设提供了宝贵的经验。

经过长期的摸索和实践，党对苏区经济政策形成了几个鲜明的原则，具体为：

第一，坚持无产阶级领导的原则。1929 年，中国工农红军进入闽西，先后在闽西大地建立各级苏维埃政权，实行无产阶级领导下的新型人民政府，废除封建剥削，进行土地改革，为闽西苏区经济的发展创造了良好的条件。无产阶级的领导，是苏区经济发展与繁荣的根本保证和坚强保障。1930 年 7 月，闽西苏区最早成立了粮食调剂局，同年 11 月，闽西苏维埃政府在龙岩城下井巷创办了闽西工农银行，以及之后成立的新泉对外贸易公司、汀州红色饭店等一批公营商业，这些公营商业为促进苏区经济发展，改善苏区工农群众生活水平，打破敌人经济封锁，巩固工农联盟政权，发挥了十分重要的作用。而这些公营商业的发展，离不开无产阶级的领导，这也为以后社会主义经济建设提供了宝贵的经验。

第二，坚持民主的原则。民主是苏区苏维埃工农政府反抗国民党独裁统治的重要工具之一，也是苏区政治、经济具有强大活力的重要源泉。闽西苏区经济的发展，始终贯彻民主这一重要原则。以上杭才溪区消费合作社为例，该社以社员大会为最高组织，由全体社员组成，还有管理委员会和审查委员会，它们都得由社员大会选举产生，它的办事员“每三个月于社员大会时改选一次”[①]。而且，“卖货由社员大会决定，使社员

① 古田会议纪念馆编：《闽西革命史文献资料（1933 年 1 月—1934 年 12 月）》第 8 辑，2006 年 5 月，第 362 页。

和群众都知道合作社卖货的公道”[①]。这些充分体现了民主，反映了时代的进步。

第三，坚持互助合作的原则。互助合作是新型苏维埃政权的最大优越性的体现，也是与旧社会最大区别之处。它反映了在苏区社会里“我为人人，人人为我”的新气象。1930 年，上杭才溪乡率先办起了耕田队，互相调剂劳动力。在此基础上，1931 年才溪乡又创办了中央苏区第一个劳动合作社。劳动合作社以乡为单位，根据群众自愿组织起来，有组织有领导地进行劳力调剂，在不改变个体所有制的基础上，开展劳动竞赛，实行生产互助。

［本文为《闽商发展史总论卷（近代部分）》节选，厦门大学出版社 2013 年版（有所修改）］

① 崔寅瑜:《一个模范的消费合作社》,《红色中华》第 139 期，1934 年 1 月 1 日。

中国共产党在闽西苏区开展工商业阶层的统战工作研究

党的历史是党的宝贵财富。统一战线是我们党的一大发明创造，作为党的三大法宝之首，其形成、发展和壮大的历程是党的历史的重要组成部分。加强对统战史的研究宣传，深入挖掘统战历史资源，以史鉴今，资政育人，对推动党的统战事业在继承中发展、在发展中创新具有十分重要的意义。

闽西是福建乃至全国统一战线工作开展较早的地区之一。在新民主主义革命时期，中共闽西地方党组织为实现党的使命和任务，紧紧依靠统一战线这个重要法宝，最广泛地团结一切可能团结的同盟者，最大限度地孤立和打击主要的敌人，保证了闽西革命的彻底胜利。在这里，制定了一系列保护民族工商业、保护爱国民主人士、保护爱国归侨等统战政策，加快了闽西解放的进程。

本文是对中央苏区时期党在闽西开展工商业阶层的统战工作的方式方法及成效等进行探究，以期更全面地了解我党在新民主主义革命时期统一战线工作的艰难经历，加深对闽西厚重革命历史的认知。本研究有助于我们正确认识历史发展趋势，用统一战线的光辉历史激励人，用统一战线的优良传统教育人，用统一战线的成功经验启迪人，团结一切可以团结的力量，调动一切可以调动的积极因素，为振红土地雄风、谋跨越式发展凝聚广泛持久强大的正能量，谱写好中华民族伟大复兴中国梦的新篇章！

一、前言

党的八七会议提出的工农民主联盟，是以工农阶级为主的单一联盟，民族资产阶级和下层小资产阶级都被排除在统一战线之外。这样，只把工农阶级作为革命的主要依靠力量和唯一动力，否定了小资产阶级、中农、富农可以成为争取力量的政策显而易见地打击了中间阶级。

所谓中间阶级，指城乡间的中小地主、富农，包括那些开明的富绅名流、民主人士。这是一个摇摆不定的阶层。1928 年 11 月，毛泽东在《井冈山前委向中央的报告》中指出，全国革命低潮时期，割据地区最困难的问题，就是拿不住中间阶级。

长期以来，党的主要领导人因受建党初期所追求的传统社会主义目标的历史局限，对中国资产阶级的复杂性缺乏必要而深刻的认识。他们对资本主义印象最深刻的是它剥削人、压迫人的一面，而对它解放生产力和促进生产力发展作用的一面，认识并不深刻，恶感往往多于好感。特别是在现实生活中看到工商业资本家所暴露的损人利己、唯利是图的丑恶一面，更是欲除之而后快。所以在实际执行中，总是把工商业资本家作为对立面，重斗争轻联合，在政治理念上排斥工商业者，将其当作朋友或同盟者来保护的政策实际上是中国共产党在大革命期间的一种临时性的策略。中共二大确定革命分两步走的策略后，作为工商业者的中产阶级首次被视为革命的朋友或同盟者，但以蒋介石和汪精卫的先后反共为标志，中产阶级和小资产阶级便先后被视为滑向了反革命，革命也就进入工农民主联合执政的苏维埃时代。

以毛泽东为代表的优秀共产党人，结合闽西苏区的革命实践，团结中间阶层，保护工商业者，发展苏区经济，挽救了濒临崩溃的苏区经济，基本打破了国民党对苏区的严密经济封锁。这条统战的发展轨迹，形式上从单薄到丰厚，政策上从笼统到具体，实践上从摸索到成熟。

二、制定正确的商人政策

商人作为资产阶级的一部分，是中国共产党重要的统战对象。而经济是社会一切运行的基础。长汀是闽西的物资集散地，有数万人口，商业和手工业比较发达，还有小型的兵工厂和被服厂。红四军入闽之前，长期转战在井冈山，不曾进入长汀这样繁华的中等城市，许多新的问题摆到他们面前。毛泽东历来重视社会调查，把社会调查作为制定政策的依据。为了更好地指导革命斗争，1929 年 3 月，红四军进驻汀州城后，毛泽东在前委委员和长汀县委的协助下，在驻地“辛耕别墅”召开了老裁缝、老佃农、钱粮师爷、老教书先生、老衙役和流氓头等社会上有代表性的六种人员座谈会。经过调查，摸清了长汀的政治、经济状况和民情风俗，指导红四军政治部颁发了《告商人及知识分子》文告，规定了红军关于商人和城市的政策。

文告首先介绍了我党关于“民权革命”的三大任务，“第一个，打倒帝国主义。不许洋人在中国逞凶，中国归中国人管，不许洋人支配中国；第二个，打倒地主阶级，废止收租制度，田地平分与农民；第三个，打倒国民党政府，建立工农兵政府”[①]，接着提出了我党对于商人和知识分子的政策。

文告重申了我党对于商人的阶级属性总结为“半殖民地的小资产阶级”，接着以通俗的语言，抽丝剥茧地分析了红军“民权革命”对商人的好处、当前革命的形势，并对商人循循善诱：“帝国主义压迫中国，洋货不断的进口，中国工商业不能发展，你们想，打倒了帝国主义于你们的益处几大？半封建的地主阶级集中了多数田地在他们手里，重租重息，农民贫困到十分，乡下人无钱到城市买货，城市工商业因此凋敝不能发展。打倒了地主阶级，取消了收租制度，农民得了完全的收获，向城市买货的力量大大增加，你们想，城市的生意不会大大发达么？国民党及其政府，是帝国主义的走狗，地主阶级的代表，国民党及其政府打倒了，帝国主义失了走狗，地主阶级失了代表，工农兵政府掌握了政权，民权革命（打倒帝国主义打倒地主阶级的革命）就算有成功的希望了，你们不觉得这于你们是有益处的么？”[②]

---

① 红军红四军军党部：《告商人及知识分子》（1929 年 3 月），古田会议纪念馆文物。

② 红军红四军军党部：《告商人及知识分子》（1929 年 3 月），古田会议纪念馆文物。

然后，文告提出了共产党对城市的政策："取消苛捐杂税，保护商人贸易。在革命时候对大商人酌量筹款供给军需，但不准派到小商人身上。城市反动分子（军阀的走狗、贪官污吏、国民党指导委员、工贼、农贼、学贼）的财物要没收，乡村收租放息、为富不仁的土豪搬到城市住家的，他们的财物也要没收。至于普通商人及一般小资产阶级的财物，一概不没收。但普通商人及一般小资产阶级应该赞助工农革命，服从工农阶级的指导，齐心一致向打倒帝国主义，打倒地主阶级，打倒国民党政府三大任务上努力。"① 对于商人的软弱性和易变性，红四军警告他们"不要三心二意，表面服从，心怀敌意。须知共产党领导的民权革命是一定要成功的，而且很快要成功的。此时一不服从，就走入反革命一路，将来绝无立足之地"②。

文告指出实现商业发展的三条途径，即"只有赞助土地革命增加农民生产力和购买力"，"只有打倒帝国主义，断绝洋货的来源"，"只有推翻国民党政府，拥护工农兵政府"。③

文告提出了我党关于商人和工商业的政策："商人只要赞助革命，共产党就不没收他们的财产，并保护他们营业自由。"④

最后，《告商人及知识分子》文告在阐述了关于商人政策的同时，号召"商人起来帮助工农阶级"⑤。

毛泽东指导红四军出台的关于商人、商业、城市的政策，既保护了商人的自由贸易，又为红军发动更多的工农大众理解、支持和参加革命打下了良好的基础。这无疑是我党在独立领导革命的初期制定的正确的工商业政策，得到了汀州工商业者的拥护。红四军在汀州也顺利地筹集到 5 万大洋的军饷和大批物资。红军战士每人发了两套军服、5 块大洋，军容焕然一新。

但是，红四军关于商人、商业、城市的政策仍有时代的缺陷，比较

---

① 红军红四军军党部：《告商人及知识分子》（1929 年 3 月），古田会议纪念馆文物。
② 红军红四军军党部：《告商人及知识分子》（1929 年 3 月），古田会议纪念馆文物。
③ 红军红四军军党部：《告商人及知识分子》（1929 年 3 月），古田会议纪念馆文物。
④ 红军红四军军党部：《告商人及知识分子》（1929 年 3 月），古田会议纪念馆文物。
⑤ 红军红四军军党部：《告商人及知识分子》（1929 年 3 月），古田会议纪念馆文物。

笼统，可操作性不强。在红四军发布《告商人及知识分子》之后，对中间阶级经济上打击过重的情形，在闽西时有发生。1929 年 6 月 19 日，红四军第三次攻占龙岩县城，部队在城内筹款过程中，发生了将一些中等资本的店铺当作大资本家没收的情况。有的连队对小商人的派捐带有勒索性质。红四军前委发现这些情形后，立即采取了纠正措施，但还是发生了部分中小店铺的老板连夜携款外流的现象。

为此，7 月下旬，中共闽西一大对商人进行了具体分析，制定了有关政策，认为："在反帝、反军阀，反豪绅，取消苛捐杂税，保护商店口号之下，可以取得小资产阶级的同情。因此，对城乡小商人绝对不要没收商店、焚烧账簿和废除账目……" ① 对于商业资产阶级，经济上也不能采取没收政策。"对大小商店应取一般的保护政策（即不没收）……但压迫穷人最厉害而为一般商人所深恶，没收后可以得到多数人同情的，在宣传工作做好后才可以没收。" ②

1930 年 3 月 25 日，闽西工农兵第一次代表大会选举成立了闽西苏维埃政府，邓子恢任主席兼经济委员会主任，通过了著名的《经济问题决议案》，旗帜鲜明地表示维护工商业者的正当权益，"保护外来客商，不准向他筹款" ③。政府为商人提供生产便利，"没收来之纸、木减价出售，并可借一部分给他做资本，使其定期交还"，"对于非本乡之纸木商人，非得县区政府批准，不得借口土豪，自由筹款"，"各地政府非得县政府批准，不得没收商品，违者严办"，"各级政府经常召集商民会议，鼓动商人办货，并为商人解决困难问题"。④

① 中共龙岩地委党史资料征集领导小组、龙岩地区行政公署文物管理委员会编：《闽西革命史文献资料》第 2 辑，1982 年 7 月，第 151 页。

② 中共龙岩地委党史资料征集领导小组、龙岩地区行政公署文物管理委员会编：《闽西革命史文献资料》第 2 辑，1982 年 7 月，第 151 页。

③ 中共龙岩地委党史资料征集领导小组、龙岩地区行政公署文物管理委员会编：《闽西革命史文献资料》第 3 辑，1982 年 10 月，第 192 页。

④ 中共龙岩地委党史资料征集领导小组、龙岩地区行政公署文物管理委员会编：《闽西革命史文献资料》第 3 辑，1982 年 10 月，第 192 页。

《经济问题决议案》还决定："确定商人条例，保护商人买卖。"①为此，闽西工农兵第一次代表大会通过了《商人条例》，更加明确地阐明了苏维埃政府的商人政策："一、商人遵照政府决议案及一切法令、照章缴纳所得税者，政府予以保护，不准任何人侵害；二、商人自由贸易，政府不予限制其价格；三、商家来往账目，政府不予取消，维持商家账簿；四、各地船只货物来往，如非违反苏维埃禁例物品者，输入与输出政府一律予以保护；五、所有武装团体，不得借口逮捕犯人，骚扰商店；六、非经县政府审判有罪之商人及闽西政府批准者，不得没收其商店，违者严办；七、商人不得私藏枪械，违者严办；八、商人不得操纵金融，银价涨跌须经苏维埃批准；九、工厂、商店因亏本而倒闭者，须经工会审查，其因自己恐慌而关闭者，应限期开门营业，政府予以保护，如逾期不开者，政府将货品盘与工人经营之；十、商人贩运或私造铜银、假造纸币者严重处分；十一、商人所用秤斗尺，须造出一样，不得用手段来剥削工农；十二、本条例自公布日施行。"②

当然，囿于时代的限制，闽西苏维埃政府在对待商人参政议政上，还是有所提防与保留，在闽西工农兵第一次代表大会通过的《合作社条例》中，明确规定："在业商人可以加入，但不能办事。"③在闽西传统社会中，还有一类"居间商人"，他们的工作是在城市或乡村的市场中，为买卖双方顺利完成交易过程提供服务，从中抽取佣金，被称为牙人、牙侩。随着商业的不断发展，牙人行业的种类也变得多样化，如说合贸易、拉拢买卖、接受委托、代人经商和代收商税等。牙人大多逐利，存在着欺骗百姓、欺行霸市、欺诈哄骗、钻营渔利、收取高额佣金、损害交易双方利益等危害。因此，为了规范经济秩序，1930年3月25日，闽西工农兵第一次代表大会还通过了《取缔牙人条例》，明确阐明了针对居

① 中共龙岩地委党史资料征集领导小组、龙岩地区行政公署文物管理委员会编：《闽西革命史文献资料》第3辑，1982年10月，第193页。

② 中共龙岩地委党史资料征集领导小组、龙岩地区行政公署文物管理委员会编：《闽西革命史文献资料》第3辑，1982年10月，第213页。

③ 中共龙岩地委党史资料征集领导小组、龙岩地区行政公署文物管理委员会编：《闽西革命史文献资料》第3辑，1982年10月，第215页。

间商人政策："一、取消包办制度，牙人只做一个帮助买卖的中介人，任买者卖者自由雇托，其双方可以面订，无须牙人说合者，听其自便；二、牙人佣钱一律减少抽收，由卖者出钱，减少若干，由各所在地政府自定，但至少须减至一半以下；三、牙人要向政府登记，经政府许可，其舞弊者由政府撤职查办；四、如各地牙人太少买卖有争执时，政府可添设牙人，但不宜过多，以能维持买卖为度；五、以前承包之牙税及执照取消，以后不准再收税款；六、城市行家得适用本条例；七、本条例自公布尔日施行。"①

闽西苏维埃政府制定正确的商人政策，还体现在保护商人的正常经济运转。闽西工农兵第一次代表大会通过《借贷条例》，对于商人业务经营中的"旧债"规定："各地民众债务及来往钱款，如有利借贷、无利借贷、赌账、票款、银会、谷会、孝子会、牛会、婚姻票款、所欠公款，自暴动日起一律取消，但工钱及商账例外。"②

《借贷条例》对于商人业务经营中的"商账"规定："商家关于商品赊出之账仍旧要还，但暴动前一年元旦以前之账，及非本身所欠之账不还；商家对农民所放之账，含有重利性质，如放纸槽、放赊纸、缴纸本、烟叶本、豆饼本等取消；农民欠商家之账在暴动前一年还账者，应照新账扣除，不得借口收入旧账；商家对商家来往之账目，自暴动前一年之元旦起照旧维持；民间存商店之款照旧维持，但本年利息豁免。"③

闽西工农兵第一次代表大会通过的《暂行税则条例》，详细规定了商人的税种及税率，如关于"营业所得税"，"商业累进税之征收，依据商人（商店、纸木商、工厂、行商）所营业务，于每年或每帮结算后赚得红利数目，分为下列几等征收：（一）二百元以下者免收；（二）五百元以内者收百分之三；（三）一千元以内者收百分之六；（四）二千元以内

---

① 中共龙岩地委党史资料征集领导小组、龙岩地区行政公署文物管理委员会编：《闽西革命史文献资料》第3辑，1982年10月，第213页。

② 中共龙岩地委党史资料征集领导小组、龙岩地区行政公署文物管理委员会编：《闽西革命史文献资料》第3辑，1982年10月，第207页。

③ 中共龙岩地委党史资料征集领导小组、龙岩地区行政公署文物管理委员会编：《闽西革命史文献资料》第3辑，1982年10月，第207页。

者收百分之十二；（五）三千元以内者收百分之二十；（六）五千元以内者收百分之三十；（七）五千元以上者另订”[①]。

对于虚报瞒报的不法商人的处罚，《暂行税则条例》规定：“如有虚报，希图少抽者，照原税加倍处罚；所罚之款以半数赏给报告人，以资奖励。”[②]

可以说，闽西第一次工农兵代表大会制定的《经济问题决议案》《商人条例》《取缔牙人条例》等决议，是我党在苏区最早制定的比较完备的工商业法律，使闽西苏区的经济工作走上了正轨。

总的来说，在闽西苏区的创建初期，在毛泽东、刘少奇、陈云、邓子恢、张鼎丞等优秀共产党人的正确领导下，红军和各级党部、苏维埃政府严格地执行了不侵犯中小商人、把封建剥削与资本剥削区别开来的政策，依据实际情况创造了一些切实可行的方法，既打击和孤立了最主要的敌人，又稳定了当地的经济市场乃至社会秩序，发挥了共产党统一战线政策的威力。党在闽西苏区形成的切实保护中小商人利益，把这部分人团结在革命阵营内的做法，是马列主义与中国革命现实相结合的产物，也是毛泽东在内的许多同志对党的统一战线的伟大实践。此后，闽西彻底落实党的政策，以求团结一切可以团结的人支持拥护党的主张。据 1933 年冬统计，汀州市有私营商业 367 家，为繁荣汀州商业，搞活苏区经济，打破经济封锁，支持革命战争，作出了巨大的贡献。

三、开通赤白贸易

无产阶级统一战线具有极其广泛的社会基础。尤其是土地革命战争时期，党在农村实行前所未有的武装割据，创立与国民党政权相对立的红色政权。这种统一战线的重要特征，是其包容的政治力量和社会成分极其众多。商业贸易是必须贯彻党的统战政策的领域。从客观的社会历

① 中共龙岩地委党史资料征集领导小组、龙岩地区行政公署文物管理委员会编：《闽西革命史文献资料》第 3 辑，1982 年 10 月，第 218 页。

② 中共龙岩地委党史资料征集领导小组、龙岩地区行政公署文物管理委员会编：《闽西革命史文献资料》第 3 辑，1982 年 10 月，第 218 页。

史条件看，国民党对红色区域实行严密而残酷的经济封锁，完全切断了苏区的对外贸易。而苏区的军民要取得生存所必需的商业物品，只有想方设法在商贸业界争取可以联合的力量，形成这方面的统一战线，以打破敌方对自己的经济封锁。

国民党军对中央苏区一次又一次的军事失败，刺激着国民党陆海空军总司令南昌行营、国民政府军事委员长南昌行营对苏区采取越来越严密的经济封锁。国民党当局规定，在与苏区毗邻的区域，凡食盐、洋油、电料、药品、铜、铁等一切物资，禁止运入苏区。各个县除派保安团、靖卫团驻守赤白交界的村镇，另外加派两个团的正规军，协助进行封锁，控制所有大小通道，发现携带违禁物品的人当即抓走，以“通匪”论处。就像切断了水流的河道，苏区的物资来源完全被断绝了。战争拼的是经济，反“围剿”斗争的耗用，形成了巨大的经济供应问题。这样庞大的军需民用，绝不是靠团结中小商人可以解决的，有些战略性物资，例如洋硝、钢铁、电讯材料、印刷材料、西药药品等，中小商人是难以搞到的。由于缺乏医疗药品，军民中的患病死亡率和战伤死亡率非常之高。

而在另一方面，苏区所生产的钨砂、樟脑、烟叶、木材、土特产品又卖不出去，对苏区的经济形成窒息性的困境。只有打通与白区的贸易往来，才能打破这种局面，才能把党的统一战线拓展到更广阔的范围，这已经成为上至中共中央局，下至普通军民的共识。商业贸易方面的封锁与反封锁，从来就是红色政权与白色政权之间一条看不见硝烟的战线。国民党对苏区实行严密的经济封锁，欲使苏区“无粒米勺水之接济，无蚍蜉蚊蚁之通行”，规定凡食盐、药品、洋油、电料、钢铁等物资，禁止运入苏区。在苏区的边缘城乡建立严格的控购体制，超购者即以“通匪”论处。国民党在军事、经济上双管齐下的封锁，致使苏区军用物资和民用生活品，如食盐、药品、火油、棉花、电料等物品十分紧缺、昂贵，苏区的军民生活和红军反“围剿”斗争面临着越来越大的困难。

1930年3月25日，闽西工农兵第一次代表大会选举成立了闽西苏维埃政府，邓子恢任主席兼经济委员会主任，通过了著名的《经济政策决议案》，旗帜鲜明地鼓励苏区与国统区开展贸易往来，规定“保护纸、木、烟之输出”[①]。在苏区物产销往国统区的贸易中，《经济政策决议案》要求闽西各级苏维埃政府应当有所作为，具体职责有：“一、各级政府切实保护纸、木、烟来往，不准扣留没收；二、保护外来客商，不准向他筹款，以免外商裹足不前；三、各级政府经常召集纸、木、烟商人开会，讨论输出办法，并说明政府保护的意义，叫他们去招来外商；四、由政府出护照，保护纸、木、烟商货品出口，但反动者例外；五、政府没收来之纸、木减价出售，并可借一部分给他做资本，使其定期交还；六、组织纸、木、烟贩卖合作社，经营输出；七、各级政府对于非本乡之纸木商人，非得县区政府批准，不得借口土豪，自由筹款；八、各地政府非得县政府批准，不得没收商品，违者严办。”[②]

《经济政策决议案》也鼓励国统区商人主动前来与苏区开展贸易往来，明确规定要“维持外来必需品（盐、布、糖、洋油、药材）之输入”[③]。在国统区物产销往苏区的贸易中，《经济政策决议案》要求闽西各级苏维埃政府应当有所作为，具体职责有：“一、各地政府要切实保护商店，维持自由买卖，政府不予规定物价，或自由没收商品等；二、各级政府经常召集商民会议，鼓动商人办货，并为商人解决困难问题；三、不可没收商业资本，没收来之土豪存款或股本，须斟酌该店情形，酌予分期摊还，以资周转；四、禁止店东自由提用股金，工人有监督资本之权。”[④]

为了维持苏区的稳定，保障粮食供给，《经济政策决议案》也规定了部分保护条款，“调节粮食之产销”，苏维埃政府应当有所作为，具体职责是：“一、由政府出布告禁止青米做酒；二、禁止米粮输出白色区域，但赤色区域内仍要流通；三、禁止做粉干，如有特别情形者可暂缓；四、粮食缺少地方组织办米合作社，向白色区域买米，米多地方要组织

---

① 中共龙岩地委党史资料征集领导小组、龙岩地区行政公署文物管理委员会编：《闽西革命史文献资料》第3辑，1982年10月，第192页。

② 中共龙岩地委党史资料征集领导小组、龙岩地区行政公署文物管理委员会编：《闽西革命史文献资料》第3辑，1982年10月，第192页。

③ 中共龙岩地委党史资料征集领导小组、龙岩地区行政公署文物管理委员会编：《闽西革命史文献资料》第3辑，1982年10月，第192页。

④ 中共龙岩地委党史资料征集领导小组、龙岩地区行政公署文物管理委员会编：《闽西革命史文献资料》第3辑，1982年10月，第192页。

贩卖合作社，运米到别地销售，政府对办米合作社要帮助其进行；五、各县要在余米地方做好工作基础，要派游击队帮助其斗争，使余米地方送米入境；六、各级政府经常召集米商米贩开会，讨论采米办法，并帮助其进行，予以保护；七、各乡政府要调查统计粮食多少数额，报告县政府，以资计划调节；八、各级政府不得限定米价。”[①]

在赤白贸易中，闽西苏维埃政府鼓励“普遍发展信用合作社组织，以吸收乡村存款”，“保存现金，维持市面之流通”，同时“设法使土产出口，使商人买货不须运出现金”。[②]以毛泽东为主席、项英为副主席的中华苏维埃临时中央政府，在制定苏区的经济建设政策时，充分考虑到了对私营工商业者的利益保护，宣布“苏维埃应保证商业自由”“对资本家企业及手工业不实行国有”“不实行对外贸易垄断”等保护性政策。1932年9月，中央财政人民委员部发出财字第六号训令，要求各地注意检查各地政府有无破坏经济政策之行为，如胡乱没收商店、乱打土豪、限制市价、随意禁止出口等。如发现这些行为，应予纠正或处分。

在税收政策方面，属于中央政府领导的中央国民经济部制定了向中小商人倾斜，总体上有利于他们的政策规定。如“商业税的征收，分为关税与营业税”“按照商业资本大小、盈余多少，统一征收累进税”等。毛泽东曾指出：“敌人在进行经济封锁，奸商和反动派在破坏我们的金融和商业，我们红色区域的对外贸易，受到极大的妨碍……这些情形，立即影响到工农的生活，使工农生活不能改良，这不是要影响到工农联盟这一基本路线吗？”[③]

国民党严密的经济封锁，造成中央苏区内盐、布、西药奇缺，而粮食、钨砂、烟、纸、樟脑却出口困难，直接影响了群众和红军的生活，影响了革命战争。毛泽东很重视这项工作，号召苏区军民发展对外贸易，把粮食、钨砂、木头、樟脑、纸张、烟叶、夏布输出到白区去，卖得适

---

① 中共龙岩地委党史资料征集领导小组、龙岩地区行政公署文物管理委员会编：《闽西革命史文献资料》第3辑，1982年10月，第192页。

② 中共龙岩地委党史资料征集领导小组、龙岩地区行政公署文物管理委员会编：《闽西革命史文献资料》第3辑，1982年10月，第193页。

③ 《毛泽东军事文集》第1卷，军事科学出版社、中央文献出版社1993年版，第317页。

当的价钱，从白区购买必需品，如食盐、布匹进来，打破敌人的封锁。

为了打破国民党药材封锁，解决苏区药材奇缺的难题，苏区政府鼓励支持苏区、白区商人开展贸易往来活动，从白区输入大批药材等物资。1930年6月，毛泽东曾派卢肇西到上海等地联系，为苏区筹措紧缺物资。1931年，由中央交通局开辟出一条由上海至香港，经汕头、大埔、永定进入闽西苏区的秘密红色交通线，为苏区输送了急需的药材。同时，傅连暲接受党组织指示，以医生职业作掩护，派福音医院医生、年轻的共产党员曹国煌两次到上海为红军采购药材。傅连暲还设法在峰市、上杭开设两间药房，实际上是党的地下交通站，筹集药品，接待地下党过往人员。

在闽西苏区，还有一大批重视与精于商业贸易的党的领导干部，如刘少奇、陈云、邓子恢等。他们深知商贸业建设不可与反“围剿”的总任务相分离，因此，非常注重把党的统一战线的政策和策略运用到商贸业方面，对私营商业采取团结保护政策，使苏区的私人商业与苏维埃公营商业互相配合。同时积极地寻找机会，争取白区的商人为苏区做生意，包括与国民党驻赣粤军、闽军打交道，在封锁线上进行交易，开通赤白贸易。刘少奇、陈云、邓子恢等采取许多符合实际情况的灵活政策，奖励私人商业经营各种苏区必需的商品；对某些日用品和军需品实行减税；国营商业尽量利用私人资本与合作社资本，同他们实行多方面的合作；鼓励国民党统治区的商人到苏区做生意；从苏区秘密派人到国民党统治区开设商店和采购站等。由于采取了这些措施，沟通了中央苏区和国民党统治区之间的商品流通，活跃和发展了苏区经济。

闽西苏区打破敌人经济封锁、开展赤白贸易的主要机构是各种公营商业机构，如粮食调剂局和对外贸易局等。而闽西工农银行设立了代理金库，代办发行公债，为发展苏区生产，活跃苏区经济，沟通赤白贸易，打破国民党的经济封锁，起了积极的作用。

闽西苏区建立初期，经济十分落后，商品流通主要依靠私人经营和农村圩场，尤其是肩挑小贩小本经营走村串户方便群众。在农村，广大农民主要靠一般5天一圩的集市贸易出售自己的粮食、土产，以换取农具、肥料和生活必需品。因此，私营商业和农村圩场是闽西苏区商品流通的主要形式，在苏区经济建设中占有重要的位置。

在敌人严密的经济封锁之下，红区与白区之间的贸易几近断绝。为保障赤色割据区域军民的基本生活，采取各种有效措施，利用各种渠道组织物资流通，这是非常必要的。这方面的成效最为显著的，是鼓励私营商业在根据地内辟建红色圩场。

为了尽快发展苏区经济，尽快恢复和发展私营商业是十分必要而紧迫的任务。因此，苏区党和政府采取一系列积极的措施，鼓励和保护私营商业。政府还重视对商人的宣传，经常召集商人开会，鼓励他们积极办货，并与他们商量经营办法，支持他们接待白区商人。政府经济组织还派出专人，帮助他们与白区商人联系，如长汀外贸总局就有专人与白区商人联系。政府积极保护商人贸易自由，保护和优待白区商人，准许其在不干犯苏维埃政策的前提下于苏区内自由贸易。从 1930 年开始，政府还发给白区商人进入苏区经营的执照，指示各级不许筹款、不许没收商品，后来又给他们以兑换现金的方便。政府对商人的货物不检查、不课税，因此，商人的经营积极性大大提高。苏区的商人积极向白区贩运土特产品，使土特产有路可销。1931 年 8 月，闽西苏维埃政府通报批评杭武县第六区随意扣压货船、没收商店的错误，指出不要干涉赤白贸易民船的往来，外国商人开办的商店亦许其营业，不得没收。

圩场也就是集市，是乡村商品交换的场所。农民通过赶圩，出售自产的农副物品和手工制品，换回生活和生产所需的日用品及工业品。通过圩场这条渠道，既可以把农产品和土特产品输往城镇，又可以为城镇的工业品生产提供市场，对于沟通城乡之间、工农业之间的经济联系起着重要的作用。由于政府贯彻执行正确的保护和扶植私营商业的政策，加之打倒了控制圩场的封建把头，市场贸易出现日渐繁荣的局面。各区、乡都有圩场，长汀的四都一区就有四都、楼子坝、溪口、谢坊四个圩场，每圩贸易额从数百元发展到数千元以上，赶圩的人数少则四五百，多则千人以上。圩场贸易点多，面广，货种齐全，自由交换，既繁荣了农村市场，方便了群众，又为发展经济作出了贡献。

在 1933 年 11 月福建事变发生之后，根据《反日反蒋的初步协定》第二条关于“双方恢复输出入之商品贸易，并采取互助合作原则”的规定，苏维埃政府财政部部长林伯渠和国家银行行长毛泽民派“中华商业总公司”总经理赖祖烈和副总经理刘秉奎，前往龙岩与闽西善后处负责人陈小航、傅伯翠商谈贸易事宜，达成了双方在物资贸易方面互通有无，不受控制区域运输限制的口头协议，从而打通了从闽西苏区到闽南沿海的贸易通道。1934 年 1 月的全苏二大上，毛泽东对苏区的赤白贸易作出了高度评价：“发展苏维埃的对外贸易，将苏区的许多重要生产品，如钨砂、纸、木材、米谷等输出，而将工农日常的必需品如油盐布匹等输入。”[①] 而这个枢纽，正是联结于党在苏区商贸业所建立的统一战线上，成为苏区时期中国共产党统一战线的一个特色。

综观新民主主义革命时期闽西统一战线工作，经历了形式上由单薄到丰厚，政策上由笼统到具体，实践上从摸索到成熟的发展轨迹。这一时期闽西土地上富有首创精神的统一战线实践和理论的探索，不仅为我们党新民主主义革命时期革命统一战线政策理论的制定和形成提供了丰富的经验，更为我们党统一战线工作的成功实践奠定了坚实的理论基础，在中国统战波澜壮阔历史上写下了浓墨重彩的篇章。

［本文为 2016 年福建省委统战部 B 类人文社科项目 TB16052s 研究成果］

① 中共江西省委党史研究室、中共赣州市委党史工作办公室、中共龙岩市委党史研究室编：《中央革命根据地历史资料文库·政权系统（8）》，中央文献出版社、江西人民出版社 2013 年版，第 1366 页。

土地革命时期中央革命根据地的廉政建设

一、中央苏区腐败现象出现的原因

中央革命根据地建立后，经济建设、财政建设、金融建设等方面都取得了可喜的成绩，干部的工作作风也有所好转。但是，在取得成绩的同时，也不能忽视反腐败的斗争。自苏维埃政权建立后，贪污腐化、铺张浪费、官僚主义、以权谋私等腐败现象也随之出现："各级政府的浪费情形实在惊人，一乡每月可用数百元，一区可用数千元，一县甚至用万元以上。""各级政府工作人员随便可以乱用隐报存款，吞没公款，对所没收来的东西（如金银物品）随便据为己有。"[①] 有些干部"今天发一个'命令'，明天发一个'训令'，后天发一个'通令'"[②]，不深入基层，指手画脚，官僚主义严重。这些腐败现象的出现，严重危害着苏维埃的政权建设。这些现象出现的原因主要有以下几方面：

第一，政权的高度集中为腐败提供了条件。中华苏维埃共和国成立后，基本上采用苏联政治体制，采取高度集中、直接管理方式。根据《中央苏维埃组织法》和《地方苏维埃组织法》的规定，中央政府的权力可涉及军事、经济、行政、外交、币制、边界和区域变动等。这种权力的高度集中，在战争年代为了保证革命的胜利是必要的，它能够有效地

---

① 江西省档案馆、中共江西省委党校党史教研室选编：《中央革命根据地史料选编》下册，江西人民出版社 1982 年版，第 577 页。

② 《红色中华》第 173 期，1934 年 4 月 10 日。

调动一切人力、物力和财力支持革命战争，但必须加强监督，否则会直接演变成家长制、个人专断制度。如王明占据中央领导地位之后，极力破坏、践踏民主政治，实行个人独断，形成党包办苏维埃工作，这很容易就产生了苏维埃工作人员的官僚腐化现象。

第二，封建官僚政治的残毒为腐败提供了营养的土壤。中国几千年的封建历史，为中华文明作出了贡献，同时封建腐朽的东西也流传了下来，特别是封建的官僚政治做官是为发财，“发财就必须做官”被看成信条，代代相传。中华苏维埃政权是建立在封建制度上的革命政权，她是从旧社会蜕变过来的，不免也染上旧社会的一些习俗。同时由于共产党的大部分干部来自长期受封建制度统治的农民，他们发出“等贵贱、均贫富”的呼声，想尽一切办法来达到经济上的平等。但是，苏维埃政权与旧的封建政权是完全不同的，他们分不清官僚政治与苏维埃公职人员神圣职责的界限，误认为以权谋私是正当的权益，从而出现了各种的腐败现象。

第三，各种制度的不健全使腐败由可能转为事实。旧政权被打破，新的苏维埃政权才刚刚建立，一切制度还很不完善，特别像财政制度、监督制度等，制度的不完善使腐败现象有机可乘。财政方面表现得尤为突出。如1932年9月，财政人民委员部第六号训令指出：“过去各级政府各自为政，私打土豪，私自开支，有些地方……下级埋伏短报，上级提款不动，各地财政收支也不照系统，少先队、独立团、游击队，以及过境红军都可以自由向当地政府提款，政府也不拒绝。这样必然就会发生贪污浪费现象，把政府财政大部分用到无用之地。”① 由此可知，制度的不健全导致了腐败现象的出现。

综上所述，财政的高度集中，封建官僚政治的流毒，制度的不健全是腐败现象产生的最基本和最直接的原因。此外，一些政府工作人员品质不好也与腐败现象的出现有着密切的联系。

---

① 《红色中华》第33期，1932年9月13日。

二、中央苏区时期消除腐败现象的措施

苏维埃政权建立后，腐败现象也逐步地表现出来。为了消除这些腐败现象，巩固苏维埃政权，早在苏区党第一次代表大会上就指出："现在在各级政权机关红军及各种群众组织中，多半是党员担任最重要的工作。为要保障这些同志成为群众中的模范者，防止一切腐化、官僚、贪污等现象的产生，党必须严格地执行纪律……加紧反对官僚腐化贪污等现象。"[①] 于是，苏维埃政权下决心治理腐败，从 1932 年 2 月开始，到 1934 年 10 月，采取的措施主要有：

（一）建立统一的财政制度，严格财政纪律

为了改变以往财政管理上自收自支的混乱状况，杜绝贪污浪费现象，苏维埃政府制定了《暂行财政条例》。1932 年 9 月，中央财政部发出训令，强调："各级政府必须按照中央颁布之财政条例，坚决执行，不按照财政系统，依照财政手续，无论任何机关，都不准给一个钱。对于随便提款付款者必须予以严厉处分。"[②] 为了严格财政制度，苏维埃政府分别建立了预决算制度、统一税收制度、统一会计制度、审计制度四项制度。预决算制度规定：预算分为每月经常预算、临时预算、季度预算和年度预算，在月份和年度预算执行终了时，应按照预算年度规定的时间，编制决算表。统一税收主要规定了：一切国家税收，概由国家财政机关征收，各项租税收入，各级财政部"今后切不可任意挪用"。统一会计制度规定了苏维埃的会计规则、会计科目表、预决算规则，统一印制各种会计簿记单据。审计制度主要规定：在中央和地方各级政府设立审计委员会和稽查员，专门负责监督检查各项收支的执行情况。此外还建立了国库制度，规定："国家税收及一切收入之款概须交纳国家支分金库，无论

---

① 中共江西省委党省委党史研究室、中共赣州市党史工作办公室、中共龙岩市党史研究室编：《中央革命根据地历史资料文库·党的系统（3）》，中央文献出版社、江西人民出版社 2011 年版，第 1847 页。

② 《红色中华》第 33 期，1932 年 9 月 13 日。

任何收款机关不得埋藏不报，违者以贪污舞弊论罪。”[①]

（二）加大监督机制，强化监督职能

中央工农民主政府成立后，为了有效地监督各级政府，制止腐败现象的蔓延，成立了各级检查部。工农检查（察）部主要负责监督苏维埃政府的法令、指示的执行和检举机关、企业中贪污腐化等违反苏维埃法令行为的分子。各级工农检察部下设的控告局，主要负责“接受工农劳苦群众对苏维埃机关和国家经济机关的控告及调查控告的事实”，与此同时，各级政府为了能迅速杜绝腐败现象，组建了突击队，它可以“公开地突击去检查某苏维埃机关或国家企业和合作社，以揭破该机关或企业的贪污浪费及一切官僚腐化的现象”[②]，也可扮作普通工农群众去机关请求解决某问题，检测该机关对工农群众的态度和工作效率，从而有效地制止了腐败现象，提高了工作效率。

（三）充分发扬民主，健全民主制度

民主制度是否健全关系到政权是否健康发展。苏维埃政府为了充分发扬民主，防止政府工作人员腐化，非常重视民主制度的建设，首先规定了：工农兵及劳苦大众当家作主；其次规定了“政府工作人员由选举而任职，不胜任的由公意而撤换。一切问题的讨论解决根据于民意”；三是“给予一切革命民众以完全集会结社言论出版与罢工的自由”，“在苏维埃政府下每个革命的人民，都有发表自己意见的权利”，“每个革命的民众都有揭发苏维埃工作人员的错误和缺点之权”，“苏维埃必须吸引广大民众对于自己工作的监督与批评”。[③]从而民主风气盛行起来，有力地制止了腐败现象的蔓延。

（四）严惩腐败，以戒后人

苏维埃政府为了严厉惩办腐败分子，专门制定了一系列条例：1930年3月闽西第一次工农兵代表大会颁布了《政府工作人员惩办条例》，条例中明文规定：“侵吞公款有据者”“受贿有据者”“借公报私为害他人

---

① 许毅：《中央革命根据地财政经济史长编》下册，人民出版社1982年版，第547页。

② 《红色中华》第32期，1932年9月6日。

③ 江西省档案馆、中共江西省委党校党史教研室选编：《中央革命根据地史料选编》下册，江西人民出版社1982年版，第309页。

者”，“撤职并剥夺选举权与被选举权”，“侵吞公款至三百元以上者”“受贿至五十元以上者”枪决。[①]1932年7月7日，中央工农民主政府又发布训令指出，对苏维埃中贪污腐化分子，各级政府一经查出，必须给予严厉的纪律上的制裁，谁要隐瞒、庇护和放松对这种分子的检举与揭发，谁也要同样受到革命的斥责。[②]1933年12月15日，苏维埃中央执行委员会颁布《关于惩治贪污浪费行为》的第二十六号训令，规定凡苏维埃机关、国营企业及公共团体的工作人员利用职权贪污公款以图私利者，按以下各项进行处理：贪污公款在500元以上者，处以死刑；300元以上500元以下者，处2年以上5年以下的监禁；100元以上300元以下者，处以半年以上2年以下的监禁；100元以下的，处以半年以下的强迫劳动。同时还规定：“凡挪用公款为私人营利者以贪污论罪。”“因玩忽职守浪费公款，致使国家受到损失者，依其浪费程度处于警告、撤职，以至一个月以上三年以下的监禁。”[③]从此，有效地遏制了贪污腐化现象，纯洁了革命队伍，教育了干部和群众。

此外，苏维埃政府还在舆论方面加强监督，特别是在《红色中华》《青年实话》等报刊上开辟专栏，彻底地揭露各种腐败现象，热情地歌颂廉洁奉公的苏维埃工作人员，同时加大力度培养高素质的干部队伍。为了提高干部的马列主义水平，苏维埃政府开办多期培训班和兴办马列主义学校，从而提高了他们的文化素质和工作能力，增强其防腐能力。

总之，苏维埃政府用一切可能采取的措施来制止和惩办腐败分子，有效地保证了国家财政不流失，从而支持了革命战争，同时保持了苏维埃政府的清正廉洁，密切了干群关系。苏维埃政府所采取的一系列廉政措施，为我们党的廉政建设积累了宝贵的经验，从中可以得到几点启示：

第一，在廉政建设中，领导干部的表率作用是关键。中央苏区在惩治腐败过程中，像毛泽东、邓颖超等一批党的领导人，身先士卒，艰苦朴素，深入群众，全心全意为人民服务，为当时苏区反腐倡廉起了模范

---

① 参见江西省档案馆、中共江西省委党校党史教研室选编：《中央革命根据地史料选编》下册，江西人民出版社1982年版，第86页。

② 参见《红色中华》第28期，1932年7月21日。

③ 《红色中华》第140期，1934年1月4日。

作用。中央工农检察部发出关于检举贪污浪费与官僚主义的训令后，中央机关带头认真执行，从而有效地促进了苏维埃政府反腐倡廉运动的深入开展。

第二，健全各项制度是廉政建设的核心。中央苏区在廉政建设过程中紧紧抓住统一财政，建立一整套的财政制度，如建立预决算制度、审计制度、会计制度、国库制度等，从而杜绝了贪污腐化现象的出现，挽救了苏维埃政府的财政。加大监督机制，建立工农检察部也是对苏区政府的不良现象进行制约。

第三，严厉打击犯罪分子是推行廉政建设的重要环节。如当时于都县军事部部长刘仕祥、端金县财政部会计科科长唐仁达等大罪犯，由于涉及重大贪污罪，经公审后判处死刑。就中央机关来说，贪污分子送法庭制裁的有 29 人，开除工作的 3 人，包庇贪污与官僚分子者送法庭的 1 人，建议撤职改调工作的 7 人，给予严重警告的 2 人，警告的 4 人。①

于都县苏维埃政府主席熊仙璧因利用职权挪用公款做生意，谋取私利而被撤销主席职务并被判处监禁一年，期满后被剥夺公民权一年。中央苏区采取的这一行动，有力地打击了犯罪分子，推动了反腐斗争深入开展，促进了党政机关的廉政建设。

综上所述，在土地革命时期，中央革命根据地为巩固革命政权，壮大革命队伍，推动经济建设而采取了一系列反腐倡廉措施，有力地打击了腐败分子，从而支援了革命战争，密切了干群关系，为我们党的廉政建设积累了宝贵的经验。

［原载《阴山学刊》2001 年第 2 期］

① 参见《红色中华》第 167 期，1934 年 3 月 27 日。

闽西是中国土地革命的重要发源地

“苏维埃”一词是俄文 COBET（soviet）汉语音译，属外来词，原意即“代表会议”或“会议”的意思。1927 年大革命失败后，苏维埃逐渐传入中国，并作为国家政权形式巩固下来。随着它的迅速传入，中国各地爆发了轰轰烈烈的苏维埃革命，随之建立了十几块大小不一的革命根据地，即苏区，比如中央苏区、鄂豫皖苏区、湘鄂西苏区、湘鄂川黔苏区、鄂豫陕苏区、川陕苏区、陕甘苏区等。本文拟就中央苏区重要组成部分闽西苏区进行重点阐述。

在这场苏维埃革命运动中，中国共产党不论在政治上，还是在社会上、经济上，都进行了一场彻底的变革。经济是基础，在农业大国里，革命成功与否很大程度上取决于是否动员了广大的农民，而广大农民是否被动员起来又取决于农民是否得到了赖以生存的土地。闽西苏区的中共领导人在推动中国革命进程中很好地解决了这个问题，为其他革命根据地的土地革命树立了典范并积累了丰富的经验。

闽西中央苏区是中国共产党人实行土地革命的发源地和实验区，也是近代以来中国多样性土地产权制度变革实验最丰富、最完整和最具代表性的地区。中国共产党在这里进行彻底的土地革命，对中国的土地革命乃至新中国成立后的土地改革都产生了深远的影响。特别是在土地革命战争时期，闽西苏区在毛泽东的亲自指导下，发扬首创精神，以乡或村为单位，以原耕为基础，按人口平均分配土地，制定了“抽多补少，抽肥补瘦”的分配原则，从而为中央苏区的土地革命乃至中国革命提供了理论指导和宝贵的经验。在游击战争和解放战争中，闽西苏区人民为保卫土地革命胜利果实，开展了各种形式的保田斗争，成功地保存了20余万亩的土地，维护了贫苦农民的切身利益，成为“二十年红旗不倒”的重要标志之一，闽西为全国土地革命树立了一面旗帜。

一、闽西的土地革命及其经验

（一）溪南首创分田经验

永定暴动前，溪南地区的农民深受地主阶级的反动统治和封建剥削。反对封建剥削，实行土地革命，是溪南人民的强烈愿望。1928年7月初，永定暴动攻城队伍撤回金砂等地后，就着手解决没收与分配土地问题。溪南各级红色政权建立后，群众最迫切的要求是分田，特别是秋收季节将至，农民都希望尽快获得胜利果实。此时，福建临时省委也于7月25日致信闽西特委和永定县委，指出永定目前的重要任务之一是：“在已经割据各乡，马上没收土地，分配土地，建立乡或区苏维埃。”

如何没收和分配土地，对当时的闽西共产党来说是一个全新的问题。在此之前，只有党的八七会议的有关决议中提到“没收大地主及中地主的土地”，“没收一切所谓公产的祠族庙宇的土地”，把这些土地分配给“佃农和无土地的农民”[①]等原则性的内容，对于具体的如何没收与分配，各级苏维埃政府都没有具体的纲领和政策规定。但张鼎丞、邓子恢等领导的永定党组织确信，满足贫苦农民的经济要求就是最终的目标。在分配土地上唯一的办法是深入调查研究，发动群众，依靠群众，特别是要依靠贫农代表，多听听他们的心声，详细了解当地各阶层土地占有情况，并与群众商量，共同制定分田的原则和办法。在张鼎丞、邓子恢领导的闽西党组织的努力下，集中了大家的意见，总结归纳了如下七条分配土地的原则：

1. 所有土地都应拿出来分配，只有中农自耕土地多一点的不动。

2. 土地分配的方法按人口平分，地主、富农和贫农、中农一样

---

① 《最近农民斗争的决议案》（1927年8月23日），《中央通讯》第2期。

分田。[①]

3. 分田是以乡（即村）为单位分配。

4. 各乡农民原来耕种的土地，归各乡农民分配。

5. 分田的方法是：按各人原耕土地抽多补少，不要打乱平分。

6. 山林为各乡村公有。

7. 水利灌溉按照旧例，水随田走，不公平者，个别调整。[②]

上述土地政策体现在由张鼎丞、邓子恢等亲自起草的、在 8 月中旬溪南区工农兵代表大会上颁布的《土地法》等新法令中。溪南区苏维埃政府依照这种土地政策，首先在金砂古木督、卓坑源、樟塔三个乡作试点。这些乡接受试点任务后，先后召开乡苏维埃代表大会，成立乡没收和分配土地委员会，立即发动群众认真讨论分田办法。在取得一致认识基础上，各乡进行人口和土地的调查、登记，制定具体方案，公平合理地分配土地。分完后张榜公布，并经群众大会通过，发给分田单，承认各户正式分得土地的所有权。

试点乡取得经验以后，溪南区委、区苏维埃政府便迅速在全区推广经验。在不到一个月的时间内，溪南 13 个乡约 2 万人口的地区，就胜利完成了 2 万多亩土地的分配工作。分田结束后，溪南区苏维埃政府还在金砂邹公庙召开分田胜利庆祝大会，宣告溪南农民第一次真正做了土地的主人。永定溪南区苏维埃区域，成为继海陆丰、井冈山之后全国最早实行分配土地的地区之一。

在溪南土地革命中，张鼎丞、邓子恢等人能够利用暴动之后农民高昂的斗争情绪和变革社会制度的决心，充分发动和依靠农民群众，制定符合当地农村实际的土地分配政策，最大限度地满足了农民的要求。这对于福建来说是史无前例的，在全国也是首创的。

---

① 另一说法，分田按照年岁分配。参见《中共闽西特委关于武装斗争党务工作的报告》（1929 年 8 月 22 日）“……B、去年（即 1928 年）分田照年岁分配，使分田手续麻烦得多，此次以人口为单位，平均人分。虽然生产力不甚适当，但为一般农民群众所拥护的，在夺取群众观念上有很大的意义”。

② 参见邓子恢、张鼎丞：《闽西暴动与红十二军》，载中共福建省委党史资料征集研究委员会编：《福建党史资料》第 3 辑，1984 年，第 26 页。

后来的事实证明，溪南区土地斗争中首创的“抽多补少”的原则和其他分配土地的政策，为闽西进一步开展土地革命提供了宝贵的经验。在以后一段时间内，尤其是不久以后毛泽东、朱德率领红四军到达闽西展开更大规模的土地革命，闽西各县大体上参照了这些政策，并在实践中逐步加以完善，从而有力地推进了闽西土地革命的进一步发展。

（二）不断完善的土地政纲

早在 1928 年 12 月创建井冈山革命根据地期间，毛泽东等人主持制定了中国共产党历史上的第一部土地法——《井冈山土地法》，规定“没收一切土地归苏维埃政府所有”，“以人口为标准，男女老幼平均分配”，主要以乡为分配单位。遗憾的是这部土地法存在一些明显的原则性错误，如在没收土地问题上，规定没收的是一切土地，而不只是没收地主阶级的土地；在土地所有权归属问题上，规定所有权属于政府而不是属于农民，同时，还规定了禁止土地买卖等。

红四军向赣南、闽西进军以后，1929 年 4 月，毛泽东在兴国发布了《兴国土地法》，把井冈山时期的“没收一切土地”改为“没收公共土地及地主阶级的土地”，把“废除一切债务”也改为废除工人、农民借地主的债，而商人和工农相互间的债务不在废除之列等，从而更加明确了没收和分配土地的方法和原则。

从 1929 年 5 月开始，红四军第二次进军闽西以后，闽西红色区域很快扩展到龙岩、永定、长汀、上杭、连城 5 个县方圆数百里的范围，闽西革命根据地迅速形成。在此情况下，于同年 7 月在上杭县蛟洋召开的中共闽西第一次代表大会上，讨论通过了由中共闽西特委负责人邓子恢起草的政治、土地、政权建设、共青团、妇女等一系列重要决议。其中的《政治决议案》和《土地问题决议案》，为闽西革命根据地的发展与土地革命的深入展开奠定了重要的基础。

中共闽西一大通过的《政治决议案》，对土地革命的方针和政策作了原则性的阐述，在《土地问题决议案》中具体规定了这些政策。这两个决议案是在中共六大的决议基础上，进一步提出更加符合实际、贴近百姓利益的政策。同时，这在理论上也是一个创新，使党的土地革命路线、方针、政策比井冈山时期前进了一大步。主要表现在：

首先，在理论高度上有所创新，从中国革命的理论高度阐述了实行土地革命的意义。《政治决议案》突出强调了实行土地革命的重要性，认为："实行土地革命使闽西广大的贫苦农民得到土地，建设斗争的坚实基础，尤其是闽西斗争的主要目标。"而在《土地问题决议案》中认为："只有用革命的方法，没收一切地主阶级的土地，归于农民生产者"，才能"发展农村经济，解放困苦的农民，而解决全社会的生活问题"。"农民得了土地，解除了一切封建束缚，开辟了农业资本主义生产之道路，表面上看来是要朝向资本主义那条路跑的，但因为无产阶级在这民权革命当中建设了革命领导权的原故，最后的结果是要把农业引向社会主义的道路上发展的。"[①] 这表明，中共闽西一大已经用通俗的语言表达出了解决农民土地问题的极端重要性，并阐明了中国革命发展的两个不同阶段即资产阶级民主革命和社会主义革命。毛泽东的中国革命分为两步走——"民主主义革命是社会主义革命的必要准备，社会主义革命是民主主义革命的必然趋势"的构想已在中共闽西一大上明显地体现出来。

其次，制定了较为完备的土地革命路线和更具体的土地政策：

1. 没收一切地主土豪及福会公堂等土地，对在乡地主别无他种方法维持生活者"将酌量分与田地"。

2. "对自耕农田地不没收"，"田契不烧"，争取其参加革命。"但所耕田地除自食外尚有多余，经当地多数农民要求，得县、区政府批准者，得没收其多余的部分。"

3. 对乡村中工商学各业人员应加以区别，"对能够生活者不分田，生活不够者，得酌量分与田地"。

4. 在分配土地中，提出了"以乡为单位，由某乡农民将他们在本乡及邻乡所耕田地总合起来共同分配"，即在原耕的基础上，按乡村人口数目，男女老幼平均分配；分田时，实行"抽多补少"，而"不可重新瓜分妄想平均以烦手续"。

5. 关于债务问题，规定"工农穷人欠土豪地主之债不还，债券借约

---

① 《中共闽西第一次代表大会关于土地问题决议案》（1929 年 7 月 27 日），载中共龙岩地委党史资料征集领导小组、龙岩地区行政公署文物管理委员会编：《闽西革命史文献资料》第 2 辑，1982 年 7 月，第 133 页。

限期缴交苏维埃政府或农会焚毁”，“工农穷人自己往来账目及商家交易之账，仍旧要还，但民国十六年底以前的旧债及非本身之债务不还”，“商家土豪地主欠公家、农民，或小资产阶级之债务，不论新旧都要还”。[①]

中共闽西一大的土地政策是一个更加系统、完备的土地政策，解决了过去未曾解决的问题，纠正了一些错误的没收和分配土地的观念，较之过去中共其他各时期制定的土地政纲，则是明显地进步了。这充分体现了中国共产党在土地革命过程中善于总结经验，不断实践与探索，从而在理论与策略上渐趋成熟，不断丰富和完善党的土地革命路线。因此，中共闽西一大的土地纲领在其他苏区的土地革命中，甚至在解放战争和新中国成立以后的土地改革过程中，都发挥了积极的富有成效的作用，在我国的土地改革史上作出了重大的贡献。

（三）“抽肥补瘦”原则的确立

随着土地革命的深入，农民们对于在土地分配中愈益突出的肥瘦不均问题产生了强烈不满。富农和占有较多土地的中农确实利用了“抽多补少”的口号，在土地质量上钻了空子，不愿把肥田抽出。因此，肥瘦平均分配问题成为当时富农与贫苦农民在土地问题上的一个斗争中心。这一问题如果不能得到妥善解决，将挫伤贫雇农的革命积极性，中国共产党和苏维埃政府也将失去大多数农民的支持。

1930 年 2 月，中共闽西特委书记邓子恢主持召开中共闽西特委第二次扩大会议，把土地分配中的肥瘦不均问题正式提上议事日程。会议认为，过去的土地政策还存在有不少问题，必须“坚持地站在贫农利益方面”重新修订。会议作出《关于土地问题决议案》重申：所有土地“一律没收，归苏维埃政府处理，分配与农民使用”；分田标准“以乡为单位”，“照乡村人口数目、男女老幼平均分配”。同时规定“分田时以抽多补少为原则”。为使农民不至于分到的都是坏田，闽西党随后又提出了：抽出之田以肥瘠均匀为度，好田多者抽好田，坏田多者抽坏田的“抽肥补瘦”原则。

---

① 《中共闽西第一次代表大会关于土地问题决议案》（1929 年 7 月 27 日），载中共龙岩地委党史资料征集领导小组、龙岩地区行政公署文物管理委员会编：《闽西革命史文献资料》第 2 辑，1982 年 7 月，第 133 页。

这一规定，充分体现在废除封建土地制度的民主革命中，不仅在数量上，而且在土地的肥瘦质量上平均分配土地，以最快的速度和最佳的方式满足大多数农民的要求，这是对中共在此之前各种土地政纲的重大突破。同年 3 月，闽西苏维埃政府成立，邓子恢当选为第一任政府主席。这个政府成立以后颁发的第一份《土地问题决议案》正式把这一规定写到了决议中，成为苏维埃政府必须遵循的一项法律。由于这一规定体现了最大多数农民的利益诉求，因而得到了广大农民的拥护。

几乎与此同时，毛泽东也做出同样的选择。1930 年 1 月初，毛泽东率领红四军开赴赣南地区深入开展土地革命。5 月间，毛泽东在江西寻乌县进行了十多天的深入调查，他发现在土地分配中富农常常把持肥田，而将差田、瘦田分给别人，从而导致了贫农与富农之间的土地肥瘦之争的问题。毛泽东把这一矛盾看作"土地斗争的中心"。毛泽东当时正率领红四军一边在赣南开展土地革命，一边在军事上打通赣南、闽西之间的联系以扩大根据地，没有来得及就地解决这一问题。但是，毛泽东已经找到了解决的办法，就是"抽肥补瘦"。11 年后，即 1941 年 9 月 13 日，毛泽东在延安作《关于农村调查》的报告时，曾回忆这段历史："我作了寻乌调查，才弄清了富农与地主的问题，提出解决富农问题的办法，不仅要抽多补少，而且要抽肥补瘦，这样才能使富农、中农、贫农、雇农都过活下去。"①

1930 年 6 月，在闽西长汀县南阳（今属上杭）召开的中共红四军前委和闽西特委的联席会议（又称南阳会议）上，毛泽东对闽西解决土地肥瘦之争的做法大加赞赏，并将其归结为"抽肥补瘦"原则，写进会议通过的《富农问题决议案》中。这份文件明确提出："平分土地若单只按'抽多补少'执行，如闽西去年的经验，并在文件上写着'不得妄想平均'，那末富农得了护符把瘦田让人，自己把持肥田，贫农就大不满意。不但闽西，各地亦大都发生这种现象。这是土地斗争中一种实际的重要斗争，我们不应忽略。应该于'抽多补少'之外，还加上'抽肥补

① 《毛泽东文集》第 2 卷，人民出版社 1993 年版，第 379 页。

瘦'一个原则，并在文件上将'不得妄想平均'改为'不得把持肥田'。"[①]同时，为限制富农，毛泽东一再坚持主张分田应以人口为标准平均分配，而反对以劳动力为标准分配，因为"以劳动力为标准分配土地，劳力多的多分，劳力少的少分，这只于富农有利"[②]。

寻乌调查和南阳会议对富农政策的改变，说明党制定的政策不是一成不变的，它是随着革命实践的发展而不断修改补充、逐渐完善的，也可以看到党在富农问题上从调查研究到制定政策的一个认识上的飞跃。

自此，"抽多补少，抽肥补瘦"成为中国共产党废除封建土地制度、进行土地改革的有力武器。这一规定大大满足了贫雇农对土地平均分配的数量和质量的要求，体现了中共关于限制富农的政策，从而获得了农民群众的欢迎。这条土地分配政策，不仅在中央苏区，而且在各革命根据地都被普遍采用，对后来中国土地改革产生了不可估量的影响，直至中国民主革命结束。在解放战争和中华人民共和国成立之初的土地改革期间，这项政策依然是中国共产党土地改革政策的一项重要内容，并发挥了重大的作用。

（四）农民土地私有权的解决

1930年以前，闽西革命根据地的农民只有土地的使用权而没有所有权，土地是国有。实践证明，实行土地国有不适合中国的国情。如果只给农民土地使用权而不给他们土地所有权，势必影响他们革命和生产的积极性。如在闽西根据地，土地国有政策造成一次两次三次的重新分配田地，使得农民不敢下种下肥，妨碍了工作，减少了生产，同时使农民对土地革命产生了怀疑，使党脱离了群众。由于禁止土地买卖、抵押、出租，劳动力不足的老弱残废及红军战士家属，分得了田地但没法耕种，无法维持生活，而且不能很好地调剂农村经济，减少了生产量。可见，在中国土地革命中，摧毁了封建地主阶级的土地所有制以后，能否正确解决地权的归属，就成了关系到土地革命是否得到农民拥护的一个重大

---

① 中共龙岩地委党史资料征集领导小组、龙岩地区行政公署文物管理委员会编：《闽西革命史文献资料》第3辑，1982年10月，第335页。

② 中共龙岩地委党史资料征集领导小组、龙岩地区行政公署文物管理委员会编：《闽西革命史文献资料》第3辑，1982年10月，第333页。

政策问题。

1930 年 12 月 7 日，闽西苏维埃政府根据实践经验和农民的要求，颁布了《租田条例》，规定“老幼残废及没有耕牛农具或参加红军的甚感困难”，“生活上不易解决”，“都可以自由出租”，有条件地允许农民出租土地。允许农民出租土地，就是对“土地国有”政策的初步调整。

1931 年 2 月 8 日，中共苏区中央局发布《土地问题与反富农策略》第 9 号通告，认为“农民是小私有者，保守私有是他们的天性”，“他们热烈地起来参加土地革命，他们的目的，不仅要取得土地的使用权，主要的还要取得土地的所有权”。因此，“必须使广大农民在革命中取得他们惟一热望的土地所有权，才能加强他们对于土地革命和争取全国苏维埃胜利的热烈情绪，才能使土地革命更加深入”。通告进而批判了“没收一切土地”的错误主张，提出“没收一切土地”实质上即是“土地国有”。

2 月 27 日，毛泽东依据苏区中央局的这一通告精神，以中央革命军事委员会总政治部主任的名义写信给江西省苏维埃政府，要求他们发布命令和布告，明确规定：“过去分好的田即算分定，这田是他私有，别人不得侵犯，以后一家的田，一家定业，生的不补，死的不退，租借买卖，由他自由；田地出产，除交土地税于政府的以外均归农民所有。”根据这一指示精神，江西省苏维埃政府即于 3 月 15 日发布了《为督促分配土地及宣布土地所有权之布告》。4 月，闽西苏维埃政府在《土地委员扩大会议决议》中明确规定：“农民领得田地，即为自己所有，有权转租或变卖、抵押，苏维埃不禁止。”这是对封建土地制度在认识上的一个重要发展。土地革命所要改革的土地制度是封建的地主土地所有制，而不是农民的土地私有制。

至此，经过中国共产党全党，特别是毛泽东、邓子恢以及闽西共产党人的共同努力和积极探索，到 1931 年春，中央苏区基本形成了一条适合中国革命实际的土地革命路线，它的核心内容就是：依靠贫农、雇农，联合中农，限制富农，消灭地主阶级，变封建半封建的土地所有制为农民的土地所有制。分配土地的基本政策是：没收地主阶级土地和一切公共土地，以乡为单位，以原耕为基础，按人口平均分配土地，分田的方法是“抽多补少，抽肥补瘦”。

这条路线及其基本政策，不仅贯彻了中共六大确定的土地政策的正确方面的精神，而且在理论和实践上解决了六大未曾解决的许多重要问题。这是毛泽东等老一辈无产阶级革命家在闽西作出的历史性贡献。

二、闽西的分田斗争与土地革命成果的坚守

（一）分田分地情况

1929年5月，红四军第二次入闽后，闽西地区的土地革命随之也迅速开展起来。6月，邓子恢首先在龙岩后田领导土地没收和分配的试点工作；6、7月间，永定、上杭也开始分配土地。7月下旬，中共闽西一大以后，闽西各县党组织坚决贯彻大会精神，积极领导广大农民深入开展轰轰烈烈的土地斗争。由于政策正确，广大群众积极拥护，出现了毛泽东在闽西写下的《清平乐·蒋桂战争》一词中描述的“收拾金瓯一片，分田分地真忙”的大好形势。

在闽西各级党组织和区、乡苏维埃政府的努力下，从1929年6月龙岩开始分田试点至1930年初，闽西苏区的分田斗争通过分田登记、清查田亩、分配土地、插牌定丘等步骤，取得了彻底胜利，在短短几个月中就解决了长汀、连城、上杭、龙岩、永定、武平纵横300多里的“五十多个区六百多个乡的土地问题，约有八十多万贫困农民得到了土地”[①]。这完全证明了党的土地政纲的正确，毛泽东曾称赞“闽西土地解决办法最好”。

闽西苏区的土地革命，是中国共产党正确领导，历经30多年风雨历程的中国土地改革的早期探索，是中国现代化进程中的一次伟大尝试。土地革命的红色风暴，不仅彻底摧毁了封建地主土地所有制，真正实现了“耕者有其田”，摧毁了封建势力赖以生存的经济基础，而且对农民的政治地位和经济生活产生了极为深刻的影响。由于阶级关系发生了变动，被压迫的贫苦农民在政治上翻了身，成为农村的主人。农民分得土地后，

① 张鼎丞：《中国共产党创建闽西革命根据地》，人民出版社1983年版，第37页。

以满腔的热情投入生产过程中，从而有力地促进了农业生产的发展，农民生活因此也得到很大的改善。广大农民不论在政治上还是在经济上的地位，都发生了很大的变化，成为真正的主人，从而极大地激发了他们的革命积极性。工农红军由于得到了千百万翻身农民在人力、物力上的巨大支持，所以能够在多次反“围剿”中以少胜多，以弱胜强，不断取得重大的胜利，而且能够支撑苏区斗争达数年之久。正如毛泽东后来指出的：“根据地虽小却有很大的政治上的威力，屹然和庞大的国民党政权相对立，军事上给国民党的进攻以很大的困难，因为我们有农民的援助。红军虽小却有强大的战斗力，因为在共产党领导下的红军人员是从土地革命中产生，为着自己的利益而战斗的，而且指挥员和战斗员之间在政治上是一致的”[①]。

中国革命最基本的问题是农民问题，中国共产党坚决地制定和执行革命的土地纲领，为农民的利益而努力奋斗，成为农民和土地革命的领导者，从而有效地调动了农民支持革命战争、保卫和建设根据地的积极性。土地革命是中国共产党第一次独立领导中国人民进行革命的伟大尝试，尽管经历了曲折和坎坷，但它在多方面的探索和所取得的成就，极大地加速了历史的进步，是党和人民最早积累的建国兴邦的宝贵财富，它的伟大历史作用永载中国革命的史册。

（二）保卫土地革命成果的曲折斗争

闽西土地革命可以说是中国土地革命的一个缩影，一系列富有首创经验的土地政策的制定给闽西农民带来了实惠。但是，闽西土地革命成果的取得并不是一帆风顺的，而是经历了近 7 年的时间。

1934 年 10 月，主力红军长征以后，国民党军队很快又占领闽西苏区，还乡地主也乘机向农民实行秋后算账，纷纷夺回已分给农民的土地。国民党政府颁布《收复区土地处理条例》，规定原来已经没收分给农民的地主土地一律收回，发还原主并确定其所有权。从此，原先在农民手中的土地逐渐地被剥夺了，当时闽西苏区被地主收回的土地有 267 个乡，受影响的农民有 53 万多人。

---

① 《毛泽东著作选读》（上），人民出版社 1986 年版，第 110 页。

为保卫土地革命的胜利成果，维护农民的利益，留在闽西苏区坚持革命的红军游击队通过各种形式领导游击斗争，组织中心区的龙岩、永定、上杭等地的农民，向还乡地主开展了抗租斗争。他们组织农民到处张贴“收租者杀”的标语，以示警告，对不听警告且罪大恶极的予以坚决镇压。此外，红军游击队还帮助农民抗租、抗捐、夺粮。经过红军游击队的努力，在他们经常活动的区域内，农民实际上对地主是不交租的。在这些地区，土地表面上看是地主的，但实际上仍归原来土地革命时分得该地的农民所有。

在抗日战争期间，由于闽西共产党组织的努力，1937 年 7 月，与国民党当局达成了一致的协议，国民党当局保证：土地革命时期所分配的土地应保持原状；未分配土地的地区，应实行减租减息。从而有效地保护了农民的既得利益，确认了农民对土地的所有权。

但正当闽西农民沉浸在丰收的喜悦之中时，国民党政府当局又提出重新分配土地问题。主要是由于抗日战争爆发后，为抗击日寇的侵略，1938 年 2 月，闽西红军游击队改编成新四军第二支队北上苏皖抗日，因此，闽西革命力量一下子处于空虚，于是，国民党政府当局想利用这个机会重新夺回土地。他们一再煽动和支持地主组织业主团，强行向农民夺田收租，并强行霸占农民土地开办的农场，并以“收军米”的名义，强迫农民交租。但这些阴谋均被闽西党组织识破，闽西的保田斗争取得了完全的胜利。

正是由于闽西党组织的正确领导，广大农民群众的积极参与，闽西地区的地主阶级长期以来“恢复业权”的梦想无法实现，即使采用军事手段也无法达到使土地制度恢复旧貌的目的，这是闽西人民革命斗争的成果。但国民党当局不会就此罢手。他们改变方式，借用土地改革的名义，强行于 1943 年秋以行政手段和军事压力推行所谓的“扶植自耕农”的土地政策。但最终的结果是造成共产党力量较为薄弱的乡镇的有些农民被迫倾家荡产缴交地价款，农民苦不堪言。抗战后期，中共闽西党组织力量恢复壮大后，积极组织农民反对国民党当局的“扶植自耕农”运动。1947 年底，迫使龙岩等县国民党当局裁撤了“扶植自耕农”的办事机构。最终国民党鼓吹的“扶植自耕农”土地政策只是昙花一现，以失败告终。

（三）保田成果成为全国唯一的特色

由于闽西党组织积极发动群众、组织群众，同国民党当局进行了长期尖锐复杂的斗争，闽西广大农民终于部分地保住了土地革命的果实。保田的地区和范围包括龙岩全县3/4的耕地，上杭古蛟、白砂等地的19个乡、34689人、84946亩耕地，以及杭永边的西溪、东溪、金砂、下溪南、上杭县丰稔等部分乡村和岩永靖边、岩永边、永和靖边的金丰、湖雷等部分支点村，特别是西二乡所属的赤寨、肖地、芹菜洋、七桥、光坑等10多个自然村的3000多亩土地。据新中国土地改革前调查，闽西有龙岩、上杭、永定等县的15个区、83个乡、14.6万人口的地区，有20多万亩的土地一直保留在农民手中，直至全国解放。这是闽西红旗不倒的重要标志之一。一年一度“抽死补生”“抽嫁补娶”的调整土地习惯在保田地区一直保留着，创造了中国农运史上的奇迹。

闽西的广大农民在中国共产党的领导下，经过艰苦卓绝的斗争，长期保留了大部分的土地革命果实，这在全国是绝无仅有的一个伟大的奇迹，也是中国革命史上极其光辉的一页。杰出的无产阶级革命家，闽西革命根据地创始人之一，原中共中央政治局委员、国务院副总理、全国人大常委会副委员长谭震林称这是“全国唯一的特色”。闽西保田斗争的胜利，充分体现了闽西党组织和人民群众大无畏的革命精神和百折不挠的奋斗精神，也充分证明了闽西党组织能够处处维护群众的利益，真心实意为群众谋福利，这是党的群众路线的充分体现。在长期的革命斗争中，闽西党组织和人民群众建立了生死与共的血肉关系，这种牢固的群众基础是闽西老区独有的政治优势，也是闽西人民革命和社会主义建设事业不断胜利的力量源泉。

［原载《苏区研究》2016年第6期］

闽西是共和国财政摇篮

“财政是国家的命脉，财政工作的不好，直接便影响到军事与行政，间接则影响到整个社会经济与整个阶级政权。”在红色中华第一任财政部部长邓子恢签发的中央财政人民委员部训令中，对财政工作的重要性进行了高度的概括。

中央苏区时期的财政工作，从闽西苏区开始，经历了从旧的、不合理的财政制度的破除到新的、有序的财政制度的建立，从整顿地方财政到整顿全苏区财政的过程。这一时期的财政工作，通过完善中央和地方各级财政管理机构，制定财政税务等一系列方针、政策、措施，建立财政规章制度，积极开辟财源，艰苦地增收节支，统一财政收支管理，培养大批财政工作干部等一系列措施，保障了革命战争的供给和革命政权的运转，促进了根据地经济的发展，取得了显著成绩，积累了丰富的经验，为以后各个时期根据地的财政建设乃至新中国成立后的财经工作提供了重要的借鉴，丰富了我党我国的财政经济史，成为共和国财政的摇篮。

一、闽西苏区财政工作产生的背景

（一）革命战争的需要

大革命失败后，中国共产党人确定了土地革命和武装反抗国民党反动派的总方针，发动了武装暴动，开始了武装割据，并先后建立了海陆丰、井冈山等革命根据地。但国民党反动派不容许红军和小块根据地存在，不断地派兵“进剿”。这时，各根据地的头等任务无疑是发展红军，打好仗，开展土地革命，巩固革命政权，经济的恢复和发展是不可能的，财政上也更不可能有稳定正常的收入来源，只能以打土豪筹款和战争缴获作为取得财政收入的主要手段。

（二）历史发展的需要

1929 年 3 月—5 月，毛泽东、朱德率红四军两次进入闽西，在中共闽西地方组织的配合下，不断开辟红色区域。至 1929 年 11 月，闽西红色区域已扩展到龙岩、上杭、永定、武平、长汀、连城、漳平、宁洋等县，在纵横数百里的红色区域内，已成立 4 个县、50 多个区、400 多个乡的苏维埃政权，成为继井冈山之后全国最大的革命根据地之一。至 1930 年 3 月 18 日，闽西第一次工农兵代表大会在龙岩召开，宣布成立以邓子恢为主席的闽西苏维埃政府，标志着闽西革命根据地正式形成。闽西苏区建立后，合理组织财政收入，以保障革命战争的供给，解决工农红军和苏维埃政府及其工作人员的经费和给养，便成为根据地财政的中心任务。由于闽西根据地较早进入稳定局面，建立统一的财政问题就显得尤其突出。

（三）打破旧体制的需要

在苏区政府建立之初，各项制度都还属于草创阶段，各种关系都还没有理顺，管理相当混杂。同时，苏区与白区犬牙交错的局面，使得政权不仅不稳定，而且各个苏区政权各自为政，无法形成统一管理的区域。这对于统筹规划性极强的财政制度而言，很难实现它应有的计划性和全局调控功能，以致出现了苏区建立之初的财政混乱和不规范的局面。

闽西苏区这种财政混乱和不规范主要表现在：一是财政机构和财务制度的不健全。“收钱机关、管钱机关、用钱机关混在一起。每个县、区政府，收钱是他，管钱是他，用钱也是他”[①]，各级财政职责不明，“各级

---

① 《中华苏维埃共和国临时中央政府财政人民委员部第十二号训令》，载江西省税务局、福建省税务局、江西省档案馆、福建省档案馆编：《中央革命根据地工商税收史料选编（1929.1—1934.2）》，福建人民出版社 1985 年版，第 150 页。

财政部长，不知自己做的什么事，只做些管账管钱的会计工作”[①]。“各县、区、乡财政收入与支出没有统一的支配和统计”[②]，“普遍无预算，以致财政无一整个计划”，“区乡政府，财政没有公开”[③]。二是财政活动中，地方主义、小团体主义、山头主义表现明显。“收入支出都是各自为政”[④]，“各乡苏的收入保留着本地支用”[⑤]，致使“上级提款不动”[⑥]。各级政府对出台的一些规章，“多置之不理”，或者执行后“什么细事都向政府拿钱开支”[⑦]。三是财政收入及其管理的混乱。不少地方苏维埃政府不懂得建立规范的税则，而是自由征税[⑧]，使税收的征发处于混乱的状况。为了获得充分的财政收入，只好乱打土豪，乱摊派乱提款，造成了不少违反苏维埃政纲与工农利益的行为。四是财政支出紊乱，“各自滥行开支”[⑨]，导致了

---

① 《福建省苏报告》，《红色中华》第43期，1930年5月21日。

② 《永定县第三次工农兵代表大会日刊》，载江西省税务局、福建省税务局、江西省档案馆、福建省档案馆编：《中央革命根据地工商税收史料选编（1929.1—1934.2）》，福建人民出版社1985年版，第28页。

③ 《福建省第一次工农兵代表大会决议案》，载江西省税务局、福建省税务局、江西省档案馆、福建省档案馆编：《中央革命根据地工商税收史料选编（1929.1—1934.2）》，福建人民出版社1985年版，第7页。

④ 《永定县第十区第一次工农兵代表会议决议案》，载江西省税务局、福建省税务局、江西省档案馆、福建省档案馆编：《中央革命根据地工商税收史料选编（1929.1—1934.2）》，福建人民出版社1985年版，第46页。

⑤ 《中央财政人民委员部训令（财字第六号）》，载江西省税务局、福建省税务局、江西省档案馆、福建省档案馆编：《中央革命根据地工商税收史料选编（1929.1—1934.2）》，福建人民出版社1985年版，第126页。

⑥ 《永定县第三次工农兵代表大会日刊》，载江西省税务局、福建省税务局、江西省档案馆、福建省档案馆编：《中央革命根据地工商税收史料选编（1929.1—1934.2）》，福建人民出版社1985年版，第27页。

⑦ 《中共闽西特委第二次扩大会议——关于土地问题决议案》，载江西省税务局、福建省税务局、江西省档案馆、福建省档案馆编：《中央革命根据地工商税收史料选编（1929.1—1934.2）》，福建人民出版社1985年版，第12页。

⑧ 《永定县第三次工农兵代表大会日刊》，载江西省税务局、福建省税务局、江西省档案馆、福建省档案馆编：《中央革命根据地工商税收史料选编（1929.1—1934.2）》，福建人民出版社1985年版，第27页。

⑨ 《永定县第三次工农兵代表大会日刊》，载江西省税务局、福建省税务局、江西省档案馆、福建省档案馆编：《中央革命根据地工商税收史料选编（1929.1—1934.2）》，福建人民出版社1985年版，第27页。

严重的铺张浪费和贪污腐化问题，“有些政府好象变着一个客栈、饭店，无论什么人都可在政府里食饭，尤其是逢着圩期，厨房伙夫更是应接不暇。一般群众误认公家的饭，大家都可以食，不管有工作没有工作，有事情没有事情，而政府人员亦不向他解释，不去过问他”[①]。这样的浪费情形是吓人的，例如新泉一个区苏，每月开支到大洋 3000 多元[②]。

闽西苏区初建时期发生的这些现象，对各项工作的影响是极大的。闽西苏维埃政府在土地革命斗争中逐渐意识到建立正规财政制度和完备财政体系的必要。因而，闽西苏区比其他苏区先行一步，较早做了建立财政制度的探索，特别是在建立统一的财政预决算制度和统一的税收制度上作出了较大的努力。

二、闽西苏区财政工作的初步探索

（一）创立完整的财政组织体系，实行党管财政

早在 1928 年 7 月 10 日，中共福建省临时省委就指示闽西特委要成立财政处，指出：“1、马上成立暴动委员会。此会执委以十五人组织之，同志要占半数，余为非同志。……团可派遣代表三人参加。暴动委员会之下，为工作便利起见，可设七处：①秘书处，②军事处，③裁判处，④财政处，⑤宣传处，⑥交通处，⑦谍报处。军事、财政、裁判三处事务比较繁重，可设委员会处理之，委员会主席概由暴动委员会执委担任。”[③]1929 年 3 月，红四军首次进军闽西，发布了《红军第四军司令部布告》，广泛宣传党的政纲，其中提出“累进税法，最为适用；苛捐杂税，扫除干净”的税收政策，为闽西苏区税收的开征指明了方向，成为

---

① 《永定县第三次工农兵代表大会日刊》，载江西省税务局、福建省税务局、江西省档案馆、福建省档案馆编：《中央革命根据地工商税收史料选编（1929.1—1934.2）》，福建人民出版社 1985 年版，第 28 页。

② 参见《福建省第一次工农兵代表大会决议案》，载江西省税务局、福建省税务局、江西省档案馆、福建省档案馆编：《中央革命根据地工商税收史料选编（1929.1—1934.2）》，福建人民出版社 1985 年版，第 77 页。

③ 中共龙岩地委党史资料征集领导小组、龙岩地区行政公署文物管理委员会编：《闽西革命史文献资料》第 1 辑，1981 年 12 月，第 214 页。

动员贫苦农民参加革命、支持革命的有力武器。

此后，闽西苏区在建政的同时，各级财政机构也随之相应成立。建立较早的是 1928 年 7 月，在永定卓坑成立乡苏维埃政府财政部。1928 年 8 月，永定溪南区苏维埃政府财政委员会在永定金砂成立。1929 年 3 月，长汀县革命委员会财政部在长汀成立。1930 年 2 月，龙岩县苏维埃政府设立了主管全县财政工作的财政委员会。同年 3 月，闽西第一次工农兵代表大会通过决议，明确建立财政独立基础，决定各级权力机关分别建立财政机构，闽西苏维埃政府财政委员会此时在龙岩城成立。

为集中统一领导苏区的财政，中央政府成立后，不仅设立了财政人民委员会这一财政系统最高的领导机关，还颁布了《财政部暂行组织纲要》，明确规定了各级上下级财政机关的相互关系与具体职能，避免了权责不明的扯皮现象。

闽西党组织自建立起，高度重视财政工作。早在 1929 年 11 月 2 日中共闽西特委通过的《关于苏维埃工作问题的决议》中，就首次提出“政府财政要有预算，量入为出，建立财政独立基础，预算决算要提出代表会通过，并尽量公布以取得群众信仰”①。

1930 年 3 月 25 日，闽西第一次工农兵代表大会通过的《闽西第一次工农兵代表大会宣言及决议案》再次明确提出要“统一财政，厘定税则，限制开支，确立预算制度，完备各种法令，建立独立的财政基础”②的各项任务，并在《财政问题决议案》中规定：“各县政权机关经费，应按照规定等级制定预算，由县政府汇集提出县代表大会通过。”③同年 9 月，闽西第二次工农兵代表大会又通过了《修正财政问题决议案》，强调“文化建设经费和政府经费应分开，制定预算，由县政府累集，提出县代表大

---

① 中共龙岩地委党史资料征集领导小组、龙岩地区行政公署文物管理委员会编：《闽西革命史文献资料》第 2 辑，1982 年 7 月，第 290 页。

② 中共龙岩地委党史资料征集领导小组、龙岩地区行政公署文物管理委员会编：《闽西革命史文献资料》第 3 辑，1982 年 10 月，第 190 页。

③ 中共龙岩地委党史资料征集领导小组、龙岩地区行政公署文物管理委员会编：《闽西革命史文献资料》第 3 辑，1982 年 10 月，第 193 页。

会通过”[①]。因此，在 1930 年左右，闽西各县就制定了有关加强财政的措施，内容极其广泛。

中共闽西特委书记邓子恢当选为闽西苏维埃政府主席以后，组织制定和颁布的一批规章制度确立了党管财政原则，加强了党对财政工作的监管，初步实现了闽西苏区财政的统一。

（二）创立预决算制度和政府收支制度

苏维埃政权建立后，闽西工农民主政府立即进行了建立新的财政体系的探索，特别是建立了统一的财政预决算制度和税收制度。闽西局部地区的地方性财政统一工作，为中央统一财政提供了重要借鉴，闽西苏区成为统一财政的诞生地。

1930 年 3 月 18 日，闽西第一次工农兵代表大会在龙岩召开。成立邓子恢为主席的闽西苏维埃政府。大会明确提出，闽西革命任务之一就是要统一财政，制定税则，并提出要限制开支，确立预算制度，以达到建立财政独立基础的财政统一思想。

同年 9 月，闽西第二次工农兵代表大会通过了《修正财政问题决议案》，强调文化建设经费和政府经费应分开，制定预算。而且规定经费的项目和数额方面，条款明晰，可操作性强。

经费开支项目具体情况如表 1 所示：

表 1　各单位经费开支项目

经费类别	经费具体项目
经常经费	职员伙食费、职员零用费、办公费、购置费、书报费、会议费（代表会另外）、宣传费、应酬费、什费、邮费
临时费	医药费、各种纪念会用费、招待费、其他
特别费	修理费、文化教育费、印刷费、党费、补助工会费、儿童团少先队用费、其他

同时，按照政府机关的不同等级规定各类经费使用数额。经常经费：县政府每月不得超过 500 元，大区政府不得超过 140 元，小区政府不得

① 中共龙岩地委党史资料征集领导小组、龙岩地区行政公署文物管理委员会编：《闽西革命史文献资料》第 4 辑，1983 年 5 月，第 182 页。

超过 110 元。对于区政府的经常经费各项细目则另有规定，如表 2 所示：

表 2　区政府经常经费支出数额

项目	大区	小区
职员伙食费	54 元	45 元
职员零用钱	24 元	20 元
办公费	15 元	10 元
购置费	10 元	8 元
书报费	3 元	2 元
会议费	8 元（代表会另外）	5 元
宣传费	5 元	3 元
应酬费	5 元	3 元
什用费	10 元	10 元
邮费	2 元	2 元

乡一级的经费规定也很详细。5000 人以上的乡政府不得超过 70 元，3000—5000 人的乡政府不得超过 50 元，1000—3000 人的乡政府不得超过 30 元，300—1000 人的乡政府不超过 15 元，不满 300 人的乡政府不得超过 10 元。临时费用：乡每月以 10 元为限，区每月以 20 元为限，超过规定数目时，须报告县政府批准后始得开支。[①]

按照经费的使用级别，规定各级政府必须进行预算决算，“区乡政府做预算表并审查表”[②]，“制定预算，由县政府累集，提出县代表大会通过”[③]，经大会批准后，按期拨给经费。经费使用情况，“每月应造定决算

① 参见《永定县苏维埃政府关于财政问题草案》，1930 年 10 月 27 日。这里需要说明的是，从当时的材料来看，上杭县对临时经费的限额与永定有所不同，它规定，乡以 20 元为限，区以 50 元为限。参见《上杭县政府第二届工农兵代表大会决议案》，载江西省税务局、福建省税务局、江西省档案馆、福建省档案馆编：《中央革命根据地工商税收史料选编（1929.1—1934.2）》，福建人民出版社 1985 年版，第 40 页。

② 《上杭县苏第二届执委会议决议案》，载江西省税务局、福建省税务局、江西省档案馆、福建省档案馆编：《中央革命根据地工商税收史料选编（1929.1—1934.2）》，福建人民出版社 1985 年版，第 31 页。

③ 中共龙岩地委党史资料征集领导小组、龙岩地区行政公署文物管理委员会编：《闽西革命史文献资料》第 4 辑，1983 年 5 月，第 182 页。

表，交县政府审核公布”[①]。军队的经费和各机关的经费也要经过审核批准，“交通费由交通总局制定预算，每月一日以前送交闽西政府常委会批准”，“红军二十军各纵队……每月预算表，要在每月一日以前送交闽西政府常委会批准”。[②]

（三）最早制定统一田地税、山林税、营业所得税等税收征收办法

税收上一改过去税则混乱的局面，1930 年 4 月，闽西苏维埃政府以第六号布告颁布了《暂行税则条例》。9 月，闽西召开第二次工农兵代表大会，通过了《修正财政问题决议案》，同时，又制定了《修正税则条例》。“调查各区乡各种税额，由县苏制定各种税收调查表，发给各乡苏定期填报”[③]，“以不妨害生产为原则，规定统一的所得累进税，直接向所得者征收”[④]，把税收分为田地税、山林税、园地税、店房地基税和摊子地租、营业所得税（商业累进税）、关税等，门类清整，标准统一，并规定：“各种征收税，归县苏收入。”[⑤]对打土豪的行为也进行了规范，“由县苏制定土豪调查表，发给各区乡调查”，“规定统一打土筹款法则”，“各区可以自动的去打土豪，出款要得县苏收据”，“私打土豪者枪决”。[⑥]

---

① 《闽西第二次工农兵代表大会决议案》，载江西省税务局、福建省税务局、江西省档案馆、福建省档案馆编：《中央革命根据地工商税收史料选编（1929.1—1934.2）》，福建人民出版社 1985 年版，第 34 页。

② 《闽西第二次工农兵代表大会决议案》，载江西省税务局、福建省税务局、江西省档案馆、福建省档案馆编：《中央革命根据地工商税收史料选编（1929.1—1934.2）》，福建人民出版社 1985 年版，第 34 页。

③ 《上杭县苏第二届执委会议决议案》，载江西省税务局、福建省税务局、江西省档案馆、福建省档案馆编：《中央革命根据地工商税收史料选编（1929.1—1934.2）》，福建人民出版社 1985 年版，第 31 页。

④ 《闽西苏维埃政府布告第六号》，载江西省税务局、福建省税务局、江西省档案馆、福建省档案馆编：《中央革命根据地工商税收史料选编（1929.1—1934.2）》，福建人民出版社 1985 年版，第 24 页。

⑤ 《上杭县苏第二届执委会议决议案》，载江西省税务局、福建省税务局、江西省档案馆、福建省档案馆编：《中央革命根据地工商税收史料选编（1929.1—1934.2）》，福建人民出版社 1985 年版，第 31 页。

⑥ 《上杭县苏第二届执委会议决议案》，载江西省税务局、福建省税务局、江西省档案馆、福建省档案馆编：《中央革命根据地工商税收史料选编（1929.1—1934.2）》，福建人民出版社 1985 年版，第 31 页。

（四）创建财政税收奖惩制度

在严格财政纪律方面，闽西苏区对违反财政制度或破坏财政制度的人员进行严厉的处罚，开启了中央苏区反腐倡廉、制度管人的先河。1930 年 3 月 25 日《闽西第一次工农兵代表会议裁判条例》规定有下列行为之一者枪决：

（1）侵吞公款至三百元以上者；

（2）受贿至五十元以上者；

（3）假借政府名义私打土豪有据者。[①]

1930 年 9 月，上杭县第二次工农兵代表大会通过的《裁判条例》规定：政府工作人员侵吞公款有据者和受贿有据者，撤职并剥夺其选举权和被选举权；侵吞公款 300 元以上者和受贿至 50 元以上者，处死。其他各县也有类似规定。闽西苏维埃政府常委兼粮食部部长林延年以私人名义向商人筹款 200 余元，并向上杭庐丰区政府借款 50 元，严重违反财政纪律，1930 年 6 月，被闽西苏维埃政府剥夺代表资格，撤销其执委常委及粮食部部长职务，追缴其贪污款项并扣留查办，打响了中央苏区反腐倡廉第一枪。

（五）创建财政国库管理制度

为了稳定金融市场和改善人民生活，1930 年 11 月，闽西工农银行在龙岩成立，成为后来中华苏维埃国家银行的前身。

闽西工农银行负责收纳政府、军队、机关、团体的没收款和捐款，严格按照利率标准妥善保管财政存款，承担了为苏维埃政府代理财政收支的工作，确保了政府资金的正常运作。曹菊如认为，这种做法，“实际上银行起了代理金库的作用”[②]。闽西工农银行这种代理金库的经验，使之成为后来创办中华苏维埃国家银行和发展新中国财政金融事业的宝贵财富和操作遵循。

闽西苏区推行的这一整套措施，在统一财政工作上，无疑是极富创意的。闽西苏维埃政府建立预决算制度，规范税收行为，旨在消除财政

---

① 参见中共龙岩地委党史资料征集领导小组、龙岩地区行政公署文物管理委员会编：《闽西革命史文献资料》第 3 辑，1982 年 10 月，第 217 页。

② 《曹菊如文稿》，中国金融出版社 1983 年版，第 4 页。

专打土豪盲动倾向的努力，是苏维埃运动走向政权建设良性轨道的基础工程，它使原本一团乱麻的财政体系开始有章可循，有法可依。闽西局部地区的地方性财政统一工作，为后来的中央统一财政在制度上提供了一些借鉴；闽西两次工农兵代表大会对财政问题的解决，为中央苏区财政体系的建立提供了宝贵经验。

但是，由于闽西苏区财政的统一主要是以县为基础，许多制度是以县为单位制定的，在全局的统筹安排上还有许多欠缺，再加之战争环境的影响，在具体实施上出现了困难，没有切实贯彻执行，使得苏区财政仍然存在清算财政工作没有切实做到、预算决算无按期报告、地方主义小团体主义还没有完全肃清、超预算支出、增加规定经费项目、税收处征收不统一、随意支用税款、清理公产逆产完全没有实行等不少问题。这些在财政统一上存在着的实际性不足，只有通过建立中央高度集中统一的财政体制才能统筹解决。

三、中央苏区财政建设的主要措施

1931 年 9 月，在取得第三次反“围剿”胜利后，闽西、赣南从点到面连成一片，形成全国最大的、在土地革命中起最重要作用的中央革命根据地。同年 11 月，在瑞金召开第一次全国工农兵代表大会，成立了中华苏维埃共和国临时中央政府，土地革命战争取得了实质性的成果，根据地的各项建设百废俱兴，日趋完备。财政统一和整顿工作越来越重要，不仅革命战争和政府需要财政提供充裕的经费支持，而且苏区的经济文化建设也需要财政的供给。因此统一财政，加强财政管理，严格财政制度，把有限的财力物力进行最合理的分配，以应付斗争，成为中央和各级政府的当务之急，成为“目前巩固苏维埃的主要工作任务之一”[①]。

1931 年 11 月 7 日，在瑞金召开的中华苏维埃全国第一次代表大会上，决定设立财政人民委员部，邓子恢当选为首任财政部部长。1932 年

① 《闽西苏维埃政府通告第廿一号》，载中共龙岩地委党史资料征集领导小组、龙岩地区行政公署文物管理委员会编：《闽西革命史文献资料》第 5 辑，1984 年 7 月，第 69 页。

7月初，邓子恢离开闽南前往瑞金正式就任中央财政部部长。这时，中央苏区的财政经济工作由于受到王明“左”倾路线的干扰，出现了不好的状况。在土地政策上推行“地主不分田”“富农分坏田”，造成侵犯中农，致使地权不稳，土地成片荒芜；在劳动政策上规定过高的劳动条件、工资和片面的福利要求，造成私人企业倒闭、工人失业，阻碍了工商业的发展；在财政政策上取消了红军的筹款任务，致使财政支出急剧增加，也使财政负担不得不压在苏区广大群众身上。

面对这种情况，邓子恢没有退缩。他就任之后，适应当时财政统一的形势需要，立即通过和颁布了一系列规章制度，规定了各级财政系统及领导归属关系；明确了各种财政制度的具体细则和操作规程，以及严格财政纪律；加大力度反对贪污浪费，逐步把中央苏区的财政推上规范发展的轨道，最终实现财政的统一。通过他的辛勤工作，使王明“左”倾路线所造成的危害减到最低限度，保证了革命战争的给养与供给，保证了苏维埃一切革命经费的支出。

（一）千方百计拓宽收入渠道，保证革命战争的供给

增加财政收入是苏区临时中央政府用于筹集一切可能动员的经济力量，支持革命战争，保障供给的重要手段。苏区财政收入的来源主要有：一是向一切剥削者筹款。具体有打土豪筹款、向富农募捐和动员城市资本家捐款三种形式，这些都是初创时期的筹款方式，曾经起到了积极作用，但假如处理不当，也会造成对立的扩大化。二是建立税收制度。为了纠正把商人当土豪打、把富农现款捐尽的偏向，中央根据地工农民主政府先后建立了税收制度和统一的税法，税收的种类有商业税（关税和营业税）、农业税（土地税和山林税）和店租等几种形式。三是发行公债。由于苏区经济基础薄弱，税收一时还难以保证革命战争的需要，为更好地解决财政困难，1932年6月和10月，中央工农民主政府先后发行两期革命战争短期公债，第一次60万元[①]，第二次120万元[②]。同时，为积极应对蒋介石发动的第五次“围剿”，缓解苏区人民的负担，中央工农民主政

① 参见《红色中华》第24期，1932年6月23日。

② 参见《红色中华》第38期，1932年11月1日。

府开始大力发展根据地经济。1933 年 7 月，苏区曾经发行经济建设公债 300 万元[①]，其中 200 万元用于发展对外贸易、发展合作社及工农业，剩下 100 万元作为军事经费，对苏区经济发展发挥了重大的作用。四是公营经济收入。财政收入从公营经济中获得，取得了一定的成效，如 1933 年据中央财政部收入统计，“一月至八月国营事业的收入还只有 107188 元（其中包括各种生产的盈利在内）”。从金额上看并不多，但其意义重大，它提出了在当时的历史条件下财政工作应当努力的方向。

（二）整顿财政经济秩序，建立统一的财税制度

中央政府建立之初，财经领域非常混乱，一方面是滥收情况普遍，收支无预算；另一方面是贪污现象普遍，财政不统一，浪费惊人。如何当好苏维埃政府的家、理好财，取得革命战争的胜利，是根据地财政部门紧迫而又艰巨的任务。为此，苏区财政部门采取了一系列举措。

一是统一财政，建立预决算制度。1931 年 12 月，中央人民委员会发布《中央人民委员会训令第 2 号——统一财政、编制预决算制度》[②]，详细规定了各级苏维埃政府的财政预算经费编报要求。制度明确规定：各级政府的行政经费、各部队的伙食费用等经费，统一由财政部门造预算报经上一级财政机关审查，并报告中央财政部批准后，再统一由中央财政部根据批准的预算给予拨款。凡是中央财政部直接管理的下一级财政机关，必须在每个月的 10 日前将上个月的经费收支决算表，送呈中央财政部审查批准；地方各级财政机关，也必须在每个月的 5 日以前，将上个月的决算表，送上一级财政机关审查批准。

二是统一税收制度。为确保财政统一，充裕苏区财政收入来源，苏区临时中央政府制定了不少统一税收、加强税收征管的制度和办法。1932 年 8 月，临时中央政府财政人民委员部发布《财字第 15 号训令——关于统一税收问题》[③]，明确规定国家税收统一由国家财政机关按

---

① 参见《红色中华》第 96 期，1933 年 7 月 26 日。

② 江西省税务局、福建省税务局、江西省档案馆、福建省档案馆编：《中央革命根据地工商税收史料选编（1929.1—1934.2）》，福建人民出版社 1985 年版，第 64—66 页。

③ 江西省税务局、福建省税务局、江西省档案馆、福建省档案馆编：《中央革命根据地工商税收史料选编（1929.1—1934.2）》，福建人民出版社 1985 年版，第 115 页。

照临时中央政府所颁布的税则征收，地方各级政府不得自行规定税则或擅自征收。各级财政部门所征收的税款或没收的财产等其他收入款项，必须随时转送或直送中央财政部，或者中央财政部指定的银行；未经上级财政机关同意，各级财政机关不能自行支配挤占挪用，也不允许延期不缴。

三是建立统一的会计制度。1932 年以前，苏区各级会计工作大都不健全，现金的收、支、管，混在一起没有分开，自收自用，没有预算决算，各项收支经费项目不分，自立会计科目，账表单据不统一，记录紊乱，交接手续不齐备，滋生许多贪污浪费舞弊问题。为杜绝一切财金舞弊行为，1932 年 12 月，临时中央政府财政人民委员部发布《第十二号训令——统一会计制度》[①]，建立健全科学的会计工作，要求收钱、管钱、领钱和支配的四个机关严格分开，税委与财政部等机关只准收钱，收到的钱全部解交管钱的各级国库，领钱的各级政府、部队每个月必须做好预算，分部门和系统送中央财政人民委员部批准，并签发支票以后，才可以向国库领钱；每项收支要确定合适的会计科目，规定统一的名称和明确的范围，确保每一笔收支都条理分明；各级政府要按规定时间编造报表，会计按月结算。同时，还统一了簿记单据，确定记账方法，规定了交接章程。

四是建立国库制度。为了加强现金收支管理，确保资金安全，1932 年 10 月，临时中央政府颁发了《国库暂行条例》[②]，规定中央财政部国库管理局负责管理国库，国库业务由国家银行负责代理，苏区政府的所有款项收支事宜均由国家银行掌管，国家税收及其他罚款等一切收入，都必须及时缴入国库。各种经费支出，先由各机关提前编定预算，按级送财政人民委员部审计处审查，然后请财政人民委员部批准，再交国库管理局签发支票，各金库照票支款，无支票者不得支付。

五是建立统一审计制度。1933 年 9 月，成立了中央审计委员会，隶属于中央人民委员会。1934 年 2 月，中央政府又决定，中央审计委员

---

① 参见《红色中华》第 46 期，1932 年 12 月 19 日。

② 参见罗华素、廖平之主编：《中央革命根据地货币史》，中国金融出版社 1998 年版，第 266—268 页。

会改为直接受中央执行委员会领导，跃升为与中央人民委员会和最高法院平级的政权机构。2月20日，中央执行委员会还颁布了中字第二号命令——《审计条例》[①]，成为苏区审计工作的基本法规和政策依据。审计委员会有权监督检查各项收入的执行情况，专门审计各机关的预算决算和企、事业单位的收支情况，并负责签发发款通知书。审计方法一般是先组织单位进行互审，查阅账目，按照节省要求，帮助单位核实经费预算和支出决算，并与单位负责人一起研讨确认，然后作出审计结论。建立审计制度对反对贪污浪费严肃财政纪律起了积极作用。

（三）坚持节省原则，想方设法节约一切开支

苏区财政的支出，主要用于革命战争的红军所需各项费用，还有就是要保障各级苏维埃政府的正常行政开支，以及发展文教卫生等公共事业，适量用于发展生产。毛泽东在第二次全国苏维埃代表大会的报告中就强调："财政的支出，应该根据节约的方针，应该使一切政府工作人员明白，贪污和浪费是极大的犯罪。反对贪污和浪费的斗争，过去有了些成绩，以后还应用力。节省每一个铜板为战争和革命事业，为我们的经济建设，是我们的会计制度的原则。"[②] 为贯彻这一方针，筹集到更多的经费以打破国民党军的第五次"围剿"，各级财政部门在中央政府的领导下，做了两方面的工作：一方面是规定最低供给标准，严格控制财政支出。在红军和党政人员中，实行维持最低生活标准的供给制度。苏区政府工作人员的待遇十分微薄，没有工资，只有少量伙食费和零用钱（困难时没有）。另一方面，大力开展厉行节约、反对浪费运动。党和政府以苏维埃机关报《红色中华》《红旗周报》等报刊为阵地，广泛宣传厉行节约、反对浪费对于巩固苏区政权的极端必要性和重要性，并开辟"节约战线"专栏，及时揭露违反财经纪律、贪污浪费的典型，鼓励人们养成节约光荣、浪费可耻的好风尚。

（四）严格财经纪律，开展声势浩大的反对贪污浪费运动

财经纪律是执行党的经济政策的保证，也是财经工作的生命线。在

① 参见李金华主编:《中国审计史》第2卷，中国时代经济出版社2004年版，第269—270页。

② 《毛泽东选集》第1卷，人民出版社1991年版，第134页。

苏区群众的大力支持下，苏维埃政府除了建立党政监督、民主监督、舆论监督、审计监督等许多管用高效的反腐监督好办法外，还制定法律进行监督。为避免反贪污浪费的斗争流于形式，财政人民委员部健全各种财经制度和法规，明确各种财务手续、权责范围、开支项目、供给标准和处罚条款等。苏维埃中央政府 1933 年 12 月颁布的著名的《关于惩治贪污浪费行为的第二十六号训令》就规定："凡贪污公款在 500 元以上者处以死刑。""苏维埃机关、国营企业及公共团体的工作人员，因玩忽职守而浪费公款，致使国家受到损失，以其浪费程度处以警告、撤销职务以至一个月以上三年以下的监禁。"[①] 对中央财政部下属的粮食调剂局、税务局、会计局、公债管理局、金库局、罚没局、检查工作团等管钱、管物、管人的要害部门的工作成员从严规定，"如发现有贪污 100 元的就要枪毙"，从而为苏区司法机关的审判量刑提供了法律依据，使惩治贪污腐败行为有法可依。正是在这些法律武器的基础上，苏区司法机关根据群众举报的线索，及时查处了左祥云贪污案、唐仁达贪污案等系列贪污腐败案件。

（五）建立健全财政管理，大力培养财政金融方面的人才

苏区财政部门成立之初，没有任何的管理办法可以借鉴，缺少专业的管理人才，只能边干边学。"管理财政的同志谈起财政统一的问题，异口同声的说不晓得怎样办好。"财政人民委员部《训令财字第 6 号——目前各级财政部的中心工作》指出："第七个中心工作是要健全各级财政部组织，建立财政部本身工作。要执行上述各种工作，必须各级财政部有健全的组织与科学的分工。各级政府必须依照中央颁布财政部组织纲要，调足人员，健全财政部组织，实行分工，这样一切工作才能分头进行，财政出入也才不致于发生舞弊，这是先决问题。"[②] 为集中统一领导苏区的财政，中央政府成立后，不仅设立了财政人民委员部这一财政系统最高

---

① 中共江西省委党史研究室、中共赣州市委党史工作办公室、中共龙岩市委党史研究室编：《中央革命根据地历史资料文库·政权系统（8）》，中央文献出版社、江西人民出版社 2013 年版，第 1231 页。

② 中共江西省委党史研究室、中共赣州市委党史工作办公室、中共龙岩市委党史研究室编：《中央革命根据地历史资料文库·政权系统（6）》，中央文献出版社、江西人民出版社 2013 年版，第 445 页。

领导机关，还颁布了《财政部暂行组织纲要》[①]，明确规定了各级上下级财政机关的相互关系与具体职能，避免权责不明的扯皮现象。自 1933 年开始，进一步加强对财政部门的领导，选派配强中央财政部和下属各个局的领导力量。针对人手少，缺乏懂财政业务干部的困难，为了保证充分的工作人员，规定“应多方吸引失业工人店员，并引进写算俱佳的产业商人、知识分子及女同志等专门技术人才”，以“培养干部，创造财政人才”。[②]为了使工作保持一定的稳定性，“财政部人员调定后，绝对不能随便调动，如财政部长未得上级财政部长批准许可者，不能调动”[③]。

四、中央苏区财政建设的经验启示

中央苏区财政工作是在土地革命中建立和发展起来的，它对于保障革命战争供给，确保政府的正常运转，繁荣苏区经济等起到了重要的推动作用。在 1935 年 1 月召开的遵义会议通过的《中央关于反对五次“围剿”的总结决议》中，对苏区的财政工作给予了高度评价：党在“一切为了前线的胜利”口号下，解决了前方红军财政上、粮食上的与一切其他物质上的需要。苏区内部阶级斗争的深入，苏维埃的经济建设以及苏维埃政府与群众关系的彻底改善，更大大地发扬了广大群众参加革命战争的热情和积极性，一切这些造成了彻底粉碎五次“围剿”的有利条件。[④]

中央苏区时期财政工作的大胆尝试和艰难探索，对此后根据地乃至新中国成立后的财政建设提供了重要的借鉴和经验启示。

第一，必须提高对统一财政的认识。要在思想认识上，让各级政府

① 江西省税务局、福建省税务局、江西省档案馆、福建省档案馆编：《中央革命根据地工商税收史料选编（1929.1—1934.2）》，福建人民出版社 1985 年版，第 117—119 页。

② 《中央财政人民委员部训令（财字第六号）》，载江西省税务局、福建省税务局、江西省档案馆、福建省档案馆编：《中央革命根据地工商税收史料选编（1929.1—1934.2）》，福建人民出版社 1985 年版，第 129 页。

③ 《博生县苏维埃第二次代表大会决议案关于财政与经济问题决议》，载江西省税务局、福建省税务局、江西省档案馆、福建省档案馆编：《中央革命根据地工商税收史料选编（1929.1—1934.2）》，福建人民出版社 1985 年版，第 207 页。

④ 参见《中共中央文件选集》第 10 册，中共中央党校出版社 1989 年版，第 453 页。

清楚地了解到统一财政的意义，克服那种分散主义、各自为政和乱收滥支的旧习惯。中央苏区时期通过对以前各自为政弊病的揭露和对统一财政管理的引导，提高了各级政府对统一财政的认识，为财政建设的发展做好了充分的思想准备。

第二，必须加强对财政的集中领导。实现财政的统一，必须加强中央和地方的财政机关，确定各财政的领导系统，明确各级财政的上下归属关系，这是统一财政的组织保证。只有建立有效的组织管理和领导系统，才能由上而下地去指挥和监督它的下级财政机关，督促它们经常检查工作的执行情况，而下级财政机关接到上级财政机关的命令后，也能迅速地执行，因而使工作效率大大提高。而这样体系的建立，有利于财权的回归中央，使中央政府对社会经济能力和国家的财力有一个正确的评估，从而在财政协调、经济建设的宏观控制等方面能发挥出较大的行政调控作用。

第三，必须建立一套统一的规章制度。建立一个正规的财政体系，只是实现财政统一的第一步，要充分发挥财政职能，必须要有一套统一的规章制度作保证。中央苏区时期财政在战争环境下，在没有基本银行制度保障的前提下，能够做到规范预决算和税则确属不易，各项税收工作能够步入正轨更殊为难得，这些都有赖于规章制度来保障。

第四，必须严格财政纪律。财政纪律是执行党的经济政策的保证，是财政工作的生命线。为了切实贯彻落实中央苏区的种种财政统一措施，各级苏维埃政府规定了严格的纪律，总结出一套完备、严格、实用的财政纪律，这主要包括关于执行财政统一规章和惩治贪污腐化行为两个方面。通过加强财政审计监督，加强财政检察工作，克服了财政工作上各自为政的混乱现象，制止了贪污浪费的发生，既保证了财政统一和财政管理机制的正常运行，又节省了大量的非正常支出经费，为培养苏区财政经济管理部门及各行政机关工作人员克勤克俭、廉洁奉公的作风提供了示范，为建设中国历史上最廉洁的政府提供了保障。

第五，必须注重保护财源、发展经济。中央苏区时期，在毛泽东的指导下，创造性地制定了一系列有利于保护财源、发展经济的政策，这些政策主要包括：保护工商业的政策，保障农民收入、防止“谷贱伤农”的政策，保护苏区土特产品的特殊政策，成立工农银行、稳定金融秩序的政策，发展内外贸易的政策，发展合作事业的政策，以及为了保障革命战争胜利而采取的一些应急措施，等等。这些颇具远见卓识的政策和举措，最大限度地保证了财源的开辟，保证了红军和政府工作人员的给养，保证了革命战争的顺利进行。

第六，必须坚持节省原则。中央苏区财政工作，是在极端困难的条件下进行的。由于当时财政收入主要是税收和打土豪筹款等办法，财政赤字很大，只能通过发行货币，增发钞票与扭转储备枯竭同时并进的办法来应对。而为了扭转储备枯竭，必须采取开源与节流双管齐下的措施。为此，除了制定一些财政节流措施，统一各项经费的支出标准，严格控制财政支出，想方设法节约一切开支以外，临时中央政府还根据邓子恢的建议，组织开展了“节省一个铜板”运动，从而使有限的财政发挥出最大的效用。

红色财政，薪火相传。中央苏区时期形成的理财方略，为中国共产党夺取土地革命、抗日战争和解放战争的胜利提供了物质保障，为新中国的财政工作积累了丰富的经验，为党领导的财政事业提供了永不枯竭的动力源泉和强大的精神力量。1937 年 12 月 21 日，陕甘宁边区政府发出《统一财政问题》通令，指出在抗战中统一财政是重要的工作之一，对边区统一财政收支、统一现金管理、统一预决算作了详细规定。1949 年 10 月 1 日，中央人民政府成立，同时也成立了中央人民政府财政部。财政部受政务院的领导及政务院财政经济委员会的指导，主管全国财政事宜。此后，又相继成立财政部所属税务总局、粮食总局、物资总局和盐务总局及地方各级财政税务机构。

闽西是共和国财政的发源地，在血与火的斗争中，中国共产党在闽西一手紧握枪杆子，一手管好钱袋子，创造性地探索闽西苏区财政制度，为中央苏区的发展壮大，为苏维埃共和国的建立奠定了坚实的经济基础、人才培养和制度保障。追根溯源，方得始终。站在“两个一百年”奋斗目标的历史交汇点上，应传承财政先辈足迹，讲好红色财政故事，为中华民族的复兴走好新长征路。

［本文为 2021 年龙岩市财政局委托项目“闽西——共和国财政摇篮”研究成果］

红色农信，闽西诞生

毛泽东、周恩来、朱德、陈毅、张鼎丞、邓子恢、谭震林等众多老一辈无产阶级革命家都在闽西从事过伟大的革命实践，阮山、赖祖烈、曹菊如等全国早期的红色金融家也在闽西进行过丰富的金融实践，在全国最早创立了一批在中国共产党直接领导下、苏维埃政府组建的红色信用合作社，闽西由此成为中国红色农信的诞生地，同时成为毛泽东合作经济思想、发展合作社理论最早的实践地，成为红色金融的发祥地、共和国金融的发源地，成为红色金融家的摇篮、红色金融文化的策源地。

1929 年秋，闽西红色区域内的永定、上杭等县的部分区乡，建立了一批农村信用合作社，这是到目前为止在全国范围最早在党和苏维埃政府领导下建立的信用合作社组织，闽西由此成为红色农信的诞生地。红色农信起源于闽西，有其深厚的历史背景和客观必然性。

一、闽西发展信用合作社的历史背景

1927 年大革命失败后，中国共产党于 8 月 7 日在湖北汉口召开了紧急会议，确定了实行土地革命和武装反抗国民党屠杀政策的总方针。之后，中共在各地相继举行了一系列武装起义，开启了创建农村革命根据地的艰难历程。同年 10 月，毛泽东率领秋收起义的工农革命军上了井冈山，创建了第一个农村革命根据地。

与此同时，中共福建临时省委在闽西领导和发动土地革命斗争和苏维埃运动，于 1928 年春夏之际，先后举行了龙岩后田、平和、上杭蛟洋和永定四大暴动，并创建了永定溪南苏维埃区域，开展了分田斗争。在此基础上，于 1928 年 7 月 15 日在永定溪南成立了中共闽西临时特委这一闽西党的统一领导机关。

1929 年初，毛泽东、朱德、陈毅率领中国工农红军第四军离开井冈山，向赣南、闽西进军。3 月—5 月，红四军先后两次进入闽西，“以消灭闽西反动势力发动闽西工作，及参加粤闽赣三省农村土地革命之目的”[①]。在地方武装的配合下，先后解放了永定、龙岩等县城及上杭东北部地区，使以龙岩、永定、上杭为中心区域的闽西革命根据地于 1929 年 7 月前后初步形成。至 1929 年 11 月，闽西已扩展成为继井冈山之后全国最大的红色根据地之一。中共闽西特委和各级中共党组织领导根据地群众迅速分配土地，至 1929 年冬，有 50 多个区、600 多个乡的近 80 万农民分到了土地。

1929 年 8、9 月间，由于国民党的经济封锁，闽西革命根据地内尤其是龙岩、永定等县发生了严重的经济问题。

一方面，根据地的 80 万农民分到土地后，实现了千百年来梦寐以求的宿望，激发了生产热情，在自己的土地上积极从事劳动生产，谋求有个好收成，以便改善生活。可是，到夏收时，粮食等农产品价格却大幅度下跌，如米价每元在龙岩大池为 4 斗多，永定虎冈为 3 斗多。但雇帮工的工资却由革命前的每工 5 角左右，提高到小洋 1 元 2 角（折大洋约 1 元），增加了一倍有余，以致农民生产粮食投入的成本难以回收。“据一般农民同志计算，农民耕一石谷田，自犁耙、播种、栽秧、耕耘至收获前后，要耗费四天人工，另施肥粪要费人工一天，共是五天，只收得实（湿）谷八斗，做米四斗，现在就大池计算，每天工钱要小洋一元二毛（角），照大池米价可得米五斗，这五斗米农民要做下六天工夫才可得到。”[②]

---

① 《朱德来信》（1929 年 5 月 23 日于行营），《红旗》第 25 期，1929 年 6 月。

② 《中共闽西特委通告第七号关于剪刀差问题》（1929 年 9 月 3 日），载中共龙岩地委党史资料征集领导小组、龙岩地区行政公署文物管理委员会编：《闽西革命史文献资料》第 2 辑，1982 年 7 月，第 208 页。

另一方面，当时苏区外面受到国民党的封锁，在苏区里面又有商人资本家的消极怠工，由于这些原因，造成了苏区土产——纸张、烟丝、木柴、茶叶等不易出口；而需要进口的布匹、油、盐和药材又是很贵，且不易进来。一般的国产土布，革命前1匹（2丈3尺）大洋1元；革命后，半匹却要小洋2元4角。革命前后对比，布价上涨了3倍，以致市场供应紧张，使根据地内正常的商品交易难以开展，物资交流壅塞。

这样，农产品与工业品的价格相差太远，恰如剪刀口样，越张越开。产生这种“剪刀差”现象的主要原因是：闽西红色区域内的党组织和苏维埃政府着手清除旧的经济体制，领导人民群众打破帝国主义和封建官僚赖以生存的经济基础，废除高利贷和伪币、劣币，摧毁旧的金融体系。“暴动过后的乡村，债契焚烧，高利债务不还，有些农村更取消一切债务，而多数拥有资财的地主土豪又杀的杀、跑的跑，资本藏匿不出。因此，乡村中一般的停止借贷，金融流通完全停滞，农民在此收获时节，无钱发给工资（支付割稻时雇帮工的工钱），结果只有贱卖粮食以资救急。”[①] 农民本来十分贫困，原盼望收成后收入增加，却由于谷价下跌，帮工工钱提高而吃亏，不仅生活上的改善无法实现，连从事简单再生产的能力也削弱，影响对土地的改良，有的甚至弃田不愿务农。

“剪刀差”现象造成的危害很大。一方面，农民以多量农产品只换取少量工业品，吃亏太大，以致不愿领田耕种或情愿抛弃田禾不收，造成农业衰落；另一方面，由于农民缺乏现金，购买力十分低落，无力购买工业品，以致“商场冷落，百货滞销”，“工业缩小，工人失业日益加多，而形成整个社会经济的衰弱”。[②] 这不仅严重影响苏区人民的生活，也给苏维埃政府财政收入和红军筹款造成种种困难，并影响根据地内的经济建设。

---

① 《中共闽西特委通告第七号关于剪刀差问题》（1929年9月3日），载中共龙岩地委党史资料征集领导小组、龙岩地区行政公署文物管理委员会编：《闽西革命史文献资料》第2辑，1982年7月，第208页。

② 《中共闽西特委通告第七号关于剪刀差问题》（1929年9月3日），载中共龙岩地委党史资料征集领导小组、龙岩地区行政公署文物管理委员会编：《闽西革命史文献资料》第2辑，1982年7月，第208页。

闽西革命根据地出现的“剪刀差”现象，表明由于国民党对革命根据地的经济封锁，在农村抗租、废债、分配土地后，农民遇到了告贷无门的困难，需要有一个高利贷的代替物——低利率的借贷组织来进行资金融通。在这种情况下，新生的苏维埃政府亟须建立新的借贷关系，以便调节苏区的经济，使之在新制度下健康地运转。闽西苏区刚刚建立，中共闽西特委就意识到了这一工作的重要性，决定首先筹集民间资金，创办群众性的合作形式的金融机构，这就是信用合作社。

中共闽西特委把改变“剪刀差”现象作为当时的主要任务，于1929年9月30日发出第七号通告，提出了十条补救办法。其中关于金融方面的办法有：“由县政府设法开办农民银行，区政府设立借贷所，办理低利借贷，借与贫苦农民，使农民不致告贷无门而贱卖粮食。其银行、借贷所基金，则由打土豪款拨出一部分，并招集私人股金或向私人告贷，积资而成。”“由县、区政府经济委员会有计划向群众宣传，并帮助奖励群众创造合作社，如生产合作社、消费合作社、信用合作社等，使农民卖米买货不为商人所剥削，而农村储藏资本得以收集，使金融流通。”[①]接着，中共上杭县执委于10月2日对上杭县第一次工农兵代表会议提出提案，其中第十二项“合作社问题”明确提出：“各乡政府应尽量宣传合作社作用和办法。”永定县于10月26日召开的第一次工农兵代表会议提出的“县苏维埃目前最低的施政纲要”十项中，第一项提出举办“合作社”，第四项又提出“统一度量衡尺币制”。11月，中共闽西特委在一份通告中再次强调，解决“剪刀差”现象是当前闽西特委当务之急，要求各级苏维埃“奖励群众生产，普遍合作的组织，实行节省主义……以防止剪刀现象之发展而减少群众之痛苦”[②]。

在各级党组织领导的重视和支持下，通过宣传发动，永定和上杭县

---

① 《中共闽西特委通告第七号关于剪刀差问题》（1929年9月3日），载中共龙岩地委党史资料征集领导小组、龙岩地区行政公署文物管理委员会编：《闽西革命史文献资料》第2辑，1982年7月，第2089页。

② 《中共闽西特委通告（第13号）——中共闽西特委第一次扩大会的精神与闽西党目前的任务的决议》（1929年11月2日），载江西省档案馆、中共江西省委党校党史教研室选编：《中央革命根据地史料选编》中册，江西人民出版社1982年版，第164页。

区、乡苏维埃政权较巩固的地方，先后于 1929 年下半年至 1930 年上半年组建了一批由农民和商店集股创办的信用合作社，有的为了“统一币制”发行了纸币。

1930 年 3 月 18 日—24 日，闽西第一次工农兵代表大会在龙岩县城召开，成立了以邓子恢为主席的闽西苏维埃政府。大会于 3 月 25 日发布了宣言，强调必须统筹闽西社会经济的发展，调节粮食、金融，以解决根据地内群众的生活问题。[①] 同时在《经济政策决议案》中提出保存现金、普遍发展信用合作社组织、限制纸币发行等措施。[②] 还制定颁布了《合作社条例》《取缔纸币条例》《商人条例》，其中《取缔纸币条例》明确规定，各地不得自由发行纸币；信用合作社才有资格发行纸币，信用合作社要有 5000 元以上现金，请得闽西政府批准后，才准发行纸币，但不得超过现金之半数；纸币面额限 1 角、2 角、5 角三种，不得发到 10 角以上；各地所发纸币不合上列条例者，要限期收回。[③] 上述决议案条例颁布后，信用合作社在闽西根据地得到广泛发展。

二、闽西红色信用合作社的初建及发展状况

闽西是中央苏区乃至全国最早由党和苏维埃政府创办信用合作社组织的地方，早在 1931 年 11 月中华苏维埃共和国临时中央政府在江西瑞金成立之前，闽西革命根据地就已广泛成立信用合作社组织。

从目前所收集到的资料来看，比较能够集中反映闽西革命根据地早期成立信用合作社组织、发行股票纸币、发展规模等状况的历史文件有

① 《闽西第一次工农兵代表大会宣言及决议案》（1930 年 3 月 25 日），载江西省档案馆、中共江西省委党校党史教研室选编：《中央革命根据地史料选编》下册，江西人民出版社 1982 年版，第 44 页。

② 《闽西第一次工农兵代表大会宣言及决议案》（1930 年 3 月 25 日），载江西省档案馆、中共江西省委党校党史教研室选编：《中央革命根据地史料选编》下册，江西人民出版社 1982 年版，第 49 页。

③ 《闽西第一次工农兵代表大会宣言及决议案》（1930 年 3 月 25 日），载江西省档案馆、中共江西省委党校党史教研室选编：《中央革命根据地史料选编》下册，江西人民出版社 1982 年版，第 81 页。

三件：

一是 1930 年 11 月 29 日《中共闽西特委报告第一号——闽西政治形势与党的任务》文件中记载：信用合作社“比较大的有上杭北四区信用合作社，营金约二千元，即发行数毛纸币票。永定第一、二区信用合作社，营金五千余元；永定太平第九、十、十一三区信用合作社，营金三千余元，都发行纸票。永定合溪及各县区信用合作社，营金一千元、数百元不等，低利借贷，颇便于农民”。

二是 1931 年 4 月 25 日通过的《闽西苏维埃政府经济委员会扩大会议决议案》中记载：“永定的各种合作社有调查统计，大概情形是：（1）信用合作社共九个，基金共有一万零五百二十八元。太平区及第一区的有发行纸票。”

三是 1931 年 5 月 11 日通过的《杭武县区经济委员各区合作社主任联席会决议案》中记载：有关金融问题“2、第二区（即庐丰、茶地一带——编者注）合作社已开出纸票的应立即向经委会登记（表册由经济部判定），以后合作社不得再开纸票，过去的纸票如超过限制的应收回（譬如只有基金五百元，而开了三百元纸票，便应至少收回五十元来）”。

根据以上历史文献和 20 世纪七八十年代对当事人的调查访问记录及各地博物馆、收藏家目前掌握的相关文物综合分析，闽西上述信用合作社组织，创造三个全国之最，即是全国在中共党组织和苏维埃政府领导下最早成立、最早发行股票、最早发行货币的信用合作社。

闽西革命根据地早期成立的信用合作社组织集中在各县（主要在永定上杭及其他县区）区乡一级，单永定县成立的区级信用合作社就有 9 个以上，它们分别是丰田（以第三区信用社的名义，后改为第一区信用合作社）、太平〔后分成第九（坎市）、十（培丰）、十一区（高陂）三个区〕、溪南、金丰、合溪、堂堡、上丰等信用合作社；发行纸票的有永定太平的第九、十、十一区及第一区（原第三区）信用合作社，上杭北四区、第二区等信用合作社；营金从数百元至 5000 多元不等，总规模在 2 万元以上。其中目前了解较为清楚、成立较早并具备一定规模的有：

（1）永定县太平区信用合作社。成立于 1929 年 10 月，集股金 3000 余元，社址设在太平区所在地的西陂乡，先在天后宫，后迁至村内裕安堂左厢房。在信用合作社筹办时，经太平区苏维埃政府批准，决定由信用合作社发行纸币。由第一任信用合作社主任林清风（林在参加革命前，曾在上海当过店员）写信委托在上海经营永定烟丝的林裕隆烟行经理林涤新（西陂乡人），请他设法代印太平区信用合作社的纸币。当时为了避免印制过程中出现不必要的麻烦，也是为了保密，券面的发行单位特意空白，使外界人对纸币的发行者难以捉摸；面额分 1 元、5 元、10 元三种。印妥后，5 元和 10 元券打包邮寄时被邮件检查部门查出，不准邮寄而报废；对 1 元券则采取化整为零的方式，分几个小件到几个小邮政所寄回永定，计 1 万张，折金额 1 万元。纸币 1 元与大洋 1 元等价使用。流通使用的范围包括坎市、高陂、虎岗和龙岩的红坊乡悠湾村、上杭的大洋坝一带。在龙岩县城的“谦记”金银店还为太平区信用合作社办理纸币的兑换，有些商人持银圆到“谦记”兑换纸币，到高陂、坎市、田地、虎岗一带订货。1931 年 7 月，国民党军队攻打虎岗后，西陂乡受到干扰，太平区信用合作社被迫停止营业，而所发行的纸币一直流通到 1932 年下半年。

（2）上杭县北四区信用合作社。成立于 1929 年 10 月，拥有股金 2000 元，社址设在蛟洋乡的演讲楼。信用合作社主任是邹石村。北四区信用合作社成立后，经区苏维埃批准，曾发行面额 2 角和 5 角的流通券，纸币 10 角相等大洋 1 元。流通券系用当地生产的玉扣纸，用木刻的印钞版，由信用合作社工作人员自己印制，黑色单面。其印制虽较为粗糙，但由于“蛟洋暴动”前当地蛟洋农民银行所发行的流通券在群众中有较高的信誉，北四区信用合作社发行的流通券也享有信誉，不仅在上杭古田和蛟洋一带可以流通使用，当时还发现塘下有人伪造北四区信用合作社的流通券。毛泽东参加古田会议后，到蛟洋红军医院探望伤病员时，还到北四区信用合作社视察，看了信用合作社纸币。

（3）永定县第三区信用合作社（后改为第一区信用合作社，又称丰田区信用合作社）。成立于 1929 年 11 月，股金 5000 元，社址设在湖雷圩坝对面的一座砖木结构的二层楼房内。信用合作社第一任主任赖祖烈。1930 年 9 月赖祖烈调往龙岩筹办闽西工农银行后，由阮守昂继任。1930 年 2 月 9 日，永定县苏维埃政府更改辖区内的行政区域名称（其中第一区与第三区名称对调），第三区信用合作社相应改为第一区信用合作社。信用社经苏维埃政府特许，于 1930 年 2 月 15 日发行银毫票，面值分 1 毫、2 毫、5 毫三种，拾毫折合大洋 1 元，可兑现。鉴于该社发行的股票由湖雷进化印社印制，较为精良，银毫票也可能由湖雷进化印社承印。第一区信用合作社纸币流通的范围较广，因湖雷当时是永定县苏维埃政府所在地，纸币在丰田、溪南、金丰、合溪等地均可流通使用。至 1930 年 3 月 22 日国民党军队侵占湖雷，信用合作社主任阮守昂等携带信用社的财物经永定龙门大斜里转合溪交给县苏维埃主席范乐春后，信用合作社所发行的纸币才随之停止流通。

此外，上杭县的庐丰区也成立了信用合作社。1930 年春杭武县成立后，庐丰改为第二区，遂为杭武县第二区信用合作社。1933 年 8 月，代英县成立，庐丰划归代英县。当年 12 月 21 日，代英县庐丰区苏维埃政府裁判部审判了庐丰官山乡人高腾元在本乡信用合作社借款 10 元超标、超期且无法偿还的案件，说明当时庐丰设立了区信用合作社，官山乡设立了乡信用合作社。

连城苏区人民群众也积极支持办好信用合作社，当时如新泉较大的区、乡，都根据闽西特委 1929 年 9 月发出的第七号《通告》，招集私人股金创办了信用合作社。信用合作社实行民主理财方针，由社员民主选举产生 3—5 人的管理委员会，管理财务，定期召开社员大会，向全体社员报告工作，要求不断改进自己的工作。信用合作社为解决社员生活上、生产上发生的临时困难，帮助社员使用好资金起了积极作用，与此同时，社员也热情积极地购买股票或存款。[①] 永定县堂堡区朱罗坑乡苏维埃政府成立后，在朱罗坑还成立了信用合作社，阙成传为主任，有股金 100 多个大洋。信用合作社资金不足部分由工农银行和上级信用社贷给，解决农民群众告贷无门和打破敌人的经济封锁，并有计划地调节货币流通，办好群众储蓄，实行低息贷款，扶助商业的发展，受到朱罗坑人民群众的欢迎。同时，还成立了朱罗坑消费合作社，张信昌为主任。消费合作

---

① 参见《连城人民革命史》编写组：《连城人民革命史》，厦门大学出版社 1989 年版，第 55—56 页。

社的任务是调剂商品，供应一般日常必需的生活用品，限制私商集中资本，实行有计划地消费，以乡为单位组织，资金的来源主要由群众集股或向信用社贷款解决。①

1933 年 9 月，福建省设立兆征县，县域位于长汀、瑞金之间，县址设长汀县城关，管辖红都、大埔、张地、德联、古城、东陂、黄沙 7 个区。为了粉碎国民党对苏区的经济封锁，设立了兆征县信用合作社，筹备处主任邱关干，发行了筹资股票，每股一元。这是闽西唯一有物证证明的县级信用合作社。在兆征县内，东郊区、红鄞区先后成立区级信用合作社。

1934 年 5 月，长汀县汀州市也成立县级信用合作社。

三、闽西红色信用合作社的办社经验

随着赣南、闽西革命形势的发展，各地经济政策的贯彻，根据地经济开始恢复，合作社、协作社、贫民银行、借贷所等新的信贷机构几乎每县每区都有。

中共闽西特委在总结永定太平区、上杭北四区信用合作社等建设经验的基础上，适应苏区急需有自己银行的需求，在 1930 年 9 月召开的闽西第二次工农兵代表大会上，规定组建全民性质的闽西工农银行，在闽西苏维埃政府的直接领导下，统一发行货币，调剂金融。

1930 年 11 月 7 日，闽西工农银行的正式开业，对信用合作社在闽西各区的普及产生了重要的推动作用。

一是增加信用合作社的资本储备。在闽西工农银行资金动用比例的规定中，25% 的银行资本金投入，支持包括信用合作社在内的各种合作社发展，很好地解决了部分县、乡、区信用合作社资本募集不够的困境。

二是增加信用合作社的结算便利。1931 年 4 月，闽西苏维埃政府决定信用“合作社已发出纸票（币）的，应立即向经委会登记，以后合作

① 参见陈凤芳（执行），熊浩章、江增欣主编：《摧不垮打不烂的红色据点》，中央文献出版社 2011 年版，第 378—379 页。

社不得再发纸票（币），过去发的纸票如超过限制的，应收回”[①]。6月，闽西苏维埃政府再次动员苏区军民集资，原各地信用合作社发行的纸币一律停止流通，并等值兑换成闽西工农银行纸币。统一货币后，信用合作社存款结算、银圆兑换的区域限制得以解除，信用合作社的货币融通、结算便利的优势得以更好地体现出来。

三是业务范围更加广泛。1930年9月25日，闽西的经济、财政、土地委员会联席会议上，明确规定：“私人向银行借款，由信用合作社代理；合作社有向公共银行借款优先权；并规定乡信用合作社，按资本30%付与区信用合作社做基金。”[②]信用合作社的贷款、代理业务迅速得以拓宽。

农村信用社的发展也推动了闽西工农银行的发展。

一是帮助快速筹建银行。中共闽西特委调任永定太平区、丰田区等信用合作社的创办人阮山、赖祖烈负责筹建闽西工农银行，阮山任首任行长，赖祖烈任营业科长、总务科长和秘书，信用合作社的办社经验、制度和做法融入筹建过程中，帮助闽西工农银行筹集资金、募集股东，使得闽西工农银行短短两个月内得以正式开业并迅速开展各项业务。

二是帮助快速开展业务。信用合作社的代理业务，主要是代理闽西工农银行向私人发放贷款，同时采取“再贷款”的形式，以最低利率从闽西工农银行获取资金，重点支持农村地区社员生产生活。

三是帮助实现统一货币。正如阮山在庆祝《工农银行周年纪念》诗歌中写道：“工农银行设银行，纸票通行各地方，到处都有兑换处，随时可以换光洋。”[③]信用合作社帮助收兑银圆、兑换闽西工农银行货币的流通回笼和负责回收原来发行的信用社纸币，实现有计划的资金流通。闽西工农银行货币发行后，即顺利占领市场，成为闽西革命根据地内的主导货币。

在总结前期闽西信用合作社办社经验的基础上，闽西工农银行成立后一年多时间里，摸索和总结出一套苏维埃银行的管理制度和办法，又

---

① 中共福建省委党史和地方志编纂办公室、福建省农村信用社联合社编：《闽西，中国红色农信诞生地》，中共党史出版社2019年版，第89页。

② 裘有崇、杨期明编著：《信用合作起源与发展》，江西人民出版社1997年版，第176页。

③ 赵效民主编：《中国革命根据地经济史》，广东人民出版社1983年版，第215页。

有力地带动了信用合作社的普及开展，龙岩、上杭、长汀、连城、永定、宁化、清流等边区都成立了信用合作社。

1931 年 11 月，中华苏维埃共和国临时中央政府在江西瑞金成立。1932 年 2 月 1 日，新生红色政权下第一个具有中央银行职能的银行——中华苏维埃共和国国家银行在江西瑞金正式成立，不仅为巩固工农民主政权、统一金融货币体系、支持经济贸易发展发挥了重要作用，还为信用合作社的规范发展带来了春天，较好地推动了中央苏区各县、乡、区信用合作社的发展。

临时中央政府注重发挥信用合作社在调剂农村金融中的枢纽作用，及时把闽西苏区兴办信用合作社的经验推广至整个中央苏区。1932 年 4 月，临时中央政府制定了合作社暂行组织条例，并提出信用合作社一定要发挥“便利工农群众经济周转和借贷”及“抵制私人的高利剥削”的应有作用，并规定苏维埃政府将在各方面（如税收、运输、经济、房屋等）来帮助合作社的发展。1932 年 9 月，又颁布《合作社工作纲要》，也要求信用合作社做到：“1. 抵抗私人资本剥削；2. 改善社员生活，救济工人失业；3. 相当调节剪刀现象，巩固与发展苏区社会经济；4. 帮助和促进社会主义经济向前发展；5. 提高社员文化程度。”1933 年 6 月，中央国民经济人民委员会又发布了《发展合作社大纲》。

由于国民党对中央苏区发动一次又一次的军事“围剿”，并加紧对中央苏区的经济封锁，使苏区的经济困难日益加重。为了保障红军给养，改善工农群众生活，迅速争取粉碎敌人第五次“围剿”的胜利，中央政府决定迅速发行 300 万元经济建设公债，开展全苏区经济战线上的革命斗争。1933 年 9 月 10 日，中华苏维埃共和国中央政府总结闽西信用合作社章程的内容，颁布了《信用合作社标准章程》，明确规定信用合作社的宗旨、社员、股金与股票、信贷、管理机构及运作和利益分配，并从 300 万元公债中，拨出 20 万元用于发展信用合作社。①

1934 年 1 月在瑞金举行的第二次全国工农兵代表大会上，毛泽东作了重要报告，指出要注意发展信用合作社。当发现“信用合作社尚未普

---

① 裘有崇、杨期明编著:《信用合作起源与发展》，江西人民出版社 1997 年版，第 177 页。

遍建立”与“消费合作社等都在蓬勃发展”的反差现象后，5月1日，中华苏维埃共和国中央政府国民经济部、财政人民委员会颁布《为发展信用合作社彻底消灭高利贷而斗争》的布告，提出“信用合作社是便利于工农群众的借款机关”，号召发展信用合作社，并同意群众可以用公债票向信用合作社入股，并“特许各地信用合作社吸收此项债券持向各地银行抵押借款”[①]，大大拓宽了信用合作社募股和吸储的渠道。

为了扶助信用合作社的发展，苏维埃国家银行行长毛泽民还给全总执行局写信，要求发动职工积极参加储蓄运动，发展信用合作社。信中说：“信用借贷问题，国民经济部已有具体的计划进行信用合作社工作，同样，国家银行为了改善工农生活，组织工农群众在其周围，建立与广大工农群众经济生活的密切联系，而尽国家银行应尽的义务，决定大批地投资信用合作社实行低利借贷，凡建立了分支行的所在地，应帮助与发展信用合作社的组织。”[②]

闽西苏维埃政府也高度重视信用合作社的发展问题，1933年4月，召开经济委员会扩大会议。会议指出：“工农银行是斗争的武器，有健全巩固的工农银行，才能扩大合作社基金，解决群众生活问题，保存现金。”

由于党和苏维埃政府的提倡和支持，苏区信用合作社有了一定的发展，它的积极作用也不断显露出来。这以后，整个中央苏区兴起创办信用合作社的运动，赣南苏区的瑞金、兴国等县和闽西苏区的兆征等县的信用合作社，就是在这以后兴办起来的。信用合作社也从原来闽西一个苏区发展到了江西省、湘鄂西、川陕省等苏区。[③]

信用合作社作为群众性集体的金融组织，经过党和苏维埃政府的提倡和支持，有了一定的发展，起了一定的作用，但是，信用合作社与其他合作社，尤其和消费合作社相比，发展还是缓慢的。信用合作社作为一个新兴事物，作为共产党人在中国革命实践中创造的新事物，毕竟会

① 中共福建省委党史和地方志编纂办公室、福建省农村信用社联合社编：《闽西，中国红色农信诞生地》，中共党史出版社2019年版，第148页。

② 赵效民主编：《中国革命根据地经济史》，广东人民出版社1983年版，第479页。

③ 赵效民主编：《中国革命根据地经济史》，广东人民出版社1983年版，第479页。

有些不成熟和稚嫩之处，尤其后期在“左”倾路线的盲目指挥下，产生了一些偏差。

信用合作社的建设不够，就直接影响了群众资本和私人资本的利用，使现有生产与消费合作社的资本的一大部分，还是由于国家的直接帮助，加重了国家财政的负担。

随着第五次反“围剿”的失败，中央苏区各地信用合作社被迫停业。中央红军主力撤出中央苏区，经过长征，胜利地到达陕北，根据地的信用合作事业又在新的条件下恢复和发展起来。新中国成立后，农村信用社更是作为当地人民自己的银行，帮助农民解决生产生活困难，促进互助合作，支持社会主义现代化建设，尤其是在发展县域经济和社会主义新农村建设中作出了重大的贡献，在农村改革进程中发挥了不可替代的作用。

[本文收入2019年6月西南交通大学举办的“苏区精神与老区振兴学术研讨会”论文集]

苏区文化教育
——社会启蒙运动的先导

古田，这样一个充满神奇魅力和红色传奇的地方，吸引了游客不远万里来到这个小山村。高速公路让闽西驶上快车道。车入闽西上杭古田镇溪背村，“古田会议　永放光芒”八个鲜红大字老远就映入了眼帘，吸引远近而来的游客走进那八个大红字下方一座飞檐翘角的丰朴老屋。这就是“古田会议”会址。会址原为廖氏宗祠，始建于1848年，坐东朝西，砖木结构，有庭院、前后两厅和左右两厢房。1917年，古田第一所小学“和声小学”在此建立。1929年5月，中国工农红军第四军第二次入闽，把“和声小学”改名为“曙光小学”，并在旧址大门左侧墙上写了标语“保护学校”，落款为“红军”，这充分体现了当时红四军高度重视群众和战士的文化建设。

中央苏区是中国共产党独立领导农民，以武装斗争为形式，土地革命为内容，建立工农民主政权的中心区域之一。土地革命的实践及其经验教训主要也体现在中央苏区的发展与建设过程中。中央苏区不仅仅是土地革命战争时期革命的实践经验的集中展现，更是整个苏区文化乃至新民主主义文化的主要策源地。

苏区文化作为新政权的一种主导文化形态，不可能在旧的国家政权体制下，以独立的形态而存在，它是伴随着革命根据地政权的确立，以一种完全崭新的面貌出现的。中央苏区文化作为工农民主国家政权——中华苏维埃共和国文化的主要形态，是新民主主义文化产生和发展的起点，无疑在整个新民主主义文化史上占有极为重要的地位。它是直接服务于土地革命战争，即为武装斗争、土地革命、工农民主政权建设服务，是在中国共产党的领导下，以共产主义思想为指导，以革命知识分子及知识分子干部为骨干，以广大苏区群众为基础的人民大众的反帝反封建的文化。

苏区文化上承“五四”新文化运动的革命传统，同当时国统区正在兴起的无产阶级文化运动遥相呼应，互相促进，它自觉地把文化革命的触角伸向了农民——中国民主革命的主力军。从此，农民成为苏区文化的主要对象。

中央革命根据地创建初期的文化教育，最先是从红四军内部开展起来的，紧紧围绕着武装斗争、土地革命、创立根据地等重大革命活动来进行，其中心任务就是进行政治宣传和干部培训。它首先是作为军队自身建设的一部分，即把工农革命军培养成为新型的人民军队进行的各种文化思想教育工作；其次，是面向地方群众所开展的有关土地革命、政权建设的革命宣传，以及为地方武装进行土地革命，建立红色政权培训和输送干部；最后，是协助各级地方党的组织、武装力量和苏维埃政府发动群众起来进行武装斗争，进行苏区文化教育事业建设的各种活动。

一、文化教育方针的制定

苏维埃政权的性质和革命任务，决定了苏维埃文化教育的革命性与人民性。《中华苏维埃共和国宪法大纲》明确指出：“中国苏维埃政权所建立的是工人和农民的民主专政的国家……所有工人，农民，红军兵士及一切劳苦民众都有权选派代表掌握政权的管理。”“这个专政的目的，是在消灭一切封建残余，赶走帝国主义列强在华的势力，统一中国。”根据苏维埃政权的性质和革命任务，苏维埃政府制定了文化教育的政策。“一切工农劳苦群众及其子弟，享受国家免费教育之权。教育事业之权归苏维埃掌管，取消一切麻醉人民的封建的宗教的和国民党三民主义的教育。……政权组织教育机关与宗教事业绝对分离。”[①]

---

① 中共江西省委党史研究室、中共赣州市委党史工作办公室、中共龙岩市委党史研究室编：《中央革命根据地历史资料文库·政权系统（6）》，中央文献出版社、江西人民出版社 2013 年版，第 110 页。

“中华苏维埃政权以保证工农劳苦民众有受教育的权利为目的。在进行阶级战争许可的范围内，应开始施行完全免费的普及教育，首先应在青年劳动群众中施行，并保障青年劳动群众的一切权利，积极的引导他们参加政治的和文化的革命生活，以发展新的社会力量。”①

根据苏区文化教育的性质，党和苏维埃政府提出了苏区文化教育的方针。这就是毛泽东在“二苏大会”的报告中指出的，苏维埃文化教育的总方针“在于以共产主义的精神来教育广大的劳苦民众，在于使文化教育为革命战争与阶级斗争服务，在于使教育与劳动联系起来，在于使广大中国民众都成为享受文明幸福的人”②。这一方针，表明了苏维埃文化教育的性质必须以共产主义思想为指导，规定了苏维埃文化教育“为革命战争与阶级斗争服务”的政治方向，坚持了“教育与劳动联系起来”的原则，提出了“使广大中国民众都成为享受文明幸福的人”的精神文明的战略目标，反映出民族的、科学的、大众的新民主主义文化的基本思想。

二、苏区文化教育的繁盛

（一）丰富的教育形式

苏区教育是革命文化建设的基础和前提。发展教育事业，使广大贫苦工农享受受教育的权利，通过教育使苏区军民扫除文盲，逐渐提高文化知识水平，这不仅是苏区政权与国民党统治的阶级性质的区别，而且是进行苏区各项建设的必备条件。在毛泽东同志的领导下，苏区彻底破除旧教育，紧密结合革命战争的实际，开展以义务教育、干部教育、识字扫盲和社会教育为中心任务的教育实践，全面进行教材建设与教学改

---

① 中共江西省委党史研究室、中共赣州市委党史工作办公室、中共龙岩市委党史研究室编：《中央革命根据地历史资料文库·政权系统（6）》，中央文献出版社、江西人民出版社 2013 年版，第 112 页。

② 《中华苏维埃共和国中央执行委员会与人民委员会对第二次全国苏维埃代表大会的报告》，载江西省档案馆、中共江西省委党校党史教研室选编：《中央革命根据地史料选编》下册，江西人民出版社 1982 年版，第 331 页。

革，逐步形成了适合革命战争和苏区建设需要的教育体系和教育制度。

（二）崭新的教学内容和灵活多样的教学方法

在文化教育为革命战争与阶级斗争服务，使教育与劳动联系起来，使广大中国民众都成为享受文明幸福的人的教育方针指引下，苏区的大众教育的内容和方式与旧社会学校的陈旧腐朽的教学内容和方式有所区别。革命群众在各种教育场所里不仅学习文化知识，还学习政治理论和军事技术。

1. 义务教育

苏维埃政府规定："小学教育的目的，是对于一切儿童，不分性别与成份差别，皆施以免费的义务教育。但目前国内战争环境中，首先应该保证劳动工农的子弟得受免费的义务教育。"[①] 各级苏维埃设立高、初级列宁小学，招收8—12岁男女儿童入学，实行五年制义务教育。首先是工农子弟免费入学，其中红军家属、烈属子弟或家庭困难者，学校还给以伙食津贴，供给书籍文具，对地主富农子弟则酌情收取一定学费，体现了苏区教育面向工农子弟的性质。

苏维埃政府强调小学教育必须与阶级斗争联系起来，与劳动统一起来，发展学生的创造性和自治能力，这是苏区儿童义务教育中普遍实行的三项原则。

2. 干部教育

革命斗争和苏区建设需要一大批革命干部，而红军指挥员和苏区干部都是工农出身，政治思想和文化素质亟待提高。为了解决干部短缺问题，在红军部队和各苏区广泛开展了干部教育，主要采取干部训练班和干部学校方式，来培养各级各类干部人才。

3. 扫盲教育

为了最大限度地满足苏区群众对文化教育的需求，中央苏区开展了以扫盲为中心的业余教育。苏区各地创办夜校、半日学校、业余补习学校、识字班和俱乐部等业余教育组织，开展了波澜壮阔的工农业余教育运动。

---

① 中共江西省委党史研究室、中共赣州市委党史工作办公室、中共龙岩市委党史研究室编：《中央革命根据地历史资料文库·政权系统（8）》，中央文献出版社、江西人民出版社2013年版，第1429页。

三、苏区文化教育的全面拓展

（一）新闻出版事业

中央苏区形成之前，闽西、赣南苏区共创办 27 种报刊。1931 年 11 月，苏维埃临时中央政府成立后，党和政府更加重视新闻报刊在苏区建设中的作用，同时苏区的巩固又为新闻出版事业提供了良好的物质基础和必要的技术人才支持，使中央苏区的新闻报刊事业得以发展。一时间，党团苏区中央局、中央政府和其他中央机关各部门、各省区纷纷创办报刊。据 1934 年 1 月毛泽东在“二苏大会”上公布，中央苏区此时创办的大小报刊共 34 种，其中以《红色中华》《斗争》《红星报》《青年实话》的影响最大，发行量最大，被称为中央苏区的四大红色报刊。

（二）博物馆事业

博物馆是收藏、研究和陈列物质文化与精神文化实物的社会文化教育机构。中央苏区虽然处在极其艰苦的革命战争环境里，但党和苏维埃政府依然十分重视对祖国文化遗产的保护和利用，广泛收集文物，创办中央革命博物馆，建立红军学校模型室和农业展览所，举办各种丰富多彩的展览会，为我国无产阶级的文博事业做出了许多开拓性的工作。

（三）图书馆事业

图书馆是收藏资料、传播科学文化知识的重要社会文化机构，我党非常重视图书馆事业的建设。苏区的图书馆事业，大致有三种形式，即俱乐部内的阅览室、书报社、图书馆。

四、受教育后的苏区工农子弟

中央苏区的广大工农群众，通过学习，既提高了文化知识水平，同时又提高了政治思想觉悟。为了解放苏区的劳苦大众，为了巩固和扩大中央革命根据地，他们踊跃地投入到革命中去。有的参加了地方武装游击队，有的参加了地方政权工作，有的积极参加了当地的生产劳动，从事根据地的经济建设。

在党的领导、各种教育训练班的培养下，苏区工农群众以他们的胆识和智慧，不仅驰骋在炮火隆隆的战场上，而且在政权建设、经济建设和文化建设中也充分显示出他们的聪明才干，为新民主主义的胜利作出了不可磨灭的贡献。

［原载《中央苏区（闽西）红军标语图志》下册，
福建人民出版社 2019 年版］

中央苏区红色山歌、歌谣的时代蕴意

“苏区干部好作风，自带干粮去办公，日着草鞋干革命，夜打灯笼访贫农。”一支支苏区山歌让我们感受到的是，素有“山歌之乡”称誉的闽西，在党的领导下，军民一心创建中央苏区，给闽西社会带来了翻天覆地的变化，也赋予了山歌新的内容和艺术形式，使其焕发出革命的风采，成为宣传群众、鼓舞士气的重要宣传手段，也成为如今我们弘扬红色文化，传承红色基因的重要载体。

一、闽西苏区概况

龙岩市位于福建省西部，通称闽西，现辖新罗（原龙岩）、上杭、永定、长汀、连城、武平、漳平 7 个县（市、区）。闽西是全国著名的革命老区，闽西的古田是全国著名的红色圣地。

翻开中国革命史，闽西留下了厚重而壮丽的篇章。波澜壮阔的革命场景，英雄辈出的烽火岁月，让闽西山区淬火成钢，成为当年中央苏区的主体和核心区域、毛泽东思想的重要发祥地、共和国的红色摇篮。闽西人民在党的领导下，承担了历史赋予的神圣使命，为中央苏区提供了主要的经济支撑，为红色政权建设树立了典范，创造了“二十年红旗不倒”的革命奇迹。正如 2014 年 10 月 31 日中共中央总书记、国家主席、中央军委主席习近平专程来到闽西上杭县古田出席全军政治工作会议时指出的：“整个福建都是老区，闽西和江西赣州的一部分是中央苏区，对党和革命的贡献是最大的。”同时指出：“闽西是原中央苏区所在地，对全国的解放、新中国的建立、党的建设、军队的建设作出了重要的不可替代的贡献。”这些重要讲话，赋予了闽西老区应有的内涵，凸显了闽西老区在中国革命史和党史上的贡献和地位。

为激励苏区人民积极投身到土地革命、支前扩红运动中，在革命战争年代，闽西苏区产生了一大批歌颂共产党、歌颂红军的红歌，历史而真实地展现了中国共产党领导下的闽西苏区如火如荼的土地革命、政权建设、扩红支前、反“围剿”和苏区生产运动的宏伟画卷，艺术而形象地反映了闽西苏区发展、壮大的运行轨迹，以及闽西苏区人民为中国革命的胜利所作出的巨大贡献、付出的巨大牺牲。

二、红色山歌、歌谣产生及发展历程

闽西境内，山峦起伏，交通闭塞。生活在崇山峻岭中的南来汉人，把从中原带来的先进文化，和当地的土著文化融为一体，形成了风格独特的客家文化、红色文化、河洛文化和畲族文化。深厚的文化积淀之花，结出了丰富多彩的山歌、歌谣之果。

山歌、歌谣作为反映意识形态的上层建筑，必然与经济基础相适应，打上深刻的时代烙印。红军入闽之前，在暗无天日的旧社会，勤劳勇敢的闽西人民用山歌、歌谣控诉旧社会的罪恶，揭露反动统治者的凶残、贪婪，歌颂人民的反抗斗争。“穷人头上三把刀，租重税多利息高”，“住在山中怕豺狼，住在村中怕土豪”，“共产党呵来领导”，“拿枪革命往前冲！”人们用朴素、形象的语言，抒发心中的爱憎，表达了对翻身解放和美好生活的追求，呼喊着“共产党的领导”。

“红旗飘飘凯歌扬，井冈烽火燎汀江”，“毛委员来了救星到，日出乌云一扫光”。红四军入闽，开辟了闽西的新天地。“霹雳一声闹暴动”，“拿起梭标打团防”，开展了轰轰烈烈的土地革命运动。“闽西政权虽建立，反动残余未肃清；要求彻底除痛苦，只有扩大我红军。”闽西人民“生产支前齐动手，扩大红军打先锋”。这一时期的山歌、歌谣，气壮山河，人们以磅礴的革命英雄气概，发出时代的强音。

红军北上抗日后，国民党反动派反攻复辟，白色恐怖，惨绝人寰。但闽西人民坚贞不屈，“刺刀架颈也唔惊”，人们懂得“革命就要经风雨”，深信“乌云遮日不久长”，坚持游击战争，前赴后继，战斗不息，“奇袭丰稔市”，“三打象湖山”，二十年红旗不倒。这一时期的山歌、歌谣，表现了闽西人民不怕挫折、敢于斗争、敢于胜利、百折不挠的革命精神。

三、红色山歌、歌谣的积极作用

闽西红色山歌、歌谣，它的繁荣、发展是党领导的工农红军创建闽西革命根据地的结果。

土地革命前，山歌、歌谣不但不能登大雅之堂，而且还被当作伤风败俗的“淫词滥调”，遭到禁止，“新官上任事头多，不管钱粮管山歌”。土地革命使劳动人民翻了身，劳动人民热爱的山歌、歌谣，也跟着翻了身，正是“劳动人民翻身了，朵朵鲜花向阳开”。

在上杭县古田镇，毛泽东亲自主持确立了“思想建党，政治建军”原则的古田会议上，倡导搜集民歌作为红军教材，以激发起军队和人民积极投身革命的热忱。这不但极大地提高了民歌的地位，培育了人们的文化自觉和文化自信，而且指明了民歌繁荣发展的方向。

我们在古田会议纪念馆馆藏的文物中看到，1929 年 1 月，红四军从井冈山出发，向赣南、闽西进军途中，发布了由军长朱德、党代表毛泽东署名的《红军第四军司令部布告》，这件由毛泽东同志起草的文献，就是采用四言体韵文写的：“红军宗旨，民权革命，帮助工农，唯一责任……”四十八韵，一气呵成。1930 年红四军第四纵队司令部、政治部发的布告，1934 年 11 月 7 日中华苏维埃共和国中央政府办事处发的（第 1 号）布告，都是采用六言体韵文书写。这些韵文布告，文字结构近似群众喜爱的民间歌谣，通俗易懂，不但生动地、通俗地宣传了当年党的方针政策，而且推动了闽西山歌创作上质的飞跃。

“唱歌不是比声音，第一要求意义深”，“闽西人民闹革命，山歌开路打头行；多少艰难困苦事，山歌都是见证人”，“红色山歌上战阵，吓得敌人抖抖怔”。闽西苏区时期的山歌、歌谣，充满革命内容，紧密配合革命斗争，具有高度的思想性、政治性和阶级性，而成为革命斗争的一部分。

四、共产党人对红色山歌、歌谣的繁荣、发展的影响

闽西苏区红色山歌、歌谣的繁荣、发展，也是红军领导人和当时闽西暴动领导人的言传身教，并发挥着引领和榜样作用。

当年闽西暴动的主要创始人之一、新中国成立后曾任国务院副总理的邓子恢同志，被称为“山歌部长”。土地革命时期，这位曾留学海外的大知识分子，却穿着一身农民服装，深入田间地头，用山歌宣传革命道理，组织群众，发动群众，深受群众欢迎。当年，他当过宣传部部长，新中国成立后，他回到家乡，还风趣地说，那时，我这个宣传部部长，就是山歌部长。

当年闽西暴动的另一位主要创始人、新中国成立后曾任全国人大常委会副委员长的张鼎丞同志，土地革命时期，经常在农民夜校教唱《土豪恶》《农民苦》等歌谣，永定金砂暴动前夕，他到毗邻金砂的稔田严坑刘永生同志的家乡宣传革命道理。据刘永生同志的爱人黄月英同志说，当年刘老参加革命就是受到了张鼎丞同志教唱《土豪恶》的影响，参加了金砂暴动，走上了革命道路。主力红军北上抗日后，刘永生同志在闽粤赣边坚持游击战争，也不时唱着山歌、歌谣，活跃文化生活。有“游击大王”美誉的刘永生将军，也被人们称为“山歌大王”。

当年与张鼎丞同志一起领导了著名的永定暴动的阮山烈士，还自己动手，创作了很多山歌、歌谣，如《救穷歌》《暴动歌》《挑担苦》《闽西革命曲》《从四次“围剿”到五次“围剿”》《识字运动歌》等，其中很多歌广泛流传于闽西各县，成为启发群众阶级觉悟的经典名篇。

如《救穷歌》的部分内容这样写道：

头一痛苦是工农，
着个衣衫补千重；
餐餐食个净粥水，

住个屋子似茅蓬。（客家话）

木匠师傅蔑缚床，
做衫师傅补衣裳；
泥水师傅无屋住，
耕田老哥空米樘。（客家话）

一理通来百理通，
十人之中九人穷；
九个穷人能团结，
何愁革命不成功。

这首传遍永定传遍闽西的《救穷歌》，是阮山同志深入百姓，抓住群众最切身痛恨的横征暴敛和苛捐杂税问题，通过贫富两极的鲜明对比，阐明只有革命才能摆脱穷苦的道理。他运用乡亲们喜闻乐见的山歌形式，传播革命的真理，启发群众的觉悟。对唤起民众，团结工农，推动革命，起到了很大的作用。

在领导当地农民运动，教育群众中，阮山同志还根据当时的形势和革命的任务，创作了大量的民歌歌词。他的《土豪恶》活灵活现地描绘出横行乡里的土豪劣绅的丑恶嘴脸，其中有几句是这样写的：

土豪恶、土豪恶，土豪恶、土豪恶，
有田有地来剥削，吃洋烟、打麻雀，
到了秋冬来收谷，交结劣绅来做恶。
工友们！工友们！工友们！工友们！
土豪真可恶，没收土豪的田地，
打倒土豪靠团结，农民个个有田作。

此外，在成立农会时，阮山同志还以山歌的形式编写了《农会章程》；在组织和领导农民暴动时，他还专门作了《暴动歌》。《暴动歌》号召农民："我们大家来暴动，消灭恶地主，农村大革命。杀土豪，斩劣绅，一个不留情。建设苏维埃，工农来专政；实行共产制，人类庆大同。"阮山同志所做的这些民歌为当时的工作起了宣传和组织的作用。

五、闽西红色山歌、歌谣的艺术性

民间山歌、歌谣中，一些传统的艺术手法，如赋、比、兴、谐音、重叠、夸张、排比等，在闽西苏区的红色山歌、歌谣中，也表现得出神入化。歌手们或在轰轰烈烈的对敌斗争中，或在热火朝天的支前扩红运动中，或在你追我赶的田间劳动中，或在美满幸福的家庭生活中，触景生情，托物寄意，用自己的语言，用周围熟悉的事物，通过"明"比、"暗"比，或反复重叠，抒发胸中的激情，运用自如，慷慨高歌。

如：

毛委员来到贫农家

毛委员来到贫农家，竹寮茅舍放光华；
贴心话像及时雨，浇得铁树也开花。

用朴素的语言，歌颂了伟大领袖和领袖与平民百姓之间的亲密关系。

朱毛红军来上杭

汀江河水黄连汤，上杭儿女代代尝；
几时盼得救星到，能把苦水变蜜糖！
……
朱毛红军来上杭，子孙万代记心房；
红军恩情比天大，滔滔汀水赛蜜糖！

本组山歌共有四首。第一首，歌手用两种群众熟悉的物品——黄连、蜜糖为比喻，提出了问题，第二、第三首，开门见山地解答问题，即进行土地革命和组建工农武装，保卫胜利果实；第四首，归结主题，感谢朱毛红军，“滔滔汀水赛蜜糖”，首尾相呼应。

红旗一展飘空中

红旗一展飘空中，斧头镰刀在当中；
红旗插上高山顶，明灯照耀四海红。

这里，歌手通过明比、暗比的手法，歌颂共产党的领导及其对世界革命的影响。

海枯石烂不变心

韭菜开花一杆心，当兵就要当红军；
跟着毛主席干革命，海枯石烂不变心。

只有一条芯的韭菜和不会枯的海、不会烂的石头，是人们再熟悉不过的东西，歌手用它们来比喻人们的坚定、执着，何其贴切！

好比骨头连着筋

鱼爱水来鸟爱林，百姓最爱是红军；
红军百姓本一家，好比骨头连着筋。

用鱼爱水、鸟爱林和骨头连着筋，来比喻红军与百姓的关系，和前一首一样贴切，令人印象深刻。

千年铁树开红花

千年铁树开红花，千年土地回老家；
千年穷根一刀斩，翻身作主当了家。

歌手连用三个“千年”，反复重叠，表现农民翻身作主的喜悦心情，使人过目不忘。

招来牛郎同犁田

梯田层层入云天，招来牛郎同犁田；
春时层山披绿袄，秋来金谷堆云间。

一垢一垢栽上天，催起织女快加班；
为织出红霞绵，片片喜报贴天边。

吓得龙王殿门开

清明已过谷雨来，久晴不雨旱成灾；
挖山掘地索泉水，吓得龙王殿门开。

随着生产关系的改变，生产力的解放，也带来了农民思想的大解放。农民在自己的土地上战天斗地，歌手们用夸张的手法，“异想天开”，牛郎、织女、海龙王也听从使唤，派上了用场。“层山披绿袄”，“喜报贴天边”，“掘地索泉水”，“龙王殿门开”，活脱脱地，极为传神。

此外，旧社会揭露国民党和土豪劣绅的歌也是表现得出神入化：

笠麻拿来翻转戴

中华民国“新世界”，笠麻拿来翻转戴；
地痞流氓当长官，婊子拿来做太太。

土豪劣绅是虎狼

团团怒火烧胸膛，土豪劣绅是虎狼；
算盘一响笔一划，田地房舍被算光。

两首歌说的，都是旧社会的普遍现象，被歌手集中概括，把国民党的官场腐败和土豪劣绅的贪婪、残暴，刻画得入木三分，表现出农民歌手的非凡才智。

闽西苏区红色山歌、歌谣的形式和闽西地区其他山歌、歌谣一样，山歌受中原古诗影响，极似传统诗的七言绝句，一首四句，一句七字，

一、二、四句押韵，都要求平声。这是正体。也有一些变体，每句字数从七字增到九字、十一字，甚至更多，但必须是单数。歌谣则有五句七字的竹板歌，以数字顺序、年月顺序的叙事歌，如《长工苦》《十送郎》等，配上民间小调演唱。苏区时期，三句半、四言、五言、六言和不规则的长短句、顺口溜也极为流行，用快板形式表演，敲着竹板，高声朗诵，绘声绘色，也颇引人入胜。

六、结束语

文化是国家、民族的灵魂，是人民的精神家园，是国家强盛的重要支撑。习近平总书记一向十分重视文化工作，对红色文化，他强调要做好资源的保护、利用和传承。他指出，红色基因就是要传承。中华民族从站起来、富起来到强起来，经历了多少坎坷，创造了多少奇迹，要让后代牢记，我们要不忘初心，永远不可迷失了方向和道路；要把红色资源利用好、把红色传统发扬好、把红色基因传承好；要扎实推进红色基因代代传工程。

缅怀峥嵘岁月，传承红色基因。当年，毛主席和他领导的人民军队，在闽西播下的革命火种和诞生的革命精神，是我们取之不尽、用之不竭的精神财富，要不断发扬光大。不忘初心的闽西儿女，在新的长征路上，自应勇立潮头，砥砺奋进，继续实现跨越式的发展。

［本文为2017年国家社科基金重大招标项目子课题“中央苏区民间文艺史料收集整理与研究”研究成果］

新视角下的苏区史研究
——评《乡村社会中的革命动员：以中央苏区为例》

在有关苏区史的研究中，革命动员是一个值得深入探讨的问题。在发动农民参加革命的过程中，无论进行土地改革还是各种社会经济改革，以及进行革命理想的建构等，各种因素之所以能够发挥作用，都离不开中国共产党的革命动员。不少学者从革命动员的政策、革命动员的组织和革命动员的对象等方面对这一问题进行了研究。近日，由钟日兴博士撰写的专著《乡村社会中的革命动员：以中央苏区为例》（中国社会科学出版社2015年出版）一书，聚焦于在广大的中国乡村地区中国共产党如何动员民众参加革命这一问题，围绕中国共产党的革命动员活动及其与乡村社会的关系展开分析，通过论述苏区一系列重大事件中的革命动员方法和措施，探讨革命如何深入乡村及其对乡村社会产生的影响，以此深化革命进程中的苏区政权与乡村关系的认识。全书的视角和见解不乏独到之处，体现了近年来苏区史研究的一些新动向，可以简要概述为以下几点：

一、深入探讨革命动员在中国革命中的作用

中共土地革命采取了“农村包围城市”的道路，而要在乡村地区取得军事上的胜利，必须研究和解决农村和农民的问题。革命在逐步进入

乡村地区的过程中，离不开占农村人口绝大多数的农民阶层的广泛参与和支持，这是中共革命胜利的根源所在。在广大的乡村地区，如何才能引导民众参与到革命的洪流中来呢？应该说，中共的革命动员在其中起到了相当重要的作用，这也正是该书的研究试图展现的一个方面。作者认为，革命在乡村社会的深入需借助一系列的动员活动才能得以实现，动员技巧的发挥及其实际效果直接关系到各项革命事业的顺利开展。因此，考察中央苏区的革命动员活动，对于深入了解中共革命的历史进程具有重要的意义。基于这一认识，该书详细论述了中国共产党在中央苏区采取的各项革命动员措施，以此来反映中国共产党如何实现对群众的启蒙，使之参与政治活动的过程。如在政权建设方面，苏区政府在健全组织机构、进行制度建设、加强党组织领导、重视群众团体等各个方面都采取了一系列措施。苏区时期建立起一个从上而下一体化的动员机制，使得革命影响和革命观念逐渐深入到了乡村社会生活的各方面，从而实现了整个社会运行机制与革命的统一，使农民真正进入了革命的行列。因此，中央苏区革命政权的发展壮大与中共的社会动员是离不开的，有效的组织化是中国革命顺利发展的一大法宝，广泛的社会动员是乡村革命的重要环节。

同时从该书可以看出，农村和农民问题为中国革命的发生奠定了社会基础，预留了一定的发展空间，但乡村社会生态为中共革命提供了无穷的社会资源的同时，也带来了一定的制约性，在一定程度上影响着中国革命的进程和发展方向。而作为革命与乡村的连接点的各种动员活动，能够整合乡村社会的各种有利因素，使其反过来促进革命的进一步发展。该书不少章节的叙述从社会变迁的角度反映了经过动员之后的乡村社会对革命的反作用。如该书指出，能否有效地开展革命动员并汲取乡村社会资源，对革命根据地的开辟而言仍是至关重要的。革命动员活动只有有效地打破原有的社会生态，革命政权才能真正在乡村地区立足。如苏区民众的参政活动的变化与革命动员有着直接关系。苏区创建初期民众政治参与并不广泛，随着中共在苏区革命动员的成功开展，苏区民众对政治有了一定的见解，苏区民众政治参与的主动性也不断增强。就其效果而言，各种革命组织与动员活动有效地整合了乡村社会的各种资源，使苏区民众的才智得到较大的发挥，有利于各项事业的推进。

总之，革命理念与农民意识的互化是一个必经的过程，乡土意识和国家建构在中共农村革命的过程中相互影响，通过革命动员才得以实现，而这也是以往革命史宏大叙事方式中容易忽视的一个重要且基本的问题。通过该书对中央苏区革命动员的考察，我们也可以看出革命与社会生态的关系——革命改造了农村，农村也影响了革命，这正是理解中国革命的一个基本逻辑起点。

二、从“国家—社会”上下互动的视角看中国革命

革命动员是革命政权下沉到乡村社会的实现途径，苏区政府在很大程度上通过革命动员的方式来实施对乡村社会的管理和整合，从而建立起政权与社会的联系。而在传统乡村社会中，广大群众长期处于分散封闭的状态，农民是极端分散的社会力量，这是苏区政权建设面临的现实问题。中央苏区建立后，不仅吸收其参与政权的管理，还通过建立各种群众组织，将分散、孤立的个人结合成为若干不同的整体。中央苏区实行了广泛的代表会议和选举制度，特别是基层民主政治的推行，极大提高了苏区民众的参政热情。这些做法有利于吸收大批工农积极分子参加乡苏工作，使苏区的政权建设取得了很大的成绩。苏区不少地方每个乡有 20 多个委员会，每个委员会能经常开会和实际地进行工作，能迅速接收群众的意见，实际地解决群众的一切困难，所以，他们能够动员广大的群众实现苏维埃的各种任务。依靠这些措施，苏区政权同广大民众结合起来，使苏维埃成为能激发民众的民主创造力和能动员民众以适应国内战争及革命建设的机关。同时，各群众团体则成为农民走向社会、参与政治的另一条重要途径。中央苏区通过对群众团体的组织和引导，把各种群众力量聚集在不同群体中，协助苏区政权去完成各项革命任务，从而发挥了各群众团体对政权的补充作用，大大加强了乡村政权的革命动员能力。

革命动员也是各项革命政策和措施在乡村社会的调适过程，它体现了乡村社会对革命政策的反应，一定程度上影响和推动了乡村革命的进

程。该书从革命动员角度考察了土地斗争，苏区一系列土地政策的调整过程，反映出苏区的土地政策调整的基本出发点是为了获得大多数农民对土地革命的支持。而其中基层政权作用的发挥也是不容忽视的，它与中央政府休戚与共，又与基层民众保持着密切的联系，成为革命政权与乡村社会之间的缓冲与中介，这就导致了各个地方的革命动员的方式和效果存在差异性，往往与中央的预期之间存在一定的落差和张力。中央苏区的土地分配中一些地方政府屡屡违反苏维埃的土地法，犯了过“左”的错误而饱受中央批评，同时由于基层工作人员素质不齐、监管力度不一，往往造成他们在执行土地政策中存在一定的随意性，这些构成了苏区“左”的错误泛滥的社会土壤。对于这些情况，不能简单地仅以苏区中央层面的决策正确与否来解释，而应结合具体的历史场景进行更为细致的考察，也应从乡村社会的角度去寻找其中的一些结构性因素。这一时期的革命动员体现了中央政府、地方组织和民众之间的互动关系，三者间产生的合力共同推动了乡村革命的发展进程。

因此，从“国家—社会”互动的视角，通过革命动员来考察基层政府的执行情况和乡村社会的反应，能够弥补单纯从中央政府的文件、政策和制度层面去论述苏区革命，而忽视基层组织与普通民众的心态和行为之不足，从而避免一些过于宽泛的结论。

三、展现中国革命的复杂图景

革命政权建设是个长期、艰苦的过程，革命氛围的形成不是打倒了地主政权、分了田地、取消了地租和高利贷就自然形成的。不少党史论著中宏大叙事下的经济决定论忽视了革命的复杂性和艰巨性。事实上，许多革命政策的确立都是经历反复修改才形成的，体现了革命动员是一个持续不断的过程，而不是用一种简单的模式可以概括的。该书通过早期暴动、政权建设、土地斗争、军事斗争、妇女解放等事件中的革命动员技巧和具体措施的叙述，展现出苏区各项政策的实际运行状况，力求动态地反映出乡村革命的过程。通过该书可以看到，首先，革命动员只有打破旧的乡村社会结构才能真正发挥出重要作用。在革命初期，革命动员的主要目标是恢复和组建被打散乡村中的中共党组织和农民协会。为此，革命组织者们主要依靠当地各种乡村关系形成农民的聚合进行了最初的革命动员，既有在乡村既有秩序之下的日常交往圈和宗族关系，也包括处于乡村社会边缘的秘密会社等。许多革命者进行了大量艰苦的动员，使革命的影响在乡村社会中逐渐地扩大。这些途径有助于革命在乡村社会中的快速传播，并保证了革命者的安全。同时，也导致了乡村社会旧结构被保留下来，一定程度上影响了革命动员的范围和效果。这一时期的革命动员仍未能进入乡村社会的日常生活，乡村社会中的小农经济、近代城乡二元结构、传统权力结构等内源性因素仍制约着革命的进一步发展。因此，这一时期的革命动员效果仍然是有限的，共产党实行土地改革和建立苏维埃的主张尚未在乡村地区得到广泛的理解和响应，很多民众带着朦胧的认识而参与革命暴动。红四军转战赣西南和闽西以后，革命动员进入了一个新的发展阶段。红军在流动作战中进行革命宣传，与地方组织相互配合，并改造了地方武装。经过了这些措施，共产党逐渐探索出一条适合乡村地区的革命动员道路，打破了旧的乡村权力结构，从而开创了中国革命的新形势。正是由于乡村社会对革命动员的制约性，决定了中国共产党必须通过反复而深入的革命动员来持续地汲取乡村社会资源，方能真正打破旧的乡村社会结构。

其次，革命动员活动并非一帆风顺，其中既有成功，又有不足，应较客观地总结和反思这一时期共产党在革命过程中的经验教训。对此，该书在肯定乡村政权建设效果的同时，也对当时集权倾向和不正确的党政关系进行了分析；在总结乡村革命动员的成效时，既有对正面影响的论述，也有对一些动员缺失的反映；在论述革命动员与乡村社会的关系时，既有促进乡村社会现代化的积极方面的反映，也描述了乡村社会对苏区政府抵制的现象。例如，论及革命动员与乡村社会关系，由于中央苏区的农民对政治参与缺乏必要的文化基础与制度熏陶，实际动员中出现偏差，伤及农民的利益时，他们就会出现反抗现象，在避害趋利心理的本能反应下具体表现为“逃跑”“反水”和边界地区的“赤白对立”等情况。对于其中的原因，显然不能仅归于苏区时期反复强调的是农民落后意识或阶级敌人的破坏，一般的阶级分析法也无助于我们对这一现象的了解。就中央苏区的革命动员而言，错误的动员方式会导致苏区民众对革命支持率的下降，而过于频繁的动员也会导致因社会资源的紧张而引发的抵制现象。因此，革命动员应注意从乡村社会的实际出发，即便是以解决农民土地问题为核心的革命动员，也不应过高地估计农民的政治参与热情，农民的生存伦理安全是革命动员的基线。由此该书指出，苏区的社会状况既受到中央制定的政策方针的影响，也有各级基层政权执行和动员方式的因素，同时还应该从当时苏区乡村社会的政治、经济、文化背景去考察，包括政权建设状况、各阶层的构成情况、群众觉悟水平以及革命形势的发展等因素的综合比较，任何片面的分析和结论，都不能正确地认识乡村革命过程中的曲折与反复。

［原载《苏区研究》2016年第2期］

龙岩华侨与中国革命

“进入近代史以来，每逢国家走投无路的时候，人们总是把希望放在海外，开放成为一种时代的呼声。”[①] 孙中山的“华侨是革命之母”[②] 更是耳熟能详，毛泽东高度称赞著名爱国侨领陈嘉庚乃是“华侨旗帜、民族光辉”，邓小平则说：“几千万爱国侨胞在海外，他们希望中国兴旺发达，这在世界上是独一无二的。”放宽历史的视界，不难发现，买办阶层、企业家、知识分子、海外华侨共同构成了民国时期民间社会的四大阶层和力量。[③] 在近代追求民族独立、反抗帝国主义压迫的进程中，都能看到龙岩海外华侨的身影。

一、近代民族抗争中的龙岩华侨

近代中国积贫积弱，横遭列强欺凌，因此，当 19 世纪末 20 世纪初，以孙中山为首的革命志士举起反清大旗之时，同受所在国殖民政府压迫的海外华侨毅然而然加入孙中山所领导的革命大军，或是捐钱捐物，购买军火，或办报筹刊，营造舆论，甚或直接回国参与非常危险的起义活

---

① 苏小和：《百年经济史笔记》中卷《倒退的民国》，东方出版社 2016 年版，第 27 页。

② 陈占勤、苏干远：《“华侨是革命之母”——孙中山与香山华侨》，载中山市孙中山研究会编：《孙中山研究文集》，广东人民出版社 1996 年版，第 112 页。

③ 参见苏小和：《百年经济史笔记》中卷《倒退的民国》，东方出版社 2016 年版，第 299—301 页。

动和军事行动，不惜为此付出生命的代价，这其中就有包括龙岩华侨在内的众多福建海外侨民。

如从移民史的长程视角来看，20 世纪初海外华侨中的这波民族主义热潮其实也反映了移民形态的跃迁，也就是从此前的华工形态（劳工移民，已成过去）、华商形态（商人、矿主和手工业者，这才是从古至今中国移民的基础）逐步过渡到华侨形态（1900 年以后出现，1910 年达到高潮，强调民族主义和对中国的效忠、忠诚，以政治、法律和意识形态作为认同标准，用中文来教育，并与地方当局进行对抗）。

其实，早在 1900 年 2 月 2 日，戊戌维新失败后的康有为潜至新加坡，就受到当地富商邱叔园和侨领林文庆的保护，后前往欧洲。

在这一革命大潮的影响之下，龙岩儿女同样没有缺席，他们在光复家乡的过程中发挥了重要作用，“闽籍华侨是福建侨乡地区辛亥革命的先锋力量”[①]。

1911 年，武昌起义爆发，永定籍华侨胡建扬[②]（下洋镇下赤坑人）就受南洋同盟会之派遣，回到家乡，组织光复部队，准备参与起事，被推举为“永（定）上（杭）光复军司令”，并率领以华侨、侨眷为主的光复军 40 余人于同年 11 月 14 日成功光复永定县，光复军所使用的武器也大部来自华侨资助。15 日，于县衙前召开光复大会，宣布永定革命军事总部成立，这是闽西第一个军政府，成为闽西辛亥革命揭幕人。[③]

民国版《永定县志》对此记载甚详：“辛亥八月，黎元洪起义武昌，各省民军群起响应。九月十八日，福建独立，以孙道仁为都督，传檄各

---

① 李国梁：《再论南洋闽籍华侨与辛亥革命运动》，载福建省社会科学界联合会编：《创新与发展：福建省社会科学界 2011 年学术年会论文选编》，海峡文艺出版社 2012 年版，第 229 页。

② 辛亥革命之后，胡建扬重返南洋，此后却不知所终。可参见苏志强：《永定华侨在辛亥革命中的贡献》，载中国人民政治协商会议永定县委员会学习宣传与文史资料委员会编：《永定县文史资料》第 30 辑，2011 年，第 70 页。

③ 参见胡江平：《永定辛亥光复的前前后后》，载中国人民政治协商会议永定县委员会文史资料编辑室编：《永定文史资料》第 3 辑，1984 年，第 8 页。有关永定籍华侨在辛亥革命中的作用亦可参见俞如先：《20 世纪初汀州籍南洋华侨革命群体及其对辛亥革命的历史贡献初探——以永定县籍南洋华侨为视点》，载福建省社会科学界联合会编：《创新与发展：福建省社会科学界 2011 年学术年会论文选编》，海峡文艺出版社 2012 年版，第 220—227 页。

县。永定亦于同月二十六日，有金丰胡建扬等数十人持枪来城。济南人李宗尧亦率带民军而来，学务、机关同时响应，宣告独立。”[①]

民国成立之初，漳平籍印度尼西亚侨领陈性初在雅加达发起“国民捐”运动，共募得国币 230 万元，全部捐给中国，支持新生的民国政府各项建设。[②]

陈康容（又名陈容，曾用名陈亚莹）也是民国之际龙岩华侨中的一位风云人物。

1915 年出生于缅甸的陈康容原籍永定县金丰山区岐岭人，父亲陈锡梅，曾留学日本，参加过孙中山所领导的同盟会。辛亥革命失败后，意志消沉，重返缅甸，以开照相馆为生。15 岁时，陈康容与 18 岁的姐姐随同父亲一起回国。[③]

此后不久，姐姐因无法过惯家中艰苦生活而和父亲离开家乡，返回南洋。陈康容则受家乡革命思潮影响，不愿出国，并在同学帮助之下前往集美学校读书。高中毕业后，陈康容考入厦门大学继续就读，在那里光荣加入了中国共产党。1934 年冬，红军北上抗日之后，迫于形势，陈康容返回缅甸仰光，任教于仰光华侨女子中学。在教书的同时，陈康容积极排演抗日剧目，教唱抗日歌曲，并为《仰光日报》撰稿，揭露日本侵略者的暴行。

抗日战争爆发后，陈康容毅然告别国外生活，再度回到厦门，参加“中国妇女慰劳前方抗战将士总会厦门分会”和“厦门文化界抗敌后援会”，创办《厦门诗歌》，以其健笔宣传抗日，特别是 1937 年 8 月在《抗敌导报》创刊号上所发表的《厦门妇女怒吼起来了》一文最为脍炙人口。

厦门沦陷后，陈康容来到闽粤抗日救亡中心的龙岩后田，继续参加中共闽西南特委举办的抗日救亡骨干训练班学习，毕业后，前往永定家

---

① 苏志强：《永定华侨在辛亥革命中的贡献》，载中国人民政治协商会议永定县委员会学习宣传与文史资料委员会编：《永定县文史资料》第 30 辑，2011 年，第 70 页。

② 参见刘重宁：《陈性初传略》，载中国人民政治协商委员会福建省漳平县委员会：《漳平文史资料》第 11 辑，1988 年，第 1 页。

③ 参见中共福建省委党史研究室编：《福建英烈传略》（上），福建教育出版社 2015 年版，第 97 页。

乡，担任中共岐岭支部委员，以岐岭小学教员和岐岭抗敌后援会干事长的身份公开活动，组织民众抗日。1940 年 8 月 19 日，陈康容被永定保安团秘密逮捕，关押于抚市监狱。面对威逼利诱，陈康容丝毫不为所动，同年 9 月 17 日，英勇就义于抚市。

二、抗日战争中的龙岩华侨

1937—1945 年的 8 年全面抗战是 20 世纪中华民族灾难最为深重的一个时期，而也就在此时，“中国境内外的民族主义高潮在抗日战争及‘二战’期间达到了高峰”，“对真正的华侨来说，中国的拉力已经超出了理性上的好奇”。[①] 面对来自日本帝国主义的野蛮侵略，海外华侨群情激奋，埋藏于心底的爱国主义被彻底激发。

在抗日洪流中，海外龙岩华侨的表现可谓堪载史册，可以用 4 句话来形容他们在抗日战争中所发挥的作用——“海外同胞抗日救国的中坚力量”，“海外经援祖国抗战的坚强后盾”，“抗日战争时期华侨回国助战生力军”，“太平洋战场上抗击日军的重要力量”。[②]

首先是经济支持。“九一八”之后，日本占领东北，马占山将军扛起抗日大旗，闻讯后，胡文虎立即声援马占山的抗日行动，并捐款 2.5 万元支持东北难民。“一·二八”淞沪抗战爆发之后，胡文虎除了打电报给十九路军表示慰问之外，还通过银行电汇给中国红十字会国币 1 万元。从“七七事变”至 1939 年 4 月，海外华侨捐款达 1 亿元以上，而胡文虎一人捐资和购买公债的数额就高达 300 万元，乃是华侨中最多者。

1939 年，槟城龙岩会馆组织“筹赈祖国抗战伤兵难民委员会”，筹款 8000 元，为槟城各社团之冠。苏振寿积极响应陈嘉庚和“南洋筹赈总会”的号召，于泰国曼谷发动民众支援祖国抗战义捐，并带头慷慨解囊。

其次是英勇行动。这里就得提到沙巴游击队和郭铁君的抗日故事。

在沙巴地区，以华侨为主的抗日武装一直坚持到 1944 年。该年的 10

① 王赓武：《华人与中国》，上海人民出版社 2013 年版，第 218、219 页。

② 王亚君：《福建华侨在抗日战争中的作用和贡献》，《福建党史月刊》2015 年第 11 期。

月 10 日，在亚庇市的一场战斗中，包括沙巴游击队（也称“神山游击队”）总教练陈金兴（曾任十九路军小队长，主要负责游击队的训练工作和作战策略）在内的 13 名龙岩籍游击队员壮烈牺牲（另外 12 人分别是廖玉清、吴木金、郭德宝、林柏兴、黄柏海、杨金兴、章绍辉、林亮海、连必然、魏柏发、魏木海、林天芳），史称“双十战役”。①

1941 年底，日军从马来半岛南下，长驱直入，海峡殖民地总督汤姆斯爵士（Sir Shenton Whitelegge Thomas）在总督府召见陈嘉庚等华侨领袖，要求组织抗敌机构，全力与政府合作，遂成立星华抗敌动员委员会，以支持政府行动。1942 年 1 月下旬，汤姆斯爵士进一步要求成立星华义勇军，同年的 2 月 1 日，“星华抗日义勇军”正式成立。

就在此时，新加坡战役打响，“保卫星州”的口号一时传布大街小巷，有 3000 多人积极报名参加“星华抗日义勇军”，最后，其中的 1200 多人被编入部队，司令为来自英国的新加坡原副警察总监达理上校（J. D. Dalley），两名副司令分别是林江石②（也是马来亚共产党员）和永定下洋镇溪头岗的星华日报社编辑胡铁君③（领少校军衔）。2 月 13 日，因战况恶化，英国殖民政府当局决定弃守新加坡，解散义勇军，胡铁君逃亡至马来半岛的吡叻山区，参加马来亚共产党领导下的马来亚人民抗日军，继续抗日游击战争，直至抗战胜利。虽然只存在了两个星期，“星华抗日义勇军”却参加了“新山伏击战”和“裕廊律保卫战”这两次较大战斗，

---

① 1949 年 6 月 6 日，当地政府建立了一座烈士纪念碑，以纪念这些死难烈士。亚庇龙岩会馆则于 1968 年在斗亚兰路二里半的华人义山建立了一座 13 位龙岩同乡烈士的公墓，以便同乡祭拜。龙岩会馆则于每年清明节之际由福利组率同部分同乡前往拜祭，追思他们舍生取义的精神。

② 原名黄伯遂，绰号“老黑”，1916 年生于广东省增城县（现为广州市增城区），乃家中独子，后随母亲南来，也是马来亚共产党中央委员。在新加坡保卫战失败之后，因叛徒出卖，于 4 月中旬被捕，7 月 18 日逝于狱中，年仅 26 岁。

③ 原名胡知芳，早年毕业于广东大埔中学，后入南京中央政治学校学习三年之久。南渡新加坡后，主要从事新闻工作，是新加坡当地著名的社会进步人士，著有《星华义勇军战斗史》一书（新中华出版社 1945 年出版）。参加“星华抗日义勇军”的其他永定华侨还有胡跃才、胡玷钦、胡荡、胡启堤等多人。

在武器落后、训练不足的情况之下，打得极为顽强。[①]

龙岩华侨抗日不仅有武的一面，也有文的方面。抗战期间，胡文虎所属的星系报纸为抗战大造舆论。[②]如在1939年《星岛日报》创刊号上，胡文虎就提出其办报宗旨为“一协助政府从事抗战建国之伟业；二报导新闻，兼为民族之喉舌；三提倡学术，发扬科学之精神；四改良风俗，倡导社会之进步”[③]。1938年，他还曾把在重庆办的《星渝日报》的印刷器材送给《新华日报》。

著名作家郁达夫旅居新加坡时就曾受邀担任《星洲日报》两份副刊——《星星》和《繁星》的主编工作，他在这份副刊上发表了大量文艺作品，团结民众，鼓舞南洋华侨积极支持祖国的抗日战争。[④]

永定华侨胡守愚被胡文虎聘为《星中日报》主笔，通过《星洲日报》和《星中日报》不断撰文，呼吁停止内战，团结抗日。针对部分国人和民众的悲观论点，胡守愚撰写了大量文章，用深入浅出的道理和无可辩驳的事实鼓舞民众，宣传抗日必胜，曾于《星中日报》发表社论，指出“一城一池的得失，无关大局”。1938年，胡守愚与龙岩籍记者黄薇一道回国，参加著名记者范长江组织的“战地记者访问团”，先后采访了台儿庄大战和徐州会战，并转往重庆和延安，毛泽东还与之晤谈。他们也深受边区抗战氛围之影响，向新加坡发回大量报道，使广大南洋青年如实了解国内抗战情况，特别是中国共产党所领导的边区，而许多华侨青年正是看了他们的报道之后，才纷纷返回国内，奔向延安。[⑤]

此外，尚有印度尼西亚永定华侨曾道修创办的《新闻报》《南洋生活

---

① 参见钟日兴、宋少军：《星华义勇军与新加坡保卫战》，《文史春秋》2014年第9期；宋少军：《新加坡星华义勇军抗日史迹探微》，《八桂侨刊》2015年第3期；赖晨：《鲜为人知的星华义勇军》，《湖北档案》2014年第7期。

② 参见曹敏华：《福建华侨对祖国抗日战争的贡献》，《理论学习月刊》1989年第6、7合期，第60页。

③ 中共龙岩地委党史研究室、闽西革命历史博物馆编：《抗日烽火中的闽西儿女》，鹭江出版社1995年版，第89页。

④ 参见刘保昌：《郁达夫传》，崇文书局2010年版，第297页。

⑤ 参见中共龙岩地委党史研究室、闽西革命历史博物馆编：《抗日烽火中的闽西儿女》，鹭江出版社1995年版，第89—90页。

周报》，缅甸爱国侨领陈兰生主办的《仰光日报》，新加坡华侨卢心远主编的《南洋商报》以及黄薇于菲律宾创办的《华侨导报》等，都为抗日宣传作出了重要贡献。

与此同时，陈灼瑞、郭三民两位则悉心掩护胡愈之、郁达夫、王任叔等文化名人，王源兴、张德镕则成为陈嘉庚领导下的“南侨筹赈总会”以及各地分会的中坚和骨干。

龙岩华侨张旭高、郑惠英夫妇在菲律宾从事华侨教育工作，积极宣传抗日，不幸被日军宪兵所杀。1932 年 1 月 28 日，日军进攻上海，马来西亚霹雳的闽西华侨罗振当等人闻讯后即参加“华侨义勇军”，回国参加抗战。龙岩华侨黄复康 1937 年担任“南洋华侨筹赈祖国难民委员会”设于亚沙汉的分会秘书长兼宣传主任，1938 年回到家乡，不顾身体疲弱，主动参加湖邦区抗敌后援会支会工作。

1938 年，马来西亚的永定华侨青年学生曾昭生、曾巨浪、曾艾特、曾瑞联等从海外回国，前往延安，投身抗日洪流，同为永定华侨的李旦容被“新加坡抗日宣传队”录取，随即回国参加抗战。

龙岩华侨还与当地民众一道，并肩抗日，誓死保卫第二故乡，马来西亚人民组建了“马来西亚人民抗日军”，当时就有不少永定华侨参加该部队，如曾昭泰、曾宪日、曾宪提、罗根贤、胡善津、胡极芳、胡月英、胡凤娣、曾秀机、胡秀英、胡叶芳、胡思仁、胡思龙、胡思富 14 人，曾昭泰、胡极芳还担任队长一职，胡月英任妇女部长。在 3 年多时间中，他们同日寇先后进行了大小 340 多次的战斗，胡思仁、胡思龙、胡思富三兄弟以及胡凤娣、罗根贤、曾昭泰还在战斗中牺牲。①

［原载《龙岩华侨史》，华南理工大学出版社 2020 年版，收入本书时有修改］

① 中共龙岩地委党史研究室、闽西革命历史博物馆编：《抗日烽火中的闽西儿女》，鹭江出版社 1995 年版，第 89—90 页。

陈云对闽西苏区工人运动的贡献

如何开展工人运动和工会工作，凝聚人心，是当今社会发展迫切需要解决的问题。自鸦片战争以来，中国内忧外患，中国的工人阶级为了国家的独立和人民的解放，前仆后继地进行着斗争，斗争的形式从自发到自觉，斗争的内容从经济斗争发展为政治斗争。在城市、在敌人的占领区，由于敌强我弱，中国的工人阶级只能拿起枪杆子，开展武装斗争。而对于苏维埃占领区的工人运动和工会工作如何开展，当时没有经验。自从陈云同志到中央苏区特别是闽西苏区后，他将在上海如何开展工人运动和工会工作经验与闽西当地的基层工会实际相结合，探索出了一条开展苏区工人运动和工会工作的新途径。有关这方面的理论研究，目前主要有：王其森的《陈云：苏区工人的贴心人》[①]主要探讨了陈云在闽西苏区指导工人与资本家订立劳动合同的经过及内容；刘良的《陈云在中央苏区革命活动略述》[②]主要谈到了陈云在中央苏区期间如何调查研究，抵制和批判“左”倾政策，健全工会组织，充分发挥苏区工人的突击队作用等方面内容。对于如何及时地由城市领导工人进行武装斗争的方式转变为提高闽西苏区工人的觉悟和经济地位，实现由城市向农村转移方面问题的探讨是笔者所要努力的，我们可以从陈云在闽西苏区期间的重要活动中寻找答案。

---

① 参见中共赣州市委党史办：《陈云在中央苏区》，中央文献出版社2006年版，第132页。

② 参见中共赣州市委党史办：《陈云在中央苏区》，中央文献出版社2006年版，第54页。

在闽西苏区期间，陈云同志以一切从实际出发，实事求是的科学精神，科学地提出了在红色区域如何加强党对工人运动的指导，教育党和工会干部要把党的方针、政策灵活地运用于工人运动实践，指出坚持党的领导，是取得斗争胜利的根本保证，这些重要思想为马克思主义的中国化及其发展作出了重要贡献，同时也为苏区工人运动的开展提供了思想理论基础，指明了工作方向。

一、闽西苏区工人运动概况

闽西苏区是中央苏区的重要组成部分，其地域包括现今的龙岩市的长汀、连城、上杭、永定、武平、新罗、漳平和三明市的清流、宁化、明溪等县，以及漳州市的平和县。在中央革命根据地时期，闽西苏区对前方革命和后方的生产都作出了巨大贡献，尤其是工人运动，在党和工农民主政府的领导下，组织了维护工人利益并为工人阶级说话办事的工会，更加激发了广大工人阶级革命和生产积极性。

闽西地区工人运动，1926 年在中国共产党人的指导下蓬勃兴起，工会组织也随之产生。特别是第二次国内革命战争时期，主力红军入闽后，闽西各地工会组织在中国共产党和红军的帮助下，先后纷纷成立。早在 1926 年下半年，上杭县总工会成立，下有缝衣工会、雨伞工会、码头工会、篷船工会，随后龙岩工人协会、长汀县工会、永定县各行业工会和县总工会相继成立，共有会员 1.22 万多人。[①]1927 年 4 月 12 日，蒋介石发动反革命政变，4 月 15 日，国民党右派在龙岩“清党”，各地工会纷纷被查封、解散，工会领导人被杀害。但是闽西工人阶级并没有屈服，掩埋好同志的尸体，揩干身上的血迹，在党的领导下，他们举起了工农武装暴动的旗帜，成立了革命政权，进行了工农武装割据，努力恢复工会组织。

1929 年 3 月 14 日，毛泽东率领的红四军解放了闽西重镇——长汀，立即成立了长汀县总工会和 60 多名工人参加的县赤卫队，这是苏区成立

① 参见中共赣州市委党史办:《陈云在中央苏区》，中央文献出版社 2006 年版，第 30 页。

的第一个总工会。之后，龙岩、永定、上杭、武平各县相继成立县总工会及各行业工会。1930年春，闽西苏维埃政府成立，标志着闽西苏区的正式形成。5月，闽西总工会筹备会成立，11月，召开闽西第一次工人代表大会，选举产生闽西总工会执委会。21日，中共闽西特委《关于职工运动报告》里，将县工会的组织明确附图注明如下：

县总工会：

区联工会—各业支部

雇农工会—各区分工会—各乡支部所在各业工会

挑夫工会—各路支部

某某河道船业工会—支部

特别职业工会—支部

特别职业工会—刨烟、纸业

各区分工会—各作坊支部，在作坊分小组

1932年初，各级总工会改称职工联合会。闽西总工会改为福建省职工联合会，闽西木船工会改为福建省木船工会。1932年2月7日—13日，在周恩来同志指导下，在瑞金黄家山召开闽赣两省工人代表大会，正式成立福建省职工联合会，选举产生了福建省职工联合会执委，委员长张思垣，同时成立福建省雇农工会，委员长沈德昌。省工联成立后，设在长汀的水东街。在此期间，省职工联合会6个县市工联会和7个产业工会，共有会员11200余人。同年3月，中央苏区下达闽赣两省工人代表大会组织问题决议案，内规定：建立健全的职工会系统下的分工组织，除了成立宣传、组织两部，按照各地的需要组织下列各委员会：青工部或青工委员会，女工委员会，审查经济委员会（是在各级代表会议中临时组织），失业委员会，劳动保护特别委员会（审查集体合同劳动合同内容，检查资本家对于合同是否履行，有无蒙蔽欺骗），白色区域工作委员会，文化教育委员会，合作社监理委员会，工人武装委员会（管理扩大红军与帮助赤卫队对红军中职工会员的联络组织，对工人的广泛的武装训练，制订协助红军作战的计划，和当地拥护红军委员会建立密切联系）。以上各委员会的组织在省级5—9人，在县级3—7人，区级3人组织之，由代表会议或全体大会选举，必要时得由执行委员会指定之。

1934年10月，主力红军长征，闽西各地先后沦陷，闽西各级各地工会在无形中解散。

从此，许多工会骨干分子参加艰苦的三年游击战争，为抗日战争、解放战争的胜利作出了贡献。然而，在发展苏区经济，尤其是工业生产中，曾经遭到党内王明“左”倾机会主义错误的干扰，使闽西苏区经济一时冷落，严重影响了整个革命战争的进程。“一些资本家趁机消极怠工，不买货物原料，关闭工厂商店，致使工人纷纷失业。”[①]而且还存在资本家虐待童养媳、虐待奴婢现象。为此，在长汀城区内发生了一场罕见的工人示威游行事件。长汀土地革命取得胜利后，“工人们在各基层工会和市总工会的领导支持下与那些店主商人签定了合同；合同上明确规定维护工人阶级利益的条款，如八小时工作制、假期制度；不准虐待打骂店员和学徒，工资年关发双薪，每年休假两个月，改善劳动条件，其他保护的措施和津贴”[②]。这些劳动合同完全根据全苏政府劳动法而制定，总的是好的，但也存在一些缺点：“很多合同的条文，都是照抄劳动法和江西、福建二省工会所发的斗争纲领，所以大半都是千篇一律，没有地方性，没有企业的特殊性，没有时间性。”[③]为了更加深入地了解情况，制定更加科学且符合实际的经济策略，当时担任全国总工会副委员长、党团书记的陈云，多次深入工人运动最活跃的“红色小上海”——长汀基层工会进行调查。他到过各车间、商店、作坊，仔细地、具体地访问老工人、老赤卫队员。还亲自主持召开各种形式的座谈会、调查会，了解工人运动中存在的问题，如忽视工人经济斗争，忽视改善工人生活的右的错误倾向；工作效率低，工作方法教条、机械、呆板，而且还存在狭隘的经济利益倾向等。陈云在听取工人们的意见后，结合在闽西苏区的考察以及长期从事工人运动的经验，撰写了具有指导苏区工人运动的两篇重要文章，从而启发了工人的觉悟。

---

① 黄玉书述，翁伟整理：《二战时期汀州市总工会的回忆》，载中共长汀县委党史资料征集研究委员会编印：《汀江红旗党史资料汇编》第1辑，第129页。

② 黄玉书述，翁伟整理：《二战时期汀州市总工会的回忆》，载中共长汀县委党史资料征集研究委员会编印：《汀江红旗党史资料汇编》第1辑，第130页。

③ 陈云：《怎样订立劳动合同》，载《陈云文选》第1卷，人民出版社1995年版，第13页。

二、陈云在闽西苏区的重要活动

针对闽西苏区出现的情况，1932—1933 年，作为全国总工会苏区中央执行委员会副委员长、党团书记的陈云多次到闽西苏区指导开展工人运动和开展工会工作。他深入闽西苏区的工厂、车间调查、访问，以多年亲身经历工人运动的实践经验同闽西苏区工人运动的实际相结合，发展了中国工人运动的理论。陈云同志第一次到闽西指导工人运动是在 1933 年 1 月中旬，中共临时中央政治局决定中央机关迁往中央苏区，临对中央政治局成员中的博古、陈云被安排去中央苏区。1 月 17 日，他们从上海乘船绕道广东汕头、永定、上杭才溪、长汀再到中央苏区瑞金。根据长汀工运史料记载，在“1932 年 12 月（注：应是阴历，这是闽西人习惯），全国总工会执行委员会组织部长（注：应是福利部长）陈云到长汀视察，具体指导工会工作”[①]。

陈云同志第二次到长汀是 1933 年 1 月下旬。中华全国总工会苏区中央执行局副委员长、党团书记陈云“同刘少奇到福建汀州考察指导工会工作”[②]。陈云同志由（福建）省委宣传部长刘晓同志陪同来到了省职工联合会驻地——长汀县城水东街原张祠堂，召开省工联干部座谈会，陈云听取省工联负责干部汇报后提出：苏区工人应努力恢复与发展生产，不要机械地执行《劳动法》及过份强调八小时工作制，对商店作坊不要提出过高的经济要求，工会要关心和组织失业工人生产合作社，如为红军做斗笠、被服、为农村修造农具等，依靠工人积极生产自救。

陈云第三次到长汀是 1933 年 6 月，为解决工人与雇主签订劳动合同中存在的千篇一律照抄《劳动法》条文的问题，专程到汀州考察京果业的合同情况。检查指导汀州市工人与资方订立劳动合同。陈云同志利用半个多月的时间，根据在上海一带多年从事领导工人运动的经验，深入闽西苏区汀州市基层工会，在福建省总工会黄玉书、卓明、兰再寒等陪

---

① 福建省长汀县政协文史资料编辑室编印：《长汀文史资料》第 10 辑，1986 年，第 18 页。

② 《陈云年谱》上卷，中央文献出版社 2000 年版，第 146 页。

同下，走访视察汀州京果业这个具有代表性的行业，进行仔细调查研究，召集有工会领导、工人代表、资方老板的多种形式座谈会，并且有意识地访问两个工人党员，了解了京果业营业情形，弄清了以往工人们所提出的有些合同条文不切合实际，没有地方性，没有企业的特殊性，都是生搬硬套，千篇一律，而且难以实行的事实。并分析其原因，认为主要有：一方面是资本家的消极态度，另一方面是机械地规定劳动时间和星期休息日，造成不能动员工人积极地为自己合同和每一条文的实现而斗争。因此，必须根据长汀京果业的实际情况，周密思考，在争取工人合法利益的前提下，与资方签订合同。为了能使合同更加合理化、规范化，陈云同志还亲自参与劳动合同每一条文的签订，并且从上而下，自下而上地反复听取群众意见和要求，连续召开了几次会议，如工会支部会、工会全体大会，充分讨论酝酿制定劳动合同的条文，“选举了签订合同的五人委员会，领导工人同每家店铺的老板签订合同”[①]。

陈云根据长汀基层工会的实际，深入调查研究，实事求是地为长汀京果业工人同资本家制定合理的、有弹性的合同进行了指导。这个合同是目前我们能见到的苏区最早、最详细的条文，具有一定的规范性和独创性，为以后合同条文的制定提供了借鉴。

三、陈云对闽西苏区工人运动的贡献

1933 年 4 月和 1933 年 7 月，陈云在闽西苏区基层工会充分调研的基础上撰写了《苏区工人的经济斗争》《怎样订立劳动合同》两篇文章，这是陈云同志对闽西苏区工人运动实践经验的理论概括。它像一盏明灯，指导着苏区工人运动和工会工作的开展。同时，也为陈云同志完成从城市到农村的革命道路理论的探索奠定了实践基础。

（一）科学地提出了在红色区域如何加强党对工人运动的指导，抵制和批判了王明“左”倾机会主义的工商业经济政策

陈云在《苏区工人的经济斗争》一文中指出，“苏区党和工会内忽

① 陈云：《怎样订立劳动合同》，载《陈云文选》第 1 卷，人民出版社 1995 年版，第 16 页。

视工人经济斗争”，是“由于他们不了解，只有工人的经济地位改善了，才能提高工人的觉悟”。必须注意：“农业工人在分田以后缺乏耕牛、农具、肥料的实际困难”，“乡村工人，许多没有增加工资，有的没有进行劳动介绍，被富农和地主残余夺去了他们的工作”。[①]因此，“要使工人了解，不彻底推翻地主资产阶级的统治，工人阶级就不能解放自己”[②]。要防止资本家在新形势下的阴谋怠工的破坏。要发动工人参加互助合作运动，实行劳动介绍等，切实地领导工人解决他们的一切困难。同时，文章特别严肃地批判党内过“左”的劳动政策的错误，指出：“在领导工人经济斗争中间，还存在着另一种极端危险的‘左’的错误倾向。这种倾向，表现在只看到行业的狭小的经济利益，妨碍了发展苏区经济、巩固苏维埃政权的根本利益。例如，在许多城市的商店、作坊中提出了过高的经济要求，机械地执行只能适用于大城市的劳动法，使企业不能负担而迅速倒闭；不问企业的工作状况，机械地实行八小时与青工六小时工作制。”[③]“在苏维埃政权之下，经济斗争中举行总同盟罢工，不但妨碍商品流通，妨碍红军的作战行动，而且会被资本家利用来反对工人的斗争，对苏维埃政权实行经济怠工。因此，这种总同盟罢工，不但是斗争方式上的错误，而且是政治上的极大的错误”[④]，非但对于工人阶级最高利益——巩固苏维埃政权没有任何利益，而且不能提高工人的阶级觉悟与政治觉悟，不能正确地提高群众的积极性。“所以这种‘左’的错误领导，是破坏苏区经济发展，破坏工农联盟，破坏苏维埃政权，破坏工人阶级的彻底解放的。”[⑤]

（二）教育党和工会干部要把党的方针、政策灵活地运用于工人运动实践，要有实事求是的工作方法

毛泽东曾经说：“没有调查，没有发言权。”[⑥]陈云同志也是这样去做

---

① 陈云：《苏区工人的经济斗争》，载《陈云文选》第1卷，人民出版社1995年版，第9—10页。

② 陈云：《苏区工人的经济斗争》，载《陈云文选》第1卷，人民出版社1995年版，第10页。

③ 陈云：《苏区工人的经济斗争》，载《陈云文选》第1卷，人民出版社1995年版，第9页。

④ 陈云：《苏区工人的经济斗争》，载《陈云文选》第1卷，人民出版社1995年版，第11页。

⑤ 陈云：《苏区工人的经济斗争》，载《陈云文选》第1卷，人民出版社1995年版，第9页。

⑥ 毛泽东：《反对本本主义》，载《毛泽东著作选读》上册，人民出版社1986年版，第48页。

的。他在《怎样订立劳动合同》一文中指出，过去党和工会干部不去估计商店作坊各个不同的实际情形，只是凭着工会工作人员“照抄劳动法和江西、福建两省工会所发的斗争纲领”[①]而制定出来的合同条文，没有地方性，没有企业特殊性，没有时间性。所以不能适用于企业的实际情形，特别是边缘地区受敌人的经济封锁，货源割断，在不能正常营业的情况下，工人不问其特殊情况的变化而教条地实行劳动法，这样尽管劳动法条文如此详尽，但仍是难以奏效的。所以教育苏区党员和工会干部要深入了解企业实际情况，考察已订合同实行程度，了解工人最迫切的要求，详尽解释合同每一条文，以教育和提高工人政治觉悟，把工人的日常经济斗争与工人阶级彻底解放结合起来。“对于确实因为没有来货，无货可售，或生意清淡，店铺、作坊将要倒闭的资本家，工会应该领导工人要求他们继续营业；同时应该领导工人在自愿的条件之下，减少一部分工资，以企业不致倒闭为度。”[②]因而，工人阶级在对民族资产阶级斗争中，要注意策略，要注意党的正确方针政策的执行，斗争方式上不但要立即纠正错误和总同盟罢工，而且要在领导斗争的过程中，采取各种斗争的战术来组织与提高工人斗争的积极性。

（三）坚持党的领导，是取得斗争胜利的根本保证

中国共产党是无产阶级的先锋队组织，自产生之日起就具备了革命的彻底性。工会是党联系群众的桥梁，中国共产党通过工会组织紧紧地团结群众，共同为争取新民主主义革命的胜利而努力奋斗，也只有在中国共产党的领导下，中国革命才能够取得胜利。因此，陈云同志在《怎样订立劳动合同》中写道：要“以党的支部为中心去动员群众，加强支部对工人签订合同的领导，并通过群众工作巩固党的组织”[③]。作为全国总工会苏区中央执行委员会副委员长、党团书记的陈云，为了指导好汀州市各基层工会或工人与老板签订好新的劳动合同，于1933年6月间到长汀进行了为期半个月的调查，在汀州京果业调查前，先找两个党员了解情况；调查期间，又召开了三次党的支部会议，在充分发扬民主集中制

---

① 陈云：《怎样订立劳动合同》，载《陈云文选》第1卷，人民出版社1995年版，第13页。

② 陈云：《苏区工人的经济斗争》，载《陈云文选》第1卷，人民出版社1995年版，第10页。

③ 陈云：《怎样订立劳动合同》，载《陈云文选》第1卷，人民出版社1995年版，第14页。

的原则下达成了共识。最后，京果业工会党支部召开全体大会，讨论通过了新合同条文，选举了五人委员会，以领导工人同各店铺老板重新签订合同。正是由于有了党的正确领导，所以，自汀州京果业合同签订后，其他各业的老板也纷纷与工人签订类似有弹性的合同。1933 年 10 月 26 日《中共福建省委工作报告大纲》中指出："汀州大部分合同签订了，纠正了过去左的错误。长汀全县 18 个区就有 13 个区订立了劳动合同和集体合同。"

陈云同志在闽西活动期间，不畏艰辛，冒着严寒、顶着烈日穿梭在车间、商店、作坊间，深入调查研究，把每个党员与工人的任何细小的怀疑与不满，统统解释了并实际地解决了。他的这种深入细致的工作方法和不解决问题决不罢休的工作态度是值得我们学习的。特别是在闽西苏区调研中所形成的《苏区工人的经济斗争》及《怎样订立劳动合同》两篇文章，对纠正闽西工人运动经济斗争中的"左"倾机会主义错误，维护工人阶级利益，调动资方人员的积极性，都起到了积极的作用。同时，纠正了一些工会干部在工作中的教条、机械、呆板的方法，调整了当时的劳资关系，对繁荣汀州经济，打破敌人经济封锁，巩固闽西苏区作出了重大贡献。同时，也为以后各个时期工人运动的发展留下了宝贵的精神财富，在中国历史上写下了光辉的一页。

［原载《河北工程大学学报》2008 年第 3 期（第 25 卷）］

从陈云在闽西苏区两篇文章看他对民生的关注

中央苏区时期的民生建设是中国共产党面临局部执政，解决民生问题的第一次伟大尝试。陈云在 1932—1933 年，三次到闽西苏区长汀指导开展工人运动和工会工作，他时刻注意为人民谋福利，在充分调研的基础上撰写了《苏区工人的经济斗争》及《怎样订立劳动合同》两篇文章。他在闽西的实践活动，及在充分调研基础上形成的理论创作，都表现出他对民生的关注，今天我们重温这段历史，对于构建和谐社会，具有重要的现实意义。

一、苏区工商业的产生与商业中心

1929 年，中国工农红军第四军进入闽西，先后在闽西大地上建立各级苏维埃政权，进行土地改革，废除封建剥削，解放生产力，特别是提出一系列保护商人的具体措施，为苏区的社会发展、苏区政权的生存、人民的幸福创造了良好的条件，为新中国的经济建设提供了宝贵的经验。

（一）苏区工商业的产生

1929 年 3 月 14 日，红四军在攻克长汀后，立即颁布了《告商人及知识分子书》，提出："共产党对城市的政策是：取消苛捐杂税，保护商人贸易。在革命时候对大商人酌量筹款供给军需，但不准派到小商人身上。城市反动分子（军阀的走狗，贪官污吏，国民党指导委员，工贼，农贼，学贼）的财物要没收，乡村收租放息为富不仁的土豪搬到城市住家的，他们的财物也要没收。至于普通商人及一般小资产阶级的财物，一概不没收。”[①] 以此来保证苏区人民生活的正常进行。1929 年 7 月，中共闽西第一次代表大会在上杭蛟洋召开。大会清算了闽西地区过去出现的没收商店，焚烧账簿，向小商人派款等错误行为，指出：“盲动主义在今年闽西已经纠正了许多，但还有一些残余，……如蛟洋农民烧丘坊房子二百余家，白砂赤卫队烧茶地房子九十余家，这种盲动的大烧杀，更是非常错误的。”[②] 这次大会还对商人作了具体的阶级分析，并制定了对待各种商人的策略。对小商人，决议提出：“在反帝、反军阀、反豪绅、取消苛捐杂税、保护商店口号之下，可以取得小资产阶级的同情。因此，对城乡小商人绝对不要没收商店、焚烧账簿和废除账目；……在革命向前发展，城市中店员对于店主、工人对于厂主的斗争已经起来的时候，党应帮助店员、工人达到他们的要求。……但并不是抛弃小资产阶级，也不是要过分的打击他们，这是要注意的。”对商业资产阶级，决议认为对反动的商业资产阶级，在经济上还是不能采取没收政策，“对大小商店应取一般的保护政策（即不没收），对反动商人宁可杀人，罚款，不可没收商店，但压迫商人最厉害而为一般商人所深恶，没收后可以得到多数商人同情的，在宣传工作做好后才可以没收”[③]。随着土地革命的深入和苏维埃政权的建设，在广大红军党员干部和苏区人民群众共同努力下，到 1930 年，龙岩苏区经济开始恢复，商业渐趋活跃。

在苏区，首先发展的是军需工业。为了保障战争的供给，必须建立修理和制造武器、弹药、缝制军服、制造药品和卫生材料的工厂。除了兵工厂外，闽西军需企业还有红军被服厂、汀州弹棉厂、中华织布厂、红军斗笠厂等。苏区的军需工业经历了一个从无到有、从小到大的过程。

闽西苏区党和政府在领导建立和发展军需工业的同时，还积极领导

---

① 许毅主编：《中央革命根据地财政经济史长编》（下），人民出版社 1982 年版，第 9 页。

② 中共龙岩地委党史资料征集领导小组、龙岩地区行政公署文物管理委员会编：《闽西革命史文献资料》第 2 辑，1982 年 7 月，第 147 页。

③ 中共龙岩地委党史资料征集领导小组、龙岩地区行政公署文物管理委员会编：《闽西革命史文献资料》第 2 辑，1982 年 7 月，第 151 页。

人民建立和发展了一批直接关系苏区人民生活的民用工业企业。主要有硝盐厂、造纸厂、冶炼厂、农具厂、烟厂、印刷厂、染布厂等。

这一时期的苏区工商业，具有以下几个鲜明的特点：

第一，工商业的规模小，主要以私营经济和个体经济为主。如当时汀州的许多小店大都是夫妻店，聘请的店员也只有两三个，那些大店的店员也只有十几个人。

第二，工商业经济的产品主要以低附加值手工业品和农产品为主。

第三，工商业的交易范围以苏区为主，部分商品对外输出。苏区的商业交易范围主要在以长汀、瑞金等中央苏区内进行，同时还进行少量的其他区域的贸易。

（二）苏区商业经济中心长汀

随着苏区商业经济的恢复和发展，苏区经济逐渐发展和繁荣起来，长汀成为商业中心。

红军入闽前，长汀的工商业就已经相当繁荣了。当时，汀江的航运非常发达。汀江绕城南流，经上杭下永定、大埔，至韩江，经汕头流入南海。光是航运民船每天就有“上八百（长汀至上杭）、下三千（上杭至峰市）”之称，可见航运之繁忙，自然成为闽西、赣南的物资集散地。

长汀经营商业者历史上有坐商、客商两种。据 1936 年商业同业公会统计，坐商 840 多户，本籍商占 3/4，客籍商占 1/4，其中江西南城、樟树人多经营药材，龙岩人多经营京果、布匹；上杭人多经营粮食、布匹、烟叶；连城人多经营纸和爆竹。

客商俗称庄客，是外地商家在长汀的代理人，多为潮州、汕头、梅县、广州人，他们寄寓在汀城商行内，主要收购、发运粮食、烟叶兼推销电池、火柴及其他小五金百货。

长汀历史上出产的主要货物是纸和木材，纸年均产 10 万担（4000 吨），木材年均产 10 万根（约 2 万立方米）。两项合计年均收入三四百万元（银圆），其次是簿籍等纸制品、竹木家具、皮枕、木版书籍，食品有大豆、豆腐干、香菰、粉干等。

1931 年 9 月至 1934 年 10 月，第二次国内革命战争时期，长汀是中央苏区的商业中心，有“红色小上海”之称，当时虽有不少富商巨贾携资外逃，而汀城尚有商店360余家。

长汀的工商业活动，大大地活跃了苏区市场，调节了苏区工农业产品价格“剪刀差”的现象，促进了苏区经济的发展，并有力地支援了革命战争。因此，被人们誉为中央苏区的“红色小上海”。

（三）苏区工商业的作用

随着苏区工商业的恢复和不断发展，它在支援苏区革命，巩固苏维埃政权，丰富和提高苏区人民的生活水平方面，发挥着越来越大的作用。

第一，支援苏区革命，巩固苏维埃政权。闽西苏维埃政权建立以后，随着革命战争的发展，为了保障革命战争的供给，苏区政府建立了一批军需工业。如闽西红军兵工厂、红军被服厂、汀州弹棉厂、中华织布厂、红军斗笠厂。这些军需工业，为红军战胜敌人，壮大自己，推动苏区革命的发展，作出了很大的贡献。

第二，打破封锁，丰富和提高了苏区人民的生活水平。随着苏区革命根据地的不断发展壮大，引起了敌人极大的恐慌。为了扼杀新生的人民民主政权，敌人在进行军事“围剿”的同时，也对苏区经济上实行严密封锁。为此，苏区苏维埃政府不仅建立了一批军需工业，同时也发展了一批直接关系苏区人民生活的民用工业。主要有硝盐厂、造纸厂、冶炼厂、农具厂、烟厂、印刷厂等。采取有效措施，积极鼓励私营商业发展，充分调动苏区人民的积极性。开展赤白贸易，繁荣苏区市场。这些举措，有力地打破了敌人对苏区的经济封锁，保障了苏区工农群众的日常生活和生产，巩固了工农联盟，提高了苏区人民的生活水平，推动了苏区人民的革命热情。如当时的汀州，被人们誉为苏区的“红色小上海”。

第三，为日后的人民共和国经济建设提供了许多有益的经验，培养了诸多经济人才。苏区工商业的发展与繁荣，离不开陈云等老一辈无产阶级革命家的不断探索与实践，他们提出并实践了公营、集体、私营经济为一体的苏区经济建设模式，这些经济发展模式为日后新中国经济建设提供了宝贵的经验与借鉴，并逐步找到了一条成功的发展之路。同时，这一时期也涌现出一批像陈云、邓子恢、毛泽民、李坚真等经济建设人才，他们在这里探索、实践，为新中国的大规模经济建设作了干部的准备。特别是陈云在长汀调研期间，先后发表了《苏区工人的经济斗争》和《怎样订立劳动合同》两篇重要文章，文章中处处透露出陈云对民生的关注。

二、陈云深入闽西苏区汀州调研、指导工人运动

闽西苏区是中央苏区的重要组成部分，其地域包括现今龙岩市的长汀、连城、上杭、永定、武平、新罗、漳平和三明市的清流、宁化、明溪等县，以及漳州市的平和县。在中央革命根据地时期，闽西苏区对前方革命和后方的生产都作出了巨大贡献，特别是长汀，有繁荣的工商业，被人们誉为苏区的“红色小上海”。但是，王明的“左”倾机会主义的劳动政策，妨碍了发展苏区经济、巩固苏维埃政权的根本利益。为了保证革命战争所必需的物质供应和人民群众的日常生活需要，苏区党和陈云等实行了保护、发展城镇工商业的正确政策，对中央革命根据地的发展和巩固起了重要的促进作用。

（一）陈云多次亲临中央苏区主要城市汀州调研

当时汀州市有300多家私营商店，有店员工人、学徒工人1000余人。在工会、工人、老板的共同努力下，为繁荣苏区经济，支持革命战争起到了积极的作用。

但是，红军和根据地的不断发展壮大，使得蒋介石倍感不安，于是，从1931年起，开始向赣南、闽西苏区发动多次“围剿”。1932年冬，广东军阀陈济棠占领解放区上杭县城，采用法西斯的野蛮手段对苏区进行经济封锁，断绝河道交通，木船运输只有下水没有上水，致使解放区军需民用物资缺乏，价格昂贵，给生产、生活和作战都带来了巨大的困难。在这次敌人的军事进攻和经济封锁中，不少厂店和作坊的老板、雇主也乘机怠工而关厂、关店，甚至逃跑。汀州市纸业老板不缴槽、不发纸、不买纸等怠工影响，使汀州市的苦力、木船、造纸、做篓等工人都处于失业或半失业的困境。纺织工人因工厂老板不办纱关厂，整个汀州市六七十个纺织工人有4/5失业了。据统计，长汀县城有80%的店铺因没有进货无生意而停业关门。木船工人没有物资运输，也大量失业。汀

州市有60多家造纸作坊，因没有销路，70%—80%也倒闭了。因此，原先订立的许多劳动合同无法兑现，工人群众生活日益困难。

但是王明等教条主义者不搞调查研究，脱离苏区实际，不考虑城市乡村、大中小企业之间的区别，不顾私营企业的实际负担能力，机械地照搬苏联的一些做法和经验，提出过高的劳动条件和工资待遇。例如，在“许多城市的商店、作坊提出了过高的经济要求，机械地执行只能适用于大城市的劳动法，使企业不能担负而迅速地倒闭；不问企业的工作状况，机械地实行八小时和青工六小时的工作制；不顾企业经济能力，强迫介绍失业工人进去；在年关斗争中，许多城市到处举行有害苏区经济流通的总同盟罢工”[①]。对于工人群众的经济斗争领导，是自上而下命令的、脱离群众的，许多地方的工人斗争的要求，抄录劳动法。所有集体合同，千篇一律，没有表现出各个企业的不同工人自己的要求，这就是说这些斗争的要求，不是工人群众自己提出的，不是真正工人自己的要求，不论形式上我们召集了几次群众会议，不论群众已经举手通过，但是实际上这种斗争要求与集体合同只是工会机关自上而下提出的，并不是群众最迫切的要求。[②]这些不切实际的政策条文推行的结果，非但不能提高工人的政治觉悟，保护工人的经济利益，相反，由于劳动法规定的过高要求超过了企业的实际负担能力，许多私营工商业几乎破坏殆尽，企业垮台了，工人失业了，群众利益受到损害。同时，也妨碍了合作社的发展，干扰了公营企业，使苏区工业遭到很大的损失和破坏。

（二）陈云指导汀州市基层工会订立劳资合同

为了更加深入了解情况，制定更加科学且符合实际的经济策略，1933年1月—7月，作为全国总工会苏区中央执行委员会副委员长、党团书记的陈云三次来到闽西，在汀州有较长时间的停留。他到过各车间、商店、作坊，仔细地、具体地访问老工人、老赤卫队员。同时还亲自主持召开各种形式的座谈会、调查会，进行深入细致的调查，了解工人的生产、生活情况，先后发表了《苏区工人的经济斗争》和《怎样订立劳

---

① 《陈云文选》第1卷，人民出版社1995年版，第9页。

② 参见《陈云文选》第1卷，人民出版社1995年版，第10页。

动合同》两篇重要文章，文章中处处透露出陈云对民生的关注。

为了纠正党和工会的官僚主义，切实地为人民谋福利。陈云指出："签订集体合同，不能只是由工会机关自上而下地提出，而在自下而上的提出，反映工人最迫切的要求。这样的合同才能得到群众的热烈拥护，并使群众有决心为实现他们的这些要求而斗争。"[①]他批评道："工会领导机关常常拿了自己起草的合同条文，交到群众会上去讨论，就是这样的'讨论'，也常常变成简单的'赞成的举手'，马马虎虎'通过'。"主要原因是："工会领导机关没有发动群众积极讨论，虚心听取群众的意见，没有清楚地估计到合同上的每一条文必须是群众最迫切的要求。"[②]他严肃地指出："忽视改善工人生活的右的错误倾向，和妨碍苏区经济发展的'左'的错误倾向，都是与党在苏维埃运动中正确的路线不能并立的。"[③]

经济是每个人生存的最基本的、必要的条件，"只有工人的经济地位改善了，才能提高工人的觉悟，发挥工人参加革命的积极性"。当时，由于敌人的经济封锁和资本家的怠工，"乡村工人，许多没有增加工资……成万失业工人遭遇着不能生活的痛苦"[④]，汀州京果业的"好些店的老板欠工人的工资，最多的欠 400 元"[⑤]。为了增加工人的工资，改善工人的生活，陈云在《怎样订立劳动合同》一文写道：指导了汀州市店员工会工人王其佚与泰丰号京果雇主订立的劳动合同，"工人工资照一九三二年下半年数额。工人王其（与王其佚不是同一人——本书作者注）每月工资大洋二十元（伙食六元包括在内）；每月由雇主另外发给理发、洗衣杂费大洋九角。工资每月一号、十五号两次发给。"[⑥]"工人工作六天，休息一天。为使星期日店内继续营业，工人可在七天中轮流休息。如果工会会员大会决定星期日工作，将该星期日工资捐助某项运动时，则星期日工作者应给全部额外工资。"[⑦]"每年例假照劳动法规定的执行，不扣工资。

① 《陈云文选》第 1 卷，人民出版社 1995 年版，第 10 页。
② 《陈云文选》第 1 卷，人民出版社 1995 年版，第 13 页。
③ 《陈云文选》第 1 卷，人民出版社 1995 年版，第 11 页。
④ 《陈云文选》第 1 卷，人民出版社 1995 年版，第 9 页。
⑤ 《陈云文选》第 1 卷，人民出版社 1995 年版，第 15 页。
⑥ 《陈云文选》第 1 卷，人民出版社 1995 年版，第 16 页。
⑦ 《陈云文选》第 1 卷，人民出版社 1995 年版，第 17 页。

客家工人每年另外可以回家两个月，照发工资；如不回家者，雇主津贴工资一个月。”[①]

社会保障工作不仅关系到公民的基本权利，更关系到广大公民的切身利益。为了能让工人们安心地工作，保护他们在医疗保障、失业保险、接受教育及其他的合法权益，在《怎样订立劳动合同》一文中，陈云在指导了汀州市店员工会工人王其佚与泰丰号京果雇主订立的劳动合同里写道：在医疗保障方面，“工人有疾病，在三个月以内者，由雇主负责诊治药费，并照给工资”[②]。在失业保险上，“雇主除每月十足付给工人工资外，每月再应付出工人全部工资额的百分之六为失业保险金（除老板、工头外，不论工会会员或非会员均应照付），由雇主交社会保险局，工会得随时要求查到社会保险局的收据”[③]。同时，还提出了：“雇主每月应付出工人全部工资额的百分之二为工会办公费，百分之一为文化教育费，均按月交工会。”[④]

汀州京果业合同的核心内容，表现在苏区工人最关注、最敏感的工资、工作时间、星期日休息、例假、社会保险五个问题上。新的劳动合同在这些问题上规定的条文，既保护了工人的合法经济利益，又兼顾了雇主的承受能力，合同的条文不是呆板的，而是灵活的，富有弹性，便于操作。陈云在《怎样订立劳动合同》一文中写道：对于汀州京果业新签订的合同，“我以为这是很实际的”[⑤]。后来的实践也证明，这种“有弹性的合同”深受苏区工人的欢迎。这个合同是目前我们能见到的苏区最早、最详细的条文，具有一定的规范性和独创性，为以后合同条文的制定提供了借鉴。这种劳动合同的签订，对于进一步繁荣汀州的经济、支援革命战争、粉碎国民党的经济封锁、巩固根据地起到了很好的作用。

---

① 《陈云文选》第1卷，人民出版社1995年版，第17页。
② 《陈云文选》第1卷，人民出版社1995年版，第17页。
③ 《陈云文选》第1卷，人民出版社1995年版，第17页。
④ 《陈云文选》第1卷，人民出版社1995年版，第17页。
⑤ 《陈云文选》第1卷，人民出版社1995年版，第18页。

三、结束语

陈云同志在闽西活动期间，不畏艰辛，冒着严寒、顶着烈日穿梭在车间、商店、作坊间，深入调查研究，把每个党员与工人的任何细小的怀疑与不满，统统解释了与实际地解决了。他的这种把人民的根本利益作为一切工作的出发点和归宿，把民生工作做细做实，把关注民生真正变成为群众办实事办好事的具体行动，这种深入细致的工作方法和不解决问题决不罢休的工作态度，是值得我们学习的。特别是在闽西苏区调研中所形成的《苏区工人的经济斗争》及《怎样订立劳动合同》两篇文章，对纠正闽西工人运动经济斗争中的"左"倾机会主义错误，维护工人阶级利益，调动资方人员的积极性都起到了积极的作用。同时，纠正了一些工会干部在工作中的教条、机械、呆板的方法，调整了当时的劳资关系，对繁荣汀州经济，打破敌人经济封锁，巩固闽西苏区，构建和谐社会作出了重大贡献。

［本文为第十届陈云与当代中国学术研讨会论文］

中 篇

巾帼风采

从中共闽西一大决议看闽西妇女解放运动

新民主主义革命时期的闽西妇女解放运动历史，是中国共产党领导的中国妇女解放运动历史的重要组成部分。闽西妇女解放运动历史，在中国妇女运动史上写下了光辉的一页。

旧中国闽西的妇女，深受政权、族权、神权、夫权“四大绳索”的压迫，致使她们在政治地位、经济生活和婚姻生活等各方面都处在社会最底层，没有自由可言。鸦片战争以后，伴随着西方资本主义的政治、经济、军事侵略，中国传统的文化也受到冲击，西方妇女运动的理念和讯息、男女平等的思想，通过传教士和早期走出国门的人士传入中国，也传到了闽西，从而促使先进女性的觉醒，她们高举“男女平等”的大旗，踏上了反帝反封建和争取自由的征途。

1929 年 7 月，在上杭蛟洋文昌阁召开的中共闽西第一次代表大会，是在毛泽东亲自指导下召开的。大会通过了《政治决议案》《关于土地问题决议案》《关于苏维埃政权决议案》《关于妇女问题决议案》等一系列重要决议，特别是《关于妇女问题决议案》的通过，有力地指导了闽西妇女的解放运动，使闽西妇女解放运动呈现出一种新姿态：在中国共产党的领导下，闽西妇女在政治、经济、文化、婚姻生活等方面都发生了翻天覆地的变化，她们走出了文盲的桎梏，积极进行自我素质的提高、争取婚姻的自由、参与苏维埃政权的建设，成为闽西土地革命一支重要的生力军。

一、革命前闽西地区的妇女生活状况

历史上在闽西居住的人口大部分是从中原迁居而来的客家人。千百年来，闽西妇女同繁衍生息在这块土地上的先民一起，共同为闽西的开发和发展作出了重大的贡献，她们具有吃苦耐劳、温顺、俭朴的传统美德，更是赢得了老人的交口称赞，被誉为“中国最优越的妇女典型”。但是，生活在封建宗法制度下的闽西广大妇女，同各地的妇女一样，不可避免地遭受着同样的悲惨命运。她们在政治上是被压迫者，在经济上是被剥削者，在家庭中处于从属地位，没有丝毫的权利，甚至连生存也常常受到威胁。她们在旧社会中地位的悲惨是世界任何国家所罕见的。“母鸡不司晨，女人不是人。”“娶到的妻，买到的马，要打就打，要骂就骂。”把旧社会的广大劳动妇女同牲畜禽兽相比拟是一点儿也不夸张的。她们虽然是人，却没有独立的人格，没有被当作人看待。数千年的宗法社会即“家长制社会”，营造出了许多封建伦理的礼教与道德，把她们紧紧束缚得如同羔羊一般。妇女们终日无声无息地蜷伏在家庭劳作的小圈子里，终日不停歇地辛劳，从来没有出过头。男尊女卑的传统观念贯穿在政治、经济、文化、教育以及社会、家庭的各个方面。正如毛泽东同志所指出的：“中国的男子，普遍受三种有系统的权力的支配，即：（一）由一国、一省、一县以至一乡的国家系统（政权）；（二）由宗祠、支祠以至家长的家族系统（族权）；（三）由阎罗天子、城隍庙以及土地菩萨的阴间系统以至玉皇上帝以至各种神怪的神仙系统——总称之为鬼神系统（神权）。至于女子，除受上述三种权力的支配以外，还受男子的支配（夫权）。这四种权力——政权、族权、神权、夫权，代表了全部封建宗法的思想和制度，是束缚中国人民特别是农民的四条极大的绳索。”①

到了近代，她们又饱尝外国资本主义的压迫剥削，长期挣扎在社会的最底层。特别是由于闽西地处偏僻的山区，风气闭塞，政治、经济、文化落后，致使到20世纪20年代初，闽西妇女还过着水深火热的生活，

① 《毛泽东选集》第1卷，人民出版社1991年版，第31页。

她们在政治上没有地位，经济上不能独立，文化上愚昧落后，家务生活上不如牛马。面对这样的境遇，闽西妇女只能发出无望的哀叹。由此可见，闽西妇女谋求自由与解放运动的发生就是势所必然的事了。正如有的学者所说的："要把妇女确立为历史的主体，必须把她们置于特定的时空中去认识，基于她们所处的环境来解释产生这些行动的可能性。"[①]

革命前，闽西妇女的悲惨命运具体体现在如下几个方面：

（一）社会地位的不平等

封建宗法制度是以男性为中心的制度，封建的男尊女卑的传统观点贯穿在政治、经济、文化教育、伦理道德、风俗习惯及社会地位、婚姻家庭各个方面。妇女处于被支配、被束缚、被奴役、被摧残的地位，毫无人身自由，连做人的起码权利都没有，更无独立的社会地位，有的只被当作附属品和家产，当作传宗接代的工具。什么"三从四德""贤妻良母"，什么"不孝有三，无后为大"。在乡间，封建礼教是非常严厉的，男女之间不但授受不亲，甚至不敢多看一眼。不少地方的族规家法更是严酷。如上杭县才溪乡上才溪的族长规定：在宗祠门前演戏时要用竹篱笆将男女隔开。一次，有位妇女误进了男人篱笆内几步，便被族长吊在树下"示众"。下才溪有个妇女上圩场时遇到一个男子，一起走路不到十步远，被地主豪绅视为"伤风败俗"，竟然把她活活地掩死了。一位妇女因受不了婆家的虐待，深夜出逃，被抓回来后，族长诬她为"逆婆"，罚她在宗祠内"悔过祸罪"，并严刑拷打，逼得她上吊自杀。永定县坎市某村有两对鳏夫寡妇未经族长允许私奔，被视为犯了"族规"，抓回来后被"沉潭"致死。[②]自古以来，闽西妇女被束缚在封建宗法的牢笼内，终日屈辱地生活着、挣扎着，谁要是不堪忍受，稍有反抗，就被社会认为是"大逆不道"。轻则吊挂、鞭笞，重则活活打死。连城县南部的连南河的几处深潭，吞噬了不知多少个无辜妇女的生命。可以说，一部闽西妇女生活史，就是一部女性被束缚、被奴役、被摧残的血泪历史。

---

① 王政、杜芳琴编：《社会性别研究选择》，生活·读书·新知三联书店 1998 年版，第 365 页。

② 卢友杰：《永定苏区早期的妇女运动》，载福建省妇女联合会、福建省妇运史编纂委员会编：《福建妇女运动史资料与研究》（内部资料），1989 年第 1、2 期。

（二）经济地位的不平等

闽西妇女在经济上担负的责任特别重，物质生活上却异常贫苦。她们每天在家中，除牛马般不停地劳作、抚养儿女、料理家务以及一切琐事外，还要经常上山打柴，下田耕种，与男子操同等的工作，可是她们所享有的权利远不及男子，连家政亦不敢随便过问。特别是到了近代，经济逐渐破产后，男人有的外出做工、做小商贩或当兵，有的铤而走险当土匪，不少男子因在家不容易谋生，跑到南洋群岛去经营，有时十年八年不得回家。在有些客家人居住地区，不少男子大男子主义思想作祟，终日游手好闲，无所事事。所以，“闽西的妇女都要劳动，与男子一样担负生产的责任。即以龙岩的小脚女人，除极少数富家妇女外，没有一个不为穷困所逐，出来与男子同样劳动”[①]。她们担负着从春耕、夏种、秋收到冬砍的繁重体力劳动，在农闲时，她们还要去大埔、漳州挑担，出苦力赚些钱粮以糊口度日。此外，她们“格外还要担任家里一切琐碎的事情”[②]，而这种家务正如列宁所说的，多半是非生产性，最原始、最繁重的劳动。她们每日劳作的时间都在12小时以上，不少妇女生孩子后不到半个月便要起身劳动，以至于发生生理的暗病，终身不治。[③]她们不仅要用双手撑持家庭，还担负着养育儿女传宗接代的天职。可以说，她们所受的劳苦比男子要大得多。

闽西妇女虽然承担了繁重的劳动，在经济生活中却没有当家作主权，在观念上，男子仍被看成一家之主，女人是被男人养活的。经济报酬上的不平等也随处可见，妇女“劳动力的价值比男子低，如龙岩、上杭、武平、长汀等县女工工资比男子少一半，永定女工只得男工工资三分之一”[④]。除了观念上的因素外，更主要的是一般商业资本家、豪绅地主阶级加重对妇女剥削的缘故。所以，经济上的不平等，也使闽西妇女所受的

---

① 中共龙岩地委党史资料征集研究委员会、龙岩地区行政公署文物管理委员会编：《闽西革命史文献资料》第2辑，1982年7月，第127页。

② 中共龙岩地委党史资料征集研究委员会、龙岩地区行政公署文物管理委员会编：《闽西革命史文献资料》第2辑，1982年7月，第127页。

③ 参见《共青团上杭县委“三八”纪念宣传大纲》，1930年2月28日。

④ 中共龙岩地委党史资料征集研究委员会、龙岩地区行政公署文物管理委员会编：《闽西革命史文献资料》第2辑，1982年7月，第127页。

压迫和剥削特别严重。当时闽西地区流传着一首民谣，它的开头有这样几句："旧社会，好比是：黑格洞洞的古井万丈深，井底压着偓们，妇女在最低层。"这是旧社会广大劳动妇女所处地位的真实写照。

（三）婚姻制度的不平等

在封建旧礼教的束缚下，闽西的妇女在婚姻上不可能自主，更谈不上自由。婚姻命运全操纵在家长手中，"父母之命，媒妁之言"成为男女婚姻的合法形式。父母为了家庭的利益，往往借婚姻关系索取财物以作补偿，这便形成了极为普遍的包办买卖婚姻制度。女子嫁给男人后，则命运完全由夫家操纵。所谓"娶来的媳妇买来的马，任我骑来任我打"，妇女即使再不如意，也不能提出离异。受封建贞节观念的束缚，不少妇女宁愿备受煎熬，也要落个恪守贞节的"美名"。所以，在明成化七年（1471 年）起到清道光十五年（1835 年）修《龙岩州志》时止的 364 年间，漳平县妇女载入《烈女传》的共有 157 人，几乎都是终身不嫁守贞节的寡妇，绝大多数只写姓氏，连名字都没有留下。这种传统的贞节观念，千百年来成为寡妇的枷锁。因此丈夫死后，妇女想再嫁则为封建旧礼教所不容，视再嫁女为异类，并加以残害。

贞操观念牢牢地束缚着闽西妇女，但对男子并不适用。男子不仅可以再娶，还可以纳妾，一种以纳妾为形式的"一夫多妻"制度受到传统的认可与保护。有钱人家可以三妻四妾，把女人视为玩物。如在龙岩，到了 20 世纪 20 年代中期，纳妾之风还极其盛行，形成"劣绅纳妾，富商也纳妾；老人纳妾，青年也纳妾，学生也纳妾"的现状。此外，丈夫有权典妻、租妻，甚至卖妻。如永定县金砂乡西湖坊村，一个村从康熙年间到民国十六年，就有 11 人卖妻。更有甚者，在武平县山区和永定县金丰地区，封建地主实行古代遗留下来的那种野蛮的"初夜权"，使不少农村妇女惨遭封建地主阶级的糟蹋与蹂躏。

在闽西，还出现了封建制度下的畸形婚姻，这就是抱养童养媳和等郎妹。此种婚俗长盛不衰。

根据钟其生于 1945 年在福建省上杭县一带所作的乡村调查，发现童养媳现象相当普遍，详见下表：

表 1　闽西童养媳人数调查表

调查地区	户数	童养媳户数	占调查户	童养媳人数
中山乡三民保	240	96	40%	101
中山乡上坑保	242	66	27%	71
茶境乡樟树保	166	120	72%	156
白砂乡锦华保	215	153	71%	195
古蛟乡陈坊	156	90	57%	94
古蛟乡丘坊	200	112	56%	135
合计	1219	637	52%	748

资料来源：邱庆松：《福建客家婚俗及其特点初探》，载庄英章、潘英海：《台湾与福建社会文化研究论文集》，台湾“中央研究院”民族学研究所。

这表格反映了两个现象：首先是闽西收童养媳的现象相当普遍地存在，在上杭县调查的 6 个乡村中，有收童养媳习俗的占 100%；而且，6 个被调查的乡村中，有 4 个村的童养媳已被闽西人普遍接受。其次，是童养媳的人数超过了收童养媳的户数，如中山乡三民保童养媳的户数是 96 户，而童养媳的人数 101 人，童养媳户数合计 637 户，而童养媳人数合计 748 人。也就是说，存在着一户同时收养两个或两个以上童养媳的现象，这说明收养童养媳在闽西家庭中的普遍性。

比童养媳更悲惨更不合理的是“等郎妹”，就是买少女或 18 甚至 20 岁的女子来等待比较小的，或小得多的，甚至刚出生的男孩长大后成婚，等长大成人就举行婚礼。更有那荒唐可笑的，由大人抱着或牵着小新郎与等郎妹拜堂进洞房的。

（四）文化教育的不平等

闽西地处偏僻山区，文化教育素质落后。由于长期深受“女子无才便是德”的封建思想和“重男轻女”恶习的影响，闽西妇女接受文化教育的权利被剥夺。除了少许地主富家的小姐、太太有机会念书外，几乎都是文盲。如永定县妇女全文盲或半文盲的占妇女总数的 90%。就是文化相对比较发达的龙岩县，至民国纪元后，始有提倡并兴办女学的，而在广大农村，就根本谈不上有为妇女兴办的学校。由于教育的不普及，她们的才智便不能得到开发，应有的知识和能力也得不到培养。所以，闽西广大妇女长期处于愚昧无知的状态。她们思想陈腐，过惯了逆来顺受的日子，有苦无处讲，有冤无处申，敢怒不敢言，即使稍有反抗，也常常被旧社会封建高压势力所征服。于是，她们只能认命，只能祈求神灵的保佑。

闽西妇女在封建宗法制度束缚下，受尽了奴役，又遭受外国资本主义的剥削和军阀混战的祸害。特别是兵匪横行、军阀混战的日子里，打着各种旗号的大小军阀“走马灯”似的不断骚扰、压榨闽西人民，他们卖官鬻将，派军饷，捉兵担，烧杀抢掠，任意欺侮人民。

总之，在半殖民地半封建的旧中国，闽西的广大劳动妇女同万千中国劳动妇女一样，处于极其低下与凄惨的地位，她们已完全成为双重的奴隶，任人欺凌与践踏，她们的命运，正如鲁迅先生小说中描绘的祥林嫂那样：“屈辱地生，凄凉地死。”

旧社会的广大劳动妇女的地位为什么会这样悲惨？列宁指出：“必须切实地分析这个问题，就是妇女作为人与社会成员的地位，是与生产工具私有制有着不可分割的联系。”[①] 所以，妇女地位的悲惨是与社会和私有制分不开的，私有制与阶级剥削是广大劳动妇女受压迫的根本原因。社会地位之所以不平等，是由于人们在生产资料占有方面的不平等，由阶级不平等决定的。正因为这样，不论是封建制代替了奴隶制，还是资本主义制度代替了封建制度，它们虽然在压迫剥削妇女的方式上有所变化，但广大妇女始终处于受压迫的地位，这些剥削制度成为一块压在广大劳动妇女身上的石头。几世纪以来，平等自由的原则，成为资本主义“文明”国装饰门面的口头禅，可是在他的制度之下，经济既不平等，妇女是得不到一切平等和自由的。她们不但成为资本家用以操纵劳动市价更廉贱的生产奴隶，并且负担资本主义社会组织中家庭的和母性的负担。因此，要彻底改变妇女在社会与家庭中所处的不平等地位，就必须变革社会制度。马列主义教导我们，推翻地主和资本家政权是妇女解放和确立妇女与男子完全平等的首要的和决定性的步骤。反动阶级的统治没推

---

① ［德］蔡特金：《回忆列宁》，马清槐译，人民出版社1960年版，第4页。

翻，生产资料私有制和阶级剥削没有消灭，妇女受压迫的地位就没办法改变。“在私有财产之下，妇女真正的解放是不可能的。”“只有无产阶级获得了政权，妇女们才能得到真正的解放。”[①]

闽西妇女种种悲惨境遇，构成了闽西妇女运动兴起和发展的社会基础。从而，促使她们为争取自身的解放而进行不懈的努力和斗争。

二、各级党组织高度重视妇女工作

中国共产党一贯重视妇女的解放事业，大革命时期，闽西许多县曾建立妇女组织，开展妇女运动。1927 年 8 月 21 日，中共中央发出通告第五号《最近妇女运动的决议案》，强调指出：“要恢复各级各地妇女部工作。”党的六大通过的《妇女运动决议案》决定：“党必须在劳动妇女中作系统的、经常的指导，自中央直至支部，必须至少有一人负妇运之责，或视相当情形组织妇女委员会。”“农民组织之中要有妇女委员会，妇女必须参加苏维埃政权。”

1929 年 1 月，中共福建省委根据中共中央的要求和形势发展的需要，就妇女运动问题发出了第十五号通告，要求各级党部立即成立妇女运动委员会，同时还指出：“必须有工农运动的工作同志参加委员会，书记不一定由女同志担任，一切计划和决议经常委会通过，在工农运动工作中分途进行。”

1929 年 6 月，中国共产党第六届中央执行委员会第二次全体会议关于政治决议案及组织问题决议案提出，要“注意青年妇女的工作……党更应当在一切斗争中关系到青年与妇女的利益，尤其要加强纺织女工运动的工作”。“在许多工厂中女工员虽占半数，但是党内女同志的数量则占极少，到现在还极少女同志的干部参加指导机关。乡村里，农妇在斗争中的地位和影响亦渐扩大。因此，党必须在妇女中工作，必须吸取工厂里最觉悟的女工到自己的队伍里来，必须引起得力的女同志干部到各

① 《关于妇女运动的决议》，载《中共中央文件选集》第 1 册（1921—1925），中共中央党校出版社 1982 年版，第 56—57 页。

级指导机关担任相当工作。在工农会的各级指导机关中，要有积极的女工农妇参加，在这里边组织妇女运动委员会调查和计划妇女工作，并应有妇女到各部工作。于必要时，工农会的妇委得召集定期的妇女会议讨论一切工作；但非经常的组织，因为这种妇女会议是一种非经常的运动，帮助工会农会去教育鼓动女工农妇到阶级斗争的队伍里来。”①

《党和苏维埃对妇运的指示》中指出：“妇女会是全县劳动妇女的组织，组织妇女参加洗衣队、慰劳队、救护队、做军鞋、优待红军家属等工作，并组织青年妇女上学、上识字班，在革命战争中妇女这一支巨大的力量，是作出了卓越的贡献。”“县区苏内建立妇女委员会，指导县区妇女工作（现都已成立了）。”“县区乡都有劳动妇女会，各级劳妇会都有执委会直接受各级苏维埃妇委会指导。”②

1929 年 7 月中共闽西一大通过的《妇女问题决议案》第六项提出了闽西党组织今后妇女运动的任务与工作路线：“是为动员所有妇女群众，团结在本党的周围，领导妇女参加政权机关。”要“1. 领导广大妇女群众参加斗争。2. 引导勇敢进步的妇女参加各级政权机关。3. 特别注意贫苦妇女群众工作。4. 领导广大妇女群众参加工农会、青年妇女参加少年先锋队。5. 提拔妇女干部参加妇女指导机关。6. 加紧对妇女群众的宣传教育工作”③。

在党中央的高度重视下，闽西苏区的妇女组织普遍建立起来。当时的妇女组织大约有三种类型：党内恢复重建的妇女部或妇委，包括团系统中的青妇部、工会系统的女工部、农会系统的妇女委员会；政府内部具有咨询协调性质的妇女生活改善委员会；群众性的女工农妇代表会议。④

① 团中央青运史研究室、中央档案馆编：《中共中央青年运动文件选编》，中国青年出版社 1982 年版，第 217 页。

② 《党和苏维埃对妇运的指示》（节选），载江西省妇联赣州地区办事处编：《赣南妇女运动史料选编》，1997 年，第 5 页。

③ 中共龙岩地委党史资料征集研究委员会、龙岩地区行政公署文物管理委员会编：《闽西革命史文献资料》第 2 辑，1982 年 7 月，第 128—129 页。

④ 参见顾秀莲主编：《20 世纪中国妇女运动》，中国妇女出版社 2008 年版，第 327—328 页。

三、闽西妇女的解放

广大妇女要想获得自由和解放，必须要有先进思想的引导和革命运动的熏陶，更需要先进阶级的组织和领导。闽西广大妇女只有把自身的解放同无产阶级革命事业紧密地联系在一起，同阶级的解放、民族的解放，同劳动的解放紧紧地联系在一起，成为中国革命事业不可缺少的组成部分，才能最终改变自己的命运。

（一）妇女解放思想的传播

鸦片战争以后，伴随着西方资本主义的军事、经济、政治侵略，中国传统文化也受到冲击。一些西方传教士相继踏上中国大陆，在东南沿海一带进行传教活动。不久，传教活动由沿海到内地，由平原到山区，同样也蔓延到偏僻的闽西山区。他们吸收男女教徒，共聚一堂做礼拜，这就冲击了“男女授受不亲”的藩篱。它们还在闽西各县设医院，办学校，挂慈善的招牌。女学在闽西初步兴起，虽然规模有限，但毕竟是新生事物，它使一批没有受教育权利和机会的妇女走出闺阁，接触社会，为提高自己的社会地位，也为妇女的进步，接受新文化、新式思潮创造了条件，对自身的解放也具有重要的意义。

1919 年五四运动爆发后，新文化运动渐渐兴起。随着新文化运动的发展以及大革命风暴的来临，许多进步书刊传入闽西，这使得新思想、新潮流在广大青年一代中广泛传播，不少在外求学和本地成长起来的青年知识分子的思想非常活跃，纷纷在学校或家乡结社聚会，开展创办报纸活动。这些进步社团和创办的报刊主要有：

1921 年春，邓子恢、章独奇、陈明、林仙亭、张觉觉等一批进步青年，在龙岩白土组织“奇山书社”，于 1923 年 9 月 1 日创办了《岩声》月刊，出版了 43 期。

1923 年春，永定下洋在厦门集美学校师范部学习的胡其文、陈正、胡永东、曾牧村等，邀集回乡学生及侨生共 41 人，在中川犹兴学校成立了“晨钟社”，并于同年 12 月出版了社刊《钟声》等。

总之，自五四运动爆发到大革命失败的七八年间，闽西创办的进步社团有几十个，创办的报刊有20多种，闽西涌现出一批进步的知识分子，以反帝反封建，改造社会为己任，同时对生活在社会最底层的妇女给予极大的关注。其中《岩声》刊载有关妇女自己的文章就有《离婚自己》《妇女解放自己》《妇女教育自己》《我们女人应有的觉悟》等20多篇；此外，《到民间去》《汀雷》等，都很注意对妇女进行宣传鼓动，汀雷社还把“革除一切封建思想风俗及行动”“提倡女子教育，促进女权发展”当作自己政纲的重要内容。

（二）闽西妇女的解放

闽西的妇女有着伟大的力量，如何教育她们，提高她们的文化水平，如何组织她们，如何逐渐改善她们的生活，解除其他无理的压迫和束缚是中国共产党所要思考的。在中国共产党的领导下，闽西的妇女们在政治地位、经济生活、婚姻生活方面发生了巨大的变化。她们走出了文盲的桎梏，积极加入自我素质的提高、争取婚姻的自由和参与国家的政权建设。翻身后的闽西妇女们以极大的热情投入经济建设和扩红支前运动中，充分发挥了苏区妇女的潜能，向世人展示了巾帼风采。

1. 苏区妇女在文化教育上的翻身

在闽西苏区，苏维埃政府高度重视文化教育。1929年7月15日，中共闽西第一次代表大会通过《妇女问题决议案》，确定今后妇女运动的任务与工作路线。其中工作路线第七条是：“开办学校使妇女得到求学的机会。”[①] 厉行全部的义务教育是苏维埃文化建设的中心任务之一。闽西苏区实施的教育政策，就是免费的义务教育。规定6岁以上的女孩同男孩一样实行免费教育。19—30岁的青年要参加夜校学习，妇女要占一定比例，并且打破了童养媳不上学的陋习。每村建立一个妇女夜校，以屋场或街道为单位，组织妇女识字组，每晚识字1—2小时，利用识字竞赛的方法，提高妇女识字的积极性。每位妇女每月要认30—50个字，并能写出来，开展个人与个人、村与村、乡与乡的识字竞赛，并定期评奖。在俱乐部，每位妇女都要出墙报，自己写不出来就把意见交给别人代写，每10天出一期，张贴在热闹的地方。读报组每5天读报一次，政治讨论

① 长汀妇女联合会编：《长汀妇女运动大事记（1925—1949）》，1986年10月，第5页。

会和各种研究会，每月举行两次，妇女们都要发表意见，互相讨论和研究如何加强妇女政治认识能力和工作经验总结能力。

在苏维埃政府的号召下，青壮年妇女在紧张的劳动之余，拖儿带女到夜校学习；年老的妇女也不甘落后，她们婆媳同学或是祖孙同上校。没有灯，她们就点燃松枝；没有桌子和纸，她们就自带凳子、沙子。妇女们在坪上铺些沙子，用树枝当笔在上面书写，能者为师，一天学几个字。字识多了，妇女们慢慢能看书报，懂得了许多道理，她们可以自由地讨论国家大事。随着文化水平的提高，许多妇女参加了乡、县、区的剧团、俱乐部，开展歌谣、舞蹈、音乐等文艺活动，通过文艺形式来表达妇女翻身的喜悦之情。据统计，当时闽西苏区的2053所夜校中，妇女夜校就占60%。长汀、上杭、宁化等县的夜校，女子占70%。毛泽东还亲自创办了新泉工农妇女夜校。在他的带动下，新泉区陆续办起了18所妇女夜校。①

闽西的广大妇女通过学习，既提高了文化知识水平，又提高了政治思想觉悟。为了解放闽西的劳苦大众，为了巩固和扩大闽西革命根据地，她们踊跃地投入到革命中去。有的参加了地方武装游击队，有的参加了地方政权工作，有的积极参加了当地的生产劳动，从事根据地的经济建设工作，充分发挥了妇女"半边天"的作用。如连城新泉妇女骨干训练班的杨主莲、李秋凤等8位青年妇女，被选拔参加了独立团第四团团部的宣传队。1930年春攻打连城时，她们随军作战，贴标语，散传单，不怕死，不怕累，被称为"八女勇士"。

闽西妇女们在艰苦的革命战争年代里，发扬了敢想敢干的精神，在长期的革命斗争中锻炼出了坚强的意志，参加革命的积极性更加高昂，如连城新泉妇女骨干班先后有120多名青年妇女加入游击队，同敌人展开了英勇的斗争，创造了许多动人的故事。夜校的妇女们还组织了"夜校慰劳队"，队员们白天帮助红军战士洗补衣服，看护红军家属，晚上到夜校一边学习一边纳草鞋，革命热情极其高涨。

在党的领导、各种教育训练班的培养下，闽西妇女们以她们的胆识

---

① 参见黄马金：《客家妇女》，中国妇女出版社1995年版，第254—255页。

和智慧，不仅驰骋在炮火隆隆的战场上，而且在政权建设、经济建设和文化建设中也充分显示出她们的聪明才干，真正发挥了“半边天”的作用，为新民主主义的胜利作出了不可磨灭的贡献。

2. 苏区妇女在婚姻桎梏上的解放

苏维埃政权建立之后，彻底废除了封建的婚姻制度，用法律的形式规定了苏维埃政权的婚姻制度，为妇女的婚姻自主提供了广阔的前景。

为帮助妇女们打破封建婚姻制度的枷锁，自苏维埃政权建立以来，他们把推翻封建旧礼教，解放妇女作为己任。

永定妇委成立后，把婚姻自由作为解放妇女的主要任务。1928 年 8 月，溪南区苏维埃政府颁布了《婚姻条例》，这是中央苏区第一个婚姻条例。主要内容有：第一，男女结婚以双方自愿为原则，不受任何人干涉，寡妇和婢女准其自由结婚。第二，对离婚的条件作了规定。“土豪劣绅的妻妾、媳妇要求离婚者，准其自由”；“妇女受翁姑、丈夫压迫，情况属实，准其自由”；“男女年龄相差太远者，准其自由”；还有夫妻间确无丝毫感情或者被强迫结婚者，准其离婚。第三，废除旧礼教，取消聘金和礼物。第四，男女结婚，必须向区苏维埃政府报告。《婚姻条例》颁布后，溪南区苏维埃政府就布置各乡妇女代表回去组织宣传贯彻。

1929 年 3 月，为纪念三八国际妇女节，中共闽西特委发出党团联字通告第四号，指出，闽西虽在红色苏维埃政权之下，但妇女仍得不到解放和特殊的利益，大部分妇女还没有起来。通告还指出，在纪念日的大会上要提出妇女的要求，其中婚姻方面的有：不准翁姑无理打骂媳妇；反对丈夫压迫老婆；禁止虐待童养媳；反对丈夫多娶老婆；婚姻自由。

1929 年 7 月 15 日，中共闽西第一次代表大会通过的《妇女问题决议案》中有关于“今后妇女运动的任务与工作路线”的内容，其中第九项指出：“党应帮助妇女解除旧礼教的压迫。”第十一项指出：“党不应单纯站在某一方面，不要制止妇女离婚，使妇女失望；也不要鼓动妇女离婚使农民恐慌。党在此时特别向妇女群众宣传，使妇女彻底明白，迫使妇女的自由的不单是妇女的家庭，而是整个封建阶级，妇女要彻底解放应与男子一致参加革命，彻底地从礼教束缚之下解放出来。”第十二项指出：“妇女或男子有提出离婚者，党及政权机关应根据下列两个原则判决：

（1）双方愿意。（2）丈夫有强迫妇女事实者。”①

闽西苏维埃政府提出，要使妇女从封建的宗法统治中解放出来，帮助她们“反对旧礼教的束缚，经济上的不平等，政治地位的低落”②。为了加强对妇女工作的领导，各级苏维埃政府设立了妇女部，福建省委设立了妇女生活改善委员会。提出要彻底废除封建的婚姻制度，用法律的形式规定苏维埃政权的婚姻制度。

苏区妇女在婚姻制度上获得解放，是人类社会制度进步的一个重要标志。毛泽东对妇女要求婚姻自由表示欣慰，他称赞妇女们的勇敢精神，指出："民主制度代替封建制度的潮流，是到底无法制止的了。"③“这种民主主义的婚姻制度，打碎了数千年束缚尤其是束缚女子的封建锁链，建立了适合人性的新规律，这也是人类历史上伟大的胜利之一。”④

这些冲破封建旧礼教而获得新生的妇女，把全部精力投入革命洪流中。武平中山新城妇女王细莲，5 岁时被卖给别人为童养媳，受尽凌辱，在争取婚姻自由的精神鼓舞和温财孜同志的引导下，16 岁时毅然剪下长辫，黑夜逃出婆家，奔向上峰游击队驻地参加革命，后与上峰赤卫队队长潘其行相爱结婚。婚后夫妻同甘共苦、并肩作战，为革命作出了贡献。

3. *苏区妇女在政权建设上的话语权*

妇女工作是政权工作的重要部分，为切实保障妇女参政地位，最大限度地发挥妇女对革命事业的支持，苏维埃政府采取了一系列有力的措施。

中共闽西第一次代表大会《妇女问题决议案》第六条《今后妇女运动的任务与工作路线》指出：“目前妇女运动的任务是为动员所有妇女群众，团结在本党的周围，领导妇女参加政权机关。”工作路线第二项指出：

---

① 中共龙岩地委党史资料征集研究委员会、龙岩地区行政公署文物管理委员会编：《闽西革命史文献资料》第 2 辑，1982 年 7 月，第 120 页。

② 《妇女问题决议案》，载中共龙岩地委党史资料征集研究委员会、龙岩地区行政公署文物管理委员会编：《闽西革命史文献资料》第 2 辑，1982 年 7 月，第 128 页。

③ 毛泽东：《寻乌调查》，载《毛泽东文集》第 1 卷，人民出版社 1993 年版，第 242 页。

④ 毛泽东：《在第二次全国苏维埃代表大会上的报告》（1934 年 1 月 24 日—25 日），载江西省档案馆、中共江西省委党校党史教研室选编：《中央革命根据地史料选编》下册，江西人民出版社 1982 年版，第 332 页。

"引导勇敢进步的妇女参加各级政权机关。"[①] 闽西苏维埃政府规定，妇女和男子一律平等，16 岁以上的女子，有参加政治的权利，有选举权和被选举权。要求吸收妇女的先进分子加入党的组织，每个支部至少要吸收一个女同志。还规定，各级苏维埃人民代表中要保证妇女代表占 25% 的比例。

同时，为了保证妇女享有参政议政的权利，在《保护青年妇女条例》中规定"禁止妇女参加革命者处罚"[②] 等。

由于中央苏区政府的高度重视，各级苏维埃政府认真贯彻落实，妇女参政状况得到很好的改善。

毛泽东在总结苏维埃民主制度时指出："现在多数的城乡苏维埃，妇女当选为代表的占百分之二十五以上，部分的地方如上杭的上才溪乡，七十五个代表中妇女四十三个，占了百分之六十。下才溪九十一个代表中妇女五十九个，占百分之六十六，广大的劳动妇女是参加国家的管理了。"[③] 据龙岩新泉区苏统计，在区、乡两级政府工作人员中，妇女就占了半数。[④] 妇女的参政主要体现在参与政权的管理和参与劳动妇女代表会议。

为了提高妇女的参政议政水平，党和苏维埃政府通过举办各种训练班，选拔妇女干部到各学校去深造等办法，加速培养和锻炼妇女干部。中央司法部要求各级裁判部举办训练班时，要招收妇女学做裁判工作，红军学校也专门开办女子义勇队。经过不懈的努力，大批劳动妇女被提拔到各级领导岗位。在第二次全苏大会上，中央苏区有 17 位妇女当选为中央执行委员和候补中央执行委员，其中包括童养媳出身的中共中央妇女部部长李坚真、福建省苏维埃政府土地部部长范乐春、闽赣省委妇女

---

① 中共龙岩地委党史资料征集研究委员会、龙岩地区行政公署文物管理委员会编：《闽西革命史文献资料》第 2 辑，1982 年 7 月，第 128—129 页。

② 中共龙岩地委党史资料征集研究委员会、龙岩地区行政公署文物管理委员会编：《闽西革命史文献资料》第 4 辑，1983 年 5 月，第 234—235 页。

③ 毛泽东：《中华苏维埃共和国中央执行委员会与人民委员会对第二次全国苏维埃代表大会的报告》，载江西省妇女联合会、江西省档案馆选编：《江西苏区妇女运动史料选编》，江西人民出版社 1983 年版，第 148 页。

④ 参见中共连城县委党史研究室、连城县老区扶贫工作办公室编：《福建中央苏区纵横（连城卷）》，中共党史出版社 2009 年版，第 144 页。

部部长吴富莲等。

这些妇女参加政府工作后，积极向政府提出关于妇女本身利益的提案，要求政府颁布保护妇女的法令，恢复妇女在社会上应享有的一切权利，并督促政府、拥护政府、帮助政府工作。毛泽东在《才溪乡调查》中写道："妇女代表会讨论的问题，凡乡苏讨论的，他们都讨论，除对慰劳红军、推销公债，发展生产极其努力外，本身利益如婚姻问题，也常讨论，解释婚姻条例给妇女听。"①

她们还积极参加改造苏维埃政权的斗争，把苏维埃里面的腐化分子开除出去，把坚决勇敢的分子和青年领袖（特别是妇女）选到苏维埃工作，使苏维埃能真正成为领导群众斗争而有工作能力的政权。

四、闽西妇女在革命战争中的重要作用

闽西妇女同胞，由于长期的劳作与沉重的家庭压力，使她们具有刚毅、率直，甚至反抗精神。特别是受到近代妇女思潮和俄国十月革命、我国五四运动革命思想的影响，很容易激发她们的自主精神。她们加入斗争的行列，参与抗租抗税和武装反抗国民党反动派的斗争。在斗争中，妇女们得到了锻炼，提高了觉悟。"今年（1929 年）红军从赣南到闽西后，各县妇女处处起来参加革命。赤卫队、暴动队的组织里也有不少的妇女参加。龙岩湖邦有妇女自动的召集妇女群众大会，向政府提出种种要求解放的事件。……从这些地方充分表现妇女参加革命的热情，尤以反对包办婚姻为厉害。"②

闽西妇女在党的领导下，为推翻反动统治阶级，砸碎身上的枷锁，和男同志一道投入到轰轰烈烈的土地革命斗争中。她们积极加入农会，配合党支部参加各种对敌斗争，在龙岩后田暴动、上杭蛟洋暴动、永定金砂暴动等暴动中，拿起刀枪，破仓分粮，加入暴动队伍，宣传、发动、联络群众，出色地完成了党交给的各项任务。正如中共闽西一大决

① 毛泽东：《才溪乡调查》，载《毛泽东文集》第 1 卷，人民出版社 1993 年版，第 329 页。

② 中共龙岩地委党史资料征集研究委员会、龙岩地区行政公署文物管理委员会编：《闽西革命史文献资料》第 2 辑，1982 年 7 月，第 127 页。

议《闽西妇女问题与工作路线》中指出的："大会认为妇女在革命战争中有下列的作用：1. 做侦探；2. 任交通；3. 做宣传工作；4. 参加斗争；5. 做士兵运动；6. 料理家务代理为革命服务的丈夫；7. 守卫放哨；8. 煮茶饭；9. 运输；10. 慰劳男子，能做到的一切工作。"[①] 在斗争中，她们的政治觉悟迅速得到了提高，成为工人阶级的先进分子，她们中的许多人加入了中国共产党。她们对党对人民忠贞不渝，不少同志为革命献出宝贵生命，成为人民英雄，受到人民的尊敬和怀念。毛泽东同志曾高度评价妇女在革命战斗中的作用，指出，她们是革命战争中决定革命胜败的一个力量。闽西妇女正是这样一支伟大的力量。她们不仅在武装暴动中，而且在以后的反"围剿"斗争和三年的游击战争、抗日战争、解放战争中，都作出了巨大的贡献，她们的革命精神永远激励后来者前进。

五、结束语

从 20 世纪二三十年代开始，特别是在中央苏区的创建过程中，闽西妇女解放运动风起云涌，并且取得了显著的成效。这主要是由于苏区时期中国共产党高度重视妇女解放运动。党和苏区政府，以及毛泽东等领导人在领导苏区人民开展轰轰烈烈的土地革命斗争的同时，高度重视妇女这支力量，从政策的制定、法律的出台到关心她们的生产、生活、学习，无不蕴含着党和苏区政府及其领导人对妇女解放运动的关心和支持，也正是有了党的温暖，闽西苏区的妇女们以前所未有的姿态活跃在生产、支前等战线上，充分展示了闽西苏区妇女的精神风貌。在中国共产党的领导下，闽西苏区的妇女们的政治地位、经济生活、婚姻生活发生了巨大的变化，她们走出了文盲的桎梏，积极加入自我素质的提高、争取婚姻的自由、参与苏维埃政权的建设。翻身后的闽西苏区妇女们以极大的热情投入到经济建设和扩红支前运动中，充分发挥了苏区妇女的潜能，向世人展示了巾帼风采。

---

① 中共龙岩地委党史资料征集研究委员会、龙岩地区行政公署文物管理委员会编：《闽西革命史文献资料》第 2 辑，1982 年 7 月，第 128 页。

在长期的革命斗争中，闽西妇女无论在战火纷飞的战场上，还是在后方生产岗位上，都作出了重大的贡献，付出了巨大的牺牲，创造出了惊天动地的奇迹，体现了妇女在伟大社会变革中的奉献精神和战斗力量，赢得了社会对女性价值的承认和尊重。在闽西这块红土地上，先后涌现出范乐春、李坚真、赖月华、吴富莲、邓六金、张昭娣等杰出的妇女运动领导人，以及张锦辉、唐义贞、张溪兜、罗荣德、陈康容、陈客嫲等一批著名女英杰，上千名女英烈为革命流血牺牲，她们都是闽西妇女的突出代表，她们光彩照人的形象和英勇事迹已永远载入闽西人民革命的光荣史册。

[本文为2019年7月在上杭纪念中共闽西一大召开90周年座谈会上的发言]

苏区妇女干部培养的宝贵经验及启示
——以新泉工农妇女夜校为例

毛泽东是伟大的无产阶级革命家、战略家和理论家，是中央苏区的重要创始人之一。土地革命战争时期，他成功地把党的工作重心由城市转移到乡村，开辟了一条“农村包围城市，武装夺取政权”的道路。在此期间，他在赣南、闽西的土地上，领导共产党人积极开展了军事斗争、政治改革、经济建设，克服了重重困难，取得了可喜的成绩。同时，在争取苏区妇女的解放方面也做了大量的工作，从而促进了苏维埃政权的扩大、巩固和人民生活水平的提高。

1929 年 5 月、6 月、12 月，毛泽东、朱德、陈毅等率领红四军三次进驻连城县的新泉，在新泉开展了为期 10 天的著名的“新泉整训”。期间，毛泽东主持召开红四军党的第九次代表大会预备会，并在新泉“望云草室”起草《古田会议决议（草案）》，开办了中国共产党历史上第一所妇女干部学校——新泉工农妇女夜校，使新泉成为红四军“军魂”的铸就地，成为古田会议精神的发祥地，成为党对妇女运动的领导、妇女干部的培养机制创始地。

一、中国共产党高度重视培养妇女干部

发展苏区教育事业，大力提高苏区人民的文化知识水平和思想觉悟，是党和苏维埃政府的重要任务和奋斗目标之一。中国共产党和苏维埃政

府从土地革命一开始，就十分重视对工农群众进行思想文化教育，着力发展教育文化事业。

在中央苏区时期，毛泽东在争取中央苏区妇女的解放方面，做了大量的、富有成效的工作，从而促进了苏维埃政权的扩大、巩固和人民生活水平的提高。毛泽东充分认识到妇女对于革命的需求以及革命对于妇女的需要，但妇女不是革命的工具，需要通过关注妇女的特殊利益，支持妇女的解放要求，而妇女的彻底解放，不能靠别人的恩赐和给予，要充分调动妇女的主动性和积极性，妇女的彻底解放才有可能。毛泽东在《湖南农民运动考察报告》中已充分意识到农妇解放要依靠妇女自身，党的作用只能是宣传和动员。他指出，共产党对于这些东西的宣传政策应当是："引而不发，跃如也。"

为充分发挥妇女的主观能动性，毛泽东一方面大力主张男女同时进化，为妇女接受平等教育大声疾呼，为妇女参加革命积极创造条件，从而使她们在革命实践中增长才干。同时，他充分肯定妇女的伟大作用，以唤醒妇女的自主意识。新泉工农妇女夜校就是毛泽东亲自创办的第一所妇女干部学校，是为了把连城新泉妇女从封建的桎梏下解放出来，通过学习文化，获得政治上、文化上的彻底解放的一所干部学校。这是党对妇女运动的领导、妇女干部的培养机制创始地，夜校的办学宗旨、教学方法等对以后的妇女干部培养产生了重大的影响。

（一）土地革命的炮声催生了新泉工农妇女夜校

苏区教育是革命文化建设的基础和前提。发展教育事业，使广大贫苦工农享有受教育的权利，通过教育使苏区军民扫除文盲，逐渐提高文化知识水平，这不仅是苏区政权与国民党统治的阶级性质的区别，而且是进行苏区各项建设的必备条件。在毛泽东同志的领导下，苏区彻底破除旧教育，紧密结合革命战争的实际，开展政治教育、文化教育等为中心任务的教育实践，全面进行教学内容和教学方法的改革，逐步形成了适合革命战争和苏区建设需要的教育体系和教育制度。

1929 年 6 月，毛泽东率领红四军第二次入闽，来到连城县新泉区，当他了解到新泉妇女还没有从封建的束缚下解放出来时，便亲切地教导妇女要参加革命，要学习文化，要搞好生产。为了帮助新泉妇女砸碎封建枷锁，冲破黑暗牢笼，在政治上、文化上获得彻底解放，同时，为了争取妇女人身和婚姻自由，更为了适应组织苏区妇女参加土地革命的需要，我党亟须建立一支积极参与土地革命的女干部队伍，毛泽东亲自指示新泉区干部张瑞明、张育文创办工农妇女夜校，组织妇女到夜校学习政治和文化。7 月，在新泉张家祠办起了中国共产党历史上第一所培养妇女干部的学校——新泉工农妇女夜校。

（二）中国共产党的正确领导是夜校办学的不绝动力

1. 攻克了学员少的难关

旧中国的闽西妇女，深受政权、族权、神权、夫权“四大绳索”的束缚，致使她们在政治地位、经济生活和婚姻生活等方面都处在社会最底层，没有自由可言。由于长期深受“女子无才便是德”的封建思想和“重男轻女”恶习的影响，闽西妇女接受文化教育的权利被剥夺，许多家长不肯让女儿、媳妇到夜校学习。其次，地主、豪绅也在暗中造谣破坏，阻拦妇女学习。因此，新泉工农妇女夜校创办之初就遇到学员少的第一个困难。

面对这个困难，区、乡干部首先动员自己的亲属报名入学。如张育文同志就让妹妹张素娥上学，并通过张素娥去做工作，动员一些年轻妹子上学。夜校积极分子杨主莲等不厌其烦地、耐心细致地做个别家长的思想工作，特别是开导老年妇女认识革命形势，让自己的亲属上夜校，参加学习和社会活动。经过她们艰苦努力的工作，不少家长被说服了，高兴地让女儿、媳妇上夜校。对于地主豪绅的造谣破坏，她们组织了一个“特别队”，进行针锋相对的斗争。对于那些顽固分子压制妇女、阻挠妇女参加学习和革命活动的，“特别队”就向他们开展说理斗争，保障妇女享有正当的权利。

经过区乡干部和妇女们的共同努力，千方百计地克服困难，妇女夜校得到了巩固和发展。到 1929 年底，学员已由开学时的十五六人，发展到 100 多人。张家祠容纳不下了，她们又在东山楼办起一所分校。1930 年 2 月，为了满足越来越多的劳动妇女学文化的要求，新泉区苏维埃政府在东山楼举办了一期为时 3 个月的妇女骨干训练班。训练班的学员共有 80 余人，都是由各乡选送来的。学习结束后，再回到本乡本村创办妇女夜校。区苏维埃政府用这种撒种子、滚雪球的方法，短期内在新泉区就办起了 18 所妇女夜校，学员发展到 700 多人。

2. 克服了缺乏教材和师资的问题

由于区、乡干部的积极动员，夜校的学员不断增加，但是，原有的课本不够用，为了解决这个问题，区革命委员会就组织干部编写课本，或者翻印《红军识字课本》，有的翻印来不及，就发动学员抄，边抄边学，边认边抄，从而解决了教材问题。为解决教师缺乏问题，区干部采取了两个办法解决：一是请区、乡干部轮流到夜校当义务教员，二是按“能者为师”的办法，由学员自己教。如张素娥经常利用三餐吃饭的时间向哥哥学习，自己先学了，晚上再去教其他妇女。这正如毛泽东所提倡的，“有一二个教师就行了，学生还可以教学生，学生白天学了十多个字，晚上就教这十几个字，积累起来就多了”[①]。这种教师，当时大家称之为“学员教师”。别看有的“学员教师”还是个黄毛丫头，但教起来挺认真，一点一撇，一笔一捺，都在黑板上写得端端正正，讲得清清楚楚，既形象又具体，很受妇女们欢迎。

3. 崭新的教学内容和灵活多样的教学方法

在文化教育为革命战争与阶级斗争服务，使教育与劳动联系起来，使广大中国民众都成为享受文明幸福的人的教育方针指引下，闽西妇女教育的内容和方式与旧社会学校的陈旧腐朽的教学内容和方式有所区别。妇女们在各种教育场所里不仅学习文化知识，也学习政治理论和科学技术。特别是连城新泉的妇女夜校最具特色。

（1）内容上：文化常识课。夜校使用的课本有《识字课本》《群众课本》《平民课本》《劳动课本》等。这些课本传播了马列主义真理，号召妇女不但要解放自身，摆脱封建思想和封建制度的束缚，还要团结一致闹革命，并要组织大家搞生产，使学员受思想政治教育的同时学到了科学文化知识。

（2）教学方法上：新泉妇女夜校最大的特点就是：看图识字，生动形象，通俗易懂，易学易记，由少到多，由浅入深，循序渐进，按照教

---

① 连城县妇女联合会、连城县妇运史编写组合编：《连城县妇运史资料选》，1988 年 11 月，第 94 页。

学的客观规律办事，并且注重理论联系实际，力求做到学以致用。如她们把常见的用品、农具和动植物绘成图画，写上文字，编成直观的《看图识字》教材进行教学。又如，用群众喜闻乐见的“三言体”形式编成课文，朗朗上口，容易记忆背诵，不易忘掉。这些课文，易学、易懂、易记，至今新泉不少白发苍苍的老大娘还能背诵、歌唱。在教学中，她们联系学员初学文化的具体情况，从实际出发，开头教得少，学得慢，反复巩固，讲求实效，使学员产生学习兴趣和树立信心；到了一定程度后，才适当加快进度，增加学习内容。这样由少到多，由浅入深，循序渐进地进行教学，学员普遍反响较好，收到了良好的效果。

二、受教育后的连城新泉妇女

新泉的广大妇女通过学习，既提高了文化知识水平，又提高了政治思想觉悟。在党和政府的领导下，在广大群众的支持帮助下，培养出了不少骨干和积极分子。为了解放闽西的劳苦大众，为了巩固和扩大闽西革命根据地，她们踊跃地投入到革命中去。新泉妇女们以她们的胆识和智慧，不仅驰骋在炮火隆隆的战场上，而且在政权建设、经济建设和文化建设中也充分显示出她们的聪明才干，真正发挥了“半边天”的作用，为新民主主义的胜利作出了不可磨灭的贡献。如骨干训练班的杨主莲、李秋凤等 8 位青年妇女，被选拔参加了独立团第四团团部的宣传队。1930 年春攻打连城时，她们随军作战，贴标语，散传单，不怕死，不怕累，被称为“八女勇士”。120 多名夜校青年妇女加入了游击队，同敌人展开了英勇的斗争，创造了许多动人的故事。夜校的妇女们还组织了“夜校慰劳队”，队员们白天帮助红军战士洗补衣服，看护红军家属，晚上到夜校一边学习一边纳草鞋，革命热情极其高涨。

三、新泉工农妇女夜校的宝贵经验及启示

（一）党的领导是办好妇女干部学校的重要保证

中国共产党把妇女的解放作为己任。自从革命开始由城市向农村转

移起，共产党也开始把开展妇女运动的方针由城市转向了乡村。早在中共六大通过的《妇女问题决议案》中，对过去忽视劳动妇女群众作用的特点进行了批评，并充分肯定了女工农妇是无产阶级的妇女运动的主力，指出，特别是“在乡村经济中，妇女之异乎寻常的困苦状况，过分的劳动，在家庭习惯及社会风俗上完全没有权利等，成为吸收一般农妇反对地主豪绅的斗争及夺取她们到革命方面来的条件”[①]。在中共六大通过的《农民问题决议案》中也肯定“吸收农民妇女群众加入斗争有极大意义”，“农民妇女乃斗争着的农民中最勇敢的一部分，轻视吸收农民妇女到运动中来，必然会使农村革命减少力量”[②]。在中共六大上，农妇作为重要革命力量的地位被确立下来。

中国共产党和苏维埃政府为加强对工农群众特别是妇女进行思想文化教育，通过了各种议案。

1929 年 7 月 15 日，中共闽西特委第一次代表大会通过《妇女问题决议案》，确定了今后妇女运动的任务与工作路线。其中工作路线第七项是：“开办学校使妇女得到求学的机会。”[③]1930 年 3 月 18 日—24 日召开的闽西工农兵代表大会，在通过的宣言中明确宣布：苏维埃政府“实行免费教育，编制教材，开办报馆及各科训练班，举行识字运动，以提高群众文化程度”。5 月 11 日，闽西第一次各县妇女联席会议，对妇女工作的详细规定的第四条之第五项是：“设立妇女补习学校。”[④]

根据这一方针的指引，闽西苏区教育事业迅速发展，在短期内就办起了各级各类学校数百所。同时苏维埃政府也采取了许多措施，开办短期干部训练班；设立劳动学校，动员工农子女入学；特别强调妇女要学文化，提高女子享受教育权利。1930 年 9 月 19 日，《共青团闽西第一次代表大会决议——军事问题、农村青年工作问题、青妇运动问题》在总

---

① 《中国共产党第六次全国代表大会妇女运动决议案》，载中华全国妇女联合会妇女运动历史研究室编：《中国妇女运动历史资料（1929—1937）》，人民出版社 1986 年版，第 16—17 页。

② 《农民问题决议案》，载《中共中央文件选集（1928）》第 4 册，中共中央党校出版社 1983 年版，第 212 页。

③ 长汀妇女联合会编：《长汀妇女运动大事记（1925—1949）》，1986 年 10 月，第 5 页。

④ 长汀妇女联合会编：《长汀妇女运动大事记（1925—1949）》，1986 年 10 月，第 5 页。

结青妇今后的任务与工作路线时指出："注意青妇教育。鼓动青妇入校读书，参加各种训练班，提高妇女政治水平与共产主义认识，使之担负起社会一切工作。"① 上述决议案充分说明，闽西苏维埃政府对妇女教育事业的发展是极为重视的。

毛泽东亲自创办的新泉工农妇女夜校，正是在党和苏区政府的高度重视下才成立的，旨在组织妇女学习政治和文化，传播革命道理，培养妇女人才。

（二）开创了中国特色的妇女干部培训形式，对延安女子大学的创办产生了重大的影响

新泉妇女夜校是毛泽东亲自创办的苏区第一所妇女干部学校。毛泽东倾注了大量的心血，指示区干部张瑞明、张育文创办工农妇女夜校，向广大妇女讲述学习文化的重要性，并对夜校的教学内容和教材的使用都给予指导，特别是他亲自为学员们开设政治理论课程，讲述革命的道理，为妇女们点亮了希望之灯。工农妇女夜校的创办是妇女解放道路上的指明灯，为中国妇女解放树立了一面旗帜。中国共产党明确的办学宗旨、灵活多样的教学方式等产生的影响是不可估量的。正如《中国妇女》第 1 卷第 8 期的《陕甘宁边区突飞猛进的女子教育》一文中所提到的："1935 年，二万五千里长征的行军到达陕北，长征过来的妇女，给了陕北妇女以巨大的影响——她们有健强的体魄、有书读，这一切，都刺激边区妇女们灵魂之深处。"② 此后，红军家属学校、延安女子大学等学校相继成立，为抗战的胜利培养了大批优秀的妇女干部。

（三）理论联系实际，是培养妇女干部的正确之路

理论联系实际，坚持调查研究，坚持走群众路线，坚持学以致用，是培养合格妇女干部的必由之路。新泉工农妇女夜校的实践说明，脱离实践的"形式主义""本本主义""教条主义"是不行的，解决不了妇女群众想挣脱封建桎梏的强烈愿望，不符合中国共产党"为人民服务"的

① 中共龙岩地委党史资料征集委员会、龙岩地区行政公署文物管理委员会编：《闽西革命史文献资料》第 4 辑，1983 年 5 月，第 122 页。

② 《中国妇女》第 1 卷第 8 期，中共中央妇女运动委员会主办，延安中国妇女社编辑出版，第 17—18 页。

宗旨。

（四）坚持革命气节教育，是培养“四自”精神的雏形

党的妇女干部教育的主要特色，就是坚持革命气节教育，妇女干部当自强，才能团结带领广大妇女群众投入生产劳动和经济建设，为苏区创造物质财富的同时，改善苏区妇女的生存、生活境况，才能动员更广大的妇女参加到土地革命战争、支前、扩红运动中，充分发挥苏区妇女的“战斗、生产、教育”的作用。“四自”精神教育就是“革命气节”教育在当前妇女运动中形成的延伸活动。

中国共产党在土地革命时期高度重视苏区妇女干部队伍的培养，在条件非常艰苦的闽西苏区，新泉工农妇女夜校全体学员努力学习、积极参加革命和斗争实践，她们走出了文盲的桎梏，积极加入自我素质的提高、争取婚姻的自由、参与苏维埃政权的建设。翻身后的妇女们以极大的热情投入到经济建设和扩红支前运动中，充分发挥了苏区妇女的潜能，向世人展示了巾帼风采，为中央苏区精神的形成作出了女性的贡献。新中国成立后，她们继续以坚定的信念、百折不挠的奋斗精神活跃在各条战线上，为建设有中国特色的社会主义作出了应有的贡献。正如毛泽东指出的：假如中国没有占半数的妇女的觉醒，中国抗战是不会胜利的。全国妇女起来之日，就是中国革命胜利之时。“女子的力量也是很大的。世界上的任何事情，要是没有女子参加，就做不成气。”[①] 回顾和总结这方面的经验，将为新时期妇女运动的开展和妇女干部的培养提供宝贵的经验，对充分发挥妇联组织和妇女干部的积极作用、建设和谐社会具有深远的历史意义。

［原载纪念连城新泉整训暨毛泽东诞辰120周年理论研讨《新泉整训理论研讨会论文集》，中共党史出版社2013年版］

---

① 毛泽东:《妇女们团结起来》，载《毛泽东文集》第1卷，人民出版社1993年版，第167页。

毛泽东妇女解放思想在新泉的实践

毛泽东是伟大的无产阶级革命家、战略家和理论家，是中央苏区的重要创始人之一。土地革命战争时期，他成功地把党的工作重心由城市转移到乡村，开辟了一条“农村包围城市，武装夺取政权”的中国革命道路。在土地革命过程中，他积极探索了政权建设、经济建设、社会改革等各方面问题，并在实践中丰富和发展，特别在妇女解放理论方面作出了重大贡献，为今天的妇女工作提供了宝贵的经验。

一、毛泽东在新泉的活动

新泉地处连城南端，依山傍水，三条溪河在村头汇流后，绕村而过，奔向上杭，汇入汀江，经潮州、汕头，注入南海。第二次国内革命战争前，新泉村是连城、长汀、上杭、龙岩各县古驿道相互交织的中心点，也是连城唯一水陆两运之地，所以历史上早已在此建立重镇，是兵家必争之地。

第二次国内革命战争前后，该村仅有1400多人，85%的土地为祖公[①]和地方少数豪绅所占有，70%以上的村民是佃户，粮食产量低，税租负担重，村民生活相当贫苦。为反抗剥削和压迫，只有起来革命，推翻旧政权，建立新政权。

---

① 指宗族产业。

1929 年，毛泽东、朱德、陈毅等先后于 5 月、6 月、12 月三次来到新泉。毛泽东曾利用休整时间，进行了一系列的革命活动。

1929 年 5 月 19 日，毛泽东、朱德率领红四军从江西第二次入闽，5 月 21 日在进军龙岩城时途经新泉，作了短暂的停留。毛泽东在新泉召开群众大会，号召劳苦大众团结起来，打土豪，分田地，建立红色政权。

6 月中下旬，红四军攻下龙岩城后，来到新泉休整。在此期间，毛泽东在“望云草室”召开了红四军前委扩大会议，讨论了红军的军事策略问题和党对军队绝对领导问题。6 月 14 日，毛泽东在新泉写下了“致林彪的一封信”，提出了党对红军的绝对领导和建党建军的一系列根本原则，为后来起草红四军党的第九次代表大会决议案草案提出了理论架构。

7 月初，连南区革命委员会主席张瑞明（新泉村人）根据毛泽东的指示，在“望云草室”隔壁的张家祠堂办起了中央苏区第一所工农妇女夜校，组织青年妇女学政治，学军事，学文化，学唱革命歌曲，提高妇女的革命觉悟和社会地位。在这所工农妇女夜校的带动下，当年连南各区、乡苏维埃政府也相继办了众多的妇女夜校，入学的学员日益增多。在新泉期间，毛泽东指导创办的“新泉工农妇女夜校”开启了中国共产党独立创建妇女干部学校的篇章。

12 月上旬至中旬，毛泽东在新泉先后召开了“士兵调查会”“红军干部座谈会”，还到官庄村召开“农民调查会”，了解红军官兵的思想情况和对党、对农民的生活状况以及对革命的要求。在调查研究的基础上，领导红四军开展了我党建军史上首次具有重要意义的政治整训和军事整训，史称“新泉整训”，这是我党领导的第一次整军运动。

二、毛泽东的妇女解放思想在新泉的实践

毛泽东及其他领导人在领导苏区人民开展轰轰烈烈的土地革命斗争的同时，还高度重视妇女这支力量，在三进新泉期间，深入调查研究，召开座谈会，了解新泉妇女的生产、生活、教育、参与政治活动和武装斗争等诸多内容。毛泽东在实践的基础上把马克思主义妇女解放的基本

理论与闽西苏区的具体实践相结合，开创了中国妇女解放的新时代，为中央苏区妇女解放运动提供了理论支撑。

（一）旧社会新泉妇女

闽西地近海滨，特别受外国入侵的影响，物价昂贵，生活成本增高。特别是连城的新泉山多，田少，人口稠密，每年粮食的总量不能满足所有人的需要。因此，新泉的老百姓除了专门以劳力谋生的人之外，大多数农家要靠经营小商铺及各种手工业技术为副业，以弥补生活的不足。所以新泉妇女都要劳动，与男子一样担负生产的责任。除极少数的富家妇女外，没有一个妇女不为穷困所驱逐，出来与男子同样劳动的。

新泉客家妇女同全国的妇女一样受"三从四德"封建礼教的束缚，受"四权"（政权、族权、神权、夫权）的压迫，不具有独立的人格，"只是一个除单纯制造人类的机器和料理细小的家庭事项外，没有别的作用"[①]。"妇女都受着重重的压迫。不是在'吞声饮泣'，便是在'颠沛昏迷'！……有的被人卖作童养媳，死于翁姑虐待；有的被父母迫嫁，死于遇夫不良；有的被人卖作婢妾，死于家主摧残；有的被人卖作娼妓，死于黑暗地狱……"[②]新泉妇女在经济上不能独立，政治上没有地位，生活在水深火热之中，挣扎在死亡线上。

新泉的客家妇女在生活上比男子更苦，因为工作上除与男子负同等的生产责任外，还要负担家里一切琐碎的事情。同时，劳动力的价值比男子低。同担一宗担子，妇女的工钱只有男子的一半，甚至只有男子的三分之一。旧礼教的束缚与家庭的压迫使新泉客家妇女在生活上确比男子更苦。

在教育上，旧社会的教育是为地主阶级服务的，劳苦的工农群众及其子女则被排除在教育大门之外。在受男尊女卑、"女子无才便是德"的封建旧礼教的束缚下，地处山区的新泉客家妇女长期和文化绝缘，处在

---

① 中共龙岩地委党史资料征集领导小组、龙岩地区行政公署文物管理委员会编：《闽西革命史文献资料》第2辑，1982年7月，第127页。

② 福建省妇联妇运史研究室、福建省档案馆编：《福建省妇女运动史料汇编》第2集，1983年5月，第1、2页。

“斗字不识苦连天，世世代代受欺凌”的悲惨境地，造成广大妇女就连“扁担跌落地，不知是个一字”的境地。

“红旗跃过汀江，直下龙岩上杭。”1929年3月，中国工农红军第四军进入了闽西，闽西的劳苦大众在党的领导下，举行武装暴动，推翻地主阶级政权，建立了苏维埃政府，劳动人民真正成为主人。6月，在红四军指战员的指导帮助下，连南暴动爆发，并建立了新泉苏区红色政权。毛泽东指导新泉区委，要把广大妇女发动起来参加革命。新泉的妇女在党组织的号召下，冲破家庭的束缚，与男人一起参加武装暴动，建立苏维埃政权。

（二）毛泽东的妇女解放思想在新泉的实践

1. 劳动妇女在经济上的地位是决定革命胜败的一个力量

新泉妇女在经济上担负的责任特别重，物质生活上却异常贫苦，她们每天在家中，除如牛马般不停地劳作、抚养儿女、料理家务以及一切琐事外，还要经常上山打柴下田耕种，与男子操同等的工作，可是她们所享有的权利远不及男子。她们担负着从春耕、夏种、秋收到冬砍的繁重体力劳动，不仅要用双手撑持家庭，还担负着养育儿女传宗接代的天职。可以说，所受的劳苦比男子要大得多，但她们在经济生活中却没有当家作主权，在观念上男子仍被看成一家之主，女人是被男人养活的。妇女要站起来，要有独立的人格，除了要推翻旧政权，废除旧的封建礼教外，经济上的独立显得尤其重要。早在1927年3月，毛泽东在《湖南农民运动考察报告》中就指出：“目前我们对农民应该领导他们极力做政治斗争，期于彻底推翻地主权力。并随即开始经济斗争，期于根本解决贫农的土地及其他经济问题。”关于劳动妇女在经济上的翻身与革命的关系问题，毛泽东在古田会议中已明确地指出：“劳动妇女在经济上的地位和她们特别受压迫的状况，不但证明妇女对革命的迫切的需要，而且是决定革命胜败的一个力量。”[①]1929年6月，毛泽东同志曾指示中共新泉区委，要把广大妇女发动起来参加革命，妇女参加革命就是妇女本身的解放。为更好地指导闽西苏区妇女运动，7月，中共闽西第一次代表大会

① 《红军第四军第九次代表大会决议案》，1929年12月29日。

通过的《关于妇女问题决议案》，提出了妇女斗争的纲领和目标。为贯彻落实中共闽西第一次代表大会精神，1930 年 12 月，连城县苏维埃政府作出了《妇女问题草案》，进一步指出妇女在政治上、经济上、文化教育上一律与男子平等等斗争目标，并把这些规定具体化。1930 年底，中共福建省委派李坚真同志担任中共连城县委工作委员会书记。她带领干部发动妇女打土豪，分田地，建立红色政权，并注意从中培养了一批妇女骨干力量，为新泉妇女革命建立了坚实的基础。

2. 妇女解放的先决条件是获得土地的所有权

在农村社会里，变土地高度集中私有为分散私有，保护妇女的土地所有权成为保障妇女权益的重要方面。按人口平均分配土地，保证了包括妇女在内的每个农民的独立的土地权，从而使妇女们获得了独立的经济地位。毛泽东充分认识到妇女的解放与土地权的解放是分不开的。因此，在闽西期间，毛泽东非常注意把妇女解放运动与土地革命运动相结合，他在 1928 年的《井冈山土地法》、1929 年的《兴国土地法》的基础上，亲自指导闽西党和苏维埃政府要深入调查研究，从实际出发，发扬首创精神。以邓子恢、张鼎丞为代表的闽西党和苏维埃领导人，以乡或村为单位，以原耕为基础，按人口平均分配土地，制定了“抽多补少，抽肥补瘦”的分配原则，从而为中央苏区的土地革命乃至中国革命提供了理论指导和宝贵的经验。在中共闽西第一次代表大会通过的《土地问题决议案》中，详细规定了妇女有取得土地的权利。从此，打破了长期束缚人民的重男轻女的封建传统，使得新泉妇女们摆脱了封建桎梏，和男子一样分得了土地，从而提高和改善了新泉妇女的政治、经济和社会地位。获得了财产所有权和继承权的新泉妇女们，积极投入革命的洪流中，在经济建设和参军参战、支前服务中，都充分发挥了妇女“半边天”的作用，为新民主主义革命的胜利作出了不可磨灭的贡献。

3. 充分调动妇女的主动性

妇女对于革命的需求以及革命对于妇女的需要问题，毛泽东有深刻的认识，他深知妇女不是革命的工具，需要通过关注妇女的特殊利益，支持妇女的解放要求，才能充分调动妇女参加革命的积极性和主动性。而妇女的彻底解放，不能靠别人的恩赐和给予，而要充分调动妇女的主观能动性，妇女才能彻底解放。毛泽东在《湖南农民运动考察报告》中已充分意识到农妇解放要依靠妇女自身，党的作用只能是宣传和动员。他指出共产党对于这些东西的宣传政策应当是："引而不发，跃如也。"菩萨要农民自己去丢，烈女祠、节孝坊要农民自己去摧毁，别人代庖是不对的。[①]充分尊重妇女的自我解放的要求，注意提高妇女自身求解放的能力和素质，是毛泽东妇女解放思想的重要观点。

毛泽东一贯重视充分发挥妇女的主观能动性，他一方面大力主张男女同时进化，努力推进妇女接受平等教育工作，为妇女参加革命搭建平台，创造条件，使她们在革命实践中增长才干。同时，他充分肯定妇女的伟大作用，以唤醒妇女的自主意识。他指出，妇女在革命战争中的伟大力量，在苏区是明显地表现出来了。在查田运动等各种群众斗争上，在经济战线上，在文化战线上，在军事动员上，在苏维埃的组织上，都表现出她们的英雄姿态与伟大成绩。[②]另一方面，为争取妇女合法权利斗争能取得胜利，他又号召妇女们要实行大联合，发挥妇女组织的作用，从而增强妇女群体的凝聚力，发挥妇女群体的优势，为争取男女平等的地位与合法利益而坚持斗争。

4. 充分发挥教育、引导功能

思想政治教育运动是社会或社会群体用一定的思想观念、政治观点、道德规范，对其成员施加有目的、有计划、有组织的影响，使他们形成符合一定社会所要求的思想品德的社会实践活动。

毛泽东深知，如何加强妇女的思想政治教育，提高她们的文化知识成为闽西苏维埃政府迫切需要解决的问题。1929 年 6 月，毛泽东率领红四军第二次入闽来到连城县新泉区，当他了解到新泉妇女还没有从封建的束缚下解放出来时，便亲切教导妇女要参加革命，要学习文化，要搞好生产。为了帮助新泉妇女砸碎封建枷锁，冲破黑暗牢笼，在政治上、文化上获得彻底解放，毛泽东亲自指示新泉区干部张瑞明、张育文创办

① 参见全国妇联编:《毛泽东、周恩来、刘少奇、朱德论妇女解放》，人民出版社 1988 年版，第 29 页。

② 参见全国妇联编:《毛泽东、周恩来、刘少奇、朱德论妇女解放》，人民出版社 1988 年版，第 40 页。

工农妇女夜校，组织妇女到夜校学习政治和文化。7月，在新泉张家祠办起了中国共产党历史上第一所工农妇女夜校。

1930年夏，连城新泉区委和区苏负责人决定：在新泉工农妇女夜校的基础上，在新泉东山楼举办妇女骨干训练班，为在全区各乡普遍创办妇女夜校，培养骨干力量作出贡献。学员由各乡选送，共90余人，培训时间3个月，结业后回乡办妇女夜校。这批受训的骨干不负组织的厚望，结业回去后几个月，就在连城南部13个乡的范围内办起了18所夜校，学员700多人，充分发挥了训练班骨干和积极分子的作用。

5. 培养造就一批妇女人才

1929年5月，毛泽东、朱德、陈毅率领的红四军第二次入闽。来到连城新泉时，了解到闽西的妇女所受的压迫程度和她们的愿望，毛泽东亲切地对妇女们说，你们从前没有文化，是受封建压迫的。现在你们应该学习文化了，大家要剪短头发，反对挂长耳环，缠小脚。男人前方当红军，妇女后方搞生产。为了让妇女们获得政治上、文化上的彻底解放，毛泽东亲自指示区干部，要在新泉创办一所工农妇女夜校，组织妇女学习政治和文化，传播革命道理，培养妇女人才。第一批入学妇女虽只有十六七人，但很快便发展到100多人。后来为满足越来越多的妇女学习的要求，区苏维埃政府采取轮训、培养骨干的形式，先培养文化骨干，然后分配到各区、乡去开办夜校，从而一时兴办的夜校蓬勃兴起，入学妇女人数不断增加。

在新泉工农妇女夜校里，由于采用了崭新的教学内容和灵活的教学方法，培养了一大批妇女运动人才。广大妇女通过学习，既提高了文化知识水平，也提高了政治思想水平，许多妇女同志踊跃地投入革命战争中，有的参加了地方武装游击队，有的参加了地方政权工作，有的参加了生产劳动，为发展根据地的经济等作出了重大的贡献，在中国妇女解放史上写下了浓墨重彩的一页。

三、结语

毛泽东把马克思主义妇女解放的理论与中央苏区妇女解放的实践相

结合，创造性地继承和发展了马克思主义妇女解放的理论，形成了独具特色的妇女解放思想，在新民主主义时期，为中国妇女的解放运动指明了方向，为闽西根据地形成提供了重要的理论指导。新泉妇女在正确妇女解放理论的指导下，走出了封建桎梏，在政权建设、经济建设、文化建设、社会变革中充分展现自我，推动社会前进，为1929年12月的红四军新泉整训提供了安全、和平、祥和的环境，为新泉整训的顺利进行提供了重要的物质条件。

翻身后的新泉妇女努力实现自我，在争取平等的政治权利的同时，为苏维埃政权建设作出了重大贡献。如1933年新泉区苏政府工作人员中，妇女就占了半数。为支援革命战争，新泉妇女和男同志一样，积极参加红军、游击队、赤卫队，奔赴战场，参加战地医务或宣传鼓动工作，甚至直接投入战斗。如1929年7月的连南十三乡暴动中，就有新泉工农妇女夜校优秀学员张素娥、杨娇招、张晋凤等妇女紧握梭镖、大刀和暴动队员一起冲进恶霸地主家中，烧田契，毁债约，出谷杀猪分浮财。1930年4月，连城赤卫独立四团攻打县城时，新泉工农妇女夜校学员杨主莲、李秋凤、杨佛园、罗德玉、张阁招、张生凤、李开金、张才凤八位青年妇女随军参加宣传鼓动和战地救护工作。仗打到哪里，她们的宣传鼓动工作和救护工作就做到哪里，贴标语，散传单，抢救伤病员，英勇顽强。其中三位血洒战场，三位被捕后在敌人面前铁骨铮铮，大义凛然，李秋凤、张生凤两人死里逃生后又参加了游击队，人们称赞她们为“八女勇士”。随着革命的发展，越来越多的女同志参加到红军队伍中。1932年的一次扩大红军中，仅新泉区就有120多位青壮年妇女报名参加红军，在战场上冲锋陷阵，英勇杀敌，为保卫革命果实作出了重要贡献。

在后方的新泉妇女们，积极做好拥军扩红工作，组织起运输队、洗衣队、慰劳队、特别队，为红军赶做草鞋。据1932年福建省第三次党代会统计，仅新泉就做了布草鞋7000多双。1933年6月新泉县做布草鞋最多，有的一人做了35双，上了红匾，7月，许多妇女超过这个数。在鼓动参军方面，新泉北村青年妇女黄汉玉结婚半个月就动员丈夫去当红军。张庆良结婚才3天就被妻子动员去参军。

在经济建设中，新泉妇女也作出了重大贡献。新泉妇女积极响应苏区党和政府的号召，积极参加农业、工业生产。1933 年在新泉县苏组织的一次生产竞赛中，新泉区有 60 多名妇女被评为犁田、耙田、莳田、插秧能手。为支援革命战争，新泉妇女积极参加各类合作社，购买股票、经济建设公债券，在借谷、献谷运动中作出了重大贡献。

[本文为作者参加连城“新泉整训”理论研讨会的论文]

闽西苏区妇女教育问题研究

地处山区的闽西苏区，经济十分落后，不少地方生产技术停留在原始的状态。与这种落后的经济、技术相联系的就是落后的、原始的文化，要找几个粗通文字的人都找不到，而闽西妇女又是处在社会的最底层，她们承担着沉重的家务劳动，无法像男人们一样参加正常的学习和政治活动。1929 年 5 月，毛泽东、朱德、陈毅同志率领中国工农红军第四军二次入闽，为了帮助闽西的劳苦大众特别是闽西的妇女们投身解放，从教育入手，开展了干部培训和社会教育。特别是连城新泉妇女夜校和妇女骨干培训班的开办，为闽西苏区的革命斗争培养了一批批优秀的干部，为闽西的经济建设和文化建设作出了重大的贡献，新的教学内容和灵活多样的教学方法也是我们今天所要借鉴的。

一、旧中国闽西妇女的生产地位与生活教育状况

闽西地近海滨，特别受外敌侵入的影响，物价昂贵，生活成本增高。加上山多、田少、人烟稠密，每年粮食的总量不够所有人的需要。因此，闽西的老百姓除了专门以劳力谋生的人之外，大多数农家要靠经营小商铺及各种手工业技术为副业，以弥补他们生活的不足。所以闽西妇女都要劳动，与男子一样担负生产的责任。即以龙岩的小脚女人，除极少数富家妇女外，没有一个不为穷困所驱逐，出来与男子同样劳动的。

闽西妇女在生活上比男子更苦，因为工作上除与男子负同等的生产

责任外，还要担任家里一切琐碎的事情。同时，劳动力的价值比男子低，如龙岩、上杭、武平、长汀等县女工工资比男子少一半，永定女工只得男工工资的 1/3。至于旧礼教的束缚与家庭的压迫，仍与其他各地一样。因此，闽西妇女在生活上确比男子更苦。

闽西妇女同全国的妇女一样受“三从四德”封建礼教的束缚，受“四权”（政权、族权、神权、夫权）的压迫，不具有独立的人格，“只是一个除单纯制造人类的机器和料理细小的家庭事项外，没有别的作用”[①]。妇女都受着重重的压迫。不是在吞声饮泣，便是在颠沛昏迷！有的被人卖作童养媳，死于翁姑虐待；有的被父母迫嫁，死于遇夫不良；有的被人卖作婢妾，死于家主摧残；有的被人卖作娼妓，死于黑暗地狱。闽西妇女在经济上不能独立，政治上没有地位，生活在水深火热之中，挣扎在死亡线上。

在教育上，旧社会的教育是为地主阶级服务的，劳苦的工农群众及其子女则被排挤在教育大门之外。地处山区的闽西劳苦群众长期与文化绝缘，处在“斗字不识苦连天，世世代代受欺凌”的悲惨境地。闽西妇女在旧社会，受男尊女卑、女子无才便是德的封建旧礼教的束缚，老一辈人都知道那时三餐都吃不饱，男孩子都上不了学，女孩子简直不敢想“读书”，认为女孩读书也无用，反正要嫁人，特别是童养媳（这是穷困和封建的产物，那时很普遍）整天劳动，过着牛马生活，造成广大妇女就连“扁担跌落地，不知是个一字”的境地。

“红旗跃过汀江，直下龙岩上杭。”1929 年 3 月，中国工农红军第四军进入了闽西，闽西的劳苦大众在党的领导下，举行武装暴动，推翻地主阶级政权，建立了苏维埃政府。劳动人民真正成为主人。闽西的妇女在党组织的号召下，冲破家庭的束缚，与男人一起参加武装暴动，建立苏维埃政权。但是翻身后的闽西妇女由于没有文化知识，无法正常开展革命工作。如何加强妇女的思想政治教育，提高她们的文化知识，成为闽西苏维埃政府迫切需要解决的问题。为此，1930 年 7 月 23 日，闽西苏

---

① 中共龙岩地委党史资料征集领导小组、龙岩地区行政公署文物管理委员会编：《闽西革命史文献资料》第 2 辑，1982 年 7 月，第 128 页。

维埃政府文化教育委员会召开第二次会议，明确提出目前的教育方针是：一、养成在革命环境中所需的革命工作的干部人才。二、社会教育，普遍而深入地提高群众的阶级觉悟、政治水平和文化程度。三、儿童教育：1. 采取强迫性的教育，凡 6—11 岁的儿童有受小学教育的权利和义务；2. 施教方针，以养成智力和劳力作均衡的发展为原则，并与劳动统一的教育的途径。[①] 根据这一方针的指引，闽西苏区教育事业发展迅速，在短期内就办起了各级各类学校数百所。同时苏维埃政府也采取了许多措施，开办短期干部训练班；普及设立劳动学校，动员工农子女入学；特别强调妇女要学文化，提高女子享受教育的权利。

二、闽西苏区妇女受教育的概况

（一）政治教育方面

自从各县和区建立苏维埃政权以来，随着革命战争的发展和革命根据地的扩大，干部越来越显得缺乏，特别是妇女干部，无论政治理论水平还是文化水平，都无法适应形势发展的需要。为此，1934 年 1 月 4 日，中共闽浙赣省委妇女部提出，我们要加强广大劳动妇女政治教育，在目前苏区一天一天猛烈向前开展时期，坚决实现我们在战争上的任务，应该造就政治强健的劳动妇女干部输送到苏维埃及一切革命团体机关工作。必须加紧妇女群众训练教育，以便提高她们学习政治的热情，使每个妇女都积极来研究政治，来提高各级妇女政治水平线。如何提高妇女们的政治理论水平？妇女部提出，在今后要提高妇女政治水平，并有计划地经常进行政治教育工作，使劳动妇女都有政治头脑来研究马克思主义列宁主义，在各种会议上要讨论政治问题，各级妇女部应该要作政治报告，给以详细的了解，我们为要了解下层劳动妇女，了解政治程度起见，持规定一月必须召集妇女代表会来举行测验一次，在测验讨论后，要实际地检查她的成绩，这样做，才能提高妇女的政治水平。

① 参见《红报》总第 44 期，1930 年第 7 期。

（二）文化教育方面

厉行全部的义务教育是苏维埃文化建设的中心任务之一。闽西苏区实施的教育政策，就是免费的义务教育。为了提高工农大众的文化，闽西各级苏维埃政府在开办各类学校时，在政治上给予保证，物质上给予帮助，尤其是对工农子女。如1929年10月2日，中共上杭县委对县召开第一次工农兵代表大会提出提案，其中关于文化建设问题提出："各区乡应办高级列宁小学，招收男女学生，学什费需免，并由政府给予书籍。"[①]1930年3月18日—24日，闽西召开第一次工农兵代表大会，对苏区教育工作作出决议："各区乡应普遍开设劳动学校，招收男女学生读书，除膳费外一律免费；6岁以上及14岁以下男女应入学读书，父母不得阻止；各区乡应普遍开设补习学校或夜学，使失学男女有求学的机会。"

在革命战争年代，闽西苏维埃教育就是为革命战争服务的。教育为着战争就是要满足战争的需要，帮助战争的动员。教育的总任务就是要培养大批的革命人才，才能实现夺取革命胜利的目的。为此，闽西苏维埃政府从培养革命干部、开展社会教育和实行义务教育等方面来提高闽西妇女的文化水平，以适应革命战争的需要。

1. 为适应革命斗争需要，加紧培训干部

闽西苏区的教育工作，是从干部教育开始的。自从各县各区乡建立苏维埃政权以来，随着革命战争的发展和革命根据地的扩大，干部越来越缺乏。为了适应革命战争的需要，加紧培训干部就成为苏区教育的首要任务。1929年10月下旬，毛泽东随中共闽西特委从上杭城来到苏家坡，具体指导了闽西特委如何开办训练班。1930年初，中共福建省委就指示闽西特委要加紧教育干部，特别是要加紧训练干部。3月，闽西第一次工农兵代表大会作出决议，提出："闽西政府应聘请富有斗争经验者经常开办各种工作人员培训班，造就各种干部人才。"大会后，闽西苏区干部训练班全面铺开，兴办各种类型人员训练班。如妇女干部训练班、

① 中共龙岩地委党史资料征集领导小组、龙岩地区行政公署文物管理委员会编：《闽西革命史文献资料》第2辑，1982年7月，第240页。

教育巡视员训练班等。1930年夏，连城新泉区委和区苏负责人决定，在新泉工农妇女夜校的基础上，在新泉东山楼举办妇女骨干训练班，为在全区各乡普遍创办妇女夜校培养骨干力量。学员由各乡选送，共90余人，培训时间3个月，结业后回乡办妇女夜校。这批受训的骨干不负组织的厚望，结业回去后几个月，就在连城南部13个乡的范围内办起了18所夜校，学员700多人，充分发挥了训练班骨干和积极分子的作用。

2. 开展各种形式的社会教育

暴动后的闽西工农大众，建立起了自己的政权，但是深感没有文化的痛苦，渴望获得必要的文化知识。苏维埃政府为了满足群众的要求，千方百计克服困难，采取种种办法开展识字运动，使翻身后的工农群众都能得到学习文化的机会。如1932年6月，中华苏维埃共和国临时中央政府发出《关于保护妇女与建立妇女生活改善委员会的组织和工作的训令》（以下简称《训令》）。《训令》要求各级苏维埃政府设立妇女生活改善委员会，以保证妇女的权利。《训令》还指出，为了提高妇女的政治文化水平，各级的文化部应设立妇女半日学校，组织妇女识字班，也可办家庭临时识字班、田间流动识字班。教员由政府干部、群众团体干部和当地学校教员担任。于是俱乐部、妇女夜校、补习夜校、问字所、识字班、读报团等各种形式的社会教育为妇女们提供了学习的机会和场所。妇女们从开始不愿意、消极应付到愿意和积极主动。如连城新泉的妇女夜校，在开办时仅有十五六人，后来发展到100多人。原来的地方张家祠容纳不了，又在东山办了一所分校。“龙岩县苏维埃政府文委会检查各区夜校情况，发现大部分是青年妇女入学，男子入学者极少。不少地方的夜校人数中女子超过了男子。”①

为了帮助苏区妇女获得经济上的解放，1929年9月，中共湘赣边界特委在《湘赣边界目前工作任务决议案》中指出，苏维埃应“注意妇女教育及职业化的工作”②。苏维埃应该注意提高她们的政治认识，帮助她们有独立生活的能力，根据地区域内应该有妇女教育之设施，创办各种妇

---

① 《才溪消灭文盲运动成绩》，《青年实话》1934年第3期。

② 江西省档案馆选编：《湘赣革命根据地资料选编》上册，江西人民出版社1984年版，第51页。

女学校，设立妇女工厂，与妇女学习职业。同时，许多苏区还办起了妇女职业学校。以达到造就女子职业专门人才，发展苏区经济，提高妇女的经济地位和社会地位，使她们真正成为苏维埃运动的积极的坚强的社会力量。

（三）崭新的教学内容和灵活多样的教学方法

在文化教育为革命战争与阶级斗争服务，在于使教育与劳动联系起来，在于使广大中国民众都成为享受文明幸福的人的教育方针指引下，闽西妇女教育的内容和方式与旧社会旧学校的陈旧腐朽的教学内容和方式有所区别。妇女们在各种教育场所里不仅学习文化知识，也学习政治理论和军事技术。特别是连城新泉的妇女夜校最具特色。

1. 内容上

文化常识课，夜校使用的课本有《识字课本》《群众课本》《平民课本》《劳动课本》等。这些课本传播了马列主义真理，号召妇女不但要解放自身，摆脱封建思想和封建制度的束缚，还要团结一致闹革命，并要组织大家搞生产，使学员在受了一次思想政治教育的同时学到了科学文化知识。

2. 教学方法上

新泉妇女夜校最大的特点就是：看图识字，生动形象，通俗易懂，易学易记，由少到多，由浅入深，循序渐进，按照教学的客观规律办事，并且注重理论联系实际，力求做到学以致用。如她们把常见的用品、农具和动植物绘成图画，写上文字，编成直观的《看图识字》教材，进行教学。又如，用群众喜闻乐见的“三言体”形式编成课文，朗朗上口，容易记忆背诵，不易忘掉。这些课文易学、易懂、易记，至今新泉不少白发苍苍的老大娘还能背诵、歌唱。在教学中，她们联系学员初学文化的具体情况，从实际出发，开头教得少，学得慢，反复巩固，讲求实效，使学员产生学习兴趣和树立信心；到了一定程度后，才适当加快进度，增加学习内容。这样由少到多，由浅入深，循序渐进地进行教学，学员普遍反响较好，收到了良好的效果。

三、受教育后的闽西妇女，充分发挥“半边天”的作用

闽西的广大妇女通过学习，既提高了文化知识水平，又提高了政治思想觉悟。为了解放闽西的劳苦大众，为了巩固和扩大闽西革命根据地，她们踊跃地投入到如火如荼的革命中去。有的参加了地方武装游击队，有的参加了地方政权工作，有的积极参加了当地的生产劳动，从事根据地的经济建设工作，充分发挥了妇女“半边天”的作用。如连城新泉妇女骨干训练班的杨主莲、李秋凤等八位青年妇女，被选拔参加了独立团第四团团部的宣传队，于1930年春攻打连城时，她们随军作战，贴标语，散传单，不怕死，不怕累，被称为“八女勇士”。闽西妇女们在艰苦的革命战争年代里，发扬了敢想敢干的精神，在长期的革命斗争中锻炼出了坚强的意志，参加革命的积极性更加高昂，如连城新泉妇女骨干班先后有120多名青年妇女加入游击队，同敌人展开了英勇的斗争，创造了许多动人的故事。夜校的妇女们还组织了“夜校慰劳队”，队员们白天帮助红军战士洗补衣服，看护红军家属，晚上到夜校一边学习一边纳草鞋，革命热情极其高涨。

在党的领导、各种教育训练班的培养下，闽西妇女们以她们的胆识和智慧，不仅驰骋在炮火隆隆的战场上，而且在政权建设、经济建设和文化建设中也充分显示出她们的聪明才干，真正发挥了“半边天”的作用，为新民主主义的胜利作出了不可磨灭的贡献。

四、新时期要树立闽西妇女的新形象

新中国成立后的闽西妇女们，冲破了“四大绳索”的束缚，在中国共产党的领导下，以新的姿态活跃在政治、经济和文化建设上，为实现国家富强和人民幸福建立了卓越功勋，真正顶起了我国建设和改革事业的“半边天”。

在炮火纷飞的年代，闽西妇女不畏缩、不退却，积极主动地参与文化学习，崭新的教学内容和灵活多样的教学方法，使得她们从文盲的黑

暗中走出来，真正成为新型的妇女。在新的历史时期里，闽西妇女借改革开放的东风，继续发扬战争年代那种不畏艰苦、勇于拼搏的革命精神，积极主动地接受思想政治教育和文化教育，努力使自己真正成为时代的主人。

胡锦涛总书记在2003年8月22日—26日召开的中国妇女第九次全国代表大会上指出，中国妇女素有“巾帼不让须眉”的志向和传统，始终是推动文明进程的伟大力量。是的，即使是在男女不平等、妇女受压迫受奴役的旧社会制度下，闽西妇女也以勤劳和智慧，冲破各种禁锢，创造出巨大的物质财富和精神财富，为推动中华文明发展作出了重大的贡献。新中国成立以来，闽西妇女以更大的热情投入经济建设中，为闽西的经济腾飞作出了贡献。

全面建设小康社会是全国各族人民在21世纪新阶段的奋斗目标，也必然是当代我国妇女运动的主题。妇女们一定要认清我国发展的历史趋势和自己的神圣使命，紧紧围绕全面建设小康社会这个宏伟目标，坚定地跟党走中国特色社会主义道路。当前，在我国发展农村经济过程中，党委和政府及各级组织必须充分发挥广大妇女的“半边天”作用。同时，要注意引导农村妇女积极参加思想政治学习和科学文化知识的培训，用灵活多样的教学方法和富有吸引力的教学内容来调动妇女们的积极性。要让妇女们积极参与农业产业结构调整，促进农村妇女富余劳动力向非农产业和城镇有序转移，要调动好、保护好、发挥好妇女群众在参与经济社会发展中的积极性、主动性、创造性，为全面建设小康社会的战略目标的实现贡献妇女的力量。

[原载《零陵学院学报》2004年第4期]

苏区时期的才溪妇女

旧中国才溪的妇女，深受政权、族权、神权、夫权“四大绳索”的压迫，致使她们在政治地位、经济生活和婚姻生活等各方面都处在社会最底层，没有自由可言。鸦片战争以后，伴随着西方资本主义的政治、经济、军事侵略，中国的传统文化也受到冲击，西方妇女运动的理念和讯息、男女平等的思想，通过传教士和早期走出国门的人士传入中国，也传到了闽西，从而促使先进女性的觉醒。在中国共产党的领导下，她们高举“男女平等”的大旗，踏上了反帝反封建和争取自由的征途，在经济建设和扩红支前运动中作出了不可磨灭的贡献。

一、才溪妇女的参政运动

土地革命前，才溪妇女在帝国主义、封建主义和国民党反动派的残酷剥削和压迫下，过着极其悲惨的生活。自1926年中共永定支部成立后，闽西党组织就把开展工农运动作为工作重心。1929年，毛泽东、朱德等领导的中国工农红军第四军进入闽西后，闽西的劳苦大众在党的领导下，推翻地主阶级政权，建立了苏维埃政府。劳动人民真正成为主人。才溪妇女在党组织的号召下，冲破家庭的束缚，与男人一起参加武装暴动，建立苏维埃政权。

（一）苏维埃政府制定有关妇女参政方针

妇女工作是政权工作的重要部分，为切实保障妇女参政地位、最大限度地发挥妇女对革命事业的支持，苏维埃政府采取了一系列有力的措施。

闽西苏维埃政府规定，妇女和男子一律平等，16岁以上的女子，有参加政治的权利，有选举权和被选举权。要求吸收妇女的先进分子加入党的组织，每个支部至少要吸收一个女同志。还规定，各级苏维埃人民代表中要保证妇女代表占25%的比例。

临时中央政府指出："各级苏维埃政府应承认妇女在革命战争中有力的作用。"同时，批评了那些很少注意或轻视妇女权利的倾向，指出："苏维埃政府之下男女是一律平等的，不但劳动妇女在政治上有选举权及被选举权，并且应吸收妇女参加政权机关的一切工作，使广大妇女群众团结在苏维埃政权的周围积极来为实现她们自己全部权利而努力。"①

同时，为了保证妇女享有参政议政的权利，在《保护青年妇女条例》中规定"禁止妇女参加革命者处罚"②等。

第一次全国工农兵苏维埃代表大会通过的《宪法大纲》明确规定：在苏维埃区域内的工人、农民、红军兵士及一切劳苦民众和他们的家属，不分男女种族，在苏维埃法律面前一律平等。苏区妇女与男子一样，凡年满16周岁以上，都依法享有选举权和被选举权，有参政议政的权利。召开各级党代表大会和苏维埃代表大会以及各群众团体代表大会时，妇女代表都占有一定份额。1933年8月，在进行第二次全国苏维埃代表大会代表选举时，苏维埃中央执行委员会在发布的关于选举运动的训令中，特别指出："这里应提出劳动妇女的成份，至少要使有占百分之二十五的劳动妇女当选。如果过去乡苏市苏全无妇女代表的地方，这点尤为注意。"③

才溪妇女在法律上有了保障，从此，她们以更大的热情投入到各项

---

① 《临时中央政府文告人民委员会训令第六号》，《红色中华》第26期，1932年7月7日。

② 中共龙岩地委党史资料征集领导小组、龙岩地区行政公署文物管理委员会编：《闽西革命史文献资料》第4辑，1983年5月，第234—235页。

③ 《中华苏维埃共和国中央执行委员会训令第二十二号——关于此次选举运动的指示》（1933年8月9日），载厦门大学法律系、福建省档案馆选编：《中华苏维埃共和国法律文件选编》，江西人民出版社1984年版，第129页。

政治运动中，也敢于为自己的权益而斗争。

（二）才溪妇女参政概况

由于中央苏区政府的高度重视，各级苏维埃政府认真贯彻落实，因此，才溪妇女参政状况得到很好的改善。

毛泽东在总结苏维埃民主制度时指出："现在多数的城乡苏维埃，妇女当选为代表的占百分之二十五以上，部分的地方如上杭的上才溪乡，七十五个代表中妇女四十三个，占了百分之六十。下才溪九十一个代表中妇女五十九个，占百分之六十六，广大的劳动妇女是参加国家的管理了。"[①]才溪妇女的参政主要体现在参与政权的管理和参与劳动妇女代表会议。

为了加强对妇女工作的指导，1930 年 9 月，上杭县第二届工农兵代表大会决议案第一条法案《苏维埃政府组织法案》中规定："县工农兵代表大会"下设"妇女委员会"，在县办事机关设"妇女科"，"区工农兵大会"设"妇女委员"，区办事机关设"妇女委员"。在县苏执委 29 人中要有 5 名妇委，在区苏 11—15 名执委中，要有 1 名女执委。[②]劳动妇女代表会议是苏区妇女积极参与苏维埃政权下最广大的社会事业的一种具体表现。主要做法是：以乡为单位，可开全乡劳动妇女大会来选举，或以村为单位来选举妇女代表。小乡人少的地方，可由 8 人推选 1 人，大乡人多的地方，10 人或十几人选 1 人。[③]妇女代表会议的任务是：向妇女群众传达共产党及工会的指示；发动与领导女工农妇斗争；定期召开会议，有计划地讨论工作；每个代表要经常深入女工农妇群众，去了解她们，教育她们。才溪乡的"妇女代表会十天开一次。乡有主席团五人，内推

---

① 毛泽东：《中华苏维埃共和国中央执行委员会与人民委员会对第二次全国苏维埃代表大会的报告》，载江西省妇女联合会、江西省档案馆选编：《江西苏区妇女运动史料选编》，江西人民出版社 1983 年版，第 148 页。

② 中共龙岩地委党史资料征集领导小组、龙岩地区行政公署文物管理委员会编：《闽西革命史文献资料》第 4 辑，1983 年 5 月，第 220—222 页。

③ 《福建省苏维埃政府训令——关于保护妇女权利与健全妇女生活改善委员会的组织和工作》（1932 年 8 月 3 日），载中华全国妇女联合会妇女运动历史研究室编：《中国妇女运动历史资料（1927—1937）》，人民出版社 1986 年版，第 248 页。

一指导员，另四人分在四村，每村一人，即为村的主任”[①]。

这些妇女参加政府工作后，积极向政府提出关于妇女本身利益的提案，要求政府颁布保护妇女的法令，恢复妇女在社会上应享有的一切权利，并督促政府、拥护政府、帮助政府工作。毛泽东在《才溪乡调查》中写道：“妇女代表会讨论的问题，凡乡苏讨论的，他们都讨论，除对慰劳红军、推销公债，发展生产极其努力外，本身利益如婚姻问题，也常讨论，解释婚姻条例给妇女听。”[②]

她们还积极参加改造苏维埃政权的斗争，把苏维埃里面的腐化分子开除出去，把坚决勇敢的分子和青年领袖（特别是妇女）选到苏维埃工作，使苏维埃能真正成为领导群众斗争而有工作能力的政权。

二、积极做好后勤保障工作

（一）经济建设的主力军

1. 苏维埃政府发展生产的方针政策

恩格斯认为，妇女解放的第一个先决条件就是一切女性重新回到公共劳动中去。

自苏维埃中央政府成立以来，由于受到王明“左”倾路线影响，自中央至地方各级苏维埃政府，都忙于组织群众支持红军向外发展革命战争，而对于苏区经济建设这件大事却甚为漠视，这严重影响了苏区经济建设的开展。

与此同时，国民党南昌行营加紧对中央苏区实行严密的经济封锁，规定凡粮食、食盐、汽油、洋油、电料、药品器材、信件报纸、可供制造军用品之材料等，严格禁止运入苏区。国民党军政当局在与苏区交界的白区城镇，设立食盐、洋油分卖处，限定当地居民凭证购买。食盐、布匹、西药、火油、棉花、印刷用品等日常必需品，在苏区十分紧缺，很难购进。

---

① 毛泽东：《才溪乡调查》，载《毛泽东文集》第1卷，人民出版社1993年版，第329页。

② 毛泽东：《才溪乡调查》，载《毛泽东文集》第1卷，人民出版社1993年版，第329页。

由于上述两方面的原因，闽西苏区内军用和民用物资逐渐短缺，苏区军民生活和红军反“围剿”斗争面临越来越大的困难。面对这种状况，毛泽东及时地提出，各级苏维埃政府必须高度重视经济建设工作。他说：“革命战争的激烈发展，要求我们动员群众，立即开展经济战线上的运动，进行各项必要和可能的经济建设事业。”[①]这是因为：“现在我们的一切工作，都应当为着革命战争的胜利，首先是粉碎敌人第五次‘围剿’的战争的彻底胜利；为着争取物质上的条件去保障红军的给养和供给；为着改善人民群众的生活，由此更加激发人民群众参加革命战争的积极性；为着在经济战线上把广大人民群众组织起来，并且教育他们，使战争得着新的群众力量；为着从经济建设去巩固工人和农民的联盟，去巩固工农民主专政，去加强无产阶级的领导。为着这一切，就需要进行经济方面的建设工作。这是每一个革命工作人员必须认识清楚的。”[②]

为了冲破敌人的经济封锁，1933 年，临时中央政府调整经济政策，决定在中央、省、县三级设立国民经济部，根据地的农业、工业、商业、交通、财政和金融等各项经济工作恢复并逐步有所发展。

战争使得大量的男子上前线，后方的生产重担只得由妇女承担。为更好地组织和发动妇女参加到革命与生产中来，1931 年 12 月 1 日，党中央提出了《关于扩大劳动妇女斗争决议案》，这一决议案充分肯定了苏区妇女工作的成绩（苏区妇女群众组织的发展），指出了存在的缺点，批评了各级党组织忽视妇女工作的错误倾向，提出了必须加紧发展妇女群众的积极性与创造性，利用各种组织的方式（如洗衣队、做鞋队、救护队、慰劳队等）来领导和组织她们拥护苏维埃红军等任务。[③]在 1933—1934 年苏维埃全区发动的春耕运动中，中共中央、苏维埃临时中央政府决定“在乡苏之下，设立妇女劳动委员会，教育广大的妇女群众莳田犁田耙田等主要的生产工作”[④]。中央苏区妇女部提出“每个劳动妇女英勇地踏上劳动生产战线，要像红军战士上前线一样英勇”的口号。1933 年 2 月 10

① 《毛泽东选集》第 1 卷，人民出版社 1991 年版，第 119 页。

② 《毛泽东选集》第 1 卷，人民出版社 1991 年版，第 119 页。

③ 转引自邱松庆：《中央革命根据地的妇女运动》，《江西社会科学》1983 年第 1 期。

④ 《关于春耕运动的决定》，《红色中华》第 151 期，1934 年 2 月 18 日。

日，苏区中央局作了《关于三八国际妇女节的决议》；1934年2月20日，党中央又作了《关于三八节的决议》。这些决议，对苏区妇女运动都作了十分具体而明确的指示，提出了在帝国主义、国民党反动派对苏区大举进攻面前广大妇女所要担负的艰巨任务，发出了"每个工农妇女扩大一个红军""每个工农妇女做一双草鞋，节省三升谷供给红军"等号召；发动妇女参军参战，"工农妇女武装起来，保护中国革命，保护苏区"，"工农妇女武装起来，扩大民族革命战争，打碎敌人大举进攻"；动员妇女积极参加生产，提出"每个妇女多种瓜""每个妇女多种五样豆子""提早春耕，增加生产"等口号。

由于才溪的广大妇女在政治上、经济上、文化上、婚姻上得到了翻身解放，由于得到了党和中央工农民主政府的正确领导与指引，她们的革命积极性空前高涨，不论参军参战，支援前线，还是参加生产劳动，进行各种经济建设，都表现出极大的热忱，才溪的妇女运动蓬勃地开展起来，成为革命战争、生产支前等各条战线上一支不可缺少的生力军。

2. 积极参加生产，发展苏区经济

土地革命初期，才溪的广大青壮年大部分都当红军或支前去了，因此，发动妇女参加生产，既是妇女本身解放的需要，也是发展根据地农业生产和各项经济建设事业的需要。毛泽东同志指出："有组织地调剂劳动力和推动妇女参加生产，是我们农业生产方面最基本的任务。"[①]从此，才溪广大妇女走上了生产第一线，担负起经济建设的历史重任。

1933年，上杭才溪乡大批青壮年踊跃参战。上杭才溪乡，暴动时共有2328人，男劳力554人，女劳力581人，男劳力中有419人参加红军去了，调外工作的有66人，共去了485人，留在乡村的只有69人，仅占全乡劳力总数的11%。女劳力559人，占全乡劳力总数的89%。[②]

当时才溪男劳力少了，妇女们就把家乡的生产、支前等重担勇敢地挑起来。为了推动妇女参加农业生产，1930年，党和工农民主政府对妇

---

① 《我们的经济政策》（1933年1月23日），载《毛泽东选集》第1卷，人民出版社1991年版，第132页。

② 参见《上杭县苏区妇女参加政权建设、经济建设、文化建设、生产支前、武装斗争情况》，载龙岩地区妇联妇运史资料征集小组编：《闽西妇运史资料》第1期，1986年3月，第15页。

女制定了新政策，即加强党在农业妇女中的领导。毛泽东同志亲自到中央苏区几个地区做了具体调查和动员工作。他在著名的《才溪乡调查》等农村调查中，就把妇女看作劳动的主力。他指出，为了支援革命战争，发展根据地的经济建设，争取妇女解放，必须认识到“有组织地调剂劳动力和推动妇女参加生产，是我们农业生产方面的最基本任务”[①]。“仅1934年5月的统计，上才溪乡的劳动互助社共有女劳动力559人，占总劳动力的89%。通过劳动互助社和耕田队的形式，广大的妇女合理调剂劳动力，保证了生产的顺利进行。”[②]

1930年6月，毛泽东同志来到福建省上杭县才溪乡，亲自召开了妇女代表座谈会。会上，他详细地调查了暴动后的生产、生活情况，指出要发挥妇女的作用，要把妇女很好地组织起来，学会犁田、耙田、莳田。会后，妇女代表们走东家，串西家，并立即召开党团支部会，组织起妇女耕田队。为了帮助妇女学会掌握犁田、耙田、莳田等主要农活，中央工农民主政府还请有经验的老农民当她们的老师。当时发动农村妇女学习这些从未干过的农活确实是十分艰巨的，但是，解放了的广大妇女满怀革命激情，上杭才溪妇女成立了77个生产教育组，每10个妇女编成一组，学习犁田、耙田、莳田。她们不畏困难，刻苦勤学，摔倒了再爬起来，一遍两遍，三天五天，几经苦练，全区80%的妇女都学会了犁田、耙田技术。据1934年3月15日《红色中华》报道：“上杭才溪，在春耕运动中，有十分之八的女英雄参加犁田、耙田，聘请了生产指导员经常教授妇女耕作技术。”由于妇女干部带头干，其他的妇女也跟着干起来。“上才溪今年女子能用牛的约三百人，能莳田的六十多人。”[③]妇女们在学习过程中发扬不怕苦、不怕累、连续作战的精神，仅仅两年时间，才溪全区3000个妇女中，能犁田、耙田的共有1600多人，特别是红军家属，用冲锋比赛的精神来互相督促、互相帮助，以争取生产战线上的胜利。《红色中华》1934年3月19日报道：才溪全区妇女会犁田、耙田

---

① 转引自邱松庆：《中央革命根据地的妇女运动》，《江西社会科学》1983年第1期。

② 肖爱连：《中央苏区时期的闽西妇女》，载中国人民政治协商会议福建省长汀县委员会文史资料编辑室编：《长汀文史资料》第3辑，第49—50页。

③ 毛泽东：《才溪乡调查》，载《毛泽东文集》第1卷，人民出版社1993年版，第331页。

的比 1933 年增加一倍。

经过扩红突击以后，才溪妇女的劳动热情更为高涨，许多小脚妇女也积极参加生产了，她们解放了自己的束缚，经常在田野里唱着解放的山歌："革命世界不比先，劳动妇女学犁田，犁田耙田都学到，增加生产笑连连。学会耙来学会犁，门门工夫俺知哩，英勇哥哥前方去，田里工夫唔愁哩。革命世界过风光，劳动妇女作田庄，小脚也下双倍力，多种棉花并杂粮。"[①] 革命山歌句句真，增加生产多两成，充足红军的给养，粉碎万恶的敌人。这正表现了苏维埃政权下妇女群众自由劳动的呼声。

在党和苏维埃领导之下，经过贫农团、雇农工会、赤卫队、少年先锋队、儿童团和女工农妇代表会动员起来，春耕时各乡组织了耕田队、开荒队、突击队、宣传队，秋收时组织割禾队。为了提高工作效率，才溪妇女们举行革命竞赛，并且在耕作、犁田、耙田、下肥料、换好种、开垦荒地、修池塘、筑河坝、添修农具，一直到割禾打稻，都互相帮助，耕具耕牛互相借用。群众争着先耕红军公田和红军家属的，割禾也是先割他们的。才溪妇女们发扬了团结友爱、互相帮助的精神，这种现象只有在苏区才能看到。耕作之中，才溪妇女表现出极大的积极性，晚上开会讨论，白天到田里工作，永远是那样紧张，没有丝毫的疲倦。上杭才溪乡 80% 以上的妇女参加生产，占了全体劳动者的半数以上，而她们做了 80% 以上的工作。正如当时的省苏土地部部长范乐春同志在《红色中华》第 79 期中写道的："更令人钦佩与称赞的，则全区（指闽西）生产的劳动工作，80% 以上是妇女做的，而全区会耕田、耙田、莳田的妇女同志占 50% 以上，才溪区妇女更是一支有力的产业军。"[②]

生产建设中，妇女们政治觉悟高，生产干劲大，在"1933 年闽浙赣省平均每亩田收谷四担，比前年增加了一担，木花油每人比以前多收一担，油菜比革命前增加一倍，棉花足以自给，不用到白区买；开荒三万多亩，增加几十万担米谷；修成水路六百〇二条，石坝二百三十支，山

① 《斗争》第 70 期，1934 年 8 月 16 日。

② 龙岩地区妇联妇运史资料征集小组编：《闽西妇运史资料》第 1 期，1986 年 3 月，第 19 页。

塘七百五十十口。整个苏区的秋收，平均增加了一成半”[①]。

各种农副业生产不仅没有减少，反而有所增加。正如毛泽东同志所指出的：“红色区域的农业，现在显然是在向前发展中。1933 年的农业，在赣南闽西区域，比较 1932 年增加了 15%（一成半）。而在闽浙赣区则增加了 20%。”[②] 在当时艰苦的战争环境中，而且在短短不到 3 年的时间内，在反动派严重的经济封锁情况下，仍使生产比暴动前有所增产。1933 年 11 月，毛泽东同志到才溪调查，记载了当时的生产情况：“1932 年恢复了 10%，今年（1933 年）比去年增加二成（杂粮如番薯、豆子、芋子、木薯等，则比去年增加 50%），超过暴动前 10%，暴动后全区荒了许多田，去年开发了一小部分。今年大开，开了 1300 多担。开山比开田更多，山占四分之三，田占四分之一。因田开尽，故进到开山。没有一片田没有种杂粮，能种番薯的田一概种下番薯了。开山开得女同志‘争’起来，我要开，你也要开，竞赛的效力很大。全区粮食，暴动前不够甚远（加以那时做粉干的多），去年已够食，今年则已有余了。现在全区没有做粉干及果子的，没有蒸酒的。”[③] 这些铁的事实雄辩地证明了广大才溪妇女所起的“半边天”作用。当时根据地流传这样的民歌：“革命红旗迎风飘，妇女耕田又开荒，支援红军打胜仗，多收粮食送前方。”“开熟荒，开生荒，扛起锄头上山冈，锄头当刀枪，荒地当战场，一心只为多增产，支援红军打胜仗。”[④]

显而易见，闽西苏区农业生产之所以能取得如此巨大的成绩，与才溪妇女们的艰苦努力是分不开的，与党中央工农民主政府的领导是分不开的。中央工农民主政府主席毛泽东同志在这一时期以巨大精力领导了根据地的经济建设，尤其是农业生产。他指出，在目前条件下，我们经济建设的中心是发展农业生产，发展工业生产，发展对外贸易和合作社。而农业生产则是我们经济建设工作的第一位。如果不发展农业生产，就

---

① 娜姐：《中华苏维埃共和国内的妇女》，载江西省妇联赣州地区办事处编：《赣南妇女运动史料选编》第 1 册，1997 年，第 135 页。

② 《毛泽东选集》（合订一卷本），人民出版社 1964 年版，第 117 页。

③ 毛泽东：《才溪乡调查》，载《毛泽东文集》第 1 卷，人民出版社 1993 年版，第 232 页。

④ 谢济堂编：《中央苏区革命歌谣选集》，鹭江出版社 1990 年版，第 327 页。

势必影响人民的生活，势必影响革命战争所需物资的供给，人民群众也会在长期的战争中感到疲惫。①

正是在党的领导下，经过根据地广大才溪妇女的艰苦努力，她们用自己勤劳的双手，以自己的实际行动夺得了农业生产的丰收，保证了军需民用，从而有力地支援了革命战争，为打破敌人的经济封锁，保证了反“围剿”斗争的胜利进行作出了重大的贡献。

3. 积极发展各种经济，活跃苏区经济

在半殖民地半封建的旧中国，由于受到帝国主义的经济侵略，到处是洋米、洋油等洋货，使我国本来已少得可怜的工业基础受到挤压兼并，更处于半死不活的境况，多半被迫转为洋货的推销商。农业生产、小手工业加工等更是濒临破产，只好望“洋”兴叹。劳苦工农更是“食不果腹，衣不蔽体”，过着牛马不如的生活。

红色政权的建立，给劳苦工农带来光明和希望。苏区在红军领导下，为巩固和发展红色政权，通过打土豪、分田地，调动了农民的积极性，大大地解放了生产力；在社会秩序安定的基础上，又大力扶持原有地方的手工业、加工业，从而活跃了苏区的经济。

（1）组织消费合作社。消费合作社是闽西苏区合作社商业的重要组成部分，它以乡村（乡村很阔的地方可以几个村合并为一个单位）、工厂、学校、机关或城市街道为单位，由广大劳苦大众自愿因消费活动而联合起来，对于外来工业品，大批买进，零星卖出；对于本区生产品，零星买进，大量卖出。社中所赚的钱除开销外，照社员买卖货物的多少为比例分配，此组织的目的，一是抵抗商人、富农因本多而造成的批发剥削；二是方便群众。社员有了消费合作社，得利颇多，买货便宜，而且近便，可以赊货。②正是由于消费合作社能给群众带来便利和利益，同时，为了抵御奸商富农操纵粮食市价，减少农民的损失，在党和苏维埃领导下，农民们自己组织了粮食合作社，把米谷运到价高的地方去卖，不用经过奸商富农的剥削，得来的利润，社员可以分红。同时苏维埃收

① 转引自邱松庆：《中央革命根据地的妇女运动》，《江西社会科学》1983年第1期。

② 参见《合作社工作纲要》，载许毅主编：《革命根据地财政经济史长编》（下），人民出版社1991年版，第982页。

买多量的粮食，建立谷仓贮藏起来。又建立贸易局和粮食调剂局来解决群众的粮食问题。没收来的耕牛和农具，组织了犁牛合作社，有计划地分配，有组织地管理。“消费合作社以上杭、才溪……的成绩最好。上杭才溪的合作社创于1929年，那时社员只有80人，股金40元。去年尾的统计，社员1041人，股金1041元。销货都是群众的日用必需品，布匹20%，食盐70%。合作社的工作，多半妇女担任，特别是采办货物，都是由妇女到白区去买的。”①

（2）积极购买经济建设公债。才溪妇女们除了积极参加劳动合作社、消费合作社、粮食合作社、耕牛合作社、信用合作社等社会组织，还踊跃购买经济公债，支援革命战争。每次分配发行的“经济建设公债”，几乎都是由负责基层的妇女干部深入宣传发动，或以本人的模范带头，广为推销购买，每次都超额完成任务，深得上级好评。此外，还通过借谷运动，筹集粮食支援战争。《红色中华》第69期报道：“上杭才溪、官庄、旧县三区劳苦群众，在《红色中华》所号召的每人借三升谷给红军的运动后，自动地踊跃借谷给红军。现已集中一百多石。特别是才溪区的劳动妇女，要求不要发票借谷给红军，这样的计有四十余石。”

正是有了才溪妇女的有力支持，使得苏维埃政府能够顺利度过困难时期。

（二）扩红支前的先锋

苏维埃政府给苏区妇女带来了全新的生活，也把她们的命运与红军和苏区紧密联系在一起，面对国民党蒋介石对根据地发起的一次次反革命军事“围剿”，苏区妇女深知，没有革命根据地的巩固，也就没有她们个人和家庭的幸福，她们勇敢地投入保卫苏区、保卫革命胜利果实的战斗之中，为革命作出了巨大的贡献。主要表现如下：

1. 轰轰烈烈的扩红运动

为粉碎国民党反动派的军事“围剿”，巩固和扩大土地革命战争的胜利果实，苏维埃政府需要不断扩充兵源，这项工作得到才溪妇女的大力

① 娜姐：《中华苏维埃共和国内的妇女》，载江西省妇联赣州地区办事处编：《赣南妇女运动史料选编》第1册，1997年，第136页。

支持。正像民歌所唱的：

要化冬雪早迎春，要过好日当红军。
土豪劣绅一打倒，分田分地好开心。

她们从第一次反“围剿”斗争开始，就把丈夫和儿子送到前线。在第四次、第五次反“围剿”斗争中，苏区扩红运动达到高潮。1933 年 2 月，苏区中央局提出扩大百万红军的号召。苏区妇女热烈响应，到处出现母亲送子、妻子送郎当红军的动人场面。才溪妇女为了保卫和发展革命根据地，积极参与扩红支前运动，出现了“百名妇女送郎当红军”、“千个母亲送子参军”、父子争当红军的动人场面。“上杭才溪区同康乡的少先队大队长王大青同志，旧县新坊乡石院村邓五妹同志，碧沙村李银秀同志，她们都是呱呱叫的模范女性，为了苏维埃政权的巩固与发展，都鼓动她们的老公当红军去了。”[①] 上杭才溪发坑村一位老大娘，一连送 3 个儿子当红军，孩子们在战场上冲锋陷阵，英勇杀敌，被誉为“红色三兄弟”。[②]

据统计，1933 年上才溪全部青年男子（16—50 岁）554 人，出外当红军做工作的 495 人，占 80%；下才溪全部男子 756 人，出外当红军做工作的 526 人，占 70%；由于才溪妇女们的大力支持，才溪区 1929—1934 年参加红军的人数达 3000 人。能有这样的成绩，主要原因，是优待红军家属、慰劳红军工作历来不错。[③]

据记载，从 1933 年 2 月到 1934 年 9 月，中央苏区参加红军的总人数在 18 万左右，建立了几倍于过去的主力红军和地方红军的部队。如此繁重的征兵任务，没有妇女的理解、支持和配合是无法完成的。

才溪的妇女们欢送自己亲人上前方后，又承担了后方的各项任务，积极开展拥军优属工作，如担水、砍柴、种田、洗衣等，凡红军家属有特殊困难的，就立即帮助解决，使上前线的子弟兵无后顾之忧。

---

① 《红色中华》第 84 期，1933 年 6 月 1 日。

② 转引自邱庆松：《中央革命根据地的妇女运动》，《江西社会科学》1983 年第 1 期。

③ 参见毛泽东：《才溪乡调查》，载《毛泽东文集》第 1 卷，人民出版社 1993 年版，第 329 页。

2. 红红火火的支前工作

在土地革命战争中，红军与国民党军队作战在军事上处于明显的劣势。在敌强我弱的情况下，红军在战略上采取的是积极防御的战略方针，在战术上则以运动战为主。这种作战方法要求根据地人民密切配合与支持，苏区妇女以其独特的智慧、才干和力量，支持着这场战争。才溪妇女们为了支援前线军队更好地作战，粉碎敌人的"围剿"，她们除了增产粮食和农副产品外，还努力做好各项支前工作。她们组织宣传队、运输队、救护队、慰劳队、洗衣队，担负着侦察、向导、宣传、运输、担架、救护、慰劳等各种工作。"特别是下才溪动员整连整排的妇女赤少队去帮助红军运输粮食和军用品。现在我们可以看到在前线上到处有我们的妇女同志的足迹，在一切战斗动员中，到处有妇女同志在活跃。"①

妇女的支前工作更是难以计数的。战争消耗巨大，红军的供养主要靠苏区人民提供，仅军鞋一项，十几万红军穿的鞋，就全靠苏区妇女一针一线来缝制。夏天她们打草鞋，冬天就用她们自己的衣服、嫁妆为红军做布鞋。根据地广大妇女为了帮助红军织布草鞋，许多人卖猪、卖谷，买布做草鞋，送给红军。1933 年 4 月 1 日，《青年实话》写道："上杭才溪区下才溪乡一个妇女团员闻得红军获得空前伟大胜利，自动做了布鞋二十一双。另一个妇女团员，也自动做了布草鞋十九双送来，庆祝红军胜利及慰劳红军。" 1933 年 5 月 8 日《红色中华》报道："上杭才溪区同康堂党团员女同志，在中央号召做十万双布草鞋慰劳红军的动员中，热烈进行，在一月之内，完成布草鞋 300 双以上（全乡二百多妇女），有王凤里、林喜连、王太珍三个女同志（都是团员）自动做 30 双、25 双、15 双，以为群众的模范。" 仅 1933 年 8 月，上杭才溪区上才溪乡一处在一月中就做了 500 双草鞋，慰劳红军。上杭才溪的妇女们编织的草鞋，战士们特别喜欢穿，而且数量也很多："上才溪，八月五百多双，九月一百多双，十月九十多双。下才溪，八月三百多双，九月二百八十双，十月三百多双，十一月六百三十双。"②《红色中华》第 113 期报道："上杭党提

① 《红色中华》第 206 期，1934 年 6 月 23 日。

② 毛泽东：《才溪乡调查》，载《毛泽东文集》第 1 卷，人民出版社 1993 年版，第 329 页。

出慰劳红军号召，半月内做草鞋 5000 双，1000 块大洋。”红军长征前夕，苏区妇女又夜以继日地为红军赶制了 20 万双草鞋和几万条米袋，红军正是穿着这些草鞋走上漫漫长征路的。

随着战争的加剧，苏区青壮年男子都上前线去了，有关部队的后勤供应工作主要靠妇女来承担。从承担战争的角度来看，可以毫不夸张地说，苏区妇女是一支没有军籍的红军后勤部队。

根据地的广大妇女，在拥军优属支前工作中，也取得了出色的成绩。1933 年 4 月 8 日《红色中华》报道：“上杭才溪区苏……一般劳动妇女，也自动地把平时节省下来的零星钱也拿出来，慰劳红军。……二十五日上午，慰劳队六七十人及俱乐部慰劳品送至新坊红十九军，总计猪肉 440 斤，布草鞋 550 双，青菜 23 担，熟薯干 2 担，豆腐干 1 担，同时组织宣传队深入全体红色战士中进行宣传鼓动。”

才溪妇女除了在扩红支前方面做了大量的工作外，她们在策反敌军士兵、参加战斗、武装保卫苏维埃方面也作出了重大的贡献。

党和苏区政府，以及毛泽东等领导人在领导苏区人民开展轰轰烈烈的土地革命斗争的同时，高度重视妇女这支力量，从政策的制定、法律的出台到关心她们的生产、生活、学习，无不蕴含着党和苏区政府及其领导人对妇女解放运动的关心和支持。也正是有了党的温暖，才溪的妇女们以前所未有的姿态活跃在生产、支前等战线上，充分展示了才溪妇女的精神风貌。在长期的革命斗争中，才溪妇女无论在战火纷飞的战场上，还是在后方生产岗位上，都作出了重大的贡献和牺牲，创造出了惊天动地的奇迹，体现了妇女在伟大社会变革中的奉献精神和战斗力量，赢得了社会对女性价值的承认和尊重。

［本文收入 2018 年 11 月在上杭召开的“纪念毛泽东才溪乡调查 85 周年学术研讨会”论文集］

试述土地革命时期毛泽东的妇女解放思想——以才溪乡调查为例

毛泽东是伟大的无产阶级革命家、战略家和理论家，是中央苏区的重要创始人之一。土地革命战争时期，他成功地把党的工作重心由城市转移到乡村，开辟了一条“农村包围城市，武装夺取政权”的道路。在此期间，他在赣南、闽西的土地上，领导共产党人积极地开展了军事斗争、政治改革、经济建设，克服了重重困难，取得了可喜的成绩。同时，在争取苏区妇女的解放方面，也做了大量的工作，从而促进了苏维埃政权的扩大、巩固和人民生活水平的提高。土地革命斗争中，毛泽东于1930—1933年，先后在中央苏区所在地福建的才溪，江西的长冈、寻乌等地进行广泛的调查，撰写了大量的调查报告。这些报告涉及了苏区妇女的生产、生活、教育、参与政治活动和武装斗争等诸多内容，毛泽东深入具体地分析了农村妇女在社会及家庭生活中所处的地位，深刻揭示了中国妇女参加革命的根源，并充分肯定了组织起来的妇女儿童在土地革命中所起的伟大作用，要求“每个乡苏维埃，都应该把领导女工农妇代表会的工作，放在自己的日程上”①。毛泽东在实践的基础上，把马克思主义妇女解放的基本理论与中央苏区的具体实践相结合，开创了中国妇女解放的新时代，为中央苏区妇女解放运动提供了理论支撑，同时，也为其他苏区的妇女解放提供了借鉴。

---

① 毛泽东：《长冈乡调查》，载《毛泽东文集》第1卷，人民出版社1993年版，第314页。

一、毛泽东妇女解放思想的主要表现

（一）政治上具有话语权是妇女解放的重要表现

妇女解放运动是近代以来中国社会变革的一个重要组成部分。妇女在政治上享有与男子平等的权利成为衡量一个国家社会发展和文明进步的重要尺度。毛泽东在才溪乡调查时发现：1932 年 10 月，经过选举，才溪区妇女参加各级政权的人数“上才溪 53 个代表中，女的 16 个，占 30%。下才溪 73 个代表中，女的 21 个，也是 30%。补选以后，至今年 10 月选举时，上才溪 53 个代表中，女的 33 个，差不多占了 60%。下才溪 73 个代表中，女的 43 个，也是 60%。此次选举，上才溪 75 个代表中，女的 43 个，仍然是 60%。下才溪 91 个代表中，女的 59 个，则占了 66%”①。才溪乡的“妇女代表会十天开一次。乡有主席团五人，内推一指导员。另四人分在四村，每村一人，即为村的主任”②。具有政治上话语权的这些妇女参加政府工作后，积极向政府提出关于妇女本身利益的提案，要求政府颁布保护妇女的法令，恢复妇女在社会上应享有的一切权利，并督促政府、拥护政府、帮助政府工作。毛泽东在《才溪乡调查》中写道：“妇女代表会讨论的问题，凡乡苏讨论的，他们都讨论，除了慰劳红军，推销公债，发展生产等极其努力外，本身利益如婚姻问题也常讨论，解释婚姻条例给妇女听。”③

（二）土地所有权的获得是妇女解放的先决条件

在农村社会里，变土地高度集中私有为分散私有，保护妇女的土地所有权成为保障妇女权益的重要方面。按人口平均分配土地，是保证包括妇女在内的每个农民的独立的土地权，从而使妇女们获得了独立的经济地位。毛泽东充分认识到妇女的解放与土地权的解放是分不开的。因此，在中央苏区时期，他非常注意把妇女解放运动与土地革命运动相结合，在他主持制定的 1928 年《井冈山土地法》、1929 年《兴国土地法》、

---

① 毛泽东：《才溪乡调查》，载《毛泽东文集》第 1 卷，人民出版社 1993 年版，第 329 页。

② 毛泽东：《才溪乡调查》，载《毛泽东文集》第 1 卷，人民出版社 1993 年版，第 329 页。

③ 毛泽东：《才溪乡调查》，载《毛泽东文集》第 1 卷，人民出版社 1993 年版，第 329 页。

1931年《中华苏维埃共和国土地法》中，详细规定了妇女有取得土地的权利。从此，打破了长期束缚人民的重男轻女的封建传统，使得才溪妇女们摆脱了封建桎梏，和男子一样分得了土地，从而提高和改善了才溪妇女的政治、经济和社会地位。获得了财产所有权和继承权的才溪妇女们，积极投入革命的洪流中，她们在经济建设和参军参战、支前服务中，都充分发挥了妇女“半边天”的作用，为新民主主义革命的胜利作出了不可磨灭的贡献。

（三）阶级的解放是妇女解放的关键所在

毛泽东始终认为，在妇女解放的问题上，妇女受压迫的原因并不是男子造成的，而是压迫妇女的男权制度所致，而男权制度是阶级压迫的产物。因此，只有消灭阶级剥削和阶级压迫的制度，才能从根本上铲除妇女受压迫的社会根源和阶级根源，妇女才能真正获得解放。为了能给妇女解放指明道路，1932年6月20日，毛泽东在《中华苏维埃共和国人民委员会训令第六号——关于保护妇女权利与建立妇女生活改善委员会的组织和工作》中指出：“劳动妇女的解放与整个阶级的胜利是分不开的，只有阶级的胜利，妇女才能得到真正的解放。”[①]

“红旗跃过汀江，直下龙岩上杭。”1929年7月，中国工农红军第四军来到了才溪，才溪的劳苦大众在党的领导下，举行武装暴动，推翻地主阶级政权，建立了苏维埃政府，劳动人民真正成为主人。才溪的妇女在党组织的号召下，冲破家庭的束缚，与男人一起参加武装暴动，建立苏维埃政权。

（四）发挥妇女的主动性

毛泽东充分认识到妇女对于革命的需求以及革命对于妇女的需要，但妇女不是革命的工具，需要通过关注妇女的特殊利益，支持妇女的解放要求，而妇女的彻底解放，不能靠别人的恩赐和给予，要充分调动妇女的主动性和积极性，妇女的彻底解放才有可能。毛泽东在《湖南农民运动考察报告》中已充分意识到农妇解放要依靠妇女自身，党的作用只能是宣传和动员。他指出，共产党对于这些东西的宣传政策应当是：“引

---

① 《毛泽东主席论妇女》，人民出版社1978年版，第49页。

而不发，跃如也。”充分尊重妇女的自我解放的要求，注意提高妇女自身求解放的能力和素质，是毛泽东妇女解放思想的重要观点。

为充分发挥妇女的主观能动性，毛泽东一方面大力主张男女同时进化，为妇女接受平等教育大声疾呼，为妇女参加革命积极创造条件，从而使她们在革命实践中增长才干。同时，他充分肯定妇女的伟大作用，以唤醒妇女的自主意识。另一方面，为争取妇女合法权利斗争能取得胜利，他又号召妇女们要实行大联合，发挥妇女组织的作用，从而增强妇女群体的凝聚力，发挥妇女群体的优势，为争取男女平等的地位与合法利益而坚持斗争。

为切实保障妇女参政地位，最大限度地发挥妇女对革命事业的支持，苏维埃政府采取了有力的措施，规定：妇女和男子一律平等，16 岁以上的女子，有参加政治的权利，有选举权和被选举权。要求吸收妇女的先进分子加入党的组织，每个支部至少要吸收一个女同志。还规定，各级苏维埃人民代表中要保证妇女代表占 25% 的比例。

毛泽东在总结苏维埃民主制度时指出：“现在多数的城乡苏维埃，妇女当选为代表的占百分之二十五以上，部分的地方如上杭的上才溪乡，七十五个代表中妇女四十三个，占了百分之六十。下才溪九十一个代表中妇女五十九个，占百分之六十六，广大的劳动妇女是参加国家的管理了。”① 这些妇女参加政府工作后，工作热情高，积极向苏维埃政府提出关于妇女自身利益的建议，希望政府迅速颁布保护妇女的法令，以恢复妇女在社会上应享有的一切权利和地位，并努力为政府工作。

（五）发挥法律的保障作用

在中央苏区时期，由于中国共产党的努力，妇女们在经济、政治、文化教育、婚姻等方面所处的地位都大大提升，但是，如何将取得的成果巩固下来，毛泽东对此十分重视，他认为必须用立法的形式来保障妇女的地位。为此，在 1931 年 11 月 7 日于江西瑞金召开的第一次全国工农兵代表大会通过的《中华苏维埃共和国宪法大纲》中，规定了男女平

---

① 毛泽东：《中华苏维埃共和国中央执行委员会与人民委员会对第二次全国苏维埃代表大会的报告》，载江西省妇女联合会、江西省档案馆选编：《江西苏区妇女运动史料选编》，江西人民出版社 1983 年版，第 148 页。

等和妇女解放的内容。1931 年 12 月颁布的《婚姻条例》第一条规定：“男女婚姻，以自由为原则，废除一切封建的包办强迫和买卖婚姻制度，禁止童养媳。”同时宣布：“实行一夫一妻，禁止一夫多妻。”“男女结婚须双方同意，不许任何一方或第三者加以强迫。”1934 年 1 月，毛泽东在江西瑞金召开的第二次全国苏维埃代表大会的报告中指出，“包办强迫买卖的婚姻制度”，是“数千年束缚人类尤其是束缚女子的封建锁链”。“野蛮得无人性，女子所受压迫比男子更甚。”[①] 在毛泽东的领导下，新中国成立以后，国家第一个颁布的法律就是《婚姻法》。这个法律从根本上废除了旧制度下的包办强迫买卖的婚姻制度，实行了真正意义上的男女平等、婚姻自由的新的婚姻制度，保障了妇女的婚姻自由。从此，妇女们摆脱了野蛮的封建婚姻制度，获得了新生。毛泽东对妇女要求婚姻自由表示欣慰，他称赞妇女们的勇敢精神，指出：“民主制度代替封建制度的潮流，是到底无法制止的了。”[②] “这种民主主义的婚姻制度，打碎了数千年束缚尤其是束缚女子的封建锁链，建立了适合人性的新规律，这也是人类历史上伟大的胜利之一。”[③]

（六）注重妇女人才的培养

暴动后的闽西工农大众，建立起了自己的政权，但是深感没有文化的痛苦，渴望获得必要的文化知识。苏维埃政府为了满足群众的要求，千方百计克服困难，采取种种办法开展识字运动，使翻身后的工农群众都能得到学习文化的机会。

1929 年 5 月，毛泽东、朱德、陈毅同志率领的红四军第二次入闽，来到连城新泉时，了解到闽西的妇女所受的压迫程度和她们的愿望，毛泽东亲切地对妇女们说，你们从前没有文化，是受封建压迫的。现在你们应该学习文化了，大家要剪短头发，反对挂长耳环，缠小脚。男人前

---

① 全国妇联编：《毛泽东、周恩来、刘少奇、朱德论妇女解放》，人民出版社 1988 年版，第 42—43 页。

② 毛泽东：《寻乌调查》，载《毛泽东文集》第 1 卷，人民出版社 1993 年版，第 242 页。

③ 毛泽东：《在第二次全国苏维埃代表大会上的报告》（1934 年 1 月 24 日—25 日），载江西省档案馆、中共江西省委党校党史教研室选编：《中央革命根据地史料选编》下册，江西人民出版社 1982 年版，第 332 页。

方当红军，妇女后方搞生产。为了让妇女们获得政治上、文化上彻底的解放，毛泽东亲自指示区干部，要在新泉创办一所工农妇女夜校，组织妇女学习政治和文化，传播革命道理，培养妇女人才。

在新泉工农妇女夜校里，由于采用了崭新的教学内容和灵活的教学方法，培养了一大批妇女运动人才。广大妇女通过学习，既提高了文化知识水平，也提高了政治思想水平，许多妇女同志踊跃地投入到革命战争中，有的参加了地方武装游击队，有的参加了地方政权工作，有的参加了生产劳动，发展根据地的经济等。

苏区妇女通过妇女半日学校、妇女识字班、家庭临时训练班、田间流动识字班等形式学习文化，提高了女子享受教育的权利，从而“提高妇女政治水平与共产主义认识，使之担负起社会一切工作”[①]。据 1933 年毛泽东同志所作的《长冈乡调查》统计：“上才溪乡有四所夜校，学生 120 人，都是女子。”“妇女不但自己受教育，而且已在主持教育，许多妇女是在作小学与夜校的校长，作教育委员会与识字委员会的委员了。”

毛泽东把马克思主义妇女解放的理论与中央苏区妇女解放的实践相结合，创造性地继承和发展了马克思主义妇女解放的理论，形成了独具特色的妇女解放思想，在新民主主义时期，为中国妇女的解放指明了方向。

二、毛泽东的妇女解放思想在闽西苏区的成功实践

（一）苏区妇女成为经济建设的主力军

由于闽西苏区的广大妇女在政治、经济、文化、婚姻等方面得到了翻身解放，由于得到了党和中央工农民主政府的正确领导与指引，她们的革命积极性空前高涨，不论参军参战，支援前线，还是参加生产劳动，进行各种经济建设，都表现出极大的热忱，苏区的妇女运动蓬勃地开展

① 中共龙岩地委党史资料征集委员会、龙岩地区行政公署文物管理委员会编：《闽西革命史文献资料》第 4 辑，1983 年 5 月，第 122 页。

起来，成为革命战争、生产支前等各条战线上一支不可缺少的生力军。据统计，当时闽西根据地无劳力或劳力不足的占3/4。男劳力少了，妇女们就把家乡的生产、支前等重担勇敢地挑起来。[①]在党和苏维埃领导之下，经过贫农团、雇农工会、赤卫队、少年先锋队、儿童团和女工农妇代表会动员起来，春耕时各乡组织了耕田队、开荒队、突击队、宣传队，秋收时组织了割禾队。为了提高工作效率，妇女们举行革命竞赛，发扬了团结友爱、互相帮助的精神，这种现象只有在苏区才能看到。同时，才溪妇女们都积极参加劳动合作社、消费合作社、粮食合作社、耕牛合作社、信用合作社等社会组织，踊跃购买经济公债，支援革命战争。在中国共产党的领导下，经过根据地广大妇女的艰苦努力，她们用自己勤劳的双手，以自己的实际行动，夺得了农业生产的丰收，保证了军需民用，从而有力地支援了革命战争，打破了敌人的经济封锁，保证了当时反“围剿”斗争的胜利进行。

（二）苏区妇女是扩红支前的先锋

苏维埃政府给苏区妇女带来了全新的生活，也把她们的命运与红军和根据地紧密联系在一起。面对国民党蒋介石对根据地发起的一次次反革命军事“围剿”，苏区妇女深知，没有革命根据地的巩固，也就没有她们个人和家庭的幸福，她们勇敢地投入到保卫苏区、保卫革命胜利果实的战斗之中，为革命作出了巨大的贡献。为了密切配合前线部队的作战，闽西苏区妇女积极组织宣传队、运输队、担架队、救护队、向导队、洗衣队、慰劳队等，积极支援前线，为土地革命的胜利作出了重大的贡献。

闽西苏区的妇女不仅在支前、参战中立下汗马功劳，而且在扩红运动中也作出了重大的贡献。为了响应党中央提出的“创造一百万铁的红军”的号召，各级妇女组织用各种形式向群众宣传“参军光荣，上前线光荣，丈夫参军妻子光荣，儿子参军母亲光荣”。她们唱着《十送郎》《送郎到前方》《送郎去参军》等歌曲，送自己的亲人上前线，并鼓励他们要英勇杀敌，报效党和苏维埃政府。在苏维埃政府的号召下，苏区妇

① 参见张雪英：《中央苏区妇女运动史》，中国社会科学出版社2009年版，第116页。

女都把动员亲人参军参战作为头等光荣的大事，出现了妻送郎，父送子，兄弟争当红军，父子同参军的动人场面。

［原载 2017 年 11 月在北京召开的“中国妇女研究年会暨研讨会”论文集］

闽西妇女在游击战争中的地位和作用

主力红军长征后，国民党当局派遣几十万大军和地方武装对闽西苏区发动了疯狂的“清剿”，叫嚣“茅屋要过火，石头要过刀，人要换种”。大量妇女被奸淫掳掠，妇女干部被杀害。但是，敌人的血腥政策并没有把苏区军民吓倒。

在艰苦卓绝的三年游击战争中，闽西苏区妇女紧密地团结在党的周围，千方百计地采取各种办法进行抗捐、抗税、抗租、抗粮斗争，击败了地主豪绅妄图反攻倒算的阴谋，取得保田斗争的胜利。闽西许多地方，如龙岩、永定、上杭等地，农民经过土地革命后分到土地，直至全国解放，仍有20多万亩土地保存在劳动人民手中。这不仅是闽西革命史，也是中国革命史上的奇迹。而创造这一奇迹的就包括了在三年游击战争中为保田而英勇斗争的闽西苏区妇女。

一、积极参加武装斗争，保卫革命胜利果实

在游击战争期间，活跃在闽西大地上的妇女武装主要有汀瑞游击队和南福区妇女游击队。她们机智巧妙地和敌人周旋于闽西的大山深处，英勇地打击敌人，表现出了闽西客家妇女的坚强品质。

汀瑞游击队是由陶古区游击队、兆征独立营、武阳游击队、瑞金（钟民）游击队、瑞金独立营合编而成的。主要领导人胡荣佳、彭胜标。队员两百余人，其中女队员有张昭娣、陈玉莲、吕兰春、陈五金、彭雪

英、林桂兰、胡桂香、王玉兰、戴秀英、胡秀英、余凤英、陈桂秀、陈长秀、曾仁秀、邹发凤、余桂娇、钟带秀、邹秀英、陈八姑、朱建仔、刘桂娇、钟云凤、杨令婆等30多人，班长王玉兰，副班长有钟桂秀、邹发秀、彭雪英等，汀瑞直属支部干部胡桂香。[①]

在汀瑞游击队里，“三十多个女队员中除张昭娣从四都红军医院转来负责医护工作编在第四班外，其余的以王玉兰、钟桂秀、彭雪英等人编在第三班”[②]。汀瑞游击队的编排和职责是：“六七个妇女组成一个班（当时共有三个班），负责站岗、放哨和后勤工作，在艰苦的游击战争环境下，后勤工作要做的事情很多，如煮饭、洗刷、缝补衣服、打草鞋等，更重要的任务是解决部队的吃饭问题。”[③]

1934年10月，主力红军长征后，敌人以几十万的兵力对闽西、汀瑞地区进行大规模“清剿”，企图彻底消灭我红军游击队。但是，国民党反动派的肆虐并没有使汀瑞共产党人、红军游击队和革命人民所屈服，尤其是汀瑞游击队的女队员张昭娣、陈玉莲等，她们在游击队党委的领导下，拿起枪杆，狠狠地打击敌人，为中国革命作出了巨大的贡献。

在游击战争中，汀瑞女英雄们在战场上与敌人进行英勇顽强的斗争，打死打伤敌人不计其数。张昭娣同志，是游击战争中对敌恨，对同志亲，对己严的一名女战士。她参加每次战斗总是跟着男同志一起冲锋在前，勇敢顽强，拿起枪杆英勇杀敌，就是自己受伤了，还是不下火线，继续战斗。对待同志亲如兄妹，特别是对待伤员和病号做到了精心护理。

1936年，汀瑞游击队为了打败敌人（广东猴子军）的疯狂“清剿”，用打土豪得来的款子，通过接头户到瑞金、长汀等地买来灰色棉布，由女队员王玉兰、胡桂香等同志组织全体妇女赶做几十套新的灰军装，以化便装执行任务之用。1937年5月，钟民、彭胜标、曾玉成率领已化装

---

① 参见谢奇英:《汀瑞游击队中女队员的活动情况》，载龙岩地区妇联妇运史资料征集小组编:《龙岩妇运史资料》第3期，1986年9月，第36页。

② 谢奇英:《汀瑞游击队中女队员的活动情况》，载龙岩地区妇联妇运史资料征集小组编:《龙岩妇运史资料》第3期，1986年9月，第29页。

③ 彭雪英:《关于汀瑞游击队等情况的回忆》，载龙岩地区妇联妇运史资料征集小组编:《龙岩妇运史资料》第1期，1985年6月，第11页。

成“中央军”的70多名游击队夜袭青山铺联保办事处，歼灭敌人1个排，缴获枪支40多支，子弹数千发。随后在8月1日，又袭击武阳区公所，全歼守敌1个排，杀死恶霸邹道宣等11人，缴枪10余支，子弹3000余发，手榴弹60余枚，拔掉了瑞金南部最反动的伪区公所。紧接着，又四处袭击，拔掉了杨梅排等地的乡公所。同年秋，又组织30多人，埋伏于山箭脑，伏击从汀州往瑞金的汀州专员秦振夫的汽车，击毙3名押车人员和专员太太，缴获20多支枪和金银首饰等。

在上述的几次战斗中，汀瑞游击队女英雄们个个机智勇敢，狠狠打击敌人。陈玉莲、陈五金等同志除直接参加战斗外，更重要的是运输枪支弹药等物资。同时，在战后迅速地把战利品搬往山区，特别是陈五金、彭雪英等扛得重，背得多，奔走山路，上岭下坡，从不叫苦，个个表现积极，谁也不愿落后，大家忙得不亦乐乎。

汀瑞游击队和基点村的群众建立了鱼水关系，紧紧依靠基点村的群众，牢牢地掌握住一大批灰色政权，狠狠地打击了反革命的嚣张气焰，使我们的部队在方圆几百里以内，获得了相对性的自由。基点村的群众用各种方式支持和掩护游击队。许多群众宁肯自己省吃俭用，不吃不用，把大米、火柴、食盐等物资送给游击队。如四都地下党员李仰明，冒着生命危险给游击队买枪支、弹药及其他用品，曾多次被敌人追捕。四都石寮湖细娣，丈夫因给游击队送粮食被敌人杀害，她继承夫志，给游击队做事，在一次送信途中被俘。面对敌人的屠刀，她毫不畏惧，回答说，要杀就杀，为了红军游击队死也甘心，说完慷慨就义。基点村的人民用鲜血和生命保护着汀瑞游击队。

汀瑞游击队的女队员们在党委的领导下，毅然拿起枪杆子，参加游击战争，整年住在山上，风餐露宿，缺医少药，无衣无食，过着“大树遮身待天明”“夏吃杨梅冬吃笋”的艰苦生活，出生入死，与敌人奋战。冒着生命危险，为红军游击队送信、递情报、送粮食，使红军游击队开展灵活机动、群众性的游击战争，粉碎了敌人苦心经营的五次残酷“清剿”，取得了与二万五千里长征相辉映的汀瑞游击战争的胜利。许多汀瑞女英烈为革命献出了宝贵生命，在汀瑞革命史上留下了光辉的一页。她们不屈不挠的革命精神，艰苦奋斗的革命作风，忘我牺牲的高贵品质，永远为后世景仰。

1938年2月，汀瑞游击队奉命开往龙岩点编，编入新四军二支队，北上抗日。张昭娣等25位女同志一律留在闽西和赣南，转入新的斗争。

南福区妇女游击队革命活动情况：

南福区亦称岭下区，是龙岩、南靖县交界地区，辖区包括适榕、元沙、岭下、古溪4个行政村。它们紧紧连成一片，相互沟通，形成纵横辽阔的腹地。交通阻塞，山耸林密，群众基础好，是红军、游击队活动的重要地区。

南福区妇女游击队成立于1932年4月中旬，经岭下区苏维埃政府研究决定并在红军东路军驻军的具体指导帮助下，在元沙万善庵正式成立，任命张瑞娘为妇女游击队队长，林金銮为副队长，队员30多人。妇女游击队成立后，直接受南福区党组织和苏维埃政府的领导，同时还得到红军东征部队领导机关的具体指导。

我们党和红军领导、帮助南福区组建了一支坚强的妇女战斗队伍，并使这支队伍成为红军东征部队得力的后勤工作生力军。她们在支前、参战中，表现得非常积极、勇敢，工作做得颇为出色，尤其是妇女游击队的领导者、中坚力量的张瑞娘、林金銮、陈桂銮、谢阿曲、游玉春等人更为突出，深受红军东征部队和沿途群众的热烈称赞。

南福区妇女游击队成立以后，便以一支生机勃勃的战斗队伍，与男同志并肩战斗，或分或合，紧密配合，活跃于南福区的广大土地上，驰骋于深山密林、崇山峻岭之间，出没于岩、南、漳接合部的纵横辽阔之游击区里。这支有二三十人骨干的妇女游击队，在多年的游击战争中锻炼成长，同男游击队一般的装束，显示出飒爽英姿。她们在中国共产党的领导下，浴血奋战数个年头，为人民的解放事业建立不朽的功勋，成为代代流传的佳话和令人敬仰的巾帼英雄。

1932年4月中旬，她们奉命随东路军东征部队一起行军，参加消灭南靖和溪的驻敌。她们一边协助部队搞好后勤，一边参战。红军东路军进驻漳州后，妇女游击队的指战员密切配合东征部队深入城乡发动群众，利用她们能听会讲闽南话的优势，到贫苦群众家里走门串户，用闽南话向当地妇女群众宣传我党的政策和红军的宗旨，发挥了很好的作用，作出了重要的贡献。1935年7月，妇女游击队与岩南漳游击队密切配合红八团，一起参加了在龙岩适中新祠截劫敌人军车的战斗。战斗胜利后，妇女游击队发动妇女群众帮助搬运物资，运往四旺村红八团后勤处。同月间，妇女游击队随同红八团与岩南漳支队出击南靖和溪民团，一同消灭民团丁几十个。战斗结束返至和溪下窟盂时，又遇上永福民团护押的商运队，截缴了许多军需物资和药品，他们一起连夜运回四旺总部驻地。1936 年 2 月，妇女游击队编入地方游击队，转回后方坚持地方游击战争。7 月，在邓子恢等领导同志的直接领导、指挥下，妇女游击队与岩南漳第三大队并肩行动，突然袭击南靖和溪下窟盂驻敌，使敌人不得安宁。1937 年 5 月中旬，妇女游击队与前来“围剿”的国民党广东军九三八团在四旺锯齿仑山寮（又名下路坂册头）展开殊死搏斗，终因力量悬殊而失利，绝大多数领导人包括妇女游击队队长张瑞娘都在战斗中壮烈牺牲，少数妇女游击队员被打散，潜伏山涧，冲出绝境。至此，南福区妇女游击队被敌人彻底摧毁破坏了。

在三年的游击战争中，南福区妇女游击队员们经历了一次次的战火考验，在血与火的洗礼中，练就了她们坚强的革命意志，增长了她们的军事本领，增强了她们的组织纪律性，提高了她们在艰苦环境中进行斗争的政治思想素质。特别是妇女游击队队长张瑞娘，在坚持地方游击战争中表现得非凡坚定、顽强，各项工作做得极为出色。她无畏千难万险，把个人生死置之度外，为推翻“三座大山”，解放劳苦大众，争取崇高理想的实现和神圣事业的成功，战斗到生命的最后一刻，为中国人民的解放事业献出了宝贵的生命，成为永垂不朽的人民英雄。

在艰苦的三年游击战争中，闽西苏区不少妇女参加了红军游击队，她们之中有宣传员、交通员、看护员、炊事员、洗衣队员，有的是红军游击队指挥员。她们长期奋战在闽、粤、赣边的崇山峻岭之中，与男同志一样站岗、放哨、打仗，过着极其艰苦的生活。

二、积极做好后勤供给及伤病员的安置护理

（一）当好交通员，为游击队送情报、送食物

蒋介石为消灭红军和游击队，以计口售粮、盐为手段，对游击区实

行经济封锁。妇女群众倾尽全力支持和保护游击队。游击队员运用密切联系人民群众，依靠群众的工作方法，培养了一批妇女当交通员。她们具有会讲本地语言，熟悉地形，亲朋好友多的有利条件，送情报不易暴露。她们通常打扮成走娘家、打柴或卖柴的模样，把情报藏在头发夹里、鞋底或柴火里，顺利地把情报送出去。有的妇女用盐水泡衣服的办法，把盐送给游击队。

在闽西三年游击战争中，有一个优秀的接头户，叫陈客嫲。她原籍广东，小时候逃难到龙岩，后来嫁到后田村。红军长征后，国民党侵占了闽西苏区，"围剿"红军游击队。敌人封锁了通往山上的道路，她冒着危险，挑着特制的上下两层粪桶（上层装粪，下层装米），机智勇敢地把粮食送到山上给红军游击队。吴接臣同志是永定西溪人，在红军长征后，一直是我游击队的接头户，为刘永生等同志在西溪一带活动做了许多工作。

（二）站岗放哨，监视敌情

在严酷的斗争环境里，苏区的妇女们发挥了她们的聪明才智，为游击战争的胜利作出了贡献。永定地下交通员张梅英受乡苏派遣，以放牧为掩护，保护在敌人"清剿"时隐蔽在金砂赤竹盘山上的领导人张鼎丞、温仰春、张福贵等，发现有敌人靠近张鼎丞等隐蔽的山洞时，就以吆喝耕牛为信号，秘密保护他们的安全。张鼎丞在山洞隐蔽了半个月，当敌人要搜山时，交通员丘顺图等及时送了情报，张鼎丞等及时转移。当敌人发现热乎乎的灶窑时，懊丧地说，共产党行动真是神出鬼没。

（三）当采购员，为游击队解决药品和物资

敌人对游击队的大规模"清剿"的手段之一，是实行经济封锁。他们对山区群众实行按人口计量的方法限制买粮油、食盐等食品，对生活上必需的胶鞋、电池等物资严加控制，不准群众往山里运送，以断绝游击队的物资来源。游击队通过密切联系群众，取得群众的支持。群众冒着生命危险为游击队购食盐、电池、纸张等山区紧急用品。

1936年10月间，游击队要交通员廖光春、钟慈坤两位同志，将在龙南城里李美龙铁匠铺修理好的一支驳壳枪接出城外，由钟慈坤秘密带回游击队驻地。接受任务后，钟慈坤预先买好了一袋红薯渣，将枪巧妙地

藏在红薯渣袋里，抄小路回家，当走到象塘中岭山岗时被国民党便衣特务突然拦路搜查，钟慈坤被捕了。在一个月时间里，国民党对钟慈坤进行了一系列惨无人道的刑讯逼供，钟慈坤坚贞不屈，光荣牺牲。其儿媳妇钟玉妹擦干眼泪，挺起腰杆，接过婆婆的工作，继续为游击队购运物资，取送情报，被人们称为“红婆媳”。

（四）看护伤病员，为游击战争作出贡献

1934 年 6 月，红八团在龙岩东肖的西坑、肖坑、东坑等地搭起伤兵寮，为战斗中受伤的红八团指战员医伤治病。党支部书记张溪兜发动后田妇女东坑仔、罗凤珠去东山黄坑接应草药（由毛桃坑送来），以供治疗之需。1935 年至 1937 年上半年，红九团亦在龙岩白沙罗坪村下寮山上搭伤兵寮，长期住有红军伤病员，多至 20 多名，不少是连排干部。党发动妇女到白沙镇购买药品、日用品，然后送上山，使伤病员及时得到治疗。敌人几次搜山，由于群众的保护，均未受损失。

1935 年 5 月，红八团团长邱金声在永定孔夫乡战斗中负伤，在后田乡养伤。张溪兜特派一个父母均在海外的华侨姑娘照顾他。5 月 17 日，原闽西南军政委员会参谋长朱森叛变，带敌兵包围后田，带走华侨姑娘，要她交代邱金声的住处，姑娘矢口否认，被投入监狱。姑娘坚贞不屈，并以华侨的特殊身份与敌斗争，说要写信给海外亲人，控告国民党乱抓人之罪行。敌人无可奈何，关押不久，即将她释放。

众多的女性在残酷的游击战争中为保持革命信念付出鲜血和生命。范达春是闽西南军政委员会主席张鼎丞的母亲，在残酷战争中她的两个儿子和丈夫都先后牺牲。范达春从长汀讨饭到永定参加游击队。1936 年不幸被捕后，敌人威胁利诱要她劝降张鼎丞，她断然拒绝。狱中生活严重损害了她的健康，全面抗战爆发后，她虽然获释，却于 1938 年病逝。

正如陈毅在《赣南游击词》中所写的：“靠人民，支援永不忘。他是重生亲父母，我是斗争好儿郎。革命强中强。”正是有这些不怕牺牲、无私奉献的人们，才有我们今天的幸福生活。

［根据张雪英主编的《闽西妇女运动史》一书整理，2012 年中共党史出版社出版］

苏区妇女的觉醒与长征中的女红军

第五次反“围剿”失利后，红军第一方面军，第二、六军团（后改编为红二方面军），第四方面军，第二十五军被迫撤离根据地，实行战略转移。在两万五千里长征路上，有这样一支特殊的队伍，它的名字叫“女红军”。她们和男红军一样，爬雪山，过草地，吃树皮，坚韧不拔，不畏艰险，团结互助，勇往直前，无论饥饿、疾病还是血战、死亡，都没能阻挡住她们前进的脚步。这群可亲可敬的巾帼英雄在漫漫征途中无所畏惧地一路穿行，为了中国革命的成功和妇女自身的解放，勇敢地克服了各种各样的苦难，显示了一种巾帼不让须眉的英雄本色。她们谱写出了一曲惊天地、泣鬼神的壮歌，创造了中国乃至世界妇女运动史上的奇迹。

一、长征中的女红军概况

1934年10月，红一方面军8.6万多人撤离闽西的长汀、宁化和江西的瑞金、于都。为了在新的根据地开展妇女工作，经组织批准随部队转移的有34名女战士[①]，其中有彭儒和黄长娇（贺怡）2名因要照顾陈正和毛泽覃被留下来，在南方参加三年艰苦的游击战争。另外2名战士因工作需要，中途与主力部队分开，最后剩下30名，她们是：王泉媛、邓六

① 参见《李坚贞回忆录》，中共党史出版社1991年版，第70页。

金、邓颖超、甘棠、危秀英、危拱之、刘英、刘彩香、刘群先、杨厚珍、李伯钊、李坚贞、邱一涵、陈慧洁、金维映、周越华、钟月林、贺子珍、李建华、李桂英、吴仲廉、吴富莲、康克清、钱希均、萧月华、曾玉、谢飞、谢小梅、蔡畅、廖似光，除蔡畅、刘英等6人安排在总部机关外，其余24人编入中央工作团，随卫生部一起行动。不久又将24人编入干部休养连，李坚贞任指导员，吴仲廉任秘书。女战士们凭着“不掉队、不带花、不当俘虏、不得8块钱（即不生病被寄养）”的坚定信念，走完了二万五千里长征，在中国革命历史上写下神话。

1934年11月，红二十五军告大别山区，开始长征。从鄂豫皖出发的近3000名红军战士中，有周东屏、戴觉敏等7名女护士，被战士们称为“七仙女”。她们中有2名牺牲，5名走到陕北延川永坪镇。

1935年5月，红四方面军放弃川陕苏区，自彰明、中坝、青川、平武等地出发，向岷江地区西进。1936年10月9日到达甘肃会宁，与红一方面军会师，行程一万余里。参加红军长征的妇女以红四方面军为最多，曾编成妇女独立师，有2000多名红军女战士，张琴秋、林月琴、汪荣华、王定国等，其中还有一位受过缠足之苦的王泽南同志，她以“三寸金莲”的一双小脚走完了长征，参加了三大主力会师，成为人类社会史的一个奇迹。长征中，红四方面军女战士分散在粮食局、被服厂、军医院、运输队、剧团、宣传队、担架队、修理所、加工厂等，做了大量的工作。妇女独立一团、二团的主要任务为护理和转移伤员。由于张国焘的分裂行为，红四方面军两翻雪山、三过草地，漫漫征途中，饥饿寒冷、疲劳和疾病夺去了许多女战士的生命。

1935年11月19日，红六军团与贺龙部红三军（红二军团）撤出湘鄂川黔根据地，向贵州、云南突围，开始长征。随队的有李贞、陈琮英、戚元德、陈罗英、马忆湘、周雪林、蹇先任、蹇先佛、曾纪（红）林、胡越强、张四妹、伍秋姑、石芝、马积莲、范庆芳、杜玉珍、秦金美、朱国英、张金莲、尹菊英、李智21名女性，她们中有干部、机要员、宣传队、护理员、炊事员等，分散在各个单位，她们大多走到宁夏隆德将台堡。

长征中，中央红军、红二方面军和红二十五军随队而行的女性，除了个别脱队的同志，绝大多数都安全到达了目的地。红四方面军中的女性在长征中损失最大，出发时2000多名，平安到达陕北的只有300多人。

苏区妇女缘何走上长征的道路，并成为拱卫革命的力量之一？现有的研究多从长征中女红军的贡献、作用等方面探析，更多地着眼于史实的梳理和叙述，较少深层次的分析。本文将从党的领导、妇女自身对翻身与解放的热切要求、妇女觉醒的历史价值等进行粗浅的探讨，以期丰富我们对苏区时期党的妇女政策、妇女运动、长征历史等相关问题的认识。

二、苏区妇女走上长征路的原因分析

（一）党的领导是苏区妇女踊跃参军参战的主导因素

以毛泽东为主要代表的共产党人，经过创建、发展工农红军和农村革命根据地的实践，逐渐形成农村包围城市、武装夺取政权的理论，为中国革命指明了正确道路。至1930年夏，全国已建立了赣南闽西中央革命根据地、鄂豫皖、湘鄂西、闽浙赣、赣东北、左右江、湘赣、湘鄂赣、东江、琼崖等大小十几块农村革命根据地，分布在国民党统治区远离中心城市的偏僻山区。中国共产党在苏区颁布一系列贯彻男女平等、保护妇女利益的法律政策。

首先，在政策、制度方面。在中国共产党第二次全国代表大会上，首次通过了《妇女运动的决议》。在中国妇女运动史上，这是第一个以政党的名义通过的关于妇女运动的决议，充分说明了中国共产党对妇女运动的高度重视。在莫斯科召开的中国共产党第六次全国代表大会通过的《妇女问题决议》，肯定了女工农妇是无产阶级的妇女运动的主力，第一次把农妇作为重要的革命力量的地位确立下来。这为指导苏区妇女工作提供了政策法宝，为妇女解放胜利提供了有利的条件。

其次，在思想理论方面进行了大量的探讨，形成了指导妇女解放运动的理论。中国共产党自成立之日起，就把妇女的解放作为己任。在新民主主义革命时期，我们党的许多领导人对妇女工作十分重视和关心，他们努力把马克思主义的妇女观与中央苏区的妇女运动实际相结合，努力探索一条中央苏区妇女解放运动的道路，为其他苏区的妇女解放提供了借鉴。

在土地革命斗争中，毛泽东从1930年至1933年，先后在中央苏区所在地江西的吉安、寻乌、兴国、长冈及福建的才溪等地进行了广泛的调查，撰写了大量的调查报告，每次都把妇女儿童问题列为专题，邀请妇女干部和群众参加调查会，在《长冈乡调查》报告中，毛泽东深入具体地分析了农村妇女在社会及家庭生活中所处的地位，深刻揭示了中国妇女参加革命的根源，并充分肯定了组织起来的妇女儿童在土地革命中所起的伟大作用，要求“每个乡苏维埃，都应该把领导女工农妇代表会的工作，放在自己的日程上”[①]。

最后，制定了保护妇女的合法权益的法律，促进了妇女解放运动的健康发展。婚姻问题是最事关妇女切身利益的问题，为改变旧社会对妇女的婚姻制度的束缚，发动广大苏区妇女投入革命中，中国共产党和苏维埃政府必须尽快出台有利于根据地妇女的新的婚姻法，为此，中华苏维埃共和国于1931年颁布了《婚姻条例》，这个条例体现了三项重要的原则：一是强调“婚姻以自由为原则”，二是一夫一妻制原则，三是保护妇女权益的原则。这充分说明了党和苏维埃政府已注意如何去保护长期受封建主义压迫的妇女们的权益，如何使她们与男子在文化、体质、技能等方面的差距日益缩小，以实现男女平等。

由毛泽东签署的《中华苏维埃共和国婚姻条例》，在根据地经过两年的实践、修改、补充，于1934年4月公布了《中华苏维埃共和国婚姻法》。这是我国首次以法律的形式确定男女婚姻自由和实行一夫一妻制的原则，是男女平等原则在婚姻制度上的充分体现，它真正保障了妇女在政治、经济、文化生活各方面的利益，从根本上否定了在中国延续了几千年的封建婚姻制度。

党和政府不仅在土地革命时期，在抗日战争、解放战争及新中国成立后的各个时期，对妇女工作都是高度重视的。从而使占人口二分之一的广大妇女在进行社会主义建设过程中有了坚强的领导，能够更有效地

---

① 毛泽东：《长冈乡调查》，载《毛泽东文集》第1卷，人民出版社1993年版，第314页。

发挥她们的积极性、主动性和创造性，充分实现自我价值。

（二）苏区妇女自身解放的渴望是内在动力

马克思认为，每个了解一点儿历史的人都知道，没有妇女的酵素就不可能有伟大的变革。列宁也认为，苏维埃政权所开始的这一事业（经济、建设），只有在全俄国不是有几百个妇女，而是有千百万个妇女投入这一事业时，才能够向前推进。伟人们对妇女在推动社会发展中所起的作用作了充分的肯定。

随着各根据地各级革命政权、群众组织的建立和轰轰烈烈的土地革命的开展，妇女运动也蓬蓬勃勃地开展起来。她们和男子一样，打土豪，斗地主，分田地，反封建。妇女们政治上翻身了，思想解放了，革命的积极性爆发出来了。翻身了的妇女积极投身革命，捍卫来之不易的胜利果实。她们在苏维埃政府的帮助下，成立了各种各样的妇女组织：省委、县委有中共妇女部、少共妇女部，区、乡有群众性的妇女生活改善委员会，各级地方组织游击队、赤卫队和脱产武装组织中都有妇女的身影。妇女和男子享受同等的权利，不少妇女还担任了各级组织干部，为保卫、发展和建设革命根据地，英勇顽强地战斗，在不同的岗位上，贡献了她们自己的力量。

毛泽东认为要真正地实现妇女解放，必须进行革命，消灭男女不平等的阶级根源和社会根源，而革命也迫切需要广大妇女的参加，因为妇女是决定革命胜利的伟大力量。在寻乌，“土地斗争发展，许多地方女子勇敢地参加斗争。这回四军二纵队打篁乡反动炮楼，篁乡的女子成群地挑柴去烧炮楼，又从反动地主家里抢了谷子出来”①。女子还组成了自己的武装力量。在兴国，赤卫队有男赤卫队、女赤卫队。女赤卫队平时不担负放哨，紧急时，男赤卫队出发去了，女赤卫队便也担任放哨。女赤卫队也要下操，每月一次，每次两三点钟，队长、政治委员都是女子。长冈乡地方部队编制是男赤卫队一个排，女赤卫军则达到一个连，“全乡共二百四十六人（超过男子二倍多）”，而且连长、副连长、政治指导员、排长、副排长、班长、副班长均由女子担任。

川北妇女积极行动起来，不仅在后勤保障上热心开展工作，踊跃拥

---

① 毛泽东：《寻乌调查》，载《毛泽东文集》第1卷，人民出版社1993年版，第240页。

军优红，还要求参加保卫根据地的战斗，各县地方武装中也适当吸收了部分妇女积极分子。根据地妇女武装最初是一个仅有20—30人的妇女训练班，后来又有不少投身革命的童养媳不断被送来参加训练，人数越来越多，妇女训练班容纳不下，只好扩大成妇女学校，再往后要求参加红军的妇女人数更多了，就扩建成独立建制的妇女武装。[①]1933年3月下旬，为了适应广大妇女群众武装保卫革命政权的要求，加强后方警卫，更好地配合主力红军作战，粉碎敌人的围攻，四方面军军委总部和川陕省委决定在各区、县妇女零散武装的基础上，抽调部分机关妇女干部和部分妇女群众积极分子，在通江县城成立一支正规的妇女武装——妇女独立营。独立营直属西北革命军事委员会参谋部领导，按正规部队编制，开始是三个连队，后又成立了一个连，每连70—80人，总共有300多人。[②]营长陶万荣，政委曾广澜和连职干部向翠华、刘桂兰、侯守玉、詹应香、陈五洲等是从鄂豫皖过来的老同志，其他干部和女战士大都是川北农村姑娘，她们负了保卫后方、歼灭残敌和土匪的重任。1934年3月间，扩编成妇女独立团。张琴秋任团长兼政委（后由曾广澜任团长），其他领导干部还有刘桂兰、吴朝祥、彭瑛等，该团下辖三个营，共1000余人。1935年2、3月间，红四方面军总部为了迎接中央红军北上抗日作准备，把从苏区各地撤到旺苍坝来的妇女工作人员集中起来，连同原来的两个妇女独立团，共2000余人，在旺苍老城瘟祖庙整编为妇女独立师。独立师由军委直接领导，党政工作归总政治部领导，供给归总经理部负责。由方面军总部直接领导，师长张琴秋，政委曾广澜，独立师辖两个团，第一团张琴秋任团长兼政委，以原巴中成立的妇女独立团为主，战斗力较强，为总部机动团，驻旺苍坝张家湾一带和黄洋一带。第二团刘伯新任团长，吴朝祥任政委兼政治部主任，该团主要任务是保卫机关、红军医院、仓库，运送弹药，转送伤员等，驻百丈关、庙二湾一带。

1935年3月底，妇女独立师随红军主力渡过嘉陵江，开始了举世闻名的长征，后来由于战斗的艰苦，环境的恶劣，人员的减少，就又恢复

① 参见中共旺苍县委党史工委办公室编：《红军在旺苍》第2辑，1985年12月，第186页。

② 参见四川省妇联达县地区办事处编：《达县地区妇运史资料选编（川陕革命根据地时期部分）》，1982年10月，第125页。

为团级编制。1936 年 10 月下旬，红四方面军总部率红五军、红九军、红三十军西渡黄河，继而组成西路军，妇女独立团遂改为妇女抗日先锋团，作为西路军总部直属的一支部队，踏上了艰苦的西征历程。

三、妇女觉醒的历史价值

毛泽东指出，假如中国没有占半数的妇女的觉醒，中国抗战是不会胜利的。全国妇女起来之日，就是中国革命胜利之时。“女子的力量也是很大的。世界上的任何事情，要是没有女子参加，就做不成气。”[①] 毛泽东这一系列著名论断，具有伟大的理论意义和实践意义。理论上深刻揭示了妇女解放与中国革命的关系，阐明了妇女是决定革命胜利的伟大力量，没有广大妇女的觉悟和参与，中国革命不可能取得胜利；实践上，热烈激发了广大妇女参加革命，在推动中国革命胜利的同时，求得自身的解放。觉醒后的女红军在长征路上的英勇表现充分证明了这一点。

几千名参加长征的女红军在政治宣传、救护收容、后勤运输、前线作战等方面发挥了积极的作用。在漫漫长征路上，她们跋山涉水，负重艰难前行，还要克服自身性别带来的一系列妇女特有的问题，如裹过小脚、无法洗脸洗澡、没有经期孕期保护、被迫舍弃刚生下的骨肉等。在艰苦的环境中，女红军表现出团结向上、积极乐观、不怕牺牲的坚韧品质。她们的长征实践本身也是妇女解放的宣言书、宣传队与播种机，引领了全中国女性的新觉醒。她们坚定的革命信念、坚韧不拔的革命精神、无私无畏的崇高品德，是长征精神的塑造者。女红军参加长征，是中国革命战争发展的结果，也是中国妇女解放运动发展的结果，女红军们所建立的丰功伟绩将永远彪炳史册。

［本文收入 2016 年在长汀召开的“纪念红军长征胜利 80 周年理论研讨会”论文集］

---

① 毛泽东：《妇女们团结起来》，载《毛泽东文集》第 1 卷，人民出版社 1993 年版，第 167 页。

长征中的巾帼英雄

由于王明“左”倾冒险主义的错误领导，以及敌强我弱，中央革命根据地（亦称中央苏区）第五次反“围剿”斗争遭到失败，中央主力红军被迫退出中央革命根据地，进行两万五千里长征。1934 年 10 月 10 日，主力红军 8.6 万人，分别自福建长汀、宁化和江西瑞金、于都地区出发，被迫实行战略转移，1935 年 10 月到达陕北吴起镇。同时，红二方面军、红四方面军和红二十五军分别从各苏区向陕甘苏区战略撤退和转移。1936 年 10 月，红一、二、四方面军三大主力于甘肃会宁会师，标志着长征胜利。

红军长征的胜利，具有伟大的历史意义。正如毛泽东同志所宣称的那样，“长征是宣言书，长征是宣传队，长征是播种机”，“长征是以我们胜利、敌人失败的结果而告结束”，它预示着中国革命新的局面的开始。长征用铁的事实表明，用马列主义、毛泽东思想武装起来的中国共产党和中国工农红军具有战胜任何困难的无比坚强的生命力，他们是国内外任何反动势力不可战胜的。长征胜利表明中国共产党和工农红军是一股不可战胜的力量。

在两万五千里长征路上，有这样一支特殊的队伍，她的名字叫“女红军”。她们和男红军一样，爬雪山，过草地，吃树皮，坚韧不拔，不畏艰险，团结互助，勇往直前。无论饥饿、疾病还是血战、死亡，都没能阻挡住她们前进的脚步，这群可亲可敬的巾帼英雄在漫漫征途中无所畏惧地一路穿行，为了中国革命的成功和妇女自身的解放，勇敢地克服了各种各样的苦难，显示了巾帼不让须眉的英雄本色。她们谱写出一曲惊天地、泣鬼神的壮歌，创造了中国乃至世界妇女运动史上的奇迹。本文所要阐述的是中央主力红军中的女红军在长征中的重要作用。

为在新的根据地开展妇女工作，经组织批准随中央红军转移的有34名女战士[①]，其中彭儒和黄长娇（贺怡）2名因要照顾陈正和毛泽覃被留下来，在南方参加了三年艰苦的游击战争。另外2名战士因工作需要，中途与主力部队分开，最后剩下30名，她们是：王泉媛、邓六金、邓颖超、甘棠、危秀英、危拱之、刘英、刘彩香、刘群先、杨厚珍、李伯钊、李坚贞、邱一涵、陈慧洁、金维映、周越华、钟月林、贺子珍、李建华、李桂英、吴仲廉、吴富莲、康克清、钱希均、萧月华、曾玉、谢飞、谢小梅、蔡畅、廖似光，除蔡畅、刘英等6人安排在总部机关外，其余24人被编入中央工作团，随卫生部一起行动。不久又将24人编入干部休养连，李坚贞任指导员，吴仲廉任秘书。女战士们凭着“不掉队、不带花、不当俘虏、不得8块钱（即不生病被寄养）”的坚定信念，走完了二万五千里长征，在中国革命历史上写下了神话。在长征途中，女红军们充分发扬坚强不屈、勇于献身的革命精神，谱写了一首壮丽的诗篇。

一、英勇作战，打击敌人

长征中，红军在敌军几十万人围追堵截下，边走边打，无日不战。从江西出发，经湖南、广东、广西到贵州历时两个半月的行程，几乎都是夜行军。女战士和其他战士一样，背负15公斤的装备，翻山越岭。女红军们积极参加战斗，浴血奋战，英勇杀敌，表现出大无畏气概和一往无前的精神。

中央红军干部休养连是一支特殊队伍。300多人中，有伤病员，有怀孕的女同志，有革命前辈，也有十四五岁的红小鬼。休养连的女红军们身负重任，她们最缺少的是休息，最突出的是操劳和战斗。1934年秋，在突破敌人数道封锁线后，干部休养连在湘赣交界的一个山头上被敌人

① 参见《李坚贞回忆录》，中共党史出版社1991年版，第70页。

包围了。在敌众我寡的形势下，女红军们与敌人展开激战，终于安全突围。一天，干部休养连向赤水河前进，忽然与敌一个营遭遇，情况万分危急。邓颖超不顾病情，指挥战士们阻击敌人，一直坚持到警卫营大队人马赶到。1935 年春，土城战斗失利时，为掩护部队转移，在总司令部直属队任指导员的康克清与敌激战。敌人冲上来抓住她的背包，她猛一转身，甩开了敌人，终于脱险。在贵州盘县，部队遭到敌机袭击。贺子珍为掩护伤病员，身受重伤，全身挂花十多处。在艰难奋战、九死一生的征途中，女红军们表现得非常乐观。一次，在休养连开会时，敌机突然飞来投弹，有颗炸弹落在会场的中央，泥土飞溅，幸好这颗是哑弹，没有爆炸。女战士危秀英庆幸地说："还是多亏了马克思的在天之灵保佑我们啊！"

二、做好后勤保障工作

红军长征是大规模、无后方、长时间的流动作战，大批伤员需要转运、医护，部队的给养、物资需要运送，女红军们承担了繁重的后勤保障和运输任务。

1935 年夏季，红军过了大渡河，大家的粮食袋都空了，有十多天都是靠野菜汤度日。为了爬雪山，必须筹粮。有一天，朱德总司令带着邓六金、危秀英、刘彩香等去找藏族同胞买粮食。一路上，朱总司令兴致勃勃地给她们讲辨别野菜的方法，并把能吃的野菜都采摘起来。这时的田野光秃秃的，藏民已经收割完青稞，并把新收的粮食都藏了起来。她们走了很远的路，才发现一块没收割的稀稀落落的青稞。一打听，原来是主人丢掉不要的。朱老总高兴地说："主人不要我们要，但要执行红军的纪律。"他们把 20 块光洋放在地的主人家里，并写上纸条，表示感谢和歉意。

万里转战，部队除雇请民夫运输外，女战士们也承担了这方面的艰巨任务。中央红军干部休养连的女红军跟随担架队行医，由于伤员太多，邓六金她们只好找民夫来抬伤员担架。她们边走边对民夫进行思想政治工作，既照顾伤病员，又要照顾民夫的生活。[①]一次，突然从远处打来一

① 参见郭再兴主编：《巾帼风采映闽西》，中国妇女出版社 2001 年版，第 15 页。

排冷枪，一个民夫中弹牺牲，其他民夫扔下担架，四处逃散。邓六金和危秀英等几个战士只好抬起沉重的担架急行军。过赤水河时，河上有一条晃晃悠悠的浮桥。邓六金等因为背着伤员，桥一晃动，几乎站立不住，只能一步一步爬着过桥。过桥后，邓六金又抬起担架，翻了一座山，才赶上部队。邓六金的手、腿都磨破了，累得吐血，但终于完成了任务。过泸定铁索桥十分危险，有的民夫开小差。女战士们挺身而出，用绑带把担架、药箱绑在自己的肩膀、手臂上，扶着铁索一步步向前移，直到把所有伤病员和物资运到对岸。

三、做好耐心的说服教育工作

长征中，红军脱离了根据地长途转战，粮食物资需要沿途筹集，女红军们担负了这一重要任务。

每到一个驻地，女红军们便兵分两路，一路打土豪、分浮财，一路做群众工作，购买粮食。打土豪中，女红军们创造了“一瞧二听三看”的办法，打得稳，打得准，保证了粮食筹款任务的完成。一些地区，由于反动派的欺骗宣传，群众躲进了深山老林。女红军们冒着生命危险进山寻找老乡，进行说服工作，解决部队急需的粮食问题。部队开始行军时，女红军们把经过千辛万苦筹到的粮食摆在路边，让战士们灌满米袋，踏上新的征程。筹不到粮食的时候，女战士们总是把自己的口粮让给伤病员和作战部队，自己吃野菜、草根，有的同志因中毒而牺牲。过草地时，粮食成为部队的命根子，在无法筹粮的情况下，几位细心的女战士经过观察发现牛粪里含有没消化的麦粒。她们把牛粪收集起来，反复冲洗，选出麦粒，这些粮食挽救了许多人的生命。

草地被称为“魔毯”，茫茫无边，荒无人烟，到处是淤泥黑水，天气变化无常。过草地所需时间比爬雪山长得多，一般都要十天半月。最大的困难有两个：一是吃的问题，草地上没有粮食，只有野菜、野草。而且很多野菜有毒，不能食用。二是御寒衣物。当时红军仅有单薄破旧的军衣，不能抵御草地上可怕的严寒。为了帮助指战员战胜过草地的困难，红四方面军总部直属队指示有过草地经验的吴富莲等人，组织办了一个别开生面的展览会。针对这些困难，吴富莲等人进行了精心的准备。展览会设在炉霍城东北面的大草场，门口挂了一幅横标，上面写着“通过雪山草地就是胜利”几个大字。展览分为三大部分。第一部分展出了30多种野菜，都是经过动物尝试证明无毒的。每种都贴了标签，命了菜名。前往参观的指战员们都认真地记住它们的名称、形状、特征，有的同志还亲口尝尝味道。因为这些野菜是他们过草地的救命食品。第二部分是“衣服”，有几十种，有用牛毛、羊毛编成的粗毛衣，有用棕皮缝制成的既能御寒又能挡风雨的棕衣，等等。第三部分是取火工具，主要是打火石。展览会各部分都配有工作人员向参观者作详细的讲解，回答指战员们提出的各种问题，有的还进行现场表演。

此次展览会使红军指战员特别是二方面军的同志大开眼界，增长了许多知识，对红军过草地和长征都起到了重要作用。

四、开展形式多样的宣传工作

长征时，女红军们用多种形式鼓舞部队斗志，同时开展群众工作，保证长征的顺利进行。

在红军的宣传队伍中，有许多女同志，邓六金、吴富莲等人在休养连中是政治战士，负责做好担架排和民夫的思想政治工作。在雄关险道，她们喊啦啦词，唱战斗歌曲，活跃部队情绪，减轻官兵疲劳。在爬四川省宝兴县连飞鸟都飞不过去的“神仙山”——夹金山时，邓六金和危秀英、刘彩香等互相搀扶着往上爬，回头一看，伤病员上山更困难。几个女战士不顾过雪山不准讲话、不准唱歌的规定，轮流用沙哑的声音鼓励伤病员，把伤病员和体弱的同志拉着推着向上爬。就这样，肩扛手拉，终于把伤病的战友及担架、药箱全部拉到山顶。高尔基戏剧学校校长、苏维埃中央政府教育部艺术局局长李伯钊在长征途中教战士唱歌，鼓舞士气。[①]蔡畅在行军中经常高唱《国际歌》和《马赛曲》，激励指战员的斗

① 参见顾秀莲主编:《20世纪中国妇女运动史》上册，中国妇女出版社2008年版，第361页。

志。吴富莲整天忙碌着：发动群众筹粮，宣传与四方面军会合的意义和应注意的事项，组织指战员学唱总政宣传部编印的《两大主力会合歌》，等等。她们随军行动，给艰险的长征路带来了欢乐和生气。

女战士们积极主动地开展群众工作，向群众宣传党的政策和红军的宗旨。在遵义，仅危秀英一人，就先后发动了200多个青年参军，部队离开前又奉上级指示将几百个重伤员寄养在群众家里。1935年4月，红一方面军干部休养连来到云南边境的一个小山村。村里的群众因受国民党的欺骗宣传都跑光了，在一间无人的小屋里，女战士们发现了一筐梨，为了照顾伤病员，她们取出一只梨，留下了12个铜板，并写了字条："老乡，我们是工农红军，路过此地，住在你家，我们有个病号正在发高烧，买了你一个梨，现留下12个铜板，没有征得你的同意，对不起，请原谅。"

五、克服重重困难，坚持革命

万里长征，是在罕见的艰难困苦中进行的。女红军们所受的艰辛和付出的代价，是一般人难以想象的。

在女红军中有缠过脚的，如红一方面军的杨厚珍、危拱之、吴仲廉等，她们凭着坚强的毅力和意志，跋山涉水，历尽艰辛。女战士姜秀英行军作战中，脚受伤骨折。她们从老百姓家中借来斧头，将溃烂的脚趾砍掉，忍着剧痛，跟着部队前进。

长征中女战士们有着坚强的革命意志，她们相互鼓励，共同战胜困难。危秀英在行军中丢失唯一半条御寒的毛毯，吴仲廉把自己的毛毯割了一半给她用。长征中，邓六金得了痢疾，一天要上十几次茅厕，还发起了高烧，烧得迷迷糊糊，身体弱得像要瘫在地上，没有一点儿气力。领导把马让给她骑，但骑不住，一上去就掉下来。当时部队缺医少药，只能自己扛。部队领导考虑到行军的紧急情况，要给她一些钱，把她留在老百姓家，等病好了再追赶部队。为了不连累部队，邓六金对战友们说："你们先走吧，别管我了。我在后面慢慢走，我死也要死在行军路上。"当时前方军情紧急，部队必须按照命令尽快急行军前进。战友危秀英听说后过来紧紧搂住邓六金，主动要求留下来陪邓六金，邓六金死活不同意，劝她说："秀英，你走吧，我已经走不动了，不能拖累你。"危秀英更坚定了，对领导说："邓六金交给我吧，我陪她走，我们一定能赶上大部队。有我在，就有六金在，死我们也要死在一起。"最后，组织同意危秀英留下来陪同邓六金，部队就匆匆向前赶路了。危秀英给邓六金砍了一根树枝，削成手杖。她们互相搀扶着，深一脚，浅一脚，慢慢地沿着山路前进。晚上没有月光，没有星星，实在走不动了，就休息一会儿。能动了就又往前赶，就这样走走停停，走了四天四夜，终于赶上了部队。

在长征中，三个方面军中都有女同志生过孩子。为了不给部队造成拖累，她们忍痛把刚刚出生的婴儿送给当地的老百姓。有时找不到寄养人家，孩子生下后用旧衣服一包，写个条子留几块钱，把孩子放在路旁，连沾满血污的手都来不及擦一下，就去追赶部队。贺子珍将孩子送给一个失明的孤老太太。她说："让孩子在人民中长大，他大了如果是革命的，会来找我们的。"这些伟大的母亲，为了人民的幸福，放弃了做母亲的权利。还有一些女战士，长途跋涉，饥寒劳累，雪山风寒，草地水浸，造成经期紊乱，有的因此终身不育。

长征是震撼世界的英雄史诗，是人类克服艰难困苦的壮举。女红军们创造了惊天动地的业绩，不愧是巾帼英雄、妇女先锋。她们所表现出来的坚定的理想主义信念和艰苦奋斗、不怕牺牲的英雄主义精神，勇敢、坚强、互助、关爱的美德，表明她们不愧是英雄的战士，英雄的母亲。她们为中国人民所建立的丰功伟绩，将永远彪炳史册。

［根据张雪英所著《中央苏区妇女运动史》一书整理，中国社会科学出版社 2009 年版］

中国共产党在中央苏区开展妇女运动的经验及启示

中央苏区即中央革命根据地，是20世纪20年代后期和30年代前期由毛泽东、朱德、彭德怀、陈毅等领导创建的全国最大的一块革命根据地，它包括赣南苏区和闽西苏区。土地革命时期，赣南、闽西苏区妇女在中国共产党的领导下，举起反帝反封建大旗，在争取解除政权、族权、神权和夫权对妇女的压迫与束缚，恢复妇女的独立人格与尊严的斗争中，和男人们一道投入土地革命中，创造出了惊天动地的奇迹。她们从参加教育、政权建设、经济建设、武装斗争等方面积极投身革命，勇敢地抛弃世俗的偏见，将男女平等和妇女解放与反帝反封建斗争有机结合，所创造的经验为我们今天的妇女工作提供了借鉴。特别是在今天建设有中国特色的社会主义时代，如何在中国共产党的领导下充分发挥妇女“半边天”的作用，把中国建设得更加民主、更加富强、更加和谐，是值得我们探讨的。

一、中国共产党的领导是妇女解放的根本保证

在中央苏区，中国共产党高度重视妇女解放运动。不论从政策、制度的制定还是理论思想以及法律，都做了大量的努力，并取得了成效。

首先，在政策、制度方面。在中国共产党第二次全国代表大会上，首次通过了《妇女运动的决议》。在中国妇女运动史上，这是第一个以政

党的名义通过的关于妇女运动的决议，充分说明了中国共产党对妇女运动的高度重视。在莫斯科召开的中国共产党第六次全国代表大会通过的《妇女问题决议》，肯定了女工农妇是无产阶级的妇女运动的主力，第一次把农妇作为重要的革命力量的地位确立下来。这为指导苏区妇女工作提供了政策法宝，为妇女解放胜利提供了有利的条件。

其次，在思想理论方面进行了大量的探讨，形成了指导妇女解放运动的理论。中国共产党自成立之日起，就把妇女的解放作为己任。在新民主主义革命时期，我们党的许多领导人对妇女工作十分重视和关心，他们努力把马克思主义的妇女观与中央苏区的妇女运动实际相结合，努力探索一条中央苏区妇女解放运动的道路，为其他苏区的妇女解放提供了借鉴。

在土地革命斗争中，毛泽东从 1930 年至 1933 年，先后在中央苏区所在地江西的吉安、寻乌、兴国、长冈及福建的才溪等地进行了广泛的调查，撰写了大量的调查报告，每次都把妇女儿童问题列为专题，邀请妇女干部和群众参加调查会。在《长冈乡调查》报告中，毛泽东深入具体地分析了农村妇女在社会及家庭生活中所处的地位，深刻揭示了中国妇女参加革命的根源，并充分肯定了组织起来的妇女儿童在土地革命中所起的伟大作用，要求“每个乡苏维埃，都应该把领导女工农妇代表会的工作，放在自己的日程上”[①]。

最后，制定了法律，保护妇女的合法权益，促进了妇女解放运动的健康发展。婚姻问题是最事关妇女切身利益的问题，为改变旧社会对妇女的婚姻制度的束缚，发动广大苏区妇女投入到革命中，中国共产党和苏维埃政府必须尽快出台有利于根据地妇女的新的婚姻法，为此，中华苏维埃共和国于 1931 年颁布了《婚姻条例》，这个条例体现了三项重要的原则：一是强调“婚姻以自由为原则”，二是一夫一妻制原则，三是保护妇女权益的原则。这充分说明了党和苏维埃政府已注意到如何去保护长期受封建主义压迫的妇女们的权益，如何使她们与男子在文化、体质、技能等方面的差距日益缩小，以实现男女平等。

① 毛泽东：《长冈乡调查》，载《毛泽东文集》第 1 卷，人民出版社 1993 年版，第 314 页。

由毛泽东签署的《中华苏维埃共和国婚姻条例》，在根据地经过两年的实践、修改、补充，于1934年4月公布了《中华苏维埃共和国婚姻法》。这是我国首次以法律的形式确定男女婚姻自由和实行一夫一妻制的原则，是男女平等原则在婚姻制度上的充分体现，它真正保障了妇女在政治、经济、文化生活各方面的利益，从根本上否定了在中国延续了几千年的封建婚姻制度。

党和政府不仅在土地革命时期，在抗日战争、解放战争及新中国成立后的各个时期，对妇女工作都是高度重视的。从而使占人口1/2的广大妇女在进行社会主义建设过程中有了坚强的领导，能够更有效地发挥她们的积极性、主动性和创造性，充分地实现自我价值。

二、充分发挥妇女“半边天”的作用是妇女解放运动的内在动力

马克思认为，每个了解一点儿历史的人都知道，没有妇女的酵素就不可能有伟大的变革。列宁也认为，苏维埃政权所开始的这一事业（经济、建设），只有在全俄国不是有几百个妇女，而是有千百万个妇女投入这一事业时，才能够向前推进。伟人们对妇女在推动社会发展中所起的作用作了充分的肯定。土地革命时期，中央苏区的妇女在中国共产党领导下，积极投身到革命斗争中，为土地革命的蓬勃开展、妇女的解放发挥了积极的作用。

（一）积极参加武装斗争

毛泽东认为要真正实现妇女解放必须进行革命，消灭男女不平等的阶级根源和社会根源；而革命也迫切需要广大妇女的参加，因为妇女是决定革命胜利的伟大力量。在寻乌，“土地斗争发展，许多地方女子勇敢地参加斗争。这回四军二纵队打篁乡反动炮楼，篁乡的女子成群地挑柴去烧炮楼，又从反动地主家里抢了谷子出来”①。女子还组成了自己的武装力量。在兴国，赤卫队有男赤卫队、女赤卫队。女赤卫队平时不担

① 毛泽东：《寻乌调查》，载《毛泽东文集》第1卷，人民出版社1993年版，第240页。

负放哨，紧急时，男赤卫队出发去了，女赤卫队便也担任放哨。女赤卫队也要下操，每月一次，每次两三点钟，队长、政治委员都是女子。长冈乡地方部队编制是男赤卫队一个排，女赤卫队则达到一个连，“全乡共二百四十六人（超过男子二倍多）”[①]，而且连长、副连长、政治指导员、排长、副排长、班长、副班长均为女子担任。

（二）参与政府管理

妇女参政状况，成为衡量一个国家社会发展和文明进步的重要尺度。在中央苏区，女子不仅参与军事斗争，还参与到政府管理中。在村政府有妇女参与，在江西长冈乡西逸亭村政府办事人五人，主席、秘书、粮食委员、土地委员、妇女委员。在长冈乡，“女工农妇代表会每村一个主任。由各个村的主任及一个妇女指导员组成乡的女工农妇代表会的主席团”[②]。上杭才溪乡的“妇女代表会十天开一次。乡有主席团五人，内推一指导员。另四人分在四村，每村一人，即为村的主任”[③]。这些妇女参加政府工作后，积极向政府提出关于妇女本身利益的提案，要求政府颁布保护妇女的法令，恢复妇女在社会上应享有的一切权利，并督促政府、拥护政府、帮助政府工作。

（三）积极参加生产劳动

恩格斯认为，妇女解放的第一个先决条件就是一切女性重新回到公共劳动中去。毛泽东也认为男女不平等的根源在于经济方面女子不能独立，女性全面参与社会发展、参加生产劳动是实现妇女解放、提高妇女地位的先决条件。妇女的解放，妇女地位的提高，是一个长期的历史过程，也是一项艰巨的历史任务。阶级的解放并不等于妇女的彻底解放，实现男女平等和妇女解放的社会条件是高度发达的生产力和不断提高的妇女自身素质。毛泽东曾说，广大妇女的努力生产，与壮丁上前线同样是战斗的光荣的任务。而提高妇女的政治地位、文化水平，改善生活，以达到解放的道路，亦须从经济丰裕与经济独立入手。多生产，多积蓄，妇女及其家庭的生活都过得好，这不仅对根据地的经济建设起重大的作

---

① 毛泽东：《长冈乡调查》，载《毛泽东文集》第 1 卷，人民出版社 1993 年版，第 291 页。

② 毛泽东：《长冈乡调查》，载《毛泽东文集》第 1 卷，人民出版社 1993 年版，第 312 页。

③ 毛泽东：《才溪乡调查》，载《毛泽东文集》第 1 卷，人民出版社 1993 年版，第 329 页。

用，而且依此物质条件，她们也就能逐渐挣脱封建的压迫了。

三、中央苏区妇女解放运动所带来的影响

由于中国共产党和苏维埃政府的努力，中央苏区妇女生活发生了翻天覆地的变化，翻身后的妇女们感谢党，感谢苏维埃政府，她们以极大的热情投入到扩红、支前、生产中，她们把自己的命运与红军和根据地紧密联系在一起。在中国共产党和苏维埃政府的正确领导下，在中央苏区人民的努力下，革命根据地的面积越来越大，越来越巩固。但是，国民党蒋介石却把革命根据地的发展壮大看成眼中钉、肉中刺，对根据地发起一次又一次反革命军事“围剿”。苏区广大妇女深知，没有革命根据地的巩固，就不可能有幸福的生活，于是她们勇敢地、义无反顾地投入到保卫苏区、保卫革命胜利果实的战斗之中，为土地革命的胜利作出了重大的贡献。

（一）积极支前

在党的领导下，各级妇女组织努力动员，广大妇女以极大的热情投入到支持前线中，她们以实际行动感谢中国共产党、感谢苏维埃政府。如兴国县委主任危秀全在第三次反“围剿”的一次激烈战斗中，不顾个人安危，带领着一支由80名妇女组成的担架队、运输队，挑着弹药和几十担擂茶（用黄豆、花生、芝麻擂烂混合组成的食物）、稀饭、红薯干，冒着敌人炮火将物资送到前线。为了密切配合前线部队的作战，中央苏区妇女还组织宣传队、运输队、担架队、救护队、向导队、洗衣队、慰劳队等，积极支援前线，为土地革命的胜利作出重大的贡献。江西兴国县在支前活动中表现最好。据1932年10月统计，兴国参加担架队5024人，运输队6790人，救护队2519人，向导队1546人，洗衣队3254人，慰劳队2754人。

（二）参加武装斗争

翻身后的妇女懂得，要取得土地革命的彻底胜利，并使胜利永远属于人民，必须拿起枪杆子同敌人斗争。如兴国长冈乡的少年先锋队、赤卫队等组织中，有120人是妇女，她们被编成一连，占全队总数的75%，

班长、排长、连长和政治指导员都是妇女。在少年先锋队，女子占了80%。她们担任放哨、侦探、检查、运输，作防御，还有的留守报警，有的率领着游击队向敌人袭击，协助红军作战。正是有了这一支没有军籍的红军后勤部队，才使前方的战士增添了杀敌的信心。她们所作出的贡献，在中国革命史上留下了不可磨灭的印记。

（三）扩红运动中

中央苏区的妇女不仅在支前、参战中立下汗马功劳，而且在扩红运动中也作出了重大的贡献。为了响应党中央提出的“扩大一百万铁的红军”的号召，各级妇女组织用各种形式向群众宣传“参军光荣，上前线光荣，丈夫参军妻子光荣，儿子参军母亲光荣”。她们唱着《十送郎》《送郎到前方》《送郎去参军》等歌曲，送自己的亲人上前线，并鼓励他们英勇杀敌，报效党和苏维埃政府。在苏维埃政府的号召下，苏区妇女都把动员亲人参军参战作为头等光荣的大事，出现了“妻送郎，父送子，兄弟争当红军，父子同参军”的动人场面。

在中国共产党和苏维埃政府的领导下，中央苏区的广大妇女在人身、政治、经济等方面获得了真正的解放，从而激发了她们积极投身革命的热情，有力地保证了苏区革命顺利进行，为夺取土地革命战争乃至中国革命的伟大胜利奠定了坚实的基础，为中国革命的解放事业作出了重大的贡献。

1929年12月，毛泽东在亲自起草的《中国共产党红军第九次代表大会决议案》中指出：“妇女占人口的半数，劳动妇女在经济上的地位和她们特别受压迫的状况，不但证明妇女对革命的迫切需要，而且是决定革命胜败的一个力量。”[①]“妇女在革命战争中的伟大力量，在苏区是明显地表现出来了，在查田运动等各种群众斗争上，在经济战线上（长冈乡是主要依靠她们），在文化战线上（许多女子主持乡村教育），在军事动员上（她们的扩大红军与慰劳红军运动，她们的当短夫），在苏维埃的组织上（乡苏中女代表的作用），都表现她们的英姿与伟大成绩。”[②]毛泽东

---

① 毛泽东：《中国共产党红军第四军第九次代表大会决议案》，载《毛泽东文集》第1卷，人民出版社1993年版，第98—99页。

② 毛泽东：《长冈乡调查》，载《毛泽东文集》第1卷，人民出版社1993年版，第315页。

对中央苏区妇女所起的作用进行了高度评价。在以后的时期里他也充分肯定中国妇女的作用，指出，假如中国没有占半数的妇女的觉醒，中国抗战是不会胜利的。全国妇女起来之日，就是中国革命胜利之时。“女子的力量也是很大的。世界上的任何事情，要是没有女子参加，就做不成气。”[①] 毛泽东这一系列的著名论断，具有伟大的理论意义和实践意义。理论上深刻揭示了妇女解放与中国革命的关系，阐明了妇女是决定革命胜利的伟大力量，没有广大妇女的觉悟和参与，中国革命不可能取得胜利；实践上，热烈激发了广大妇女参加革命，在推动中国革命胜利的同时，求得自身的解放。

广大妇女积极响应党中央和毛泽东的号召，以实际行动，努力生产，有力地支援了革命战争的胜利。几十年的实践充分证明，无论在战争年代还是经济建设时期，妇女都是不可缺少的重要力量。

改革开放以来，由于党中央积极支持妇女参与社会发展与经济发展，中国妇女运动正呈现良好的发展趋势。我们要在中国共产党的坚强领导下，广泛地发动妇女积极投身改革开放和社会主义现代化建设的实践，在推动社会发展的同时，争取妇女自身的进一步解放，高扬男女平等的旗帜，实现在政治、经济、法律、教育、婚姻、健康等方面平等权利的保障，促进社会的和谐与进步，彰显中华妇女的精神风貌。

[原载纪念中国共产党成立90周年《中央苏区与党的建设理论研讨会论文集》]

① 毛泽东:《妇女们团结起来》，载《毛泽东文集》第1卷，人民出版社1993年版，第167页。

下　篇

红色传承

红军的干部队伍建设对新时期保持共产党员先进性教育活动的启迪

中国共产党历来重视保持党员先进性的教育，并结合不同历史时期、不同的历史任务提出许多具体措施来纯洁党员干部队伍，提高党的凝聚力和人民军队的战斗力，从而保证了各个时期党所肩负的历史使命的完成。

一、新民主主义革命时期加强干部队伍建设的必要性

（一）完成新民主主义革命任务的必然要求

在半殖民地半封建的旧中国，中国人民深受帝国主义、封建主义、官僚资本主义“三座大山”的压迫与剥削，广大中国人民生活在水深火热之中。如有一则材料说道：“龙岩的农民贫民占百分之七、八十，中农占百分之二十，他们都是耕田不足过活兼做各种苦力，如挑担、采煤等，常年来受豪绅地主、资本家的压迫与剥削（捐税），苦役、佃、租、苛例、高利贷等，苦无可告，有时还要受清乡之祸以致流离失所。”[①] 为改变现状，中国共产党第二次代表大会提出了新民主主义革命的基本纲领是要打倒军阀，推翻帝国主义在中国的统治，建立新民主主义的中国。

① 中共龙岩地委党史资料征集领导小组、龙岩地区行政公署文物管理委员会编：《闽西革命史文献资料》第1辑，1981年12月，第280页。

我们党肩负着两大历史任务，既要推翻大地主、大资产阶级及其代理人——国民党反动派的统治，完成民主革命的任务，又要驱逐帝国主义，完成中华民族独立解放的任务。为了打败武装到牙齿的敌人，完成这些艰巨的任务，就必须加强党的建设，保持共产党员的先进性，提高党的凝聚力和红军的战斗力。

（二）克服教条主义，树立马克思主义学风的客观要求

中国共产党和人民军队如何建设？当时没有现成的答案。党内除了一部分同志注重通过在革命实践中摸索，找寻适合中国国情的革命道路，探讨党和军队建设外，还有一些同志却不齿于艰苦的革命实践活动，认为山沟里出不了马克思主义，有些人则埋头于马克思主义书籍，照抄照搬苏俄的社会主义革命经验，将之移植到中国来借以指导中国革命。结果后者由于脱离实际而不断地把中国革命引向歧途，给中国革命带来了巨大危害。如南昌起义以及广州起义进攻中心城市、建立苏维埃政权的相继失利，无不浸透着“城市中心论”教条主义的魂灵，影响了党中心工作的开展。要克服教条主义，肃清其流毒，也给我党提出了在红军中开展保持共产党员先进性教育、树立实事求是的马克思主义学风的任务。

（三）人民军队建设的内在要求

土地革命时期建立的中国工农红军是人民的军队，是我党实现党的意志、宗旨、奋斗目标的政治工具。但初创时期的红军组成成分非常复杂，有农民、城市小资产阶级，还有从敌军中投诚或被我军俘获的等。因此各种非无产阶级思想被带到了革命队伍，如流寇主义，走街闯府游击，不愿开展艰苦的创建农村革命根据地的工作，长官意志强烈，官兵不平等，经常出现打骂士兵的现象，群众观点不强，伤害群众利益的现象时有发生，军队与群众的关系紧张。这些现象损害了人民军队的形象，削弱了红军的战斗力，严重影响红军作为我党实现阶段目标所应发挥的作用，开展保持党员先进性的教育也是加强人民军队建设的内在要求。

二、红军干部队伍建设的主要途径

为了提高红军干部队伍的素质，党采取一系列措施，从思想建设、

组织建设、作风建设三方面入手，辅之纪律意识教育和实践锻炼，同时坚持党对军队的绝对领导，确保了红军干部队伍建设的各项措施落到实处，并使党员先进性教育及建设新型人民军队的工作取得了新成效。

（一）三管齐下治标本

红军是我党建立的人民军队，她的使命就是在党的领导下，推翻“三座大山”，实现人民和民族的解放，建设新中国，实现社会主义和共产主义。因此，红军指战员就要树立牺牲自我为人民为国家而战的精神。毛泽东在井冈山斗争初期就提出了人民军队要为工农群众打仗的思想。以后颁布的《红军第四军司令部布告》明确指出：“红军宗旨，民权革命。”① 如何把为人民而战的思想灌输到每个党员干部的头脑中？党在思想教育的实践中总结出了许多有益的做法。如组织学习党报、进步书刊读物，举办军政训练班，个别谈话和批评，召开政治讨论会，到一线锻炼，参加实际工作等。以上方法实现了理论和实践相结合、主观努力与外部帮助相结合，贴近实际，贴近生活，取得了明显实效。

红军初创时期，由于加入红军队伍的成分十分复杂，各种非无产阶级思想的流播，出现小山头主义，造成军队中政令军令不统一，体现在行动上的自由散漫，形成了领导之间、官兵之间的矛盾以及各行其是的极端民主化现象。组织的涣散，严重影响了党和人民军队的建设。加强组织建设，纯洁党的队伍，提高红军战斗力的任务迫在眉睫。为此，党组织采取了事前、事中、事后三个环节进行调控，关口前移，严把进人用人关，把阶级觉悟高、政治思想表现好的同志优选到革命队伍中，提高了党员和人民军队的质量。如红四军规定了入党的五个条件：“（1）政治观念没有错误；（2）忠诚老实；（3）有牺牲精神，能积极工作；（4）没有发洋财的观念；（5）不吃鸦片，不赌博。”② 五个条件比较全面地规范了选人用人的标准，保证了共产党员的先进性。

---

① 《龙岩县委扩大会议关于龙岩政治状况与党的任务的决定》，载中共龙岩地委党史资料征集领导小组、龙岩地区行政公署文物管理委员会编：《闽西革命史文献资料》第1辑，1981年12月，第280页。

② 中共福建省委党校党史研究室编：《红四军入闽和古田会议文献资料》，福建人民出版社1979年版，第8页。

党还十分重视红军干部队伍的作风建设及民主制度建设，在作出每一决定时，都坚持从群众中来到群众中去的群众路线，充分发扬党内民主和军内民主。如在红军部队中建立各级士兵委员会，它可以直接参加"（1）军队的管理、（2）维持红军纪律、（3）监督军队的经济……"[①]，以此作为战士实现民主权力的组织；党还提出红军官兵只有职务的分别，没有等级的分别，官兵一致，官兵平等。红军长期坚持了这种优良传统，从高级指挥员到中下层干部，吃饭、穿衣、薪饷等都与士兵毫无差别。党和红军干部的以身作则赢得了战士们的拥戴，也为红军中民主作风建设提供了顺畅的通道。由于党在红军干部队伍建设中思想建设、组织建设、作风建设"三管齐下"，"三位一体"，治标又治本，使党的干部队伍建设这一伟大工程向前推进了一大步。

（二）纪律约束固根本

加强纪律性，革命无不胜。铁的纪律是完成党的任务的可靠保证，也是干部茁壮成长的催化剂。只有建立起全党全军共同遵守的革命纪律，形成共同的规范，才可使党的路线方针政策转化为广大干部群众的自觉行动，从而实现党的阶段性目标。红军有哪些纪律？据陈毅分析，红军军纪分为战时纪律、一般纪律及红军三大纪律。战时纪律规定临阵退却、畏缩不前、违抗命令等可由军官就地处决；一般纪律规定通敌叛反、拐款潜逃、开小差、强奸、乱烧乱杀、敲诈人民财物均处死刑；赌博则没收其所有财物，并决定一个月内不发零用钱；嫖妓则处以不归之罪；因嫖妓而滋事者量其大、小处死刑、罚勤务、打屁股或打手心；其余比较细小错误，则按其轻重处罚之。红军三大纪律则规定不准乱拿工农小商人一点儿东西，打土豪要归公，一切行动听指挥，后来又发展为"三大纪律，八项注意"。如何把军队纪律贯彻到全军而成为全军官兵的自觉行动？党采取了一系列行之有效的方法，通过组织培训学习，来加以潜移默化地树立起纪律意识。如红四军创办的随营学校，训练后备政治工作和军事工作干部人才，教授的课程主要有军事技术、文化知识及政治思

① 余伯流、陈钢：《井冈山革命根据地全史》，江西人民出版社 1998 年版，第 1 页。

想素质包括纪律意识教育等内容。红军还选派一批优秀干部到地方指导、发展地方武装，培养斗争骨干，然后输送到军队。这也是造就一批纪律性强、素质高的干部队伍的一条有效途径。

（三）加强监督，坚持党的正确领导是保证

加强监督，也是加强党的纪律建设的一项重要举措。为了防止党内有违反党章、破坏党纪、不遵守党的决议及官僚腐化等弊端的发生，1933 年，党中央作出决议，成立中央党务委员会及中央苏区省县监察委员会，其职责是：维持和正确执行党的铁的纪律，保证党的思想和行动的一致，监视党章和党的决议的执行，检查违反党的总路线的各种不正确的倾向（官僚）主义及腐化现象等。中央苏区对党的纪律执行情况的监督，一直以来就有党的组织监督、群众监督。在政府方面，有工农检查部、审查委员会等专门机关的监督。《红色中华》等报刊经常以大量篇幅宣传颂扬廉洁、节俭模范，曝光鞭挞官僚主义、贪污浪费等违纪行为，开展了有效的舆论监督，这对加强党的建设也起到了积极的作用。从 1932 年起，红军中师以上设立了党务委员会，担任党内监察的职责，1933 年冬以后，根据中央的决定，中央苏区所辖省委、县委都相继成立了监察委员会，1934 年 1 月，中共六届五中全会选举成立了中央党务委员会。这样，党的各级纪律检查机构便逐步建立起来。加强监督是保持党员先进性的重要保证。

为了确保党员先进性，就必须加强党对军队的领导。党为此进行了一系列有效的尝试。毛泽东于 1927 年率领秋收起义的部队在江西永新进行三湾改编时，把支部建在连上，初步确立了党对军队的绝对领导。朱德、陈毅率领的南昌起义军余部在江西大庾也进行了整编，整顿了党团组织，将部队党团员分配到连队，加强了党对军队的领导。古田会议决定每连建一个支部，班排设立党小组，实行党委负责制，厉行集中指导下的民主生活。中央同样深刻认识到为无产阶级和全人类的解放而战的人民军队必须置于党的领导之下。

正因为有了党的正确领导，党的各项方针政策才能传达贯彻到军队中去，并转化为全体指战员的自觉行动，从而保证了党在新民主主义革命时期任务的完成，同时广大党员的先进性又得以自觉实现。

三、以史为鉴，知故出新，开展新时期共产党员先进性教育活动

在21世纪，中国共产党肩负着带领13亿多中国人民实现全面建设小康社会的宏伟目标，任务光荣而艰巨。为此大力开展保持共产党员先进性的教育就具有十分重要的意义。那么如何开展保持共产党员先进性教育活动？笔者以为可以党在红军时期开展的干部教育的经验为借鉴，大力开展保持共产党员先进性教育工作。

（一）认清各种错误思潮对共产党员先进性教育活动的挑战

从国内外大气候来看，有的党员干部在改革开放大潮中缺乏政治敏锐性和政治鉴别力，在重大原则问题上是非不分。有的党员干部从个人和小团体的利益出发，无视国家利益、法制、政令，利用职权保护或参与犯罪。有的私欲膨胀，贪赃枉法，索贿受贿，腐化堕落等。这些错误思潮和表现严重损害了党的形象，给党正在从事的伟大事业带来了巨大的危害。早在2000年，中央组织了对全国30万名党员干部思想状况的调查。在调查中发现，在部分党员和地区中存在着理想信念动摇、领导干部腐败、基层组织涣散等问题。调查发现，相当多的干部对政治理论学习不感兴趣，却把心思花在个人钻营上。部分党政干部忽视思想理论素养的提高，世界观、人生观、价值观存在着偏差和误区，理想信念动摇，宗旨意识淡漠。有些党员把实现个人价值和建设小康之家作为自己的理想和追求。以上调查表明，为了唤醒共产党员的本色，必须通过在全党开展党员先进性教育活动来肃清这些流毒。

（二）加强思想建设、组织建设和作风建设

土地革命时期，在红军干部队伍建设中的思想建设、组织建设、作风建设“三管齐下”，“三位一体”，治标又治本的方法，对我们今天党的建设提供了借鉴作用。为此，我们在新的历史时期，必须加大思想政治教育工作力度；建立健全各项制度，把党员干部责任追究制度、党员干部民主生活会制度、“三会一课”制度、党员目标管理责任制度、发展党员公示制度、重大事情党内通报制度、党内谈心制度和民主评议党员等

制度落到实处。同时，我们要开展作风建设，提高服务效能，营造一种想学习、爱学习、比学习的良好氛围。落实以人为本，甘做公仆的服务意识，树立诚信认真的服务理念，与人为善、助人为乐的服务态度和热情周到、科学高效的服务标准；培育勤奋敬业的工作态度、艰苦奋斗的工作作风、严于律己的工作品行。只有这样，才能使我们的党成为一支思想坚定、组织健全、作风过硬的具有先进性的队伍。

（三）加强纪律性，革命无不胜

纪律可以规范人们的行为。土地革命时期，在红军队伍中我们就已形成了战时纪律、一般纪律及三大纪律等来规范红军干部的行为，同时，通过各种途径把纪律贯彻下去。今天，在加强党的建设过程中，我们同样也要健全全党共同遵守的革命纪律，这已成为时代所迫。为此，我们可以从党的政治纪律、组织纪律、经济纪律和道德纪律等方面，加强对广大党员干部进行教育。通过深入广泛的宣传、学习，加大对广大党员纪律教育力度，使广大党员进一步加强自我约束，加强互相监督；把培养和增强广大党员的纪律观念与树立正确的权力观、地位观、利益观结合起来，努力做到“立党为公、执政为民”，权为民所用、情为民所系、利为民所谋。同时，要加强审计干部队伍建设，要按照“为民、务实、清廉”的要求，进一步提高审计干部的综合素质。

（四）必须加强监督，坚持民主集中制原则

红军干部队伍建设时所成立的各级监督检查机构，有效地保证了党的思想和行动的一致，杜绝了一些腐败现象。同时，当时通过《红色中华》等报刊大力加强舆论监督，也起到了加强党的建设的积极作用。监督本身就是一种制约，体现了民主与科学的精神；监督有利于发现问题，纠正错误，及时有效地改进工作；监督可以防止独断专行。目前，我国有六种监督类型，即中国共产党自身的党内监督（也称为纪律监督），人民代表大会及其常委会的法律监督，政府部门的行政监督，新闻媒体的舆论监督，民主党派和人民政协的民主监督，以及广大公民的群众监督。只有坚持好这个原则，才可以提高各级党组织决策的民主化、科学化，保证党的路线方针政策的实现。坚决反对极端个人主义、极端民主化思潮，党员干部要坦诚相见，减少影响团结问题的发生。即使有了矛盾，

也要坚持批评与自我批评的武器，达到“团结——批评——团结”的目的。在教育活动中，积极开展党性分析、民主评议工作，抓住制定标准、谈心交流、自我剖析、互相批评、民主评议五个环节，抓好整改，巩固提高。

（五）必须加强党的执政能力建设

教育党员干部要坚持把发展作为执政兴国的第一要务，不断提高驾驭社会主义市场经济的能力，坚持科学发展观，坚持社会主义市场经济的改革方向，完善党领导经济工作的机制和方式，把党建设成为求真务实、开拓创新、勤政高效、清正廉洁的执政党，以顺利完成全面建设小康社会的目标，这才是保持共产党员先进性教育的最大目标。

（六）必须开展内容丰富、形式多样的教育活动

红军干部队伍建设所形成的各种教育方式，对今天开展保持共产党员先进性教育具有指导意义。我们可以紧密联系本单位实际，用邓小平理论、“三个代表”重要思想来武装广大党员干部，树立党员正确的世界观、人生观、价值观，强化群众观点和为人民谋利益的意识，保持党员先进性，提高遵纪守法的自觉性，增强拒腐防变的能力。在教育活动中，规定学习内容、时间安排，撰写学习笔记和调研文章，创新学习方式，坚持多样性，注重灵活性，确保实效性。

总之，在新的历史时期，我们要以我党在红军时期的干部队伍建设作为借鉴，结合新时期、新任务、新目标，抓好党员先进性教育活动，进一步提高全体党员的马克思主义理论水平，全面提高全体党员的思想政治素质和科学文化素质，把广大党员的积极性更加充分地调动起来，把广大党员的先锋模范作用更加充分地发挥出来，全面建设小康社会就有了更加坚实的保证。

［原载《龙岩学院学报》2006 年第 5 期］

古田会议精神与加强党的执政能力建设

加强党的执政能力建设是一个常谈常新的课题，尤其是在21世纪新挑战、新任务的面前，党肩负着建设全面小康社会的历史重任，如何树立执政意识、提高执政能力更是党亟须解决的问题。为此，笔者拟在本文就古田会议精神的形成、内涵以及对党的执政能力建设所提供的借鉴作用作一粗浅探讨，以期起到抛砖引玉之功效。

一、古田会议精神产生的历史条件

古田会议精神是中国共产党在土地革命战争时期探索加强党和军队建设，提高党的领导水平和执政能力进行艰辛探索而形成的开拓创新精神。古田会议精神的形成有其深刻的历史背景。时代的需要催生了古田会议精神，古田会议精神则推动了革命战车的前行。

（一）加强党的建设，建设新型人民军队的客观要求

秋收起义后，毛泽东率领秋收起义的队伍在向井冈山进军途中，进行了著名的三湾改编，确立了党对军队绝对领导的原则。但是，随着中国革命重心向农村转移，条件异常艰苦，旧思想、旧观念的影响，红四军部分同志对前委是全军最高的领导机关提出了质疑，并在言行中对党的领导进行了种种挑战。如军内一部分指挥员产生了浓厚的单纯军事观点，残存着旧军队的领导方式，军队首长个人说了算，对党的领导不喜欢不习惯，认为“党代表的权力太大”，否定政治思想工作的作用，把军

事和政治工作对立起来，更有甚者，还提出了军事领导政治，把红军开展政治工作的机关隶属于军事工作机关，提出“司令部对外”口号等极端观点。由于否定排斥党的领导，不重视政治工作，出现了只注重军事，纪律松懈，打了土豪私分钱物的现象。“党指挥枪”的原则遭到了前所未有的挑战，影响到了人民军队的建设，削弱了军队的战斗力，使得新型人民军队的建设有面临夭折的危险。为此，必须在军内大力加强党的建设，通过各种有效途径确立党对军队的绝对领导成为我党完成所肩负的历史使命的客观要求。

（二）克服各种非无产阶级思想的必然反映

红军从井冈山撤离在赣南一带进行游击作战，由于军情紧急，处于不断的行军和对敌斗争的状况中，军内的政治思想工作受到削弱，在红四军党内滋生出了各种非无产阶级思想，这种不正确的思想主要体现在以下八个方面：（1）单纯的军事观点；（2）极端民主化倾向；（3）绝对的平均主义；（4）唯心观点；（5）非组织意识；（6）个人主义；（7）流寇主义；（8）盲动主义。同时，军内还存在着两个错误倾向：（1）小团体主义倾向。这种表现是各纵队、各支队、各大队只顾自己，不顾组织，只知道自己这一个小团体，没有看见整个的革命集团。（2）享乐主义、消极怠工、离队观念等倾向，在军内还十分浓厚。由于长期的斗争，体力消耗严重，极度疲劳，生活条件又十分艰苦，军内有些同志就消极怠工起来，工作不起劲，图消遣、享乐，甚至有些同志还不愿在军队内做艰苦的工作。

当时党的组织基础的最大部分是由农民和其他小资产阶级出身的成分所构成的。据统计，1929 年底，红四军中的党员有 1600 人，其中工人出身的占 18.8%，农民出身的占 56.2%，小商贩出身的占 12.5%，知识分子出身的占 12.5%。小资产阶级成分所占的比重在 80% 以上。各种非无产阶级思想的滋生蔓延便有了深厚的土壤，极大地危害了党和军队的建设。为此，克服各种非无产阶级思想，纯洁党的队伍便提到了具体议事日程上来。

（三）九月来信对二月来信的修正

1. 二月来信对形势的分析及决策的负面影响

1929 年 2 月 9 日，中共中央起草了《中共中央给润芝、玉阶两同志并转湘赣边特委信》(即通常所称的“二月来信”)。

二月来信对当时整个中国革命形势的估量是十分低调的。信中说道:“党的无产阶级基础既如是削弱,而干部分子又因两年来白色恐怖的摧残而损失极大,故党的战斗力组织力虽经六次大会路线的指导,终未能建立起来,加以革命失败的反映,非无产阶级意识的浓厚,党内政治水平低落。”[①]

循着这一对革命形势的过低估量,党所制定的中心任务,党领导的军事斗争被放置在次要的地位,由此衍发而又制定出了在对敌武装斗争中消极保守及分兵游击的策略。来信还重新对红军的军事行动进行部署,分散兵力,化整为零,以进行小分队游击方式来配合工农群众的斗争。

二月来信指出,你们“应有计划地有关联地将红军的武装力量分成小部队的组织,散入湘赣边境各乡村中进行和深入土地革命”[②]。

二月来信还对红四军的游击战术进行了深度的批评,认为红军“东窜西奔,这一武装力量将日益与广大农民群众的日常斗争隔离而成为农民群众以外的一个武装力量”[③]。

来信决定:“中央依据目前的形势,决定朱毛两同志有离开部队来中央的需要。”“两同志得到中央的决定后,不应图于一时群众的依依而忽略了更重大的更艰苦的责任,应毅然脱离部队,速来中央。”[④]二月来信对红四军的影响是巨大的。

由于中央政策指导的偏差,最终诱发了红四军内部包括党的建设、斗争策略以及领导人去留问题的激烈争论,引起了极大的思想混乱,最终导致了红四军党的七大中毛泽东的落选去职,八大又因极端的民主化思潮导致整个会议毫无结果及出击闽中、东江严重失利的结果。

---

① 《中共中央给润之、玉阶两同志并转湘赣边特委信》,载中共龙岩地委党史资料征集领导小组、龙岩地区行政公署文物管理委员会编:《闽西革命史文献资料》第2辑,1982年7月,第18页。

② 《中共中央给润之、玉阶两同志并转湘赣边特委信》,载中共龙岩地委党史资料征集领导小组、龙岩地区行政公署文物管理委员会编:《闽西革命史文献资料》第2辑,1982年7月,第18页。

③ 《中共中央给润之、玉阶两同志并转湘赣边特委信》,载中共龙岩地委党史资料征集领导小组、龙岩地区行政公署文物管理委员会编:《闽西革命史文献资料》第2辑,1982年7月,第19页。

④ 《中央给润之、玉阶两同志并转湘赣边特委信》,载中共龙岩地委党史资料征集领导小组、龙岩地区行政公署文物管理委员会编:《闽西革命史文献资料》第2辑,1982年7月,第19页。

自七大以后，红四军由于政治思想工作的弱化，党组织的凝聚力不强，纪律十分松懈，逃兵日众，党内不正确的各种倾向非常浓厚。“这一段历史是没有积极向外发展的精神了。因为闽中的困难，东江的失败，大家都疲倦了，红军也削弱了。”①

2. 九月来信对二月来信的修正

二月来信给红四军的党和红军的建设带来了负面影响。7个月后，中央已然发现原来的评判与决定脱离了实际，并给红四军各项工作带来了不小的伤害。为此，中央根据形势的变化以及陈毅的汇报材料，于当年9月对原先制定的各项政策作了较切合实际的调整，这一调整体现在九月来信中。

第一,九月来信分析了当时还存在较为有利的革命态势，肯定了毛泽东通过实践开辟的适合中国国情的革命道路。来信指出：“先有农村红军，后有城市政权，这是中国革命的特征，这是中国经济基础的产物。如果有人怀疑红军的存在，他就是不懂得中国革命的实际，就是一种取消观念。”②

第二,九月来信明确了红军的主要任务是开展武装斗争，进行土地革命，创建苏维埃政权。

第三，客观估量了敌人的力量。九月来信认为敌人并不是强大到无懈可击的地步，而是不断地呈现出衰败的迹象。

第四，纠正了分兵避敌主张。九月来信提出分散与分兵“皆是取消观念，皆源于对政局的估量不正确，恐惧反动势力稳定，红军会被消灭，才发生减少目标各个自了自己的右倾思想”，“红军两年来集中奋斗，渡过各种难关，此种艰苦的经验不应为全体同志忽视”，不可以忽视了“集中对于全国政治影响的伟大作用”。③

第五，对党的建设与党的领导提出了设想。九月来信认为必须加强党对军队的领导。来信提及：“党的一切权力集中于前委指导机关，这是

---

① 《红军第四军状况》，载《曙光在前》，中国文联出版社 1999 年版，第 188 页。

② 《中共中央给红四军前委的指示信》，载中共龙岩地委党史资料征集领导小组、龙岩地区行政公署文物管理委员会编：《闽西革命史文献资料》第 2 辑，1982 年 7 月，第 225 页。

③ 《中共中央给红四军前委的指示信》，载中共龙岩地委党史资料征集领导小组、龙岩地区行政公署文物管理委员会编：《闽西革命史文献资料》第 2 辑，1982 年 7 月，第 227 页。

正确的，绝不能动摇。”①朱、毛仍留军中，毛泽东仍任前委书记。同时，应注意反对极端民主化倾向。

第六，来信提出了努力纠正不正确的思想，如右倾悲观思想、流寇主义、极端民主化思潮等。这些观念如果不能肃清的话，将对红军的前途带来极大的危险，前委必须坚决以斗争的态度来加以肃清。

（四）新泉整训的实践意义

九月来信对当时的国内外形势作出了科学的判断，重返前委书记岗位的毛泽东根据九月来信精神，通过全军在新泉整训，把九月来信精神贯彻到全体指战员，并为古田会议的召开及古田会议精神的形成奠定了实践的基础。

1. 调查研究，为整训提供第一手素材

为了成功做好整训工作，红四军领导纷纷深入实际，开展调查研究。如毛泽东经常利用晚上时间，点燃马灯，召开支队、大队党代会座谈会，军事指挥员座谈会，士兵座谈会和赤卫队队员、农民代表座谈会。在座谈会上，毛泽东一边询问，一边做笔记，一边思考解决问题的途径。毛泽东调研中发现党员中农民、小资产阶级成分的比例占70%以上，由此，毛泽东提出了“红军党内最迫切的问题要算是教育问题”。

朱德同志则负责军事训练，讲授新游击战术等科目，广大官兵互教互学，进行严格的军事训练，从而树立了崭新的精神面貌。

2. 开展辩论，统一思想

在各种形式的座谈会中，参会的同志对存在的各种非无产阶级思想进行认真揭发和积极辩论，从政治思想上真正明白了各种错误思想的来源、危害，同时也提出了纠正的办法。

参加座谈会的同志能够畅所欲言，敞开思想，各抒己见，既谈问题，又能积极建言献策，提高了座谈会的质量。

3. 正面教育，自查自纠

整个整军活动以正面教育为主，大家都能够开展批评与自我批评，

---

① 《中共中央给红四军前委的指示信》，载中共龙岩地委党史资料征集领导小组、龙岩地区行政公署文物管理委员会编：《闽西革命史文献资料》第2辑，1982年7月，第230页。

自己教育自己，提高思想认识。

二、古田会议精神的基本内涵

（一）着重从思想上建党的原则

对党和红军中存在的种种非无产阶级思想及其危害，毛泽东提出了思想建党的原则，强调党员不仅要在组织上入党，而且要经常用无产阶级思想改造和克服各种非无产阶级思想。这就从关系党的政治路线和政治任务的高度，把党的思想建设同执行党的路线紧密联系起来，揭示了思想建设是制定实现政治路线的基础，为加强党的思想建设提供了理论依据。

（二）树立执政为民的新型人民政权观

在中央苏区的建立过程中，毛泽东等在革命的实践中逐步形成了属于人民的新型政权观。中共闽西一大决议案指出，建立苏维埃政权的意义在于："苏维埃是新的国家政权形式，是被压迫工农群众自己管理政事镇压被统治阶级的政权组织。""苏维埃政府既为工农兵的政权，它的工作自然就为工农贫民士兵谋利益。"①

在集九月来信及新泉整训之硕果的《古田会议决议》中，毛泽东把实践的理论进一步升华，提出了要建立新型人民政权的思想以及树立执政为民的意识。决议案提出，红军的目标是要"组织群众，武装群众，建立政权，消灭反动势力，促进革命高潮到来"②。"红军的打仗，不是单纯地为了打仗而打仗，而是为了宣传群众，武装群众，并帮助群众建设革命政权才去打仗的，离了对群众的宣传、组织、武装和建设革命政权等项目标，就失去了打仗的意义，也就失去了红军存在的意义。"③

---

① 《中共闽西第一次代表大会决议案》，载中共福建省委党校党史研究室编：《红四军入闽和古田会议文献资料》，福建人民出版社 1979 年版，第 93—94 页。

② 《中国共产党红军第四军第九次代表大会决议案》，载中共龙岩地委党史资料征集领导小组、龙岩地区行政公署文物管理委员会编：《闽西革命史文献资料》第 2 辑，1982 年 7 月，第 360 页。

③ 毛泽东：《关于纠正党内的错误思想》，载《毛泽东著作选读》上册，人民出版社 1986 年版，第 26 页。

（三）坚持求真务实的科学态度

求真务实的对立面是主观主义。当时党和红军中存在着浓厚的主观主义思潮，主观臆测，脱离实际，对形势判断错误，制定的方略出现偏差，进而影响了党和红军的工作。正如前面所提及的那样，二月来信对革命形势的判断与实际脱节，对红四军力量估计过低，从而导致了对红军行动的错误指导，给红四军带来了极大的负面影响。

毛泽东则十分重视理论与实际相结合，注重调查研究，对犯错误的同志总是对事不对人，摆事实，讲道理，循循善诱，以理服人。通过说服疏导的办法来纠正犯错误同志的言行。由于领导者高超的领导艺术和个人魅力以及求真务实的科学态度，保证了整训以及古田会议能够实现既统一思想、团结同志，又纯洁党的队伍的既定目标。

（四）加强党建和保持党员先进性的观点

党的建设始终是一项极其艰巨而复杂的伟大工程。面对敌人的疯狂进攻，红四军还十分注重党和军队的建设，把党的建设摆到了影响革命成败与否的重要位置上来进行思考。决议案指出："红军党的组织问题现在已经到了非常严重的时期，特别是党员质量之差和组织之松懈，影响到了红军的领导与政策执行非常之大。"[①]

为此，红四军非常注重加强党和军队的建设。如何开展党的建设？决议案认为，必须首先从思想上建党，克服各种非无产阶级思想，树立马克思主义科学人生观和世界观，明确党的宗旨。

决议案提出的入党条件、入党对象的目标要求是：思想上要入党，要有为人民的解放而奋斗及牺牲之精神，并严格执行党的纪律。这对纯洁党的队伍，保证党员的质量，提高党和军队的战斗力提供了可靠的保证。加强党建，保证党员先进性是古田会议精神的核心。

（五）树立改造客观世界与改造主观世界相统一的观念

"为了红军的健全与扩大，为了斗争任务之能够负荷，都要从党内教育做起。不提高党内政治水平，不肃清党内各种偏向，便决然不能健全

---

① 《中国共产党红军第四军第九次代表大会决议案》，载中共龙岩地委党史资料征集领导小组、龙岩地区行政公署文物管理委员会编：《闽西革命史文献资料》第2辑，1982年7月，第355页。

并扩大红军，更不能担负重大的斗争任务。”① 议案的分析鞭辟入里，切中了人类自身最难改造的人脑，即思想。

决议案提出要纠正党内的错误思想，把自己改造成为具有共产主义远大理想、又能为人民利益而英勇奋战、有组织有纪律的新型的人民军队中的一员，从而完成自己所肩负的伟大历史任务。

决议案还强调在党的建设中，必须开展马列主义的教育，提高全体指战员的政治水平，使党员的思想和党内的生活都政治化、科学化。

三、古田会议精神对新时期加强党建工作的影响

2004 年 9 月，党的十六届四中全会通过了《关于加强党的执政能力建设的决定》，把为谁执政、靠谁执政、怎样执政这一重大战略课题提高到了十分重要的高度。为此，借鉴古田会议精神治党治军的经验，将极大地推动党的执政能力建设这一伟大工程的顺利开展。

（一）有助于建设一个纪律严明、走群众路线的政党

面对新的形势、新的任务，党组织还是有些不适应的地方，如脱离群众、一些党的基层组织软弱涣散等问题比较严重。如何改变这种状况，《决定》将古田会议精神进一步升华，指出，人民群众的拥护和支持是我们党的力量源泉和胜利之本，要牢记全心全意为人民服务的根本宗旨，牢记“两个务必”，坚决惩治腐败，实现好、维护好、发展好广大人民的根本利益，保证人民群众共享改革发展的成果。各级党委和政府要积极研究和把握新形势下群众工作的特点和规律，探索新途径、新方法，不断提高组织群众、宣传群众、教育群众、服务群众的本领。

（二）有助于实践情为民所系、权为民所用、立党为公、执政为民

在建设有中国特色的社会主义过程中，如何建设好各级领导班子，这关系到国家的兴亡。《决定》指出，坚持把党的思想建设放在首位，同

① 《中国共产党红军第四军第九次代表大会决议案》，载中共龙岩地委党史资料征集领导小组、龙岩地区行政公署文物管理委员会编:《闽西革命史文献资料》第 2 辑，1982 年 7 月，第 358 页。

时要加强党风廉政建设，密切群众关系，真正做到情为民所系、权为民所用，坚持立党为公，执政为民，把发展作为党执政兴国的第一要务。坚持党的基本路线，制定和实施深化改革、促进发展、保持稳定的各项方针政策，坚持从群众中来到群众中去的工作路线，倾听群众呼声，反映群众意愿，集中群众智慧，推进决策科学化、民主化，坚持科学执政、民主执政、依法执政，努力使我们的方针政策更好地体现人民群众的利益，不断地让人民群众得到实实在在的利益。要始终把群众的利益放在第一位，和人民群众血肉相连。了解民情，时刻关心群众的冷暖，对群众生产生活面临的这样那样的困难，特别是对下岗职工、农村贫困人口和城市贫困居民等困难群众遇到的实际问题拿出解决办法，切实把立党为公、执政为民具体地、深入地落到实处。

（三）有助于坚持求真务实的科学态度及科学的领导方式

《决定》指出，各级领导干部都要牢固树立马克思主义的世界观、人生观、价值观；坚持科学发展观和正确的政绩观，重实际、说实话、办实事、求实效，坚决反对形式主义、官僚主义和弄虚作假；领导干部搞调查研究，要注重实效，轻车简从，这些无不闪烁着古田会议精神。

古田会议虽然已过去七十五载，但今天我们重温它，就是要在新的历史条件下更好地继承和发扬坚定理想信念、注重思想建设、坚持求真务实、深入调查研究、提高执政能力为主要内涵的古田会议精神，进一步加强党的思想建设、组织建设和作风建设，提高党的执政能力，把党的建设这一新的伟大工程不断推向前进！

［原载《乐山师范学院学报》2005 年第 9 期，总第 20 卷，收入本书时有修改］

新农村建设史上的特殊篇章
——傅柏翠新村建设的实践及其启示

20 世纪二三十年代，由于外侵内战，中国农村经济萧条、民生凋敝。一大批有识之士挺身而出，为救活中国农村而进行努力地尝试和奋斗，闽西苏区的傅柏翠就是其中之一。

傅柏翠，1896 年出生于福建上杭县蛟洋村的地主家庭，1911 年加入同盟会。1927 年加入中国共产党，翌年发动闽西暴动并任红军总指挥。1931 年初被开除党籍，1932 年，被国民党委任为龙岩县县长。抗战初期任保安团团长，后辞职回家乡尝试“农业社会主义”。1949 年，在闽西起义。1986 年，重新加入共产党。1993 年逝世，享年 97 岁。

傅柏翠的一生是传奇的一生，他特别热衷于“新村建设”的试验。土地革命时期，他不顾一切，在闽西上杭县古蛟一带开展了“农村共产团”新村建设试验，探讨建立一个无赋税、无征兵征粮、自立自保的“新桃源”，其改革成果存在了近 20 年，这在中国历史上是罕见的，同时也为我们今天社会主义新农村建设提供了宝贵的经验。

一、傅柏翠“新村建设”思想的形成

傅柏翠“农村共产团”新村建设思想萌发于他的启蒙老师傅丹初先生。傅柏翠 7 岁上私塾，特别聪明、好学，尤其喜欢听傅丹初先生讲述有关国家的政治时事，如康有为发起的维新变法，特别是康有为的《大同书》里所描绘的：无国家，无帝王君主，亦无私有财产，无贵贱阶级，男女平等，种族同化，大同之世，天下为公，一切平等的思想在少年时代就已深深扎下根。

傅柏翠特别推崇孙中山先生那种百折不挠、天下为公的革命精神。在留学日本期间毅然加入中华革命党。回国后，他深入农村，调查了解农村现状，十分同情穷苦农民，他认为孙中山先生提出的“平均地权，耕者有其田”的主张最适合我国国情，应该努力实施才行。对他影响最深的应该是英国空想社会主义者欧文的“新协和村”和日本武者小路实笃的“新村思想”。他曾对朋友说：“我在日本读书时，对日本武者小路（实笃）的‘新村思想’和英国欧文的‘空想社会主义’曾经和同学一起讨论过。在农村实行生产和分配社会化的问题，今天看来，在我们中国农村可以试办‘实行财产共有和民主管理制度’这样‘新村’。”[①]

欧文是英国著名的早期社会主义者，他厌恶人吃人的一切旧制度，痛恨资本主义的剥削与压迫制度，1825 年在美国的印第安纳西南瓦巴希河畔协和村的两万英亩土地上建立了“自由共产主义”的实验场，即“新协和村”，创办了《自由平等报》，以向劳工阶层宣传新社会的理想。但是，由于欧文脱离无产阶级的革命斗争，企图在资本主义制度下孤立地组织共产主义细胞，经过 4 年尝试，终告失败。

日本小说家、剧作家、诗人、画家武者小路实笃由于受到俄罗斯大作家列夫·托尔斯泰的人道主义思想的影响，大力宣扬乌托邦思想与人类之爱，提倡“新村主义”，1918 年创办《新村》杂志，倡导建设互助互爱、共同劳动的模范新村。[②]

傅柏翠“新村思想”形成的直接原因是受苏联农业集体化的影响。

1927 年开始，为了解决粮食危机，斯大林提出社会主义国家苏联必须消灭富农阶级，建立集体农庄。集体农庄的基本特征是土地、农具和牲畜都是公有，共同耕作，集中经营，统一分配。

傅柏翠正是带着这种对美好未来的憧憬与向往，冲破了层层阻挠，

---

① 陈赛文、黄宁、傅柒生：《傅柏翠》，中国人事出版社 1995 年版，第 20 页。

② 参见《辞海》上册，上海辞书出版社 1979 年版，第 1646 页。

在他的家乡古蛟一带建立起“不国不共”的农民地方自治政权，使上杭县东北450多平方公里40余个乡村3万多人口的地区，基本保持了苏维埃时期的分田制度，成为特殊的“独立王国”。此时的傅柏翠成为国共争取的重要对象，他凭借特有的能力，在国共两党的夹缝中独占一方，得以生存下来。

二、傅柏翠“农村共产团”的试验及其成效

1840年鸦片战争以后，帝国主义和中国的封建主义相结合，把一个封建的中国变为一个半殖民地半封建的中国，中华民族陷入了更加苦难的深渊。在帝国主义、封建主义和官僚资本主义的多重压榨下，闽西社会经济日益衰败，闽西人民同旧中国人民一样苦难深重，过着受剥削遭欺压的悲惨生活。

当时的闽西土地85%掌握在收租阶级手里，农民所有田地平均不过15%。[①] 农民少地无地，为了维持生活，不得不忍受沉重的地租剥削而向地主租佃土地耕种。如上杭古蛟地区陈坊村农民租种的土地都是外村地主的土地，为了便于收租，蛟洋一户地主的谷仓都建在陈坊村。当时农民粮食不够吃，向地主借一斗，要还一斗四或一斗五，即40%—50%的利息，有的甚至高达80%，农民终年劳累，到了秋收季节还是“禾头割起，锅头无米”。高利贷的盘剥、名目繁多的苛捐杂税以及闽西的政权机构为土著军阀和地方反动势力所控制，以致造成社会混乱黑暗，劳苦群众过着衣不蔽体、食不果腹，如同牛马一样的悲惨生活。

傅柏翠目睹社会混乱黑暗，心绪沉重，立志要对农村进行改革，建立一个“耕者有其田”的新农村。到1928年6月蛟洋暴动前后，他一直在追求他的“共生产，共消费”的“农村共产团”的实验。他拥护孙中山“耕者有其田”纲领，仿照苏联的集体农庄，主张土地由农民集体耕种，去掉田界、田埂，取名“共家社”，并在蛟洋推行了一段时间。但很

---

① 《中共闽西第一次代表大会之政治决议案》（1929年7月），载中共龙岩地委党史资料征集领导小组、龙岩地区行政公署文物管理委员会编：《闽西革命史文献资料》第2辑，1982年7月，第132页。

快就结束，从此，“蛟洋区的土地直接分配到各家各户”[①]。

1931年初，在闽西大地上掀起了一场史无前例的“肃清社会民主党”运动[②]，数千党员和革命群众蒙冤受屈，傅柏翠也难逃厄运，他被错误地批判为闽西“社会民主党”头子，被开除党籍，并受到了红军的追剿。此后，他被迫拥兵自卫，脱离了革命队伍，独占古蛟，在古蛟一带开展了近20年（1931—1951年的土地改革）的“农村共产团”试验。

古蛟乡是由原来上杭的古田、蛟洋、文都三乡合而为一。“古蛟为闽西高原，任何其他地方到此均向上走，夏天非常凉爽，可为避暑之地。”[③]在这个独立的小王国里，傅柏翠将他的理想付诸实施，进行了新村建设，其主要内容有：

第一，在土地制度方面，他继承了前人的经验和借鉴了苏俄的集体农庄模式，在古蛟地区推行孙中山的“耕者有其田”的主张。把区内所有的土地收归集体公有，实行“共生产，共消费”，组织“农村共产团”。但在经过多次与邓子恢有关“农村共产团”争论之后，傅柏翠为了安定民心，团结群众，采用了更为公平的办法来分配土地，即以村为单位，按人口平均分配土地，由各户自行耕种。1933年，在福建事变后，他参照十九路军的“计口授田”办法，对原来苏维埃时期的分田做法作了改良，采取“抽多补少”“抽肥补瘦”“抽死补生”的做法，力求做到每户有田可种、有山可用，形成了古蛟地区独有的土地政策。主要做法是：第一步划分乡村界线，以村为单位，按人平均分配；第二步丈量土地，估计产量，自报公议，张榜公布；第三步划分土地等级，分成甲乙丙丁

---

① 姚鼎生：《曲折前半生——傅柏翠传》，中共党史出版社1995年版，第53页。

② “肃清社会民主党”运动是指1931年初，闽西新红十二军召开纪念国际共产主义运动先驱李卜克内西、卢森堡、列宁的大会。会上，当介绍李卜克内西、卢森堡是第二国际领导人、社会民主党员时，有几个战士呼喊“拥护第二国际”“社会民主党万岁”，因而被当作反革命分子“社会民主党”加以逮捕，并加以逼供。为了集中火力进行“肃清社会民主党”的斗争，成立了以闽西肃反委员会主席林一株为主审的所谓的“革命法庭”。从此，大规模地在闽西大地上进行了“肃清社会民主党”的运动，闽西苏维埃政府35名执委被肃过半，新红十二军连以上的干部也半数以上被肃，数千人被杀，这一历史冤案在中共十一届三中全会后得到平反。

③ 中国人民政治协商会议福建省文史资料委员会编：《福建文史资料》第35辑，1996年，第83页。

成五等，也像苏维埃时期分田那样，以原耕为基础，抽多补少，抽肥补瘦，远田搭近田，好田换差田，按估计产量分配；第四步召开群众评议会，除了分配给各户的土地数外，留一部分土地作公田，由村农会（后来是办事处）派工耕种，收得的粮食照顾本村的鳏寡孤独、残废及无劳力的男女；第五步发给“授田证”。[①] 为了做好乡村公共事业，古蛟地区成立了自治机构“自治委员会”。自治当局掌控古蛟地区所有的土地，进行分田，原规定每年调整一次，后改为三五年调整一次，所分土地可以出租、出典，但禁止出卖，农民只有耕作权，没有所有权，自治当局可以随时宣布土地再归乡有，或将土地再行调整，并可对不法农民没收其土地。古蛟地区的分田制度做到了“相对的平均，每口大体可以分得2—3亩田地，农民吃饭决无问题”[②]，因而受到古蛟地区各界群众的欢迎。

第二，在政权建设方面，傅柏翠以区乡农民联合会和代表会议代替被取消的区乡苏维埃和代表会议，作为古蛟地区最高权力机关，农民联合会设立执委会，以代替区乡苏维埃的执行机关。对于区乡各级农民联合会（后改为自治局）的代表，实行民主选举。同时，完善国家机器和政权机关建设，组织地方武装民团，出则为兵，入则为农，兵农合一，既保卫了家园，又不误生产。此外，还组织了乡村警察所，以维护社会治安。设立财管会，制定税收条例，收取税款。兴办各类合作社，设立邮政代办所等，这正是我们今天所说的执政为民的充分体现。

第三，在社会事业方面，他创办了学校，如平民学校、农民夜校、识字班、私立古蛟初级中学，倡导成立农村教育社，组织农民学习文化知识和革命道理。据蛟洋村84岁的傅荣冕老人回忆说：“傅柏翠看到当时村里人读不起书，于是他倡导大家创建了古蛟初级中学（1938年），当时学校不收学费，老师的工资是由公家付（以斗米或钱的形式），学生只需交3元柴火钱。”陈坊村的陈嘉珍老人回忆说：“当时陈坊村小孩7岁就要入学，古蛟初级中学的老师有来自上海、福州、海南，且都是大学毕业。”此外，“为人材的深造起见，设高中及大学奖学金。古蛟籍的

① 参见陈赛文、黄宁、傅柒生：《傅柏翠》，中国人事出版社1995年版，第126页。

② 中国人民政治协商会议福建省文史资料委员会编：《福建文史资料》第35辑，1996年，第83页。

大学生每年可得到米100斗，值10000元；高中学生亦可得到数十斗"[①]。由于傅柏翠的努力，从而培养了一大批人才，提高了全体民众的文化水平，也为古蛟地区社会的安定奠定了基础。

此外，古蛟地区还大力推行婚姻自由、男女平等、一夫一妻，使众多青年男女不再受"父母之命，媒妁之言"所限制。同时，傅柏翠还创办了闽西历史上独一无二的《古蛟报》，组建了古蛟"话剧团"，建立了烈士祠、纪念碑。创办敬老院、废疾院，组织人力、物力对鳏寡孤独、残疾人给予照顾。在乡村建立医疗所，选聘中、西医为群众治病，免收诊费，同时各村办起"邮政代办所"解决群众的通信困难。由于傅柏翠苦心经营，使"古蛟近10年来，境内无劫案与偷窃案发生。什么东西遗失了，多半都可以拿回"[②]。基本上达到夜不闭户、路不拾遗的境地。在这里生活的农民"不交田租，也不交任何捐税。他们的义务就是每季出几个工，为无劳力的军烈属代耕，或种一下公田，让鳏寡孤独，每人可以领到了一斤半大米，有菜吃，有衣穿。……青壮年男人都有保卫家乡的责任，那支不脱产的农民自卫军，日夜在边境上轮流站岗放哨，防备外来的突然袭击"[③]。据蛟洋村的傅晋云老人回忆说："在傅柏翠的统治时期，治安管理严格，处罚也极严。当时赌博的人被抓到要受罚，偷一头牛的、一床被子的、印假钞的一旦被抓到都要被枪毙。""因此治安特别良好，几次盗匪于古蛟作案者，均难得逞，且均当场格杀。由于境内安全，乡公所不设警卫，大半警队均在边境任警戒之责。"[④]而且"傅柏翠和干部们没有领工资，躬耕自养。区、乡、村委员会办公经费，由公田收成的谷子项下开支。……民众、干部平起平坐，没有上下之分"[⑤]。从而古蛟地区成为人民安居乐业、社会和谐的"新桃源"，傅柏翠本人也被国民党报刊

---

① 中国人民政治协商会议福建省文史资料委员会编：《福建文史资料》第35辑，1996年，第83页。

② 中国人民政治协商会议福建省文史资料委员会编：《福建文史资料》第35辑，1996年，第111页。

③ 姚鼎生：《曲折前半生——傅柏翠传》，中共党史出版社1995年版，第68页。

④ 中国人民政治协商会议福建省文史资料委员会编：《福建文史资料》第35辑，1996年，第83页。

⑤ 姚鼎生：《曲折前半生——傅柏翠传》，中共党史出版社1995年版，第53页。

称为“闽西社会主义实验区的护维者”。

傅柏翠在古蛟地区所实行的改革成果基本上能维持下去，特别是分配给农民的土地。究其原因，是由于当时国民党为了拉拢傅柏翠，特许在古蛟地区保留分配给农民的土地，并列册批准，确定产业权。新中国成立后，1951 年上杭进行土地改革时，认定古蛟地区属于保持土地革命果实地区，计保有耕地面积 8.5 万亩，占全县总耕地面积近 20%。从而可见，傅柏翠的试验及其分田制度能保留到全国解放，不能不说是一个奇迹了。

三、傅柏翠“新村建设”思想给我们的启示

2005 年，党的十六届五中全会提出建设“生产发展、生活宽裕、乡风文明、村容整洁、管理民主”的社会主义新农村，这是加强和解决“三农”工作的重要战略部署，是我国现代化进程中的重大历史任务，是统筹城乡发展和以工促农、以城带乡的具体化，是遏止城乡差距拉大趋势、扩大农村市场需求的根本出路，是全面建设小康社会的重大战略举措。今天在探讨如何建设社会主义和谐社会的新型农村时，傅柏翠“新村建设”有些经验是值得我们借鉴的。

第一，重视“三农”问题。傅柏翠虽然出生在地主家庭，但他长在农村，了解、同情农民。自他从日本学成回国之后，就立志要把自己的命运同古蛟地区的发展紧紧联系在一起。

傅柏翠在深入农村调查，了解到农民为什么祖辈劳碌耕作，却还是三餐难有一饱，衣不蔽体时，他发现是由于他们没有赖以生存的土地。他认为，要让农民脱离贫穷，必须在农村推翻封建土地所有制，努力去推行孙中山所倡导的“平均地权，耕者有其田”的主张，认为这是最适合我国国情，应该努力去实行才行，而且他身体力行地去做了。他首先带头捐出了自家的土地，据蛟洋村的傅荣冕老人回忆说：“当时傅柏翠家族有 1500 多亩土地也分掉了。柏翠为人正直、和善，不讲私情。”从而使他的威望在群众中大增。

傅柏翠“十分重视并鼓励农民大力发展农业生产，倡导古蛟地区每

年正月二十九日，举行农副产品展览交流大会"[①]。为了促进古蛟地区农业的发展，解决人民群众的生活，他还动员农民集资，组织了信贷合作社、供销合作社，发展集体商业。同时，以集股的形式创办了生产合作社、消费合作社等，这些措施无疑为古蛟地区农业带来了资金的扶持，解除了农业生产的产供销后顾之忧。

农业、农村和农民的"三农"问题是摆在我们面前的历史性难题，必须通过综合改革和建设的途径来解决。傅柏翠"新村建设"实践针对当时农村的具体实际，采用综合改革、综合建设、综合治理的方式对古蛟地区进行实验和实践，并取得了一定的成效，它给我们的启发是：综合建设对于中国农村而言是切实可行的。只有走综合改革、综合治理、综合建设之路，以物质文明和精神文明的共建思路，才能带动农村经济、政治、信息、交通、管理、治安、教育、文化、文艺各方面发展。当然，在解决"三农"问题中必须抓住重点，以点带面。当今的农村最重要的问题还是在于提高农民的整体素质，因而要在农村普及九年义务教育，消灭文盲，对农村富余劳动力进行职业技能的培训，提高受教育的程度和层次，从根本上解决农民的观念和思想问题，由此才能带动农村各项工作发展。这是我们当前小康社会综合发展、全面发展的主要目标。

第二，建设一个民主、高效、务实的乡村政权。1931 年，傅柏翠为改变"当时许多事情均凭自己主张，无从请示的状况"[②]，成立了"自治委员会"，委员会的代表实行民主选举，干部也由民众选举，并接受民众的监督。这是一个农民自己组织起来的自治机构，后改为"农村教育社""地方协会""乡村建设委员会"等，区自治局内设理事会、财务组（财管会）、总务组和丁役委员会，乡设办事处。它们的主要职责就是从事乡村建设事宜。如土地的分配、养老院的建设、学校的兴办、干部的培养、引进外资发展乡村产业、组织乡村警察所、兴办各类合作社、设立邮政代办所等。据蛟洋村的傅晋云老人回忆说："当时村有村财，财政分开，并且财政管理得很好，农民 12% 的谷子上交作为公用。"

---

① 陈赛文、黄宁、傅柒生：《傅柏翠》，中国人事出版社 1995 年版，第 127 页。

② 中国人民政治协商会议福建省文史资料委员会编：《福建文史资料》第 35 辑，1996 年，第 91 页。

傅柏翠严格要求乡政“领导干部要关心群众生活、注意工作方法，办事一心为群众，和群众打成一片，同群众同甘苦、共患难”[①]，还要求这些乡政负责人要能够做到意志集中、精诚团结、树立信用、惩治恶人，切实做到为民办实事。

民主是不可抗拒的历史潮流。没有民主，就没有社会主义，就没有现代化。毛泽东理想的民主制度是，“造成一个又有集中、又有民主、又有纪律、又有自由、又有统一意志、又有个人心情舒畅、生动活泼那样一种政治局面”[②]。这种民主制度的实现将优于西方民主制度，但关键是怎么民主，怎么集中？民主到哪一级，集中到哪一级？20世纪30年代，傅柏翠在古蛟地区所进行的乡政建设实验，对乡、村级政权的建设进行了有益探索，也许对我们今天建设社会主义民主政治有一些启发。

在今天的新农村建设过程中，完善村民自治制度，加强民主管理是我们要努力去实现的，要真正做到管理民主、公开、公正、公平。在充分尊重农民意愿的基础上制定一套符合群众利益、切实可行的方针政策，决不能走过场。同时，我们的党员干部也应该处处以身作则，深入调查研究，真正做到情为民所系、权为民所用、利为民所谋，切切实实为民办实事、办好事，把社会主义新农村建设真正落到实处。

当然，傅柏翠所进行的“新村建设”是当时特定环境下的产物。初期的“公田制”“共家社”也有其不合理的因素，因为这样无法满足农民对土地的渴求，充分调动农民的生产积极性，提高粮食产量，增加农民收入，切实改善农民生活。因此，这种理想的共产主义必须建立在生产力高度发达的基础上，而且是阶级消灭之后才有可能实现的。

[原载《龙岩学院学报》2008年第4期]

① 陈赛文、黄宁、傅柒生：《傅柏翠》，中国人事出版社1995年版，第125页。

② 《毛泽东年谱》，中央文献出版社2013年版，第192页。

弘扬苏区妇女精神，加快推进海西建设

苏区妇女精神，是中国共产党人把马列主义基本原理与中国革命的具体实践相结合而形成的一种伟大革命精神，是毛泽东、邓颖超、蔡畅等老一辈无产阶级革命家亲手在赣南、闽西苏区培育起来的，同时是在艰苦卓绝的赣南、闽西革命斗争中得到升华而形成的。这种精神闪烁着共产主义理想、信念。

20世纪20年代后期，在中国革命处于低潮时，以毛泽东、邓颖超、蔡畅等为代表的中国共产党人，在赣南、闽西革命根据地的创建过程中，实践了“农村包围城市，武装夺取政权”的正确道路。在土地革命斗争中，我们党培育和形成了具有共产主义思想的革命精神——苏区妇女精神，即吃苦耐劳、勇敢顽强、乐于奉献、不怕牺牲的精神。

苏区妇女精神集中反映了赣南、闽西苏区妇女在中国共产党的领导下所体现的无产阶级的思想、作风和道德风貌，体现了她们对共产主义远大理想的追求和不懈的奋斗精神。它是中国人民革命和建设的宝贵精神财富，这种精神不但在土地革命时期是赣南、闽西老区军民克敌制胜的强大精神支柱，而且激励着一代又一代革命者前仆后继为之奋斗。在今天，党中央出台了《关于加快海峡西岸经济区建设若干意见》，为了充分调动广大妇女在海西建设中发挥更大的作用，我们就必须加大对中央苏区妇女精神的学习、宣传和研究。这对更好地贯彻和落实党中央的精神，无疑具有十分重要的意义。

一、苏区妇女精神形成的历史条件

（一）老一辈无产阶级革命家的正确领导，是苏区妇女精神形成的决定条件

1929 年 1 月，中国工农红军第四军为了避敌主力，打其虚弱，扩展新的游击区，从井冈山转战赣南、闽西。在毛泽东创建新的大范围的革命根据地思想的指导下，赣南、闽西地方党组织从 1928 年开始创建赣南、闽西革命根据地，并使之连成一片，成为当时党领导的全国最大的也是主要的革命根据地。在创建中央革命根据地的斗争中，毛泽东等老一辈无产阶级革命家把马列主义理论同赣南、闽西革命实践相结合，从理论和实践上解决了如何从政治上、思想上和组织上把红军建设成为一支新型人民军队的问题。“星星之火，可以燎原”的光辉思想，为我们指明了前进的方向。“没有调查就没有发言权”的理论，为我们现在更好地开展海西建设工作树立了光辉的榜样。正是如此，赣南、闽西根据地获得了快速的发展，一种完全适应斗争形势需要的精神风貌才能孕育和产生。

（二）苏区广大妇女的优秀品质，是苏区妇女精神形成的内在因素

赣南、闽西人民有着光荣的革命传统。早在大革命时期，这里就开展了轰轰烈烈的反帝反封建革命运动。大革命失败后，赣南、闽西人民并没有被反动势力所吓倒，他们在南昌起义、秋收起义、广州起义的影响下，举行了赣西南农民武装暴动和闽西的四大农民暴动，积极开展武装斗争。

红四军进入赣南、闽西后，在毛泽东等的正确领导下，中央革命根据地的斗争更加蓬勃发展，从而更加坚定了苏区人民跟党走的决心。尽管当时的斗争相当残酷和激烈，条件相当恶劣，但是苏区人民特别是苏区的妇女在中国共产党的领导下，发扬了不怕牺牲、敢于斗争、乐于奉献的革命精神，坚持开展对敌斗争，使得中央革命根据地得到了巩固。广大苏区妇女的优秀品质，升华为一种新型的革命精神。

（三）严峻的战争环境，是苏区妇女精神形成的客观原因

赣南、闽西地处山区，交通不便，生产落后，人民生活困苦。经济的落后以及生活的艰苦，锻炼出了更加坚强的革命者。特别是在势力强大的赣南、闽西反动土著军阀和地方势力的统治下，赣南、闽西革命斗争的环境更加艰苦，更加严峻。但是，在这块土地上生活、战斗了多年的赣南、闽西妇女和红军指战员以更加昂扬的斗志和坚强的毅力战胜了各种困难，受到了人们的敬仰。这种适应环境，征服自然，自强不息，不怕牺牲，不畏强暴的精神正是时代的写照。

二、苏区妇女精神的主要内涵

苏区妇女精神源远流长，博大精深，是一个内涵丰富的巨大精神宝库。如何提炼和把握苏区妇女精神的精髓，体现时代的特征，从而推动海西建设的进程，有着现实的意义和深远的历史意义。

（一）吃苦耐劳，乐于奉献

赣南、闽西历史上居住的人口大部分是从中原迁居而来的客家人，千百年来，赣南、闽西妇女同繁衍生息在这块土地上的先民一起，共同为赣南、闽西的开发和发展作出了重大的贡献。特别是具有吃苦耐劳、温顺、俭朴传统美德的客家妇女，更是赢得了人们的交口称赞，被誉为“中国最优越的妇女典型”。

然而，革命前，赣南、闽西的广大劳动妇女同全国劳动妇女一样，深受“三座大山”的压迫。她们在政治上是被压迫者，在经济上是被剥削者，没有丝毫的权利，甚至连生存也常常受到威胁。男尊女卑的传统观念贯穿在政治、经济、文化、教育以及社会、家庭的各个方面。

自从红军进入赣南、闽西，苏区妇女的面貌发生了翻天覆地的变化。为了求得自身的解放，当时赣南、闽西大部分青壮年外出当红军，在家只留下妇女和老人、儿童，特别是先进的区乡，当红军的更多。如1933年，上杭才溪乡的青壮年都响应扩大红军号召，大批踊跃参战。“上杭才溪乡，暴动时共有2318人，男劳力554人，女劳力581人，男劳力中有419人参加红军去了，调外工作的有66人，共去了485人，留在乡村的

只有 69 人，仅占全乡劳力总数的 11%。女劳力 559 人，占全乡劳力总数的 89%。”[①]

据统计，当时中央根据地无劳力或劳力不足的占四分之三。男劳力少了，妇女们就把家乡的生产、支前等重担勇敢地挑起来。她们学习犁田、耘田、耕田。妇女们在学习过程中发扬不怕苦、不怕累、连续作战的精神。仅仅两年时间，才溪全区 3000 个妇女中，能犁田、耙田的共有 1600 多人，特别是红军家属，用冲锋比赛的精神来互相督促、互相帮助，以争取生产战线上的胜利。

为了提高工作效率，妇女们举行革命竞赛。并且在耕作、犁田、耙田、下肥料、换好种、开垦荒地、修池塘、筑河坝、添修农具，一直到割禾打稻，都互相帮助，耕具耕牛互相借用。妇女们发扬了团结友爱、互相帮助的精神，这种现象只有在苏区才能看到。耕作之中，妇女表现了极大的积极性，晚上开会讨论，白天到田里工作，永远是那样紧张，没有丝毫的疲倦。

苏维埃政府给苏区妇女带来了全新的生活，也把她们的命运与红军和根据地紧密联系在一起。面对国民党蒋介石对根据地发起的一次次反革命军事“围剿”，苏区妇女深知，没有革命根据地的巩固，也就没有她们个人和家庭的幸福，她们勇敢地投入到保卫苏区、保卫革命胜利果实的战斗之中，为革命作出了巨大的贡献。

为粉碎国民党反动派的军事“围剿”，巩固和扩大土地革命战争的胜利果实，苏维埃政府需要不断扩充兵源。苏区妇女热烈响应，到处出现母亲送子、妻子送郎当红军的动人场面。才溪妇女为了保卫和发展革命根据地，积极参与扩红支前运动，出现了“百名妇女送郎当红军”“千个母亲送子参军”“父子争当红军”的动人场面。[②]

中央苏区的妇女们欢送自己亲人上前方后，又承担了后方的各项任务，积极开展拥军优属工作，如担水、砍柴、种田、洗衣等。凡红军家属有特殊困难的，就立即帮助解决，使上前线的子弟兵无后顾之忧。

---

① 《上杭县苏区妇女参加政权建设、经济建设、文化建设、生产支前、武装斗争情况》，载龙岩地区妇联妇运史资料征集小组编：《闽西妇运史资料》第 1 期，1986 年 3 月，第 15 页。

② 参见张雪英：《中央苏区妇女运动史》，中国社会科学出版社 2009 年版，第 26 页。

为了粉碎敌人的“围剿”，苏区妇女以其独特的智慧、才干和力量，支持着这场战争。她们除了增产粮食和农副产品外，还努力做好各项支前工作。她们组织宣传队、运输队、救护队、慰劳队、洗衣队，担负着侦察、向导、宣传、运输、担架、救护、慰劳等各种工作。[①]

战争的消耗是巨大的，红军的供养主要靠苏区人民提供，仅军鞋一项，十几万红军穿的鞋就全靠苏区妇女一针一线来缝制。夏天她们打草鞋，冬天就用她们自己的衣服、嫁妆为红军做布鞋。根据地广大妇女为了帮助红军，许多人卖猪卖谷，买布做草鞋，送给红军。[②] 根据地的广大妇女，在拥军优属支前工作中，也作出了出色的成绩。《红色中华》第113期报道：“上杭党提出慰劳红军号召，半月内做草鞋5000双。”

（二）勇敢顽强，不怕牺牲

舞刀弄枪自古以来被认为是男人的事，但是，赣南、闽西的妇女们也不甘落后，她们认为男同志能做的事女同志照样能做。在反帝反封建的斗争中，她们积极投入，表现出前所未有的勇敢和坚强。

在闽西的后田暴动、上杭的蛟洋暴动中，闽西妇女在党的领导下，和男同志一道，投入到轰轰烈烈的土地革命斗争中。她们积极发动广大妇女加入农会，配合党支部参加各种对敌斗争，拿起刀枪，破仓分粮，加入暴动队伍，宣传、发动、联络群众，出色地完成了党交给的各项任务。在斗争中，她们的政治觉悟迅速得到提高，成为工人阶级的先进分子，她们中的许多人加入了中国共产党。她们对党对人民忠贞不渝，不少同志为革命献出了宝贵生命，成为人民英雄，受到人民的尊敬和怀念。毛泽东同志曾高度评价妇女在革命战斗中的作用，指出，她们是革命战争中决定革命胜败的一个力量。赣南、闽西妇女正是这样一支伟大的力量。她们不仅在武装暴动中，而且在以后的反“围剿”斗争和三年的游击战争中，都作出了巨大的贡献，她们的革命精神永远激励后来者前进。

在举世闻名的万里长征中，红军各部队共有几千名女战士，行进在战斗行列里。她们中有的原在中央和机关工作，有的是中央苏区妇女运

---

① 参见张雪英：《中央苏区妇女运动史》，中国社会科学出版社2009年版，第131页。

② 参见张雪英：《中央苏区妇女运动史》，中国社会科学出版社2009年版，第134页。

动的领导骨干，有的是为向新区转移而储备的妇女干部。在中央红军中，她们大多数被编在干部休养连；此外，还有少数女战士。长征中，红军在几十万敌军围追堵截下，边走边打，无日不战。女红军们积极参加战斗，浴血奋战，英勇杀敌，表现出了大无畏气概和一往无前的精神。中央红军干部休养连是一支特殊队伍，300 多人中，有伤病员，有怀孕的女同志，有革命前辈[①]，也有十四五岁的红小鬼。休养连的女红军们身负重任，她们最缺少的是休息，最突出的是操劳和战斗。[②]她们在党的领导下，以坚韧不拔和一往无前的精神，一步步走完了万里长征，在长征中发挥了重大的作用，在人民军队和中国妇女运动史上建造了一座不朽的丰碑。

主力红军长征后，国民党向中央苏区发动了疯狂的“清剿”，但是，敌人的血腥政策并没有把苏区军民吓倒。在艰苦卓绝的三年游击战争中，中央苏区妇女紧密地团结在党的周围，千方百计地采取各种办法进行抗捐、抗税、抗租、抗粮斗争，击败了地主豪绅妄图反攻倒算的阴谋，取得了保田斗争的胜利。闽西许多地方，如龙岩、永定、上杭等地，农民经过土地革命后分到土地，直至全国解放，仍有 20 多万亩土地保存在劳动人民手中。这不仅是闽西革命史，也是中国革命史上的奇迹。而创造这一奇迹的就包括了在三年游击战争中为保田而英勇斗争的中央苏区妇女。[③]

三、弘扬苏区妇女精神的理论意义和深远的历史意义

（一）有助于自觉践行“三个代表”重要思想和落实科学发展观

苏区妇女精神从本质来看，是中国共产党人和无数革命苏区妇女在革命战争血与火的洗礼中，用生命和鲜血凝聚而成的一种彻底的无产阶级革命精神，同时也是中华民族优秀道德和精神血脉在革命战争年代的深沉积淀，成为具有丰富内涵的传家之宝。在 21 世纪，弘扬苏区妇女精

① 参见顾秀莲：《20 世纪中国妇女运动史》上册，中国妇女出版社 2008 年版，第 360—361 页。

② 参见张雪英：《中央苏区妇女运动史》，中国社会科学出版社 2009 年版，第 149 页。

③ 参见张雪英：《中央苏区妇女运动史》，中国社会科学出版社 2009 年版，第 154 页。

神，对于我们正在进行的海西建设具有十分重要的理论意义。而“三个代表”要求中国共产党始终代表先进生产力的发展方向、先进文化的前进方向、中国最广大人民的根本利益。这充分体现了党的宗旨，也反映了我国最广大人民的共同意愿，体现了当今世界和中国发展的时代精神，显示了马克思主义科学理论的强大力量，是全党全国人民在21世纪新阶段继续团结奋斗的共同思想基础。在新的伟大实践中，必须充分发挥苏区妇女精神的圆润而饱满的合理内核，使之转化为全体人民全新的精神品格，在生产、生活中自觉践行“三个代表”重要思想和落实科学发展观，坚持用反映时代特征和实践要求的科学理论指导实践。在践行“三个代表”重要思想和落实科学发展观的过程中，要紧密联系思想实际，坚定共产党人的理想信念，提高思想政治水平，加强道德素质修养，牢记“两个务必”，真正做到在改造客观世界的同时改造主观世界，并根据实践的新鲜经验不断推进理论创新、制度创新，与时俱进，不断把海西建设事业推向前进。

（二）有助于树立“情为民所系，权为民所用，立党为公，执政为民”意识

在中央苏区时期，毛泽东等深入上杭才溪、江西长冈乡等基层，了解情况，向当地群众调查，听取当地妇女们的意见，形成了著名的《才溪乡调查》《长冈乡调查》。中国共产党人始终把人民的解放、幸福作为自己的奋斗目标，真心实意地为群众谋利益，而且落实在各项工作中。深入开展土地革命，制定了反映农民心声的土地法，打土豪，分田地，使广大农民分到了土地，得到了最大的实惠。特别是苏区妇女摆脱了政权、族权、神权、夫权“四大绳索”的压迫，使她们在政治地位、经济生活和婚姻生活等方面都得到了翻身，从而促使先进女性的觉醒，她们高举“男女平等”的大旗，踏上反帝反封建和争取自由的征途。苏区妇女在生产生活中遇到困难，党和苏维埃政府就积极帮助她们组织起耕田队、犁牛站、耕牛合作社、消费合作社、粮食合作社等，从而真正体现为人民服务的人民公仆心。

在全面贯彻落实科学发展观的过程中，要抓住各级领导班子建设、领导干部的思想作风建设和廉政建设，始终保持同人民群众的密切联系，

坚持权为民所用，利为民所谋。激励基层组织带领群众坚持贯彻落实可持续发展，努力把党建设成为名副其实的战斗堡垒，促进经济和社会事业全面繁荣。

坚持立党为公，执政为民，坚持党的基本路线，制定和实施深化改革、促进发展、保持稳定的各项方针政策。坚持从群众中来到群众中去的工作路线，倾听群众呼声，反映群众意愿，集中群众智慧，推进决策科学化、民主化，努力使我们的方针政策更好地体现人民群众的利益，不断让人民群众得到实实在在的利益。在我们的各项工作中具体地、深入地落实立党为公、执政为民。

我们必须坚持尊重社会发展规律和尊重人民主体地位的一致性，坚持为崇高理想奋斗和为最广大人民利益的一致性，坚持完成党的各项工作和实现人民利益的一致性，切实把立党为公、执政为民具体地、深入地落实到各项工作中去。

（三）有助于立足市情，推进海西建设进程

赣南、闽西苏区妇女在长期革命斗争中铸就了丰富的革命精神和光荣革命传统，这是革命老区的优势和特色，也是我们取之不尽、用之不竭的精神财富。在推进海西建设进程中，要大力宣传中央苏区对中国革命的巨大贡献，激发老区人民树立起坚强的精神支柱，牢牢抓住经济建设这一中心不放，从实际出发，制定一系列扬长避短、发展经济的战略规划，加快海西建设的步伐。

要加快海西建设进程，就必须紧贴闽西实际，制定发展方略。首先必须准确定位。闽西发展的总体目标是：地区生产总值年均增幅比全省高 1—2 个百分点，经济发展持续走在全国著名革命老区前列，经过 10 年左右的努力，把龙岩建设成为海峡西岸先进制造业集聚区、两岸交流合作特色区、拓展腹地先行区、生态文明示范区、城乡统筹试验区、活力彰显开放区。当前主要任务是加快工业化和城镇化，以工业化带动城镇化，以城镇化促进工业化。加快“两化”的目的是要全面提升闽西区域综合竞争力，加快完善市场体制，完善制高点。加快结构调整，实施项目带动战略。整合资源，加快资本运作。围绕生态型经济枢纽和海西重要增长极建设，结合“保增长、保民生、保稳定”目标任务，注重运

作，研究运作，在运作中求突破、促发展。紧紧抓住中央支持海西、支持原中央苏区的重大历史机遇，争取国家在规划布局和重大项目布局上支持和促进闽西发展。

（四）坚持物质文明和精神文明建设齐头并进

在当前加快海西建设的新的时期里，苏区妇女精神仍然是我们建设中国特色社会主义的精神动力。人们将会越来越清晰地取得这样的共识：社会主义市场经济的发展，需要开拓创新的气魄，需要艰苦创业的精神；社会主义精神文明建设，需要坚定的理想信念，需要优良的思想道德素质。

今天的社会环境与物质条件同苏区时期大不一样，人们的生活方式和思想观念也发生了深刻的变化。但不管怎样，实事求是仍然是我们的思想路线，廉洁奉公仍然是我们的道德规范，理想信念仍然是我们的精神支柱。我们的国家是中国共产党领导下的社会主义国家，鉴于国情和使命，继承和弘扬苏区妇女精神，既是历史的必然，也是时代的要求。

大力弘扬苏区妇女的光荣传统，团结奋斗，开拓创新，党就能深深扎根于群众的沃土之中而立于不败之地，社会主义现代化建设事业就能不断地从胜利走向胜利。

［原载《龙岩学院学报》2010 年第 1 期，收入本书时有修改］

中央对口支持闽西原中央苏区路径探索

党中央、国务院高度重视新时代老区苏区振兴发展。2021 年 4 月 21 日，《新时代中央国家机关及有关单位对口支持赣南等原中央苏区工作方案》（国办发〔2021〕15 号）出台，将龙岩市七县（区）纳入中央对口支持范围，确定了对口支持单位，提出了工作要求。为更好地厘清龙岩市做好中央对口支持闽西苏区振兴发展的工作思路和具体任务，本文梳理了中央对口支持赣南原中央苏区振兴发展的主要做法与经验，分析了中央对口支持闽西原中央苏区振兴发展的政策差异及主要着力点，并就如何做好中央对口支持闽西原中央苏区振兴发展工作提出对策建议。

一、中央对口支持赣州的主要做法与经验

2013 年 8 月，国办印发《中央国家机关及有关单位对口支持赣南等原中央苏区实施方案》，明确由国家发展改革委、中组部牵头，39 个中央国家机关及有关单位（2018 年增加中国科学院、中国工程院、中国农业大学）对口支援赣南苏区 18 个县（市、区），原则上每县（市、区）安排 2 个支持单位。中央国家机关及有关单位先后下派 3 批共 121 名挂职干部对口支持赣南苏区，充分发挥职能优势，帮助老区解决发展中的突出困难和问题，努力构建人才、技术、产业、项目相结合的对口支持工作格局，为加快推进赣南苏区脱贫攻坚和振兴发展发挥了不可替代的重要作用。

（一）中央对口支持赣州的主要任务

1. 组织开展双向挂职、两地培训

各支援单位选派优秀干部到受援地挂职；实施专业人才培养计划，加快培养受援地经济社会发展急需的技能型人才。鼓励高层次人才投资创业，支持引进领军型人才，帮助建设高素质企业家队伍。加强技术指导，推动科研机构、高等院校开展多种形式的交流和科研合作，引导鼓励科技型企业到受援地发展。

2. 充分发挥支持单位的职责作用

各支援单位要结合自身职能，紧紧围绕受援地经济社会发展需求，加强业务指导，在政策实施、项目安排、资金投入、体制创新等方面给予积极支持，帮助受援地加快振兴发展。

3. 帮助协调资源，解决突出问题

各支持单位加强与受援地的沟通，全面了解受援地经济社会发展特别是民生方面面临的突出困难和问题，充分发挥部门优势，积极协调和有效调动社会各方力量，整合各种资源，加大对受援地支持力度，合力破解制约受援地经济社会发展的重大难题。

4. 支持中央企业在赣州发展，开展帮扶活动

鼓励中央企业自主与赣州市有关县（市、区）形成帮扶关系，通过参与地方资源开发、产业发展和重大项目建设，实现互利双赢、共同发展。

（二）中央对口支持赣州的主要做法

1. 重大政策方面

教育部将“进一步支持赣南等原中央苏区教育发展”写入《国家教育事业发展“十三五”规划》；工信部、科技部将“中国稀金谷”列入《国家科技创新规划》《全国稀土行业发展“十三五”规划》；民政部支持赣县撤县设区，顺利通过国家民政部评审；司法部将赣州 11 个县（市、区）纳入国家司法考试放宽学历地区范围；财政部从 2016 年起，将每年安排的赣南等原中央苏区补助由 6 亿元调整为 8 亿元，将南康区、赣县区等 9 个县（市、区）新增纳入国家重点生态功能区转移支付范围，将章贡区、大余县等 7 个县（区）新增纳入革命老区转移支付范围，实现

县域全覆盖；农业部每年对赣南柑橘黄龙病防控经费重点支持，从2018年起将经费列入了中央预算资金安排；海关总署、财政部、国家税务总局、国家外汇管理局联合发文准予设立龙南保税物流中心（B型）；在工信部支持下，章贡区被评为第二批全国智慧健康养老示范基地，虔东稀土、崇义章源钨业入围全国第二批绿色工厂名单；在证监会支持下，南康区首只战略性新兴产业发展基金——南康区兴康新兴产业发展基金（有限合伙）正式落地运作；在商务部推动下，赣州郁孤台街区被中国商旅文产业联盟分类命名为中国商旅文产业发展示范街区。

2. 重大平台方面

在国家发改委、财政部、海关总署、国家质检总局等部委推动下，赣州综合保税区正式通关运行，赣州进境木材国检监管区实现国内进境木材首次内陆直通，赣州铁路国际集装箱场站成为第八个获批的国家临时对外开放口岸，全国内陆口岸首个国检监管试验区在赣州挂牌成立；在科技部的推动下，赣州高新区挂牌设立了中国稀金（赣州）新材料研究院、中国科学院海西研究院赣州稀金产业技术研发中心和质谱科学与仪器国际联合研究中心赣州分中心三个科研平台；在国家发展改革委、海关总署推动下，赣州国际陆港获批为进口肉类指定口岸、汽车整车进口口岸；在中宣部支持下，“学习强国”学习平台客服中心落户寻乌并投入使用；在生态环境部支持下，崇义县荣获“国家生态文明建设示范县”称号；在民航局支持下，江西丰羽顺途科技有限公司获民航华东局颁发国内首张无人机航空运营（试点）许可证。

3. 试点示范方面

国家发改委、人社部等10个部委将宁都县、南康区等8个县（市、区）确定为结合新型城镇化开展支持农民工等人员返乡创业工作试点县；国家发改委将赣州列为国家级现代物流创新发展试点城市；中宣部协调支持寻乌县创建国家欠发达地区基本公共文化服务标准化均等化示范县，先后下拨1730万元支持寻乌县村级综合文化服务中心建设，安排资金1500万元帮助寻乌县“二馆一中心”建设和寻乌调查纪念馆改陈提升；教育部支持信丰县、赣县区、兴国县分别纳入特殊教育、学前教育和中小学研学旅行国家改革试验区；在科技部的支持下，赣州获批国家知识产权试点城市，赣县区、信丰县获批国家知识产权强县工程试点县；在工信部的支持下，赣州获批“中国制造 2025”试点示范城市；在工信部、财政部、人民银行、银监会的支持下，赣州获批全国首批国家产融合作试点城市；公安部支持赣州市申报 2017 年公共安全视频监控建设联网应用重点支持城市，同意江西省公安厅在赣州建立“身份证制作所”；在民政部的支持下，赣州成功获批全国第二批居家和社区养老服务改革试点、国家康复辅助器具产业综合创新试点、全国殡葬综合改革试点；司法部将石城县列为全国法律援助工作联系点和“七五”普法依法治理工作联系点；财政部、环保部、国土资源部批复赣州市纳入国家山水林田湖生态保护修复试点，下达了基础奖补资金 20 亿元；在财政部、环保部的推动下，江西、广东正式签署《东江流域上下游横向生态补偿协议》，并预拨中央奖励资金 6 亿元；国土资源部指导全市开展城乡建设用地增减挂钩、工矿废弃地复垦利用和低丘缓坡荒滩等未利用地开发利用三项试点；环保部支持崇义县创建国家有机食品生产基地建设示范县（试点）；水利部批准宁都县水土保持科技示范园区为国家水土保持科技示范园区；在国家质检总局支持下，赣州市获批创建“全国质量强市示范城市”，赣州经开区“全国稀土永磁及钨粉加工产品知名品牌创建示范区”获得命名；国家标准委把会昌县列为全国党建标准化试点单位；国家体育总局支持赣州创建全国运动休闲城市；国家安监总局将赣州市列为全国遏制重特大安全事故试点城市；国务院法制办争取国务院办公厅将赣州市整体纳入“行政执法公示制度、执法全过程记录制度、重大执法决定法制审核制度”三项制度试点区域；中国保监会支持定南县开展水稻和仔猪保险试点；国家粮食局支持于都县获评首批“中国好粮油”行动计划示范县；国家能源局将信丰县确定为国家小康用电示范县、增量配售电业务改革和综合能源管理改革试点县；国家民航局批复南康区为全国首个无人机物流配送应用试点；国务院扶贫办将赣州市列为全国“中国社会扶贫网”试点地区；在体育总局协调推动下，争取建设资金支持崇义县运动休闲小镇、全民健身综合馆、重走长征路登山健身步道等项目建设；在国家烟草专卖局帮扶下，兴国县洋池口水库被列为烟草行业援建水源工程项目；在应急管理部指导下，5 座无主尾矿库隐患综合治理已通过专家评审，西华山钨矿五里山尾矿库综合利用项目完成移交，核定移交面积 1400 多亩等。

4. 产业发展方面

国家发改委、证监会支持南康区发行 10 亿元小微企业增信集合债和 7.7 亿元双创孵化专项债券；国家发改委批准赣州发行企业债券 39.7 亿元，批准瑞金市发行企业债券 12 亿元，同意设立总规模 300 亿元的赣南苏区振兴发展产业投资基金；科技部支持赣州高新区注册设立规模 20 亿元的全市首只高新技术产业发展基金；银监会支持农发行江西省分行与瑞金市签订 116 亿元的农业政策性金融支持脱贫攻坚与经济社会发展战略合作协议，支持江西银行、九江银行、农业银行的赣州分行等 5 家金融机构与瑞金市合作设立规模 130 亿元江西产业发展基金；证监会支持南康区设立正悦家具产业创新发展基金等 4 只产业基金，总规模超 200 亿元；在国务院国资委、工信部的支持下，赣州经开区引进投资 80 亿元的国机智骏和投资 15 亿元的凯马汽车 2 个央企整车项目，央企中国国新公司旗下中国国有资本风险投资基金领投孚能科技 50 亿元；在国家食品药品监管总局的支持下，赣州市食品药品检验检测中心建成投入使用，龙南县、瑞金市和安远县区域性食品安全检验检测中心建成并投入使用；财政部为瑞金市下拨 2.3 亿元油茶产业发展专项资金；工信部下拨章贡区稀土开发综合利用试点专项补助资金 1630 万元，经开区睿宁有限公司获工信部技术改造专项投资补助 9000 万元，是赣州乃至全省历年来直补金额最高的工业项目；信丰县被农业部、财政部列为第一批国家现代农业产业园创建县并获得中央奖补资金 1 亿元；国土资源部支持赣州在《全国矿产资源规划（2016—2020）》中被列入“绿色矿业发展示范区”建设试点；商务部拨付 3300 万元支持赣州电子商务进农村工作；在国家质检总局的支持下，国家家具产品质量监督检验中心（江西）正式获批成立，油茶产品国检中心正式获批筹建，南康区创建国家级家具产品质量提升示范区获批，会昌橘柚获国家地理标志产品保护；在国家发展改革委、财政部支持下，章贡区建设公司公开发行 14 亿元公司债券；在中宣部推动下，央视 2 套到寻乌拍摄《秋收特产——走进江西寻乌：电商助推生意忙》专题，宣传推介寻乌农特产品；在国台办支持下，定南县引进了全球最大的半导体防静电铝合金地板生产供应商——台湾惠亚科技公司投资办厂；在国务院国资委支持推动下，中国国新等战略合作方为赣州孚能科技投资基金50亿元，北汽集团有限公司为孚能科技投资基金14亿元；在银保监会推动下，中国光大银行发起设立的江西瑞金光大村镇银行已正式开业；在市场监管总局支持下，龙南区域性食品药品检验检测中心顺利试运行，江西九二氯碱项目和石磊公司氟化氢、氢氟酸、氟硅酸项目成功办理工业产品生产许可证。

5. 基础设施建设方面

在国家发改委、交通运输部、水利部、国家能源局、国家民航局、中国铁路总公司等部委支持下，一批重大基础设施项目相继获得批复、开工和建设。例如，昌赣客专加快建设，赣深客专、兴泉铁路开工建设；兴赣、宁定高速建成通车，广吉高速开工建设；赣韶铁路扩能等7条铁路列入国家《中长期铁路网规划》，赣州在《"十三五"现代综合交通运输体系发展规划》中被定位为全国性综合交通枢纽，赣州港"一带一路"多式联运示范工程成功获批成为全国第二批多式联运示范工程项目；交通运输部切块资金6000万元支持安远县交通建设，将安远县列为全国首批"四好农村路"示范县，并新增安排2.07亿元专项支持广吉高速宁都段高速公路建设；水利部支持由省财政负担赣州等原苏区县公益性水利项目县级配套资金政策，章江水闸除险加固工程建设总投资6545万元，中央补助5236万元，剩余1309万元由省级财政足额配套；审计署协调将会昌县庄庄线等7个重大基础设施项目成功纳入中央投资计划，共获得补助资金3.48亿元；在国家能源局的支持下，华能瑞金电厂二期工程加快建设，总投资120亿元的神华国华2×660兆瓦+2×1000兆瓦超临界燃煤发电机组信丰电厂项目纳入《国家电力发展"十三五"规划》，已具备核准和开工条件；国家烟草专卖局援助资金6251万元用于长龙灌区改造项目，投资1.48亿元的洋池口水库项目进入评审阶段；国家民航局累计安排赣州机场建设资金2.26亿元，承诺安排瑞金机场建设民航发展基金5.92亿元；在国家发改委、国家能源局支持推动下，顺利下达信丰大塘220千伏输变电工程2018年投资计划，赣浙能源与北京国华电力合资建设信丰电厂项目顺利签约；在审计署协调推动下，中国农业银行在资金贷款方面积极支持会昌县棚改工作；国开行在融资授信方面予以全南县第二批农村基础设施和水利提升项目有力支持。

6. 民生事业方面

财政部向瑞金倾斜 1.35 亿元用于支持棚户区改造、城市防洪工程等项目建设；在人社部的支持下，获中央、省转移支付社保和就业专项资金 150 亿元；民政部、国家烟草专卖局分别落实各类项目资金 1.5 亿元、3.07 亿元，支持兴国县改善民生和完善基础设施；民政部协调民管局、中国福利基金会牵头组织 16 个基金会支持资金 1000 多万元用于兴国县精准扶贫工作；国土资源部向赣州倾斜 6000 余万元用于支持农业地质调查；教育部协调国家开放大学将上犹县、瑞金市、南康区列入长征带教育精准扶贫工程，为三县（市、区）建档立卡贫困户提供免费学历教育及培训累计资金 1000 万元；环保部支持崇义县陡水湖生态环境保护、农村环境连片整治、重金属污染治理等专项资金 2.29 亿元；农业部安排赣州农业特色产业发展和产业扶贫资金 2.24 亿元；在国家卫计委的支持下，于都县人民医院获得中央投资 5000 万元，12 所乡镇卫生院改扩建及职工周转房建设完成投资 4080 万元；审计署在会昌县成立规模达 3100 万元的“审爱助学金”，累计资助贫困学子 1100 余名；国家新闻出版广电总局支持大余县安装直播卫星“户户通”工程 12410 套；国家体育总局支持赣州市争取上级体育项目补助资金 1.22 亿元，崇义县新增体育场地面积 10 万平方米，村级全民健身工程实现全覆盖；国家安监总局落实关闭小企业小矿山遗留问题专项补助资金 3438 万元，协调中国福利基金会、中国尘肺病基金会等向大余捐赠 8850 万元的医疗设备和救护车；中国证监会推动 11 家证券公司在赣州 11 个贫困县结对帮扶，指导贫困县企业实现各项融资近 18 亿元；国家能源局支持赣州农村电网改造升级工程资金约 16.53 亿元；在国务院扶贫办的支持下，中国扶贫开发协会捐赠石城县医疗器械 200 万元；国开行给予全南县棚户区改造、易地扶贫搬迁等项目中长期优惠贷款授信 15.5 亿元，并将全南县纳入了脱贫攻坚重点县支持范围等；广电总局下拨大余县 1.1 万多套“双模直播卫星接收设备”，全县数字广播电视覆盖率提高到 85% 以上；在民政部支持下，下拨中央专项彩票公益金补助兴国县方太乡、杰村乡、永丰乡光荣敬老院建设；教育部支持上犹县夯实教育事业发展基础；在银保监会推动下，定南县与中国太平洋财产保险股份有限公司江西分公司签订《防贫保项目协议》，为每名防贫人员提供最高9万元的防贫保障金额；在人社部协调推动下，宁都县民生保障水平得到进一步提升；全国供销总社积极支持安远县土地托管、定点扶贫、标准化示范等项目建设；生态环境部在环保专项资金方面给予崇义县有力支持等。

（三）中央对口支持赣州的基本经验

发挥中央对口支持单位的职能、协调、搭台“三大作用”，着力从“八个方面”帮助受援地解决发展与民生性问题：一是发挥支持单位的职能作用，争取将受援地一些战略性、合理性发展诉求写入发展规划、政策实施等范畴，以获取更多的战略性发展资源和政策性资源；二是发挥支持单位的职责作用，帮助受援地争取更多的试点性、实验性、示范性的城市、区域或项目等，以获取更多的改革红利；三是发挥支持单位的协调作用，帮助跨部门协调解决受援地发展性问题，支持立项实施一批机场、铁路、公路、水利、电力等基础设施建设，争取安排一批棚户区改造、防洪工程、教育、医疗、环保、养老等民生项目；四是支持受援地建设科技工程研发平台等，提升其创新发展能力；五是发挥支持单位的搭台作用，组织企业、其他地区与受援地进行项目对接，帮助受援地招商引资或获得捐赠；六是发挥支持单位的搭台作用，组织设立投资基金、产业基金、金融授信、发行专项债券等，帮助受援地扩大市场性资金规模；七是在支持单位职责范围内，向受援地直接安排一些发展性、引导性、民生性项目或资金；八是通过帮助受援地申报奖项、塑造区域文化与城市品牌等，扩大受援地知名度，以汇聚更多的市场性要素。

二、中央对口支持闽西原中央苏区的差异性与着力点

（一）充分认识中央对口支持的差异性

1. 充分认识对口支持的区域性差异

受地缘因素影响，中央更多地把侧重点放在支持西部和中部革命老区发展上，对闽西原中央苏区发展主要以本省自行承担为主，中央仅作

一般性支持。例如，左右江老区、川陕老区、陕甘宁等西部老区以及赣南原中央苏区核心区等均已明确执行西部大开发政策，而闽西仅在安排中央预算内投资和国外优惠贷款等方面参照执行西部地区政策。其中以赣州为例，在财税政策方面，赣州鼓励类产业企业减按 15% 的税率征收企业所得税，龙岩市则按 25% 的税率征收；对口支持方面，国家 39 个部委（单位）对口支援赣州市，对赣州市每个县（市、区）安排 2 个对口支持单位，并支持央企在赣州市开展帮扶活动，而中央对闽西对口支持工作起步较晚且力度明显不及赣南。中央之所以这样安排，主要是基于省情差异。福建省经济社会发展整体处于全国上游位置，其主要矛盾特征是省内市地之间发展不平衡，在一定程度上可以通过省内帮扶和联动发展加以解决；而江西、四川、陕西、甘肃、宁夏等省（区）整体欠发达，其主要矛盾特征是各地发展总体落后，更多需要外援加以解决。因此，我们必须从全国区域发展的大局来认识这个问题，在争取对口支持政策上，既要积极又要适度。否则，一味向赣南等欠发达老区苏区“看齐”，既不理智，也不现实。

2. 充分认识对口支持的时代性差异

2013—2020 年，中央对口支持赣南，实施背景是在全面打赢脱贫攻坚战背景之下进行的。基于本阶段的特定历史任务，这一时期中央机关“输血”式支持成分会大一些。随着脱贫攻坚战与全面建成小康社会的完成，无论是再次列入中央对口支持的赣南，还是第一次列入中央对口支持的闽西，面对全面开启社会主义现代化建设新征程的时代背景和发展任务，“输血”式支援会相对减弱，而“造血性”支持的成分会逐步提升。《新时代中央国家机关及有关单位对口支持赣南等原中央苏区工作方案》（国办发〔2021〕15 号）提出，充分发挥中央国家机关及有关单位职能作用，激发赣南等原中央苏区内生发展动力，努力构建人才、产业、项目、创新等相结合的对口支持工作格局。我们要充分理解中央对口支持的政策要求，在争取中央对口支持的方式上，需注意把握这一政策内涵的时代性变化，把争取中央支持政策的着力点放在自身发展项目谋划的质量上，以合理、可行、必需为标准，用好项目、好方案、好建议赢得中央对口支持部门的支持。

（二）精准把握中央对口支持闽西的着力点

1. 发挥好中央与省内“双支持”模式的作用

鉴于闽西与赣南原中央苏区经济社会欠发达程度基本相当的实际，尽量争取中央对口支持单位发挥其职能、协调与搭台作用，帮助龙岩多安排一些有利于改变落后、加快发展的政策、资金、项目等。同时，鉴于中央对老区苏区所在省份的省情的总体考虑，省委、省政府已安排部分省直有关部门和发达地区对原中央苏区实施对口支持。在中央和省内“双支持”下，龙岩应始终坚持“自力更生、合理借力”的原则，立足实际谋发展，用好“古田会议”“长汀经验”“武平林改”等宝贵资源，把争取政策重心放在“借力发展”上，谋划一批在福建版图中有重要战略意义的工业园区、产业集群、优势产业和重大项目，通过市场化、发展性的载体汇聚更多的外界资源，助力龙岩更好地融入闽西南协同发展区，缩小与省内发达地区的差距。

2. 多用“造血为主、输血为辅”支持方式

中央对口支持单位职责性财政预算是有限的，同时中央对口支持单位对某一地区给予倾斜须以不破坏全国总体福利和秩序为前提。因此，争取中央对口支持，应主要立足于造血式支持，而非输血式支持，聚焦提升内生发展动力，以干部挂职、人才培训、营商环境营造、产业和创新平台建设等为重点，争取一批改革创新举措，实施一批有利于推动高质量发展的政策与项目。在争取政策支持方面，应以争取试点性、试验性政策为主，突出闽西红色资源、绿色生态保护与开发、军民融合等鲜明特色，通过先行先试获得改革红利；在争取资金支持方面，应以项目为载体，以创新驱动等配套为主体，通过必要的财政转移支付、设立产业基金、发行专项债券等方式予以解决；在争取基础设施建设支持方面，必须突出其区域经济社会发展的重要性、必要性、迫切性和合理性；在争取产业项目支持方面，必须站位高远，着眼大格局、大手笔，突出产业布局的合理性和项目运作的市场性，通过招商引资、项目对接等方式落地。总之，只有受援地诉求具体、合理、可行，才能更好地与支持单位对接并获取更多支持。

3. 全局化利用中央对口支持关系

为扩大中央对口支持效应，可将对口支持关系“全局化利用”，在

做好受援单位与对口支持单位充分对接的基础上，将龙岩作为一个整体来对接中央对口支持工作，龙岩全局项目均可对接对口支援单位，在支持单位争取到的政策尽量在龙岩全局使用，相当于“7个中央单位对口支持龙岩”，形成对口支持单位既直接支持受援单位，也覆盖龙岩全局的对口支持工作局面。一是住建部：加大住房保障力度，开工建设一批保障性住房，推进华龙社区、曹溪浮蔡片区等一批老旧小区、棚户区改造工程，推动武平、长汀等县（市、区）垃圾资源化利用项目建设；支持连城县、长汀县、漳平市创建国家园林城市，上杭县申报全国人居环境奖等；支持绿色建筑、智能建筑等相关服务领域项目落地龙岩。二是文旅部：推动连城冠豸山、武平梁野山、长汀红色旧址群创建国家5A级景区，永定区、上杭县、连城县创建国家全局旅游示范区；规划建设长征文化公园、中央红色交通线等项目；支持永定打造龙湖国家生态文明试验区，新罗创建红色财政、红色金融、红色“三农”、红色兵装教育基地，推进古田梅花山文旅康养试验区建设。三是退役军人事务部：加快推进国家高技术转化应用产业示范基地、古田国防教育主题园、时代思康含氟新能源材料生产等重点项目建设；加快上杭新材料科创谷（退役军人创新创业基地）建设，探索建立退役军人创业就业等新模式，打造全国退役军人职业培训高地。四是国台办：推动长汀申报国家级海峡两岸交流基地、连城创建国家级台商投资创业园，加快实施漳平台湾小镇、上杭县省级闽台农业融合发展（农产品加工）产业园建设，推进海峡两岸（南岛语族国家）“奇和洞文化”交流基地建设。五是国家电网：推动福建汀州（龙岩西）500千伏输变电工程项目尽快开工建设，优化220千伏及以下电力网络结构；规划建设新罗区能源互联网产业园，设立智能电网研究院，探索能源与5G、大数据、人工智能等新技术的融合与协同发展。六是国投集团：运用股权基金支持主导产业发展及基础设施建设，做大产业基金规模；加大对基础设施、装备制造、有色金属、文旅康养等领域投资力度。七是中建集团：推动我市优质建筑材料企业列入集团采购目录，提升龙岩建筑业的市场竞争力。加大对低碳建筑、海绵城市系统化建设等领域的技术研发和实践运用。

4. 善借对口支援单位“吹风”与协调之力

《国务院关于新时代支持革命老区振兴发展的意见》（国发〔2021〕3

号）提出：完善支持赣南等原中央苏区振兴发展部际联席会议制度，研究建立省部会商和省际协商机制。这为我们更好借助对口支援单位在部际、部省联席会议等载体中协调推动作用提供了机遇和支撑。“国发〔2021〕3号”提出了许多有关龙岩但又不完全属于对口支持单位职责或其他中央部委职责范围的政策或项目。例如，“优先支持将革命老区县列为国家乡村振兴重点帮扶县”“革命老区美丽生态宜居乡村建设，提高农房设计和建造水平，改善群众住房条件和居住环境”“开展数字乡村试点”“鼓励电商企业与革命老区共建农林全产业链加工、物流和交易平台”“支持有条件的地区建设新材料、能源化工、生物医药、电子信息、新能源汽车等特色优势产业集群”“推进‘中国稀金谷’建设，研究中重稀土和钨资源收储政策”“支持革命老区重点高校、重点学科和重点实验室建设，加大对口支持革命老区重点高校工作力度，鼓励‘双一流’建设高校、中国特色高水平高职学校与革命老区开展合作共建”“建立健全流域上下游横向生态保护补偿机制”“推动绿色矿山建设，开展尾矿库综合治理”“中央财政在安排革命老区转移支付、地方政府专项债券时，对革命老区所在省份予以倾斜支持”“研究安排专项资金支持革命老区产业转型升级平台建设”“支持符合条件的革命老区重点企业上市融资”“在开展试点示范和安排中央补助时对革命老区给予倾斜支持”等。这些政策或事项，需要我们认真研究、积极争取和推动。可借助对口支持单位的职责地位，积极争取中央和省对口支持单位帮忙我们“吹风”，甚至协调有关方面，努力促成有关事宜达成落地，帮助我们争取和利用到更多有利政策。

三、高质量承接中央对口支持闽西振兴发展的对策建议

（一）吃透中央政策，精准对接，争取支持

强化政策研究，全力对接争取中央支持革命老区振兴发展的“1+N+X”政策体系和省革命老区振兴发展贯彻意见，促进各项政策落地生根。一是学深吃透《关于新时代支持革命老区振兴发展的意见》，精准谋划支持政策、项目与资金。《意见》涉及龙岩可对接的政策有66条，

均可作为谋划对口支持项目的重要依托，充分挖掘资源禀赋，争取改革试点及各类政策支持。二是学深吃透《新时代中央国家机关及有关单位对口支持赣南等原中央苏区工作方案》（国办发〔2021〕15号），从政策争取入手，统筹人才、产业、项目、创新等多个维度，做实对口支持工作。三是深入研究、实时跟踪中央和省对口支持部门的相关规划、政策、项目、资金等安排，以及对口支持央企的投资领域、发展方向和工作重点，进而将我市的资源、项目、事项与其精准对接，最大限度争取支持。四是利用对口支持政策分析会，引导全市党政干部等各方力量融入做好对口支持工作、加快推进龙岩老区苏区振兴发展的格局中，加大对口支持政策学习、研究和利用力度。

（二）建立中央和省两级对口支持制度框架

充分发挥中央、省对口支持龙岩等政策平台，推动一批事关经济发展、与支持单位职能高度契合的重大事项获得支持，争取更多政策资金投向龙岩。一是加强与中央对口支持单位沟通联系，推动支持单位与受援地就制定具体帮扶方案与措施达成共识，并建立常态化联络机制，争取把对口支持落实到政策、项目、资金等具体事项上。二是争取省委、省政府出台专门的对口支持工作指导意见，在领导机制、工作机制、资金项目安排、工作保障等方面予以明确。通过完善制度框架，为做好对口支持工作创造有利条件。

（三）完善承接对口支持工作体制机制

一是发挥受援各县（市、区）的主体责任，积极与对口支持的部委、央企建立帮扶工作机制，有力推进对口支持工作。二是受援各县（市、区），对对口支持挂职干部分管工作实行AB岗机制，突出对口支持工作主责，加大对接沟通力度。三是做好干部双向挂职工作，争取每个受援（市、区）每年选派不少于2名优秀干部前往国家发改委或对口支持部委跟班学习。四是发挥好中央和省对口支持单位龙岩辖内对应职能机构的作用，这些机构对其上级相应政策的掌握程度和意图理解较为充分，变化跟踪关注敏感性也相对较强，要在政策争取、项目策划、工作对接等方面多做有益工作。五是完善对口支持工作考核制度，将《龙岩市对口支持工作三年行动计划》目标任务纳入全市“三重”工作内容方案。六是制定对口支持工作相应激励措施，提高各单位对接争取政策、策划项目的积极性、主动性和工作成效。

（四）加大项目谋划、对接与推进力度

主动策划生成一批符合国家投资导向、投资大、带动力强、惠及民生的重大项目，吸引更多新兴产业项目、区域总部、研发基地等落户龙岩。一是对《龙岩市对口支持工作三年行动计划》中的58个重点协调事项、项目，逐项推进，逐件落实。二是加大政策研究力度，关注国家政策靶向变化，建立《龙岩市老区苏区振兴发展暨对口支持重大协调事项和重点项目储备库》，并实行动态调整更新。三是利用好省对口支持单位职能优势，谋划实施一批需要省级层面协调支持的重大事项，并纳入《龙岩市对口支持工作三年行动计划》项目管理范畴，共同跟踪推进。四是围绕闽西重大革命、历史、现实等红色题材发行一批故事读本、动漫，制作一批歌曲、广播剧，拍摄一批专题片、文献片、影视剧、短视频，扩大闽西红色品牌影响力。五是争取在古田干部学院设立爱国主义教育基地、支持单位在龙岩设立干部培训基地等，扩大红色教育资源利用与开发力度。

（五）发挥好支持单位挂职干部作用

一是梳理摸排各挂职干部工作、生活等方面存在的困难和问题，并予以研究协调解决。二是建议统一向省委省政府提出，给予挂职对口支持干部每人每年一定额度的专项工作经费支持，便于他们更快、更好、更有针对性地开展支持工作。三是发挥对口支援干部的平台优势，积极协调央企等市场资源对接闽西项目。四是加强沟通机制，多组织挂职干部集体活动，建立信息共享机制，互换资源，高位嫁接中央资源、政策，建立苏区区域协同发展模式。

［本文为2020年12月龙岩市发展和改革委员会委托课题“中央对口支持原中央苏区政策实施情况的调研”调研成果］

龙岩与赣州落实中央苏区发展政策的对比研究

龙岩市与赣州市山水相依，两市在历史上同属中央苏区的主体和核心区域，历史同宗，文化同源，民俗同风，人缘相亲。近年来，在中央支持原中央苏区振兴发展的政策指引下，两地抓住重要历史机遇，加快经济社会发展步伐。本文通过分析总结近年来两地在争取、拓展、落实中央支持原中央苏区振兴发展政策的工作情况和存在的差异，对龙岩市下一步开展这方面的工作提出若干思考和建议。

一、中央支持原中央苏区振兴发展的相关政策

党中央、国务院对原中央苏区的发展十分关心和重视。近年来，党中央、国务院和相关部委陆续出台了一系列支持原中央苏区发展的政策。这些政策有的是针对原中央苏区的普惠性政策，有的是单独针对福建省与江西省和龙岩市与赣州市等原中央苏区的特殊性政策。

（一）中央支持原中央苏区振兴发展的普惠性政策

为了让原中央苏区人民与全国同步实现全面建设小康社会的目标，2012 年 6 月，国务院出台《关于支持赣南等原中央苏区振兴发展的若干意见》（国发〔2012〕21 号，以下简称《若干意见》），制定了 2015 年和 2020 年“两步走”发展目标：到 2015 年，在解决突出的民生问题和制约发展的薄弱环节方面取得突破性进展；到 2020 年，原中央苏区整体实现跨越式发展，与全国同步实现全面建设小康社会目标。《若干意见》出

台系列财税、投资、金融、产业、国土资源、生态补偿、人才和对口支持等政策。

此后，中央有关部委陆续出台对原中央苏区的扶持政策。例如，2013 年 1 月，环保部出台了贯彻落实《若干意见》的实施意见，提出支持赣南等原中央苏区境内河流生态补偿机制，支持提高赣南等原中央苏区国家重点生态功能区转移支付系数，加大中央财政转移支付力度。同年 10 月，国家食品药品监督管理总局出台了支持赣南等原中央苏区振兴发展优惠政策，明确提出在相关项目建设和资金安排上，积极协调落实原中央苏区有关县（市）享受西部地区政策，提高中央投资比例，加大支持力度，以推动原中央苏区食品药品安全监管事业振兴发展。

为了贯彻落实《若干意见》精神，进一步细化各项政策措施，科学谋划原中央苏区振兴发展，2014 年 3 月，国务院批复国家发改委关于《赣闽粤原中央苏区振兴发展规划》（国函〔2014〕32 号，以下简称《振兴规划》），提出，努力把原中央苏区打造成为革命老区扶贫攻坚示范区，全国有色金属产业基地、先进制造业基地和特色农产品深加工基地，重要的区域性综合交通枢纽，我国南方地区重要的生态屏障，以及红色文化传承创新区、著名生态和文化旅游目的地。

（二）中央支持江西省和赣州市原中央苏区的特殊性政策

自《若干意见》明确赣州市全面执行西部大开发政策后，随即一系列专门为江西和赣南量身定做的优惠政策陆续出台。截至 2015 年 12 月，以国务院及国务院办公厅名义印发的文件有 11 个，国家部委共出台 95 个支持赣南苏区振兴发展的具体实施意见或政策，龙岩市让赣州成为中部的“西部”、老区的“特区”。①

上述实施意见或政策，主要包括：

1. 财税政策方面

2013 年 1 月 10 日，财政部、海关总署、国家税务总局联合下发《关于赣州市执行西部大开发税收政策问题的通知》（财税〔2013〕4 号），明确赣州市执行西部大开发税收政策。政策主要内容：一是对赣州市内

---

① 参见《中共赣州市委常委会 2015 年工作报告》，2015 年 12 月 18 日。

鼓励类产业、外商投资鼓励类产业及优势产业的项目在投资总额内进口的自用设备，在政策规定范围内免征关税。二是对设在赣州市的鼓励类产业的内资企业和外商投资企业减按15%的税率征收企业所得税。政策执行的时限自2012年1月1日至2020年12月31日。

2. 转移支付方面

2012年10月26日，财政部专门以内部司局印发了《关于江西省赣州市比照执行西部开发转移支付政策的通知》（财办预〔2012〕49号），明确从2013年1月1日起，在测算分配各项转移支付资金时，对赣州市的补助标准（或比例）按西部地区执行。同时，将赣州市县乡村公益性债务、公益性建设项目国债转贷资金全部改为拨款。对煤炭、原油、天然气等的资源税由从量计征改为从价计征，对其他资源适当提高税额，增加资源产地地方财政收入。中央在赣州安排的公益性建设项目，取消县及县以下和集中连片特殊困难地区市级资金配套。国家有关专项建设资金在安排赣州市公路、铁路、民航、水利等项目时，提高投资补助标准或资本金注入比例。

3. 产业政策方面

相关部委出台政策，提出把赣南打造成承接产业转移示范区、林业扶贫开发攻坚示范区、全国林权制度改革示范区、林业科技示范区、全国水土保持改革试验区、国家山水林田湖生态保护修复试点地区、全国首批现代物流创新发展试点城市、全国内陆口岸首个国检监管试验区、国家临时对外开放口岸等。

4. 土地政策方面

支持赣州开展低丘缓坡荒滩等未利用地开发利用试点和工矿废弃地复垦利用试点，相关指标单列管理；支持开展稀土采矿临时用地改革试点。工业用地出让金最低标准，可区别情况按《全国工业用地出让最低价标准》的10%—50%执行。

5. 对口帮扶方面。

《中央国家机关及有关单位对口支持赣南等原中央苏区实施方案的通知》（国办发〔2013〕90号）明确规定：原则上各安排两个或三个部门、单位对赣州市18个县（市、区）进行对口支援。

（三）中央支持福建省与龙岩市原中央苏区的特殊性政策

2009 年 5 月，国务院出台的《关于支持福建省加快建设海峡西岸经济区的若干意见》，明确提出："安排中央预算内投资等资金时……福建原中央苏区县参照执行西部地区政策。"

2011 年 3 月，国务院批准《海峡西岸经济区发展规划》，进一步强调支持原中央苏区改善农村生产生活条件。

2014 年 3 月，国务院出台《关于支持福建省深入实施生态省战略加快生态文明先行示范区建设的若干意见》，进一步明确"中央预算内投资对福建原中央按照西部地区政策执行"。

同月，国务院批复国家发改委关于《赣闽粤原中央苏区振兴发展规划》，明确提出"打造赣南、闽西核心圈"，其中闽西核心圈包括福建龙岩、三明。

2015 年 2 月，国家发改委办公厅印发《关于明确福建省有关县（市、区）执行西部地区中央预算内投资政策问题的复函》，进一步明确对包括龙岩市 7 个县（市、区）在内的全省 41 个原中央苏区县（市、区），在安排中央预算内投资和国外优惠贷款资金时按照西部地区政策执行。

2016 年初，福建省政府恳请国土资源部支持龙岩原中央苏区扶贫开发工作的政策请求获得批准。从 2016 年起，国土资源部参照支持国家扶贫开发工作重点县政策，单独出台八条新政，对龙岩市 7 个原中央苏区县分别专项安排用地计划指标，保障脱贫攻坚用地，支持龙岩原中央苏区脱贫攻坚。

二、龙岩市与赣州市对接国家支持原中央苏区振兴发展政策实施效果对比

龙岩市与赣州市在争取国家支持原中央苏区振兴发展的政策扶持方面，都取得了一定的成效，但毋庸置疑，由于两地在用好用足中央支持原中央苏区发展政策，特别是在拓展政策空间、抓好项目策划实施、加大协作力度等方面存在着差异性，因而得到的实际效果是不一样的。

（一）政策支持方面

到 2015 年底，国务院及国家部委累计有 136 项西部大开发政策或标准在赣州市执行。《若干意见》实施 3 周年之时，《若干意见》确定的 236 个支持事项，赣州已落实及正在落实 209 项，占 88.6%，其中 42 项重大规划和方案，已批复和完成编制 39 项，占 92.9%；全面执行西部大开发政策基本到位。[①]

到 2016 年底，龙岩市共梳理出可参照西部地区涉及农业农村发展、科技环保、旅游开发、基础设施建设、城市建设、社会事业发展、财政转移支付、社会保障八个方面政策累计达 112 项，已落实的政策累计达 104 项[②]，还有政府还贷二级公路债务补助、通村公路建设补助、中央预算内投资支持公共体育设施建设、红色经典旅游景区基础建设补助等 8 项尚未落实或部分落实。

（二）财税支持方面

截至 2015 年底，赣州市共获得国家支持的资金 1370 多亿元。[③]2016 年，赣州市的国家重点生态功能区转移支付和革命老区转移支付范围实现县域全覆盖。2016 年，赣州市全年共争取上级各类补助资金 477.2 亿元。[④]其中，2016 年赣州市获得国家财政部、环保部、水利部等部委支持的“国家山水林田湖生态环保实验区”建设奖补资金 20 亿元，为赣州市有史以来争取单笔金额最大的项目，2017—2019 年还将持续支持。此外，随着西部大开发税收政策的实施，有效减轻了赣州范围内企业税负。《若干意见》实施 3 周年之时，赣州累计为 551 家企业减免企业所得税 9.3 亿元。2016 年，西部大开发税收优惠政策为赣州企业减负 80.73 亿元。[⑤]

截至 2016 年 12 月，龙岩市累计落实中央财政补助项目 12074 个，累计到位资金 561.37 亿元。[⑥]其中，中央支持原中央苏区中央预算内投资

---

① 参见《中共赣州市委常委会 2015 年工作报告》，2015 年 12 月 18 日。

② 参见《调查研究与决策咨询：经济社会发展资料专辑》（2016），2017 年 8 月。

③ 根据赣州市 2012—2016 年政府工作报告统计。

④ 参见《赣州市第五届人民代表大会第二次会议政府工作报告》，2017 年 2 月 21 日。

⑤ 参见《赣州市第五届人民代表大会第一次会议政府工作报告》，2016 年 10 月 30 日。

⑥ 参见中共龙岩市委办公室、龙岩市人民政府办公室：《关于 2016 年度我市落实原中央苏区县参照执行西部地区政策工作情况通报》，2017 年 1 月 6 日。

资金按照西部地区政策已基本执行到位；利用国外优惠贷款等资金执行西部地区政策取得了一些进展；优抚对象抚恤补助金17类中有13类全部由中央财政负担，另有4类已达到享受西部省份待遇的要求；城乡居民基础养老金待遇已按西部标准享受100%的中央财政补助。截至2015年底，龙岩市累计投入水土流失治理资金15.72亿元。但税收政策仍然执行东部省份政策。

（三）对口支持方面

由国家发改委、中央组织部作为对口支持工作牵头部门，37个中央国家机关及有关单位对口支援赣南18个县（市、区），每个县对口支持的单位有2个以上，每年每个县可获得中央部委财政支持至少2个亿以上。其中，寻乌县在中宣部、国家统计局、国家供销总社三个部委的有力帮扶下，扶贫脱贫事业迈入了“快车道”。全县贫困人口由2013年底的65728人下降到2016年底的14432人，贫困发生率下降了近25个百分点。[①]

龙岩市尚没有与中央部委订立帮扶协议。通过中央组织部派出中央党校、国家文化部3位干部到龙岩市政府挂职，中央部委派干部到龙岩市县一级挂职的寥寥无几。根据文件精神，龙岩市目前仅享受省内的山海协作干部交流和劳务合作政策。

（四）各项事业发展方面

通过中央支持原中央苏区振兴发展举措的高效实施，赣州的综合实力跃上了新台阶。在经济下行压力加大的背景下，赣州市主要经济指标增幅进位赶超的步伐明显加快。2016年，赣州市生产总值增长9.5%，固定资产投资增长16.6%，工业固投增长38.4%，服务业增加值增长12.1%，农村居民人均可支配收入增长12.1%，银行业资产总额和存、贷款余额分别增长21.8%、23.4%、23.7%，增速均居全省第一。其中，生产总值达2194.34亿元，人均GDP接近4000美元。财政总收入同口径增长8.5%，一般公共预算收入同口径增长7%。全市政府投资产业基金总规模超1400亿元，挂牌“新三板”的企业数增加到28家。累计完成水土

① 参见中共寻乌县委：《寻乌县扶贫脱贫工作调查报告》，《人民日报》2017年3月17日。

流失治理和生态修复面积 1924.08 平方公里。[①] 中央对闽西苏区的扶持政策效应逐渐显现，争取了一批扶持项目、资金，办成了一批实事。例如水土流失治理方面，“十二五”期间，龙岩市完成治理水土流失面积 256 万亩，占规划任务的 133%，长汀县成为福建省首个被水利部命名的全国水土保持生态文明县。2016 年，龙岩市地区生产总值 1891 亿元，增长 8%；2016 年，全市 500 万元以上固定资产投资 2188.04 亿元，增长 15.2%。组建扶贫开发投融资平台和扶贫小额信贷担保基金。全市经济社会保持稳中有进的发展态势。[②]

三、龙岩市与赣州市对接国家支持原中央苏区振兴发展政策及效益差异的原因分析

（一）两地所处的地域不同，造成中央扶持政策上的差别

在国家的区域划分中，福建属于东部地区，江西属于中部地区，国家有关部委的许多政策就按照东、中部的标准来执行。所以，尽管赣南、闽西同为原中央苏区核心区，但国发〔2012〕21 号文件在扶持政策上存在着较大差别。《若干意见》明确，“赣南地区经济社会发展存在特殊困难和问题，应给予特别的政策扶持”，“赣州市执行西部大开发政策”。而龙岩市则是参照执行西部地区政策，且参照政策的标准和内容比较模糊。如目前只明确中央预算内投资和国外优惠贷款资金，龙岩市原中央苏区县可参照执行西部地区政策，其他类别资金是否可参照、标准如何，都有待进一步明确、认定。在税收优惠方面，赣州对鼓励类产业企业执行 15% 的所得税，龙岩市则无此项优惠。这意味着与赣州相比，龙岩得以享受的国家扶持政策尚存在较大差距。因为这样的政策落差，使得有些部委在解读和执行具体政策时有一定的灵活性，对于《若干意见》《振兴规划》等文件中没有明确、具体提及的内容，还存在支持不支持、可支持多少的政策空间。因此，如何加大龙岩市是原中央苏区主体和核心区

① 参见《赣州市第五届人民代表大会第二次会议政府工作报告》，2017 年 2 月 21 日。

② 参见《龙岩市第五届人民代表大会第一次会议政府工作报告》，2017 年 1 月 8 日。

品牌的宣传力度，更好地让中央有关部委了解我市经济社会发展面临的困难和问题，在更大程度上争取中央政策支持，还需要龙岩市不断拓展思路，加大工作力度。

（二）政策的制定由江西主导，导致中央决策的不平衡

中央出台的支持原中央苏区振兴发展政策是由江西主导制定的，福建从一开始就处于从属的地位。据了解，早在2011年底，江西省就牵头组织多个部门对赣闽粤三省原中央苏区县进行调研，并以赣闽粤三省发改委名义形成《中央苏区振兴重大研究课题》若干调研报告提交国家发改委，国家发改委在参照此研究课题基础上形成文件报告国务院，这是《若干意见》出台的重要依据。在其中一份《中央苏区范围、历史贡献与发展现状研究》调研报告中，对中央苏区县的历史范围进行框定，在中央苏区人民贡献和牺牲部分，着重阐述的是赣南苏区的贡献；在中央苏区县发展现状部分中，抽样调查分析的县也有失公允，把原福建中央苏区的明溪、上杭、诏安、沙县、南靖等县与江西的资溪、分宜、石城、安远、兴国、龙南、寻乌等县及广东的部分苏区县在经济总量、经济结构、财政收入、对外经济联系等方面进行比较。由于所选择的苏区县不在一个发展水平上，调研数据的不完整给人产生的印象是江西的苏区县各方面都是落后的，而福建的苏区县经济发展较好，更没有把闽西中央苏区县经济社会发展面临的困难和问题充分反映，继而导致了中央决策的不平衡。于是，《若干意见》和《振兴规划》的侧重点都放在赣南，对其他周边地区的原中央苏区，特别是原中央苏区主体和核心区的闽西则作一般性支持。

（三）自身内在因素起关键作用

主要表现在：一是研究基础不够扎实。龙岩市无论对闽西中央苏区的历史贡献，还是对闽西苏区发展现状和困难问题等方面，都没有组织进行过系统的深入的研究，因而，没能提出扎实有力的报告以供上级决策参考。二是重视不够，没有形成强有力的统一领导，资源整合缺乏力度。虽然从福建省到龙岩市，对这项工作也有领导牵头并设立相关机构，但对比江西省和赣州市，存在着主要领导亲自挂帅高位推动不够和投入人员不足等问题，强有力的统一领导机制未形成，以致部门与部门之间、

县与县之间缺乏统筹规划协调，处于各自为战的局面，未能形成整体合力。再加上福建省政府及相关部门历来都对全省的苏区县采取撒胡椒的做法，没有像江西省对赣南苏区那样给予闽西苏区全力的关注和更多的政策倾斜，这对对接工作也产生了一定的影响。三是缺乏创新执行动力机制，对接工作总体滞后。虽然从2012年起，龙岩市效能办将争取参照执行西部地区政策工作纳入绩效考评管理，但只是作为市直各单位绩效“创先争优”的奖励项目之一，而不是纳入必考范围，更没有将之当作打好“三大战役”的重要工作和惠民工程来抓，各部门单位对接争取政策的积极性、主动性不高，造成对接工作成效不够显著。四是争取的方向有误差。龙岩市在吃透支持振兴发展政策内容和实质，熟悉文件出台的背景、适用范围、目标任务，找准贯彻落实政策的切入点和突破口方面有一定的误差。多年来，龙岩市一直把参照执行西部地区政策的项目对接工作作为重点方向，以争取项目的补助扶持代替政策争取，因而全市性普惠政策的争取方面少之又少，得到更多的是局限于点对点的项目帮扶，而龙岩市重大项目生成有限，许多项目的争取又以部门和各县为主，实施的项目具有唯一性，即“一项目一定”，造成支持政策的缺乏（目前只有国土资源部出台的专项安排用地计划指标，保障脱贫攻坚用地的政策）。

四、龙岩市对接国家支持原中央苏区振兴发展政策的对策建议

就《振兴规划》的实施而言，中央的扶持政策要执行到2020年，因此，龙岩市应紧紧抓住这一有限的历史机遇，进一步加强扶持政策的拓展、延伸工作，争取在更大范围内得到原中央苏区振兴发展政策的更多支持。

（一）进一步提高思想认识，切实增强行动自觉

从数据上来看，近年来，赣州等周边兄弟市通过争取原中央苏区政策、利用国家扶持，实现了经济社会的快速发展，这既为龙岩市提供了成功模式和宝贵经验，也给了龙岩市巨大压力，这方面如不抓紧“补

课”、奋起直追，与他们的发展差距将会被拉大。虽然《若干意见》和《振兴规划》原则性地将龙岩纳入享受原中央苏区政策的范围，但并不代表政策优惠会自动上门，需要我们进一步去主动出击对接、有的放矢争取、科学有效利用，否则对接成果将无法巩固和提升。在这一方面，要充分认识到龙岩市目前在经济社会发展中存在的差距和问题，以时不我待的精神面貌和扎实的工作作风，将争取、利用原中央苏区政策作为重大的政治任务和市委中心工作来抓，力争从中央和省的层面上给予龙岩市更多的支持。

（二）深入挖掘政策空间，做足做细对接文章

借鉴赣州等周边兄弟市经验，通过市际对比分析和市情分析，根据龙岩发展的实际，下一步，龙岩市对接中央支持原中央苏区振兴发展的重点和方向，建议以争取能覆盖全市的普惠性政策为主，主要包括：

1. 争取享受国家西部大开发政策待遇

从宏观层面，要积极争取中央及有关部门从整体区域发展布局的角度，把赣闽中央苏区看作一个整体，不因一属中部、一属东部而造成政策出现较大差别，从而明确把龙岩市纳入国家西部大开发政策框架下，使龙岩作为原中央苏区主体和核心区域能够享受到与赣州一样的政策待遇，更充分、实在地感受到党中央、国务院对于闽西原中央苏区的关怀和照顾。

2. 争取税收返还政策

在争取西部大开发税收优惠政策有困难的情况下，应根据龙岩产业结构单一，烟草税占全市财政总收入34.1%、占市本级财政总收入62.7%（2015年的数据）以及由于财税体制改革造成地方财政总收入影响较大的状况，建议国家比照对延安、井冈山等革命老区卷烟税收扶持政策，将增值税增量部分按一定比例留给龙岩，将上缴增值税税额按一定比例进行税收返还，形式可通过专项财力转移支付方式补助龙岩若干年，以增加龙岩的地方财力，专项支持龙岩原中央苏区扶贫开发等民生项目。

3. 设立闽西苏区振兴发展产业投资基金

在国家有关部门和江西省政府的大力支持下，赣州市于2016年1月发起设立300亿元的赣南苏区振兴发展产业投资基金。这是国家级首只

专项支持革命老区的大体量产业投资基金，至 2016 年底，投资产业基金总规模超 1400 亿元。这只基金采取 1 只母基金加 N 只子基金的运作模式，募集的基金重点投向该市的主导产业、基础设施和公共服务等领域，基金的设立对推动赣南苏区的振兴发展发挥了积极而又重大的作用。为此，建议龙岩市参考和借鉴赣州市建立由政府引导的公司制股权投资基金的做法，成立闽西苏区振兴发展产业投资基金。基金可充分借鉴国际产业投资基金的操作模式，结合国家经济发展和产业调整的方向，立足闽西各县，放眼全国，侧重于有活力、有市场的创新型企业和投资项目的股权投资，更好地运用产业基金服务闽西苏区振兴发展。

4. 争取生态补偿政策

《若干意见》明确对赣南等原中央苏区实施生态补偿政策，将原中央苏区建成国家南方生态安全屏障。2016 年 5 月，国务院办公厅印发《关于健全生态保护补偿机制的意见》，生态保护被纳入国家顶层设计。同年 8 月，中办、国办印发了《关于设立统一规范的国家生态文明试验区的意见》及《国家生态文明试验区（福建）实施方案》，将福建与江西、贵州三省列为国家首批生态文明试验区，探索可复制、可推广的有效模式，引领带动全国生态文明体制改革。为此，龙岩应充分发挥国家级生态保护区的优势，落实中央苏区生态补偿类型和生态补偿政策，争取国家在财政政策上的倾斜以及财政投入的增加，以更好地保证闽西境内生态环境治理的有序进行。

5. 争取对口帮扶政策

自《若干意见》出台后，江西省委、省政府高位推动，突出赣南重点，争取到国家部委对赣州市 18 个县（市、区）的对口帮扶，并取得了民生改善、基础夯实、产业突出等明显成效。为此，建议我市参考和借鉴赣州市的做法，不遗余力地争取国家部委出台从干部挂职、人才技术、产业项目、军民融合等多个方面对闽西苏区的对口帮扶政策。同时，积极争取福建省委、省政府的支持，突出闽西重点，举全省之力深入实施对闽西等原中央苏区振兴发展战略。特别是在国家、省“十三五”发展规划修订调整时，努力将龙岩市重大产业、重大工程和重点项目纳入国家、省“十三五”发展布局，争取国家支持原中央苏区振兴发展政策逐年稳步兑现。

6. 争取合作共建政策

《振兴规划》秉持连片开发、整体推进的发展理念，范围涉及赣闽粤三省 10 多个地级市，因此，要突出共建互赢，加强与省内其他地市及赣南、粤东北等原中央苏区的联合协作，走区域化发展道路。同时，规划中明确提出“推动赣州与龙岩共建赣闽产业合作区，积极探索政策共享、利益共享、风险共担机制”，这为龙岩与赣州实现跨行政区域产业合作发展，将赣州享有的扶持政策延伸、覆盖到龙岩市原中央苏区县提供了政策空间。因此有必要加大与原中央苏区其他地市的合作力度，共同打造交通网络、物流经济圈、生态文明建设等互补性强的合作项目，借势发展。

（三）加强机制保障，形成组织合力和工作动力

要切实加强对接工作的组织领导，积极做好与国家有关部委和省里的对接。建议我市成立由主要领导挂帅的苏区振兴发展领导小组，定期听取并研究《振兴规划》落实情况，切实研究解决《振兴规划》实施过程中的重大问题；要加强领导力量，落实责权利和人财物保障，确保机构正常运转、职能充分发挥；各县（市、区）也要对应建立健全机构。要继续保持围绕对接落实政策赴京、赴省争取、协调的工作方法，加大对接工作的力度，由主要领导带队，专门组织到国家有关部委或省直有关部门进行专题汇报和新一轮的争取。要完善工作及考评机制，对各级各单位推动工作落实从严督查、定期通报，将争取、利用原中央苏区政策工作纳入考核范围，实行奖优罚劣，形成比学赶超的良好氛围，加倍努力推动闽西苏区的振兴发展。

［原载《龙岩学院学报》2017 年第 6 期］

闽西红色村落研究与红色基因传承

红色资源是中国共产党人在革命战争年代、建设和改革开放时期活动中留下的不可复制且无法再生的宝贵财富，是中华文化传承的重要载体，它具有重大的政治、经济、文化价值和教育功能。做好红色资源的保护利用工作，既是政治任务，也关系到经济和文化发展。2022 年是建党一百周年，做好这项工作十分重要。2018 年 3 月 8 日，习近平参加十三届全国人大一次会议山东代表团审议时指出，红色基因就是要传承。中华民族从站起来、富起来到强起来，经历了多少坎坷，创造了多少奇迹，要让后代牢记，我们要不忘初心，永远不可迷失了方向和道路。

闽西红色村落有着厚重的红色资源，深入挖掘、研究闽西村落的红色历史，助推闽西苏区、老区乡村振兴，将有着积极的现实意义和深远的历史意义。

一、闽西红色村落定义

“农村包围城市，武装夺取政权”是以毛泽东为代表的中国共产党人在中国革命实践中逐步摸索出来的革命发展道路理论。革命发展道路理论的胜利实现离不开作为历史主体的共产党人与人民群众，同时也离不开历史载体——革命根据地。而革命根据地由数量众多的村落构成，村落作为乡民长期生活、聚居、繁衍的空间地域，是中国革命由“星星之火”变成“燎原”之势的原点。中国共产党人领导贫苦农民在根据地村落中点燃了武装起义的“星星之火”，继而发展成为“燎原”大火，最终夺取了中国革命的胜利。因此，研究革命村落的运行机制、社会变迁和文化基因，对拓展中共党史和毛泽东思想的历史内涵，具有十分重要的学术价值，对传承革命红色文化与保护红色村落也具有很强的现实意义。

新中国成立后，在建设和改革开放的不同历史时期，红色村落的发展几经波折，有过辉煌，也有过失落，但最终在为实现“两个一百年”奋斗目标和中华民族伟大复兴中国梦的进程中，其蕴含的革命的先进红色文化的独特价值再次得到彰显。

本文所说的“红色村落”有特定的内涵，特指中国共产党领导人民在新民主主义革命时期进行革命斗争留下重要印记、在党的历史上发挥过重要影响且至今仍然发挥重要咨政育人功能的村庄。它已成为革命纪念地、革命史迹、革命精神等历史信息的重要载体，是红色文化蕴育的摇篮，是中华民族文化遗产的重要组成部分。

本文以闽西中央苏区红色村落为例入手展开研究。闽西是全国著名的革命老区，是中央苏区的主体和核心区域之一，是土地革命的重要发源地，是毛泽东思想重要发祥地、形成地，是中央苏区的经济中心，是中国共产党局部执政、民主建政的最早实践基地之一，是红旗不倒的堡垒，是军队政治工作的奠基地、共和国将帅的摇篮。2014 年 10 月 31 日，中共中央总书记、国家主席、中央军委主席习近平专程来到闽西上杭县古田出席全军政治工作会议时指出：“闽西是原中央苏区所在地，对全国的解放、新中国的建立、党的建设、军队的建设作出了重要的不可替代的贡献。”这些重要讲话，赋予了闽西老区应有的内涵，凸显了闽西老区、苏区在中国革命和党史上的贡献和地位。

二、闽西红色村落的形成

闽西位于福建省西部，按清末的行政区划，闽西包括汀州府所属 8 个县〔长汀、上杭、武平、永定、连城、清流、宁化、归化（今明溪）〕，和龙岩州属 3 个县〔龙岩、漳平、宁洋（今分属漳平、龙岩、永安）〕。北接赣南，南邻粤东，东接博平山脉，西傍武夷山南段。土地革命战争时期，包括漳州的平和、南靖和广东的大埔等县都属于闽西苏区的范围。

新中国成立后，闽西专指龙岩地区。1997 年 5 月，龙岩地区改为龙岩市，辖新罗、永定、上杭、武平、连城、长汀、漳平 7 个县（市、区），都是土地革命战争时期的中央苏区县，是全国著名的革命老区。

闽西地势东高西低，北高南低。武夷山（南段）、玳瑁山、博平岭等山脉沿东北—西南走向，大体呈平行分布。闽西境内溪河较多，从水流归属情况看，分别属于汀江、九龙江北溪、闽江沙溪、梅江水系。

闽西自然条件良好，气候温和，雨量充足，土地肥沃，物产丰富。农林作物盛产水稻、番薯、油菜、大豆、花生、烟叶、毛竹、木材、药材、香菇、笋干、茶叶等，其中尤以竹、木称著。地下资源非常丰富，有煤、铁、钨、锰、铅、锌，以及石灰石、膨润土和高岭土等矿产。

由于闽西地处山区，交通不便，土特产的输出和工业用品的输入全靠肩挑手提。因此农村自给自足的自然经济长期占主导地位。

闽西地理位置重要，具有可进可退可攻可守的战略意义，同时它距福州等中心城市较远，是反动统治比较薄弱的地方。这些都为开展游击战争，实行工农武装割据，创建革命根据地提供了极为有利的客观条件。

（一）旧中国闽西的政治经济概况

在旧中国，闽西人民和全国人民一样，长期遭受帝国主义、封建主义和官僚资本主义及其政治代表国民党反动派的压迫和剥削。封建的生产关系严重地束缚着生产力的发展，闽西经济长期处于停滞的状态。

一方面，闽西地区的经济主体是小农经济，没有现代化的工业，只有分散的个体农业、手工业和中小商业。农业生产是落后的，粮食产量不高。另一方面，洋货充斥市场，人民所需的日用品，如布匹、煤油、西药等，绝大部分依赖外地输入。

1840 年的鸦片战争，西方列强用大炮轰开了中国的大门。资本主义侵略势力同样渗透到偏僻的闽西山区。他们在闽西倾销商品、掠夺原料，导致了闽西烟、纸、布等手工业和农业的进一步破产。

与此同时，各部军阀为了争夺地盘，钩心斗角，连年混战，给闽西人民带来无穷无尽的灾难。1922—1925 年，闽西大小军阀混战竟有 30 多次。战争对于经济和文化的破坏，带给人民的痛苦是数不尽的。

反动军阀横征暴敛，闽西社会长期处于一片混乱黑暗中。

地处偏僻的闽西山区，鸦片战争前夕，虽有一些新的经济因素萌芽，但发展得非常缓慢。外国帝国主义入侵后，对闽西自给自足的封建经济基础起了一定的解体作用，但广大农村中，仍然是封建的生产关系占主导地位。广大农民深受封建地租、高利贷、田赋捐税的繁重剥削。

土地革命前闽西的土地问题集中表现为地权高度集中。土地占有情况，据闽西六县（龙岩、永定、上杭、连城、武平、长汀）调查，“田地平均百分之八十五在收租阶级手里，农民所有田地平均不过百分之十五”[①]。

沉重的地租、高利贷剥削及繁重的苛捐杂税，使得闽西百姓民不聊生。根据陈翰笙《中国农民负担之赋税》一文的附表，闽西汀州民国十五年秋，其田赋已预征到民国二十年，预征了5年的田赋。

在帝国主义、封建主义的压榨下，闽西地区的社会经济日益衰败。自给自足的自然经济在外国资本主义的冲击下迅速破产，以致农辍于耕，工失于肆，商罢于市，百业凋零，金融纷乱，广大人民生活艰难竭蹶，日益贫穷，灾难深重。广大工农群众为求自身的解放而走向革命，在闽西近代历史上，反帝反封建的革命浪潮，一浪高过一浪。

（二）闽西人民的反帝反封建斗争

1853年春，中国农民战争史上史无前例的太平天国起义军席卷江南，定都南京，也推动了闽西革命运动。太平军占领南京的消息传到闽西，龙岩会党首领蔡伦发联络永定坎市会首卢庆云、武平会首邱升等人，相继在龙岩、宁化、长汀、永定等地建立“千刀会”“花旗军”等组织，积极配合太平军活动。1855年，永定农民陈天密率领1000饥民在岐岭竖起了起义的大旗，开仓济贫，响应太平军。

1857年4月、1864年9月太平军两次进军闽西，点燃了反清斗争的熊熊烈火，对近代闽西人民的民主革命斗争的兴起产生了深刻的影响。

闽西人民在革命斗争实践中逐渐认识到帝国主义和封建统治阶级是

---

① 中共龙岩地委党史资料征集领导小组、龙岩地区行政公署文物管理委员会编：《闽西革命史文献资料》第2辑，1982年7月，第141页。

一丘之貉，要革命就要把反帝反封建的斗争结合起来。因而自发起来反对外国教会的侵略势力，龙岩西山翁矮古率几百农民揭竿起义。

帝国主义、封建地主官僚和反动军阀对闽西人民政治上的残酷压迫和经济上的疯狂掠夺，留下了血泪斑斑的历史，这就是历史上闽西人民不断进行反抗斗争的根本原因。虽然这些斗争由于缺乏先进阶级的领导而归于失败，但它预示着天翻地覆的革命风暴即将来临。

（三）马克思主义的传入及闽西党组织的建立

1919 年 5 月 4 日，北京爆发伟大的反帝反封建的爱国运动，很快波及闽西城乡。与此同时，在北京、上海、广州、厦门、漳州等外地求学的闽西籍青年知识分子，不断地将新文化、新思潮传入家乡。闽西的进步知识分子开始组织读书会，创办进步刊物，学习马克思主义，并且积极向广大群众宣传革命思想。

1921 年春，邓子恢从江西崇义回到家乡龙岩白土以后，与章独奇、林仙亭、陈明、张觉觉、曹菊如等一批进步青年，组织了“奇山书社”，创办了《岩声》月刊。随后，《新龙岩季刊》《到民间去》《改进》《汀雷》《钟声》等进步刊物相继出版。

这些革命团体及其创办的刊物，造就了具有革命思想的一代先进分子，后来逐渐成为共产党的外围组织和宣传阵地，为建立闽西党组织奠定了思想基础和组织基础。

1926 年夏，闽西第一个共产党组织——中共永定支部在永定湖雷建立，随后，相继成立了中共永定金丰支部、上杭支部、龙岩小组、武平小组等党的组织。闽西地方党组织的建立，揭开了闽西人民革命斗争的新篇章。

三、闽西红色村落的发展历程

（一）苏区时期（1927.8—1934.10）

1927 年大革命失败后，闽西地方组织根据中共八七会议精神，领导了震撼八闽的龙岩后田、平和、上杭蛟洋、永定四大暴动，开始了土地革命的初步实践。

1929 年 3 月—5 月，毛泽东、朱德率领红四军两次进入闽西。“红旗跃过汀江，直下龙岩上杭。”红四军与闽西革命力量相结合，建立了纵横数百里的红色区域。1930 年 3 月，闽西苏维埃政府成立，标志着闽西革命根据地的正式形成。1931 年秋，以闽西、赣南为中心的中央苏区形成。

闽西地区崇山峻岭，丘陵起伏，交通不便，村庄分散，敌人统治力量相对薄弱，再加上有良好的群众基础和一定的物质基础，这种有利的地形条件，极有利于党和人民武装建立据点，开展游击战争。闽西党组织领导闽西人民革命后，就用武装斗争在永定溪南区、新罗东肖后田等地农村开辟革命根据地，后来在红四军的帮助下，建立起 10 多个县级红色政权，组成了闽西革命根据地，成为中央革命根据地的重要组成部分。闽西革命根据地对第二次国内革命战争，在人力物力以及对敌作战方面都作出了重大的贡献。根据地人民深切地感受到，共产党、红军游击队是自己唯一的救星，他们信任党，信任党领导的红军游击队，只要党发出号召，千千万万的人民立即响应。党需要什么，群众就支持什么，尽己所能，要人有人，要粮有粮，几乎家家户户都把自己的子女兄弟送去参加红军、游击队。上杭才溪乡 15—55 岁的青壮年男子中，有 80% 以上参加红军或革命工作，即每 100 个青壮年中有 88 个当红军或参加革命工作，处处涌现出父母送子、妻送郎、兄弟相争、夫妻同当红军的动人事迹。苏区时期，闽西儿女参加红军的有 10 万人，在中央主力红军参加长征的 8.6 万人中，闽西籍战士就有近 3 万人。在整个苏区时期，闽西苏区积极开展“扩红”运动，在发展壮大红四军的同时，先后组建了红九军（后改为红十二军）、红二十军、红二十一军、新十二军、红十九军 5 个军的红军部队。

同时苏区大批青年男女踊跃参加地方武装，自觉保卫地方苏维埃政权，使红军后备队伍不断扩大。整个闽西 100 万革命群众中除老少外，强壮的男女红军、赤卫队的后备军、少年先锋队，总数在 20 万以上。因此，没有闽西苏区人民群众的踊跃参军参战，就没有强大的中央红军，就不可能有历次反“围剿”斗争的伟大胜利和苏区政权的长期稳定存在。

为了保证战时后勤供应，各地还设立了运输委员会、战争动员委员会等组织，由群众组成各种战时服务队，主要包括：将劳动力组织成运输队、担架队、修路队、掩埋队等，为红军运输粮食弹药、抢救伤员、修筑工事、打扫战场。妇女也组织了慰劳队、救护队、洗衣队、缝衣队等，慰问部队，看护伤员，为红军煮饭、洗衣、缝补衣服。将少年儿童组织起来，为红军站岗放哨、传递消息、送茶送饭，等等。这些群众组织在保障苏区的军事后勤上起到了重要作用。以送军鞋为例，上杭的才溪区 1933 年 8 个乡平均每月每乡可集中布鞋 500 双。

闽西苏区人民踊跃参加红军、支持红军，倾其所有支持革命，赢得了“第一模范区”“红色小上海”“红色粮仓”等美誉。红军的成长、壮大离不开闽西这块红色土地，离不开人民群众这座靠山，中央红军出发长征、顺利实现战略转移，也离不开闽西苏区人民提供的可靠人力资源和物资保障。闽西革命根据地的建设，在积累斗争经验和扩大政治影响方面，发挥了重大的作用。后来，由于王明“左”倾冒险主义的错误指导，中央红军未能打破国民党军的第五次“围剿”，致使根据地日见缩小。

（二）后苏区时期（1934.10—1949.11）

1934 年 10 月，中央苏区第五次反“围剿”斗争失利，中央主力红军分别从长汀、宁化、瑞金、于都等地出发，开始了举世闻名的二万五千里的征途。中央主力红军战略转移后，闽西苏区全境沦陷。国民党军队占领闽西苏区以后，进行了疯狂的报复，昔日热闹繁荣的苏区，顿时成为瓦砾废墟、人烟稀少的白色恐怖世界。

面对急剧变化的局势，从赣南中央苏区突围回闽西的张鼎丞、邓子恢、谭震林等组成的闽西南军政委员会，领导红八团、红九团及各县地方武装，紧密地依靠人民群众，独立自主地开展机动灵活的游击战争。在原闽西苏区的基本区域龙岩、永定、上杭、连城、漳平、宁洋、平和、南靖、长汀、清流、宁化、归化（今明溪）及广东省的大埔、饶平等县的广大地区，进行了长达 3 年之久的游击战争，并建立了岩连宁、永和埔、岩南漳、杭永边、汀瑞边等游击根据地，掌握了数百个党的工作基础和群众基础都比较好、有既可以自给的经济力量又有利的地形等条件的村庄，如龙岩东肖后田村等，建立起秘密的党和政权组织，作为革命的坚实据点。进，可以出击消灭敌人；退，可以进行隐蔽、休整，以便积蓄和发展自己的力量，这对闽西党和红军游击队在敌人的包围中能够站稳脚跟，坚持胜利的游击战争起了很大的作用。毛泽东同志曾赞扬道："你们三年苦斗有很大的功绩。""你们坚持了三年游击战争，保留了这么多干部，保留和发展了部队，保留了20万亩土地，保卫了苏区广大群众的利益，这是伟大的胜利。"① 这是对闽西三年游击战争最好的评价。

1938年春，执行中共中央指示，闽西红军游击队2800余人整编为新四军第二支队，开赴苏皖抗日前线。新四军二支队北上抗日后，闽西地方党组织在方方、魏金水等人领导下，积极开展抗日救亡运动，并依靠革命根据地和根据地人民群众，坚持隐蔽精干、长期埋伏、积蓄力量、等待时机的方针，在极其困难的条件下击退了国民党顽固派一次又一次的反共逆流，保存与发展了党组织，保存了大片老游击根据地和20余万亩的土地革命果实。

随着全国解放战争胜利形势的发展，这种分散的据点又逐渐恢复起来，在闽西地区建立和恢复了永和埔、杭永岩、杭永边等根据地，并且逐步扩大。至新中国成立前夕，已经形成了大片的闽粤赣边区根据地，不仅恢复了原来闽西的老根据地，而且解放了广东的大埔、蕉岭、梅县、丰顺、潮安、饶平等县的广大地区。

闽西人民革命斗争历史说明，在农村建立革命根据地有着极其重大的意义，它进一步证明了，在中国走农村包围城市，最后夺取城市的革命道路是完全正确的。一个村落点燃了武装起义的"星星之火"，受其影响，一个个村落随之掀起暴动，最终而成为"燎原"大火。正是由于这样一个个革命村落的存在，中国革命之火经历过高潮和低潮，但始终保留了火种，确保了中国革命的最终胜利。

（三）新中国成立后及改革开放以来的闽西红色村落

闽西的红色村落在党的领导下，在新中国成立后特别是改革开放以来，在政治、经济、社会和文化建设各方面均取得了很大的成就，在这些红色村落中，不乏成功的，如上杭才溪镇下才村以建筑业闻名遐迩，村民生活已达到小康水平。但由于历史的、地理的因素的制约，时至今

---

① 魏金水：《光明磊落，奋斗终生——深切怀念方方同志》，《南方》1979年9月16日。

日，闽西大多数红色村落如新罗东肖镇后田村经济和社会发展水平远远落后于发达地区。发展过程中暴露出来的问题也十分突出。经济建设方面，经济总量小，结构不合理，发展后劲不足，地方财力薄弱；社会民生方面，人民生活水平较低，社会事业基础设施落后，公共服务均等化水平低；政治民主建设和文化建设也存在一定的问题。同时，发展水平落后和自然条件限制，一定程度上造成了红色村落群众思想保守、观念陈旧、安于现状，缺乏敢闯敢试的勇气和依靠自身加快发展的信心和毅力，“等、靠、要”思想依然存在，对“解放思想，先行先试”有愿望和要求，但拿不出切实可行的措施，提出的政策措施对解决发展问题针对性不强。

闽西的红色村落，在经济社会的发展与人民的生活改善方面，仍然面临着一次新的解放。这是一个重大的政治问题，也是一个事关全局的重大社会问题。

四、闽西红色村落的基本特征

闽西老区拥有很多经典的红色村落，都在党的历史上留下了辉煌一页。如新罗区东肖镇后田村（闽西四大暴动之一的后田暴动，打响了福建土地革命的第一枪），永定区的金砂镇上金村（闽西四大暴动之一的金砂暴动，创造了“抽多补少，抽肥补瘦”中国土地改革的典范），上杭县才溪镇下才村（土地革命时期的“中央第一模范苏区”，毛泽东三次深入调查的地区），连城县的新泉镇新泉村（红四军入闽后，古田会议召开前的一次重要活动——新泉整训之地），武平县的民主乡高书村（红四军首次入闽之地），漳平市的永福镇龙车村（漳平的第一个党支部、第一次革命暴动、第一个区苏维埃政府都诞生在这里，被人们誉为闽西红色革命的“小莫斯科”），等等。

抽样调查的几个经典闽西红色村落，归纳其特征，主要有：

（一）中国土地革命的旗帜

闽西中央苏区是中国共产党人实行土地革命最早的发源地和实验区，也是近代以来中国多样性土地产权制度变革实验最丰富、最完整和最具代表性的地区。中国共产党在这里进行彻底的土地革命，对中国的土地革命乃至新中国成立后的土地改革都产生了深远的影响。特别是在土地革命战争时期，在毛泽东的亲自指导下，闽西苏区创造了以乡为单位，以原耕为基础，按人口平均分配土地，实行“抽多补少，抽肥补瘦”的分配原则，为中国土地革命，特别是中央苏区的土地革命提供了理论指导和宝贵的经验。尔后，闽西苏区人民为保卫土地革命胜利果实，开展了保田斗争，有效地维护了农民群众利益，成为“二十年红旗不倒”的重要标志之一，闽西当之无愧是全国土地革命的一面旗帜。

1. 打响福建土地革命第一枪——新罗区东肖镇后田村

中国革命问题集中为农民问题，而农民问题集中为土地问题。1928年3月4日新罗区东肖镇的后田村的后田暴动，打响了福建农民武装暴动的第一枪，是福建土地革命的策源地，也是全省乃至全国土地革命成功的示范地。

3月4日，在中共龙岩临时县委领导人邓子恢、郭滴人、罗怀盛的领导下，龙岩县白土区后田乡的农民群众举行武装暴动，打死地主走狗陈北瑞，郭滴人代表临时县委命令收缴全乡地主的全部田契、借约、枪支。田契借约当场查明烧毁，并庄重宣布从此田租不必交，旧债不必还，田地由农民分配。几千年来受苦受难的贫苦农民扬眉吐气。第二天，后田支部宣布没收公偿田的粮谷，发动群众破仓分粮，将200多桶谷子分给无粮和少粮的群众。在后田暴动的带动下，邻近的郑邦、龙聚坊、邓厝、盂头等村也相继暴动。这次暴动，迅速展开了武装反抗闽西反动派的斗争。

后田暴动成为福建“土地革命之先声”。在它的影响下，3月8日，在平和县委和朱积垒等领导下，举行平和长乐暴动；6月25日，上杭县蛟洋农民自卫军近千人，在中共上杭县委书记郭柏屏和共产党员傅柏翠的指挥下，发动蛟洋暴动；6月29日和30日，中共永定县委书记罗秋天和张鼎丞、阮山、卢肇西、曾牧春等领导并发动了以湖雷、金丰、溪南为中心的永定暴动，攻占了永定县城，后田暴动的“星星之火”迅速形成“燎原”之势，燃烧了整个闽西。

2. 首创分田经验——永定区金砂乡上金村

永定区金砂乡是首创“抽多补少，以乡为单位，按人口平均分配土地”的分田经验，并在福建省内率先进行土地革命的地方。

大革命失败后，金砂人民受封建地租和各种苛捐杂税剥削，到了无人不捐，无物不税，名目多如牛毛。1928 年 3 月—5 月，青黄不接，古木督率先开展“平仓借粮”和“分粮吃大户”斗争。范炳元按张鼎丞的指示，带领古木督农协会员范森昌、范永柱等 100 多人打开当地拒绝把多余的粮食拿出来的地主范益齐的谷仓，当场分粮给缺粮群众，并杀了他家的一头猪，让群众大吃一餐。古木督成功开展了全县第一次“分粮吃大户”“杀猪分粮”的斗争，随后金砂各地纷纷效仿，当时全乡开仓分粮 500 多担，使 200 多户农民分得了粮食。后来这一斗争波及全永定 30 多个乡村。

消灭封建剥削，实行土地革命，是广大农民的强烈愿望。永定溪南各级红色政权建立后，群众最迫切的要求是分田，特别是秋收季节将到，农民都希望尽快获得胜利果实。

邓子恢、张鼎丞本着满足贫苦农民的经济要求，以达到争取大多数群众支持和参加革命的目的，在充分调研的基础上创造性地提出，以乡为单位，在原耕基础上，抽多补少，按人口平均分配，不到 10 天的时间，就完成了土地分配。古木督群众每人分到 3—4 担谷田（折合一亩左右），贫苦民众第一次真正翻身做了土地的主人，革命热情空前高涨。

在溪南土地革命中，邓子恢、张鼎丞等人能够利用暴动之后农民高昂的斗争情绪和变革社会制度的决心，充分发动和依靠农民群众，制定符合当地农村实际的土地分配政策，最大限度地满足了农民的要求。在中央尚未向各地传达党的六大土地政纲，省委也只提出一般性原则指示的情况下，他们能够取得这样一种对于福建来说是史无前例，在全国也是屈指可数的伟绩，其创新精神是值得称颂的。

后来的事实证明，溪南区土地斗争中首创的“抽多补少”的原则和其他分配土地的政策，为闽西进一步开展土地革命提供了宝贵的经验。在以后一段时间内，尤其是不久以后毛泽东、朱德率领红四军到达闽西展开更大规模的土地革命，闽西各县大体上参照了这些政策，并在实践中逐步加以完善，推进了闽西土地革命的发展。

中共闽西一大上，在毛泽东的亲自指导下，对此土地分配原则作了科学的总结，制定了一部比较完善的闽西土地法推广到全国各根据地，它对我党土改总路线的形成具有重大的意义。在长汀南阳（今上杭县）会议上，毛泽东称赞“闽西土地解决办法最好”。

（二）民主政权建设的旗帜——杭县才溪镇下才村

闽西苏区各级苏维埃政府以人民群众的利益作为一切工作的出发点，在这块红土地上创造出的上杭县才溪这个“中央苏区的模范区、模范乡”就是一个先进典型。毛泽东三下上杭才溪调查，总结了才溪的民主建政经验，主要体现在重视最基层的村政权的建设、注意选举工作的公开公平公正、切实解决民生问题三个方面，为全苏区民主建政树立了光辉典范，起到了榜样和导向作用。在第二次全国苏维埃代表大会上，毛泽东对才溪乡等地苏维埃政权建设的经验作了详细的总结，称之为“全苏区的第一个光荣的模范”和“争取全中国胜利的坚强的前进阵地”。

此外，才溪在经济建设、扩大红军、拥军优属、生产支前、文化教育等方面都作出了优异的成绩，创造了许多农村革命根据地的建设经验，成为福建省第一模范区，中央苏区模范乡、模范区。毛泽东在他的《才溪乡调查》中记录了当时成绩。在当时仅有 1.6 万人的小山乡，有 3762 人参加红军，占当时全乡总人口的 20% 和 16—55 周岁青壮年男子的 80%。其中 1192 人牺牲在疆场，才溪也因此被誉为“烈士之乡”。在 1955 年授衔时，由于才溪走出了 9 个军级干部、18 个师级干部，于是又有了以“九军十八师”为主的“将军之乡”的美誉。

1933 年 6 月，福建省苏维埃政府授予才溪区“第一模范区”的光荣称号，奖给“我们是第一模范区”的石碑一块。7 月，福建省苏维埃政府为了表彰才溪人民的突出贡献，在才溪老墟上兴建“光荣亭”一座，省苏维埃政府奖的石碑竖立在亭的中间。

中央主力红军长征后，才溪人民遭受国民党反动派的严重摧残和迫害，“光荣亭”也被敌人彻底毁坏，但是那块光荣的石碑，仍被才溪人民冒着生命危险保存起来。全国解放后，光荣亭得到重建。

（三）军队正规整训的旗帜——连城县新泉镇新泉村

在中央九月来信精神指引下，1929 年 11 月 28 日，红四军在汀州召开前委扩大会议，决定召开中共红四军第九次代表大会。

12 月 3 日，毛泽东、朱德、陈毅率领红四军离开汀州，来到连城新泉，进行著名的“新泉整训”。整训分为政治整训和军事整训，按照前委的分工，由毛泽东和陈毅主持政治整训，朱德负责军事整训。

在新泉期间，红四军前敌委员会机关设在望云草室。望云草室位于连城县新泉镇新泉村温泉路。毛泽东、陈毅在望云草室的正厅里，夜以继日地召开了一批批的红军指战员的各种类型的调查会、座谈会，并深入红四军的各个驻地找干部战士个别谈话，还步行到附近的农村调查，听取农民群众对子弟兵的意见和要求。会上，毛泽东亲自发问和记录，并同到会的同志展开讨论，非常仔细地了解红军中存在的问题，耐心地启发干部们一起分析产生问题的原因，找到纠正的办法。通过十来天的整训，红四军指战员们从思想政治上明白了各种错误思想的来源和危害，并指出了纠正的办法。与此同时，朱德领导的军事训练，使部队士气昂扬，军威大震。

“新泉整训”是中共党史上的一次著名的整训，也是中共建军史上具有重大意义的一次民主整军运动，是中国工农红军第一次正规的政治、军事整训，它较为系统全面地解决了红四军建设中存在的问题。经过 10 多天的集中整训，红四军指战员的政治觉悟空前提高，精神面貌焕然一新，军队纪律更加严明，军事素质明显增强，为中共红四军第九次代表大会（即古田会议）的召开打下了重要的思想基础和组织基础。

五、红色基因的传承

（一）传承和弘扬红色文化，激发人民的爱国情怀

闽西的红色村落，不仅在新民主主义革命时期为实现国家统一与人民的解放发挥了积极作用，还在传承优秀民族传统文化、弘扬革命奋斗精神与爱国主义教育、发展红色旅游、带动区域经济发展等方面，具有不可替代的重要作用。对闽西中央苏区红色村落变迁进行研究，挖掘其中优秀传统文化沉淀和红色文化基因，加强对红色村落的开发保护和利用，有利于激发群众爱乡爱党情感，夯实党的执政地位，有利于弘扬革命文化，增强文化自信，有利于促进革命老区尽快脱贫致富，推动经济

社会发展，是一项极有价值的政治工程、文化工程、经济工程和民心工程。作为红色文化研究人员，应该积极作为，挖掘和利用这些红色村落的先进文化，激发人们的爱国主义情怀和积极向上的进取心，推动红色村落在时代大潮中继续走在前列，在带动当地社会、经济、文化发展的乡村振兴过程中作出应有贡献。

（二）保护、开发和利用红色文化，塑造“一村一人一事一魂”品牌

闽西几个红色村落的变迁，包括在不同时期的历史变革，我们可以发现其中的历史规律，印证红色经典村落在中国革命史上占有的重要地位。在第一次大革命失败后，毛泽东、周恩来、朱德等中国共产党领导人积极探索了一条“农村包围城市，武装夺取政权”的革命道路，从此开始以村为基点，点燃了星星之火。中国共产党领导人以村落调查为起点、点燃革命星火、发动武装暴动，以村为点，点点汇聚革命洪流，从此，这些村落点为中国革命的胜利发挥了重要的作用，特别如上杭的才溪下才村、新罗的东肖后田村、永定的金砂上金村等。而且在土地革命时期建立起来的省、地、县党组织和第一个党支部、建立起来的军队、土地革命的胜利成果都保留下来，成为“二十年红旗不倒”的堡垒，这些村落现在继续并且将持续发挥对人们特别是对青少年的爱国主义教育的作用。在中国共产党成立 100 周年及中华人民共和国成立 100 周年两个一百年之时，应挖掘和利用这些先进的文化，让红色经典村落尽快脱贫，塑造“一村一人一事一魂”品牌，重视村落的保护、开发和利用。做到资源开发的同时，激发人们的爱国主义情怀和积极向上的进取心，对社会、经济、文化作出应有之贡献。

（三）开展全面普查，构建科学规范的统计研究体系

对闽西村落红色资源要进行全面梳理，分门别类，摸底登记。在此基础上，建立红色村落资源数据库，整合共享。对重要革命人物和重大革命事件的精神、文化和传统深入挖掘研究，保证红色基因的准确传承，防止“转基因”“伪基因”，避免红色资源过度开发。

（四）大力培育专业人才，提升红色资源保护和利用的软实力

建立健全红色资源保护利用专家和人才库，为红色基因传承提供强大的人才支撑和研究资源。加大高校党史、文物保护和旅游专业建设，根据市场和就业需求，开展订单式招生。配齐配强红色讲解员队伍，开展“红色故事我来讲”的系列培训，提升讲解员的能力。邀请老苏区干部、老交通员、老地下党员、老红军、老专家等定期开展讲解，充实红色培训人才。

［本文为 2018 年 11 月参加第二届全国原苏区振兴高峰论坛论文］

探析闽西红色文化与红色旅游融合发展机制

红色资源是中国共产党人在革命战争年代、建设和改革开放时期活动中留下的不可复制且无法再生的宝贵财富，是中华文化传承的重要载体，它具有重大的政治、经济、文化价值和教育功能。做好红色资源的保护利用，既是政治任务，也关系到经济和文化发展。特别是在我们党即将迎来百年诞辰的历史背景下，做好这项工作十分重要。2018 年 3 月 8 日，习近平参加十三届全国人大一次会议山东代表团审议时指出，红色基因就是要传承。中华民族从站起来、富起来到强起来，经历了多少坎坷，创造了多少奇迹，要让后代牢记，我们要不忘初心，永远不可迷失了方向和道路。

如何做好红色基因的传承？如何通过红色旅游这个有机载体，接续爱国主义火种，培养一代又一代人的爱国情怀是我们所要思考的。2016 年 7 月 18 日，习近平在参观将台堡三军会师纪念馆时指出，革命传统和爱国主义教育基地建设一定不要追求高大全，搞得很洋气、很现代化，花很多钱，那就不是革命传统了，革命传统就变味了。可以通过传统教育带动旅游业，但不能失去红色旅游的底色。只有体会到革命年代的艰苦，才能使人们真正受到教育。

闽西有着厚重的红色资源，深入挖掘、研究闽西的红色历史，传承红色基因，推动闽西苏区、老区乡村振兴，将有着积极的现实意义和深远的历史意义。

一、闽西丰富的红色资源

闽西位于福建省西部，按清末的行政区划，闽西包括汀州府所属8个县〔长汀、上杭、武平、永定、连城、清流、宁化、归化（今明溪）〕，和龙岩州属3个县〔龙岩、漳平、宁洋（今分属漳平、龙岩、永安）〕。北接赣南，南邻粤东，东接博平山脉，西傍武夷山南段。土地革命战争时期，包括漳州的平和、南靖和广东的大埔等县都属于闽西苏区的范围。

新中国成立后，闽西专指龙岩地区。1997年5月，龙岩地区改为龙岩市，辖新罗、永定、上杭、武平、连城、长汀、漳平7个县（市、区），都是土地革命战争时期的中央苏区县，是全国著名的革命老区。

闽西为中国革命作出重大贡献和巨大牺牲，在中国革命史上占据重要地位。闽西是中央苏区创建决策地，是中央苏区的主体和核心区域之一，是土地革命的重要发源地，是毛泽东思想重要发祥地、形成地，是中央苏区的经济中心，是中国共产党局部执政、民主建政的最早实践基地之一，是“二十年红旗不倒”的堡垒，是军队政治工作的奠基地、共和国将帅的摇篮。2014年10月31日，中共中央总书记、国家主席、中央军委主席习近平专程来到闽西上杭县古田出席全军政治工作会议时指出：“闽西是原中央苏区所在地，对全国的解放、新中国的建立、党的建设、军队的建设作出了重要的不可替代的贡献。”这些重要讲话，赋予了闽西老区应有的内涵，凸显了闽西老区、苏区在中国革命和党史上的贡献和地位。

龙岩是一片红色的土地，1.91万平方公里的土地上到处镌刻着红色的足迹和不灭的荣光。毛泽东、朱德、周恩来、刘少奇、陈云、邓小平、陈毅等众多党的第一代、第二代领导人在闽西战斗生活过。1955年授衔的十大元帅除徐向前外，十大将除徐海东、王树声外，都在闽西战斗生活过。在闽西也流下了瞿秋白、何叔衡、胡少海、王良、刘安恭等烈士的鲜血。据统计，全市共有革命遗址520处、599个点，可移动馆藏革命文物129961件（套）、珍贵文物1500多件（套），不可移动文物有4613处（2012年普查数据）。这些遍布龙岩、为数众多、各具特色的红色文化遗存，蕴含着中国共产党团结带领各族人民艰苦奋斗、勇于牺牲、敢于胜利的革命精神和厚重的红色历史文化内涵，具有红色基因的本质特征和鲜明烙印。红色资源是中国共产党人精神与文化的象征，是红色基因的有机载体，如何让旧居、旧址、文物成为激活红色基因的生动课堂，如何把红色资源利用好、把红色传统发扬好、把红色基因传承好，习近平指出，无数革命先烈留下的优良传统是永远激励我们前进的宝贵财富，任何时候都不能丢。对于红色文化资源，我们既要注重有形遗产的保护，又要注重无形遗产的传承，大力弘扬红色传统。2014 年 11 月，习近平在福建上杭古田出席全军政治工作会议期间强调，要“把理想信念的火种、红色传统的基因一代代传下去，让革命事业薪火相传、血脉永续，永远保持老红军本色”。

二、闽西红色旅游现状

红色旅游，指的是以中国共产党领导人民群众在革命战争时期建树丰功伟绩所形成的纪念地、标志物为载体，以其所承载的革命历史、革命事迹和革命精神为内涵，组织接待旅游者开展缅怀学习、传承精神、参观游览的旅游活动。各类反映中国共产党革命斗争历史的纪念馆、纪念地、领袖故居、烈士陵园等爱国主义教育基地，是红色旅游的主要载体。红色旅游，是“红色”与“旅游”的有机结合，“旅游”是形式，“红色”是内涵，是底色。“突出红色，坚守红色”是红色旅游的本质和主旋律。习近平强调：“发展红色旅游要把准方向，核心是进行红色教育、传承红色基因，让干部群众来到这里能接受红色精神洗礼。”

如何深入贯彻落实习近平新时代中国特色社会主义思想和党的十九大及十九届二中、三中、四中全会精神，切实推进苏区、老区振兴发展，打赢脱贫攻坚战，值得我们深入去研究。

闽西有众多的红色资源，但是闽西既是老区又是山区，由于受历史和现实因素的影响和制约，经济社会发展相对滞后。红色旅游景区景点大多位置偏远，经济发展水平普遍不高，贫困人口也多。特别是革命基点村，自然资源条件比较差，而红色旅游资源比较好，只有通过发展红色旅游，给革命老区带来人流、资金流和信息流。通过发展旅游产业，增加基点村村民收入，使大批当地群众脱贫致富，实现旅游扶贫，精准扶贫。发展红色旅游对促进老区、苏区振兴有着重要现实意义。

闽西老区的经济主要是资源型产业，近年来，随着工业化和城镇化的不断加快，闽西老区的生态文明建设、人们的思想意识形态、基点村人们的生活改善、红色资源的挖掘整理弘扬等面临着一系列的问题和困难。如何破解发展难题，寻找症结所在，成为各级政府的工作重点。通过对闽西红色文化与红色旅游融合发展机制研究，可以使我们在发展过程中懂得如何遵循客观规律，结合当地实际，努力探索在区域发展功能定位上实现城乡统筹，大力挖掘红色资源，传承红色基因，打造一条红色 + 绿色 + 客家文化的可持续产业，摸索出一条资源节约型、环境友好型的社会主义新型发展道路。振兴发展闽西原中央苏区县，不仅是一项重大的经济任务，更是一项重大的政治任务，对于福建省乃至全国革命老区加快发展具有标志性意义和示范作用。

近年来，龙岩市旅游局通过充分挖掘龙岩丰富的红色旅游资源，推动了红色旅游和观光旅游、乡村旅游、生态旅游、休闲度假旅游等相结合，形成以红色旅游为主题、形式多样的复合型旅游产品和线路，增强其吸引力和竞争力，实现红色旅游接地气，产业融合发展。推出红 + 绿（生态文化）、红 + 民俗文化、红 + 新农村建设等红色旅游模式。此外，龙岩市旅游局还通过深入挖掘红色文化核心价值，积极打造全国红色旅游经典景区、国家 A 级旅游景区、群众路线教育实践基地等知名品牌，闽西红土地的品牌日益成熟。古田会址等 7 个红色旅游景区成功创建国家 AAA 级以上旅游景区，其中古田旅游区于 2015 年 10 月荣膺国家 5A 级旅游景区。

三、闽西红色旅游目前存在的问题

自 2004 年中央号召发展红色旅游以来，国内红色文化旅游快速兴起并逐渐成为观光旅游业的热点。目前在全国已呈现出星火燎原、方兴未艾之势。闽西红色旅游也已经成为引领闽西老区社会经济发展的新增长点，并正在对闽西革命老区的经济发展发挥着反哺作用。但同时我们也应该看到，闽西红色旅游在建设与发展中还存在一些不容忽视的问题，特别是在投资开发与建设上“追求高大全，搞得很洋气、很现代化，花很多钱”，而忽视了精神上的教育引导作用，主要问题有：

（1）缺乏总体规划、顶层设计、立法保障。龙岩虽然出台了一些政策文件，但至今还没有出台一个红色旅游的总体规划，缺乏长远发展的顶层设计。

（2）从管理上看，红色旅游涉及多个部门，由于机制不全、不顺、不活，存在多头管理、职能分割、产权不清等乱象。

（3）从点上看，红色旅游底数不清、分类不明；红色资源保护不到位，一些重要的革命遗址遗迹没有得到抢救和保护，有的甚至遭到损毁、破坏、拆除，造成了不可挽回的损失。

（4）景区建设上不切实际，贪大求洋。有的地方由于强调政绩工程、面子工程，在红色旅游景区开发和配套设施建设上存在过分追求“高大上”倾向。

（5）有的以新代旧、盲目新建；有的盲目营造人造景观，仿建、移建遗迹。与红色旅游所反映的本质内容不协调，甚至变了味。

（6）红色培训机构不断兴起，多数红色培训机构组织严密、程序规范，聘请了有专业基础的专题课授课教师、现场教学点讲解员。但也有一部分红色培训机构挂着党性教育培训、红色培训等名，聘请一些对党史、闽西历史一知半解的教师，有滥竽充数的现象。

此外，还存在着人力财力物力投入不足，红色旅游运营模式、推介手段、宣传方式陈旧呆板、缺乏创意等问题。

四、对策建议

《2016—2020年全国红色旅游发展规划纲要》（三期）指出，发展红色旅游的基本原则是：突出社会效益，强化教育功能；坚持实事求是，保障基本需要；加强统筹规划，促进融合发展；推进改革创新，增强发展活力。为此，发展闽西红色旅游必须从以下几方面努力：

（一）景区建设上要力戒奢华

习近平指出，“关于发展红色旅游，指导思想要正确，旅游设施建设要同红色纪念设施相得益彰，要接红色纪念的地气，改善人民生活”，“建红色纪念设施要恰当，红色纪念设施不要搞得太形式化”，不要“把内在精神弄没了”。[①] 如何处理好红色根据地与红色旅游的关系？习近平指出：“关于发展革命根据地旅游项目，要把握好两个概念。红色根据地，爱国主义教育，这是一个概念。发展红色旅游，是另一个概念。两方面要统筹。”[②] 红色旅游的亮点和灵魂，是其本身丰厚的文化底蕴和承载的革命精神，而不是规模和形式。不能只追求外在形式而忽略其精神内涵。要在景区的设计和建设上，努力保持原汁原味，突出地方特色。建红色纪念设施要恰当，不要搞一堆跟红色纪念毫不相干的东西，甚至是影响红色纪念发挥作用的东西，红色纪念设施不要搞得太形式化，太形式化反而把原来的意义给破坏了。《2011—2015 年全国红色旅游发展规划纲要》提出，要注意整合利用现有资源，合理确定建设规模和标准，力戒奢华，避免大拆大建和重复建设。各地要严格按照规划要求，集中力量完成规划内红色旅游经典景区建设任务，不得擅自变更国家核定的建设内容、规模和标准。

（二）严格审核把关，防止旅游开发“跑调”

2019 年 5 月 21 日，习近平到陆军步兵学院视察时指出：“无数革命先烈留下的优良传统是永远激励我们前进的宝贵财富，任何时候都不能丢。对于红色文化资源，我们既要注重有形遗产的保护，又要注重无形遗产的传承，大力弘扬红色传统。”

《2011—2015 年全国红色旅游发展规划纲要》提出，要加强监管，规范红色旅游发展秩序。红色旅游要真正发挥出引导社会、教育人民的功能，就必须切实加强监管，及时制止编造野史、欺客宰客等有损于红色旅游形象的错误做法和行为。宣传、文化、旅游、文物等部门要组织编写红色旅游培训教材，加强对博物馆、纪念馆解说词、导游词的审核

---

① 习近平：《做焦裕禄式的县委书记》，中央文献出版社 2015 年版，第 18 页。

② 习近平：《做焦裕禄式的县委书记》，中央文献出版社 2015 年版，第 18 页。

把关。《2016—2020年红色旅游发展规划纲要》指出，要加强红色旅游从业人员教育，崇敬革命历史和革命先辈，杜绝出现损害国家利益、伤害民族感情、损毁领袖和革命先辈形象的言行和活动。作为红色旅游景区的导游员、讲解员，一定要认真学习党史、革命史知识，增强社会责任感，准确把握历史事件的真实内容和英雄人物的感人事迹、高尚情操，切实提高宣传讲解的生动性、真实性、权威性，杜绝封建迷信和虚构杜撰，防止低俗化、庸俗化。

（三）讲好红色故事，充分发挥其教育功能

教育价值是红色旅游最基本的价值，也是其得以发展的重要基础。2014年8月《国务院关于促进旅游业改革发展的若干意见》指出："大力发展红色旅游，加强革命传统教育，大力弘扬以爱国主义为核心的民族精神和以改革创新为核心的时代精神，积极培育和践行社会主义核心价值观。"习近平指出："革命传统资源是我们党的宝贵精神财富，每一个红色旅游景点都是一个常学常新的生动课堂，蕴含着丰富的政治智慧和道德滋养。"[①]为此，老区、苏区要充分依托红色旅游景区组织参观活动、研学旅行，开展爱国主义和革命传统教育。通过解读红色故事，让红色旅游自身涉及的历史故事以及革命先烈的事迹深入人心，营造浓厚的文化底蕴，对游客起到良好的教育意义。

（四）创新多彩的红色旅游

红色旅游寓教于游、寓游于教，是革命传统教育方式的创新，是红色精神教育的大课堂。以红色旅游自身为背景所创造出的系列红色文化作品，既丰富了红色文化，又丰富了社会主义先进文化和中华民族的文化大家园。红色旅游打造的红色旅游线路和经典景区，既是观光盛景，又是了解革命历史、增长革命知识、学习革命精神，培育时代精神的活教材。红色旅游区应当精心设计红色旅游产品，让其更有内涵、更有诗意。为此，红色旅游必须与文化有机结合，贯穿文化元素，体现红色精神。要深入挖掘当地红色旅游景区当年革命历史的红色文化基因，创作大批革命历史题材文艺和文学作品，展示群众喜闻乐见的红色影视、红

---

① 《闯出新路子　展现新作为　彰显新担当》，《人民日报》2011年5月24日。

色舞台剧、红色歌曲、红色出版物等，营造出健康浓厚的红色文化氛围。同时，要发展多种红色旅游产品，《2016—2020 年红色旅游发展规划纲要》指出，要整合周边自然生态、传统文化、特色乡村等旅游资源，开发复合型旅游产品。

（五）打赢“红色村落”脱贫攻坚战

闽西的红色村落，不仅在新民主主义革命时期为实现国家统一与人民的解放发挥了积极作用，还在传承优秀民族传统文化、弘扬革命奋斗精神与爱国主义教育、发展红色旅游、带动区域经济发展等方面，具有不可替代的重要作用。要深入挖掘闽西红色村落优秀传统文化和红色文化，加强对红色村落的开发保护和利用，有利于激发群众爱乡爱党情感，夯实党的执政地位，有利于弘扬革命文化，增强文化自信，有利于促进革命老区尽快脱贫致富，推动经济社会发展。

此外，要加快顶层设计，明确定位，提高站位，开展全面普查，构建科学规范的旅游体系。创新红色旅游运营模式和推介手段，按产业发展基本规律谋篇布局，实现红色旅游经济转型升级。探索新模式、新方法开展红色培训，并对其实行规范管理。打破区域界限，加强与周边地市跨域协作，连点成线，连线成网，充分发挥红色旅游资源优势。强化专业素养，大力培育专业人才，提升红色旅游的软实力。

新时代，新起点，“十四五”时期如何大力发展苏区、老区经济，实施乡村振兴，就是要大力推动红色旅游发展和革命老区经济发展相结合，充分发动广大革命老区干部群众共同参与红色旅游发展，结合乡村振兴发展、脱贫攻坚，整合利用各方面资源，提供红色旅游餐饮、住宿、研学等经营服务，延长红色旅游产业链，进一步带动革命老区经济社会发展，实现红色旅游持续健康发展，为实现“两个一百年”奋斗目标和中华民族伟大复兴的中国梦作出积极的贡献。

［本文为 2017 年给中共龙岩市委书记的一封信］